国外农业外资政策制度研究丛书

湄公河五国
农业外资政策法律制度研究

Research on Agricultural Foreign Investment Policy and Legal
System of Mekong Countries

农业农村部对外经济合作中心　编著

中国农业出版社
北　京

Research on Agricultural Foreign Investment
Policy and Legal System of Mekong Countries

湄公河五国农业外资政策法律制度研究

　　柬埔寨、老挝、缅甸、泰国、越南湄公河五国自然条件优越，农业资源丰富，农业发展潜力巨大，是世界粮食、糖料作物、热带经济作物的主产区。湄公河五国与中国山水相连、地缘相近、人文相亲，是"一带一路"中国—中南半岛经济走廊、孟中印缅经济走廊的重要组成，各国都把农业作为基础产业，发展农业、解决粮食安全问题一直是重中之重，在农业资源、技术、产业结构、市场等方面互补性强，合作基础好，经贸合作潜力大、成效显著。

　　近年来，中国与湄公河五国间的农业合作机制不断提升，合作领域、层次不断深化。2016 年 3 月，中国与湄公河五国的澜沧江—湄公河合作（简称"澜湄合作"）首次领导人会议在中国海南省举行，正式建立澜湄合作机制。农业是澜湄合作的五大优先领域之一，2017 年 9 月，澜湄合作农业联合工作组第一次会议在中国广西壮族自治区召开，正式启动澜湄农业合作，并逐步拓展建立澜湄农业合作高官会、部长会机制。2019 年 1 月，中国农业农村部设立澜湄农业合作中心；2020 年 2 月，中国、柬埔寨、老挝、缅甸、泰国、越南 6 个澜湄合作机制成员农业部门共同制定《澜湄农业合作三年行动计划（2020—2022）》，聚焦重点领域，加强农业政策对话、农业产业发展、农产品贸易与农业私营部门投资合作、能力建设与知识分享及其他优先领域合作，共同提高各成员农业发展水平。

　　截至 2019 年年底，中国在湄公河五国农业投资存量 40.49 亿美元，占中国对东盟农业投资存量的 36.8%，占中国对外农业投资存量总额的 11.6%。中国在湄公河五国投资建设涉农企业数量 314 家，占中国境外投资涉农企业总数的 31.8%。投资环节从海外直接种植发展到加工、仓储、物流等产业链各环节，产业涉及粮食（水稻）、经济作物（橡胶、棕榈、木薯、甘蔗）、畜牧和渔业等多种农产品。中国与湄公河五国农产品贸易规模也不断扩大，2019 年中国与湄公河五国农产品贸易总额为 212.77 亿美元，占中国农产品贸易总额的 9.2%，比 2018 年增长 9.9%。其中，农产品进口额为 112.97 亿美元，比 2018 年增长 15.9%；出口额为 99.80 亿美元，比 2018 年增长 3.0%。

湄公河五国是中国农业对外合作的重要区域。为进一步顺应中国与湄公河五国澜湄次区域农业战略对接与政策对话，务实有序推进与湄公河五国农业合作，加强政策与法律制度宣介，促进企业、研究机构、政府等农业合作相关部门间更好地了解柬埔寨、老挝、缅甸、泰国、越南五国农业发展环境、重点产业政策及相关农业法律制度，正确识别和防范投资目标国的法律风险，农业农村部对外经济合作中心作为推动农业走出去的重要窗口单位，特组织开展了柬埔寨、老挝、缅甸、泰国、越南湄公河五国农业领域外资政策和法律制度研究，系统梳理了湄公河五国农业投资宏观政策及发展规划、重点产业支持政策、农业法律制度、市场准入和农产品贸易制度，并从政治风险环境、法治环境、营商环境、社会环境、自然环境等视角分析了企业在目标国开展农业投资合作的影响因素和主要法律风险，并结合典型案例提出了对外农业投资合作可持续发展的思路建议和对策措施，具有较好理论参考和实践借鉴价值。

本研究成果得到了云南唯真律师事务所、上海金茂凯德律师事务所、中国热带农业科学院、昆明理工大学专家和学者的大力支持，其中，云南唯真律师事务所承接老挝、缅甸和越南篇，上海金茂凯德律师事务所承接泰国篇，中国热带农业科学院承接柬埔寨篇，为本研究提供了丰富的参考资料和最新研究成果，从不同专业视角提供了重要且颇有价值的帮助，在此一并表示感谢。

本书的出版凝结了参与人员大量辛勤付出，以期为大家提供全面可靠的投资指南，但由于各国政治、经济、社会形势和相关政策及法律制度处于不断变化和调整之中，本书所反映的内容与实际状况可能存在差异，难免存在疏漏和不足，敬请广大读者批评指正。本书仅供参考，任何按照本书的全部或部分内容而作出的作为或者不作为决策，及因此造成的后果均由行为人自行承担。

农业农村部对外经济合作中心

2020 年 3 月 19 日

目 录
CONTENTS

柬埔寨

一、柬埔寨农业投资宏观政策及发展规划

（一）宏观市场准入政策

目前，柬埔寨亟须吸引外资发展自身经济，农业一直是柬埔寨优先发展领域，故政府对农业外资持鼓励欢迎政策。在准入政策上，较为宽松，但也有行业及优惠的限制。

1. 投资行业的规定

柬埔寨对国内外投资基本持同等待遇，对投资行业的规定分为鼓励投资领域、限制投资领域两种，在对外国公民限制领域多体现在土地所有权方面。即《柬埔寨王国投资法》（以下简称《投资法》）规定"用于投资活动的土地，其所有权须由柬埔寨籍自然人、或柬埔寨籍自然人或法人直接持有 51％以上股份的法人所有。"但"允许投资人以特许、无限期长期租赁和可续期短期租赁等方式使用土地。投资人有权拥有地上不动产和私人财产，并以之作为抵押品。"

依据《投资法》第 12 条规定，"柬埔寨政府鼓励投资的重点领域有：创新和高科技产业；创造就业机会；出口导向型；旅游业；农工业及加工业；基础设施及能源；各省及农村发展；环境保护；在依法设立的特别开发区投资。"对于鼓励投资领域，柬埔寨政府将免征全部或部分关税和赋税。

2005 年，柬埔寨政府在颁布的《柬埔寨王国投资法修正法实施细则》（以下简称《投资法修正法实施细则》）附件 1 中规定了 3 种不与享受投资优惠项目清单。一是，禁止的投资活动有："神经及麻醉物质生产及加工；使用国际规则或世界卫生组织禁止使用、影响公众健康及环境的化学物质生产有毒化学品、农药、杀虫剂及其他产品；使用外国进口废料加工发电；森林法禁止的森林开发业务；法律禁止的其他投资活动。"二是，不享受投资优惠的投资活动。包括商业活动、进口、出口、批发、零售，包括免税商店；运输服务，包括水运、陆运、空运，铁路系统投资除外等。三是，可享受免缴关税，但不享受免缴利润税的特定投资活动。如电信基础、天然气、石油勘探及全部矿产开采项目，包括石油、天然气开采的供应基地。

2. 投资方式的规定

柬埔寨政府对投资活动的管理政策比较宽松，可以将投资方式划分为 4 种，即外国直接投资、合资企业、合格投资项目合并、收购合格投资项目。

外国直接投资。除上述禁止或限制外国人进入的行业外，外国投资人可以个人、合伙、公司等商业组织形式自由在商业部注册，并取得相关营业许可，

便可在柬埔寨实施投资项目。但投资人若想享受政府给予的投资优惠，还需向柬埔寨发展理事会申请批准投资人注册的合格投资项目，并获得最终注册证书，方可实施。

合资企业。《投资法修正法实施细则》第 13 条规定，"合格投资项目可以合资企业形式设立。合资企业可由柬埔寨实体、柬埔寨及外籍实体，或外籍实体组成。政府机构亦可作为合资方。股东国籍或持股比例不受限制，但合资企业拥有，或拟拥有柬埔寨土地或土地权益的除外。在此情况下，非柬埔寨籍实体的自然人或法人合计最高持股比例不得超过 49％。"

合格投资项目合并。《投资法修正法实施细则》第 9 条关于合格投资项目合并规定，"两个或以上投资人，或投资人与其他自然人或法人约定合并组成新实体，且新实体拟实施投资人合格投资项目，并享受合格投资项目最终注册证书规定投资优惠及投资保障的，新实体需向理事会或省/直辖市投资委员会书面申请注册为投资人，并申请将合格投资项目最终注册证书转让至新实体。新实体应在合并及转让最终注册证书前 10 个工作日内提出该申请。"而"理事会或省/直辖市投资委员会应审议依照第九条第一款所做申请，并须在受理后 10 个工作日内，书面批准或驳回该申请。"

收购合格投资项目。《投资法修正法实施细则》将收购合格投资项目分为"未注册自然人或法人收购合格投资项目"和"其他投资人收购合格投资项目"。第 10 条规定"未注册自然人或法人收购合格投资项目所有权，且拟实施投资人合格投资项目并享受合格投资项目最终注册证书规定投资优惠及投资保障的，收购人需向理事会或省/直辖市投资委员会书面申请注册为投资人，并申请将合格投资项目最终注册证书转让至新实体。收购人应在最终注册证书转让前 10 个工作日内提出该申请。"第 11 条规定"已注册投资人收购合格投资项目所有权，且拟享受该合格投资项目投资优惠及投资保障的，收购人应在收购前 10 个工作日内向理事会或省/直辖市投资委员会书面提出收购申请，以获得该权利。"

3. 特殊经济区域的规定

2005 年 12 月，柬埔寨政府颁布《关于特别经济区设立和管理的 148 号次级法令》，特别经济区体制开始施行。该法令规定，柬埔寨发展理事会下设的柬埔寨特别经济区委员会，负责特别经济区开发、管理和监督等工作，提供一站式服务，并在各特别经济区常驻。截至 2017 年年底，特别经济区委员会已授权约 30 个经济特区，其中 11 个已营运。

特别经济区次级法令规定，"特别经济区委员会应向全部特别经济区提供优惠政策"。《柬埔寨王国投资法修正法》（以下简称《投资法修正法》）规定，"位于特别经济区的合格投资项目有权享受与其他合格投资项目相同的法定优惠政策和待遇。"经济区开发商和区内投资企业可享受的优惠投资政策见表 1-1 所示①。

表 1-1　特别经济区享受的优惠政策

受益人	优惠政策
经济区开发商	1. 利润税免税期最长可达 9 年。 2. 经济区内基础设施建设使用设备和建材进口免征进口税和其他赋税。 3. 经济区开发商可根据《土地法》取得国家土地特许,在边境地区或独立区域设立特别经济区,并将土地租赁给投资企业。
区内投资企业	1. 与其他合格投资项目同等享受关税和税收优惠。 2. 产品出口国外市场的,免征增值税。产品进入国内市场的,应根据数量缴纳相应增值税。
全体	1. 经济区开发商、投资人或外籍雇员有权将税后投资收入和工资转账至境外银行。 2. 外国人非歧视性待遇、不实行国有化政策、不设定价格。

资料来源:柬埔寨发展理事会。

(二) 农林牧渔业发展的宏观政策情况

　　农业一直被柬埔寨政府列为优先发展的重点领域,并受到高度重视。柬埔寨各级政府一直致力于改善农村环境、农业生产及外资农业投资环境。2018年,柬埔寨农业为国家国内生产总值(GDP)贡献 23.5%,总量达 54.78 亿美元。在柬埔寨约 80% 的人口依靠农业为生。稻谷、橡胶、商用畜禽、水产品是政府重点支持发展产业,其中稻谷的生产及出口贸易在政府政策的鼓励下发展较快。

　　种植业发展的宏观政策情况。柬埔寨政府设立了专项农业支持基金,依托农村发展银行实施农业试种项目,为农民提供小额贷款、短期低息贷款支持,以发展多种形式农业种植,提高农民收入。继续执行免征农民农业生产资料进口税政策,继续鼓励国内外资本进入农业投资,以实现柬埔寨的农业现代化目标,使其从对土地等自然资源依赖的粗放型农业,转向依靠农业技术、农业机械、农业灌溉的集约型农业生产。在以水稻生产为主的同时,向蔬菜、木薯和玉米等多样化高价值作物产业发展。在产业结构优化的同时兼顾土地资源利用的高效性和可持续性。提高柬埔寨农产品的商品化率,推动柬埔寨农业的产业化进程,提升农产品的附加值和农民经济收入。

---

　　① 中华人民共和国驻柬埔寨王国使馆经济商务参赞处, 2014. 柬埔寨对外国投资的市场准入的规定 [EB/OL]. http://cb. mofcom. gov. cn/article/ddfg/201404/20140400559808. shtml.

林业发展的宏观政策情况。柬埔寨林业管理政策主要分为两个方面：第一，发布原木出口禁令。从1993年1月1日开始正式禁止原木出口。1994年12月新政府又公布了《柬埔寨政府关于禁止从柬埔寨王国输出条木和木板的公告》。此后，政府又于1995年5月、1996年10月等多次重申了类似的禁令，内阁也批准了《森林法草案》。但各项禁令的效用并不明显，原木依然大量出口。直到1997年，在国际货币基金组织推动下，柬埔寨王国政府签署《柬埔寨木材出口决议书》，对木材出口做了详细的规定，原木、锯板、木炭等产品禁止出口，包括家具及配件等14项产品可以出口。2002年，柬埔寨颁布了《柬埔寨王国森林法》。第二，制定了一系列林业配套法律制度。如关于林业采伐、木材加工运输、出口税收等方面。但这些法律条文多侧重于采伐和税收，但对于森林防火、植树造林等方面的法律规定并不完善。

柬埔寨政府高度重视森林资源保护问题。目前柬埔寨的森林面积正在稳步增加，且大部分森林已经被划归为森林公园和自然保护区。柬埔寨森林资源受到国际社会及环保组织的严密监视，禁止一切采伐。其境内流通的商品木材只能是特许土地开发过程中收集到的木材缴纳资源税后的加工品。政府规定也只有"特许土地开发企业有资格向政府申请木材出口许可，出口或国内销售的木材直径或者厚度不得超过25厘米，长度不限，原木无法成为商品销售或出口"。

畜牧业发展的宏观政策情况。柬埔寨的畜牧业发展相对缓慢，多由农民作为副业养殖，少有规模化、集约化、产业化发展。主要的家畜种类有牛、鸡、猪和马。其中黄牛和水牛主要用于农耕、运输，也供食用和产奶。

柬埔寨针对畜牧业的保护发展政策有：第一，联合推动产业组织结构调整，引领动物健康管理及生产领域的人力资源开发规划；第二，制定相关技术标准的法律法规，以加强对动物产品卫生标准的管理和执行《实施动物卫生检疫措施的协议》（SPS）的卫生措施，以预防和控制动物疾病的传播，保护公众健康；第三，鼓励现代畜牧育种科学家提高生产力和竞争力，加强公共和私营部门之间的伙伴关系，为畜牧生产和食品加工业创造良好投资环境；第四，加强监测动物和动物产品卫生，防止动物疾病传播，实施措施包括疫苗接种、动物疫病防治、动物管理、生物安全、卫生控制，做好针对外来动物和动物产品的检测工作并加强动物饲料和家禽制药的质量安全控制；第五，通过组建社区牲畜饲养者和动物卫生机构，进一步加强村庄动物卫生工作；第六，加强屠宰场管理，做好动物肉类、动物产品及屠宰场业务的卫生监督工作，确保为消费者提供充足的安全卫生肉类；第七，加强对动物健康监测和动物的研究工作，防止传染性疾病的传播，做好动物生产和卫生技术文件的印刷和传播工作，增强农民关于动物生产技术的知识；第八，鼓励私营部门和投资者投资中大型动物饲料厂，为动物饲养者提供技术服务，为农民培育和寻找市场，鼓励私人投资畜产品加工业、现代化屠宰场，促进牲畜贸易开展。

渔业发展的宏观政策情况。柬埔寨水资源丰富，拥有东南亚最大的淡水湖——洞里萨湖及长达 460 千米的海岸线。地处水网地带，柬埔寨人民主要靠捕捞江河湖泊的自然鱼虾为食，渔业即为柬埔寨农业的重要组成部分，也是柬埔寨重要的经济增长点之一。据柬埔寨农林渔业统计数据，近年来渔业约占整体农业的 25%，占 GDP 比重的 10%～12%。目前，柬埔寨渔业产量保持在每年 60 万吨左右。大约有 100 万人专门以捕鱼为生，从渔业的生产、加工到销售，渔业为柬埔寨近 600 万人创造了就业机会。

鉴于此，柬埔寨政府积极与世界各渔业机构合作，实施柬埔寨淡水研究和渔业发展项目。与东南亚水产发展中心合作，提升基层水产养殖户的专业技能，并制定了《2010—2019 年水产业发展战略》，大力扶植渔业养殖业发展，鼓励外资企业投资柬埔寨水产业。通过加大渔业执法力度，消除一切形式的不当捕捞活动。通过促进水产养殖，每年增加 15% 的渔业产量，增加 100 个社区的渔业供给能力，以确保柬埔寨渔业资源的可持续发展，并逐步提高柬埔寨国内外贸易中渔业产品的质量。

（三）最新农业（含林、牧、渔业）发展规划

1. 近期农业（含林、牧、渔业）发展规划

柬埔寨实施的"四角战略"是柬埔寨经济发展的蓝图规划。2018 年，柬埔寨政府颁布实施为期 5 年的第四期《四角战略》发展规划，其政策核心内容是"将柬埔寨贫穷率降至 10% 以下，继续保障国家经济 7% 的年均增长率"。继续推动四大优先领域（人、路、电和水），加速推动工业化、城镇化的进程。该战略强调，"一是提高农业生产；二是发展私人经济和增加就业；三是恢复与重建基础设施；四是培训人才与发展人力资源。"在"提高农业生产方面"的具体规划有，一是提高生产力，保持农业多样化和商业化；二是促进畜牧业、渔业和水产养殖；三是进行土地改革及扫雷工作；四是林业改革，促进国家资源的可持续发展。通过上述措施，希望可以将农业增长率提高到每年 5% 左右。

柬埔寨政府认为农业及农产品加工业领域具有很大发展潜力，也是能尽快改进农村人民生活水平的主要方向。柬埔寨农业的近期发展目标是，增加各种农作物产量，特别是将充分灌溉水域的稻米产量提高到每公顷 7 吨。促进多种作物的生产，并通过促进农业现代化使农作物商品的出口量每年增长 7%。提高生产力、农作物潜在多样性和市场竞争力。到 2023 年将农业产量从 2 800 万吨增加到 3 600 万吨；作物多样化的产量从 63% 增长到 67%；将农作

物的出口量从 580 万吨增加到 770 万吨。

在提高农业生产力和产业多样化方面：政府将继续加大对农业的各项扶持力度，充分发挥国内资源优势提高农产品产量，将农业从粗放型向集约型转变，促进高效产业发展及产业扶贫，为农民创造就业机会，增加农民收入，确保人民食品供给及食物安全，改善生活水平，增加农产品出口。鼓励私营领域参与农业开发项目，优先照顾农业公共投资。并为其创造稳定的土地政策、完善的农田灌溉水利系统等良好投资环境，减少自然灾害影响。提高农业生产力，重点在于做好农业科技研究及普及工作，拓展农产品及农产品加工市场，发放农业用品、种子、肥料。为农民提供贷款、技术转让、流通市场和农业投入保障。还将继续优先发展边境地区和偏远农村，控制移民现象。重点发展基础设施建设，推行"一村一品"项目，改进农业生产方法，促进农业人力资源开发及农业合作组织建设。

在土地改革方面：政府将继续秉承《柬埔寨王国土地法》（以下简称《土地法》）等相关法规政策规定，规范土地及水资源的管理、使用途径。强化土地管理的公平性和有效性，消除非法侵占土地现象，控制土地投机行为，给予土地所有者及使用者安全保障。清查闲置和私人违法占用的国有土地。为贫困公民及弱势公民发放土地产权证以保证其生活和居住。

在渔业改革方面：渔业一直是柬埔寨人民传统且主要的食物来源。在日益增加的市场需求及渔业资源压力的双重背景下，政府将继续鼓励渔业合作社建设，推动渔业产业发展。扩大以农业合作组织为基础的捕鱼区，并授予其直接、平等参与渔业生产计划和渔业资源管理的权利。在鼓励渔业资源开发的同时，重视对渔业资源的保护。政府将把部分合同期满的捕鱼区改为保护鱼类繁殖区，以加强对天然鱼类资源及濒危鱼种的保护。加强渔业执法，保持年捕捞量 60 万吨左右，力争 2023 年水产养殖产量达到 62.2 万吨，年均增长 20%，加强渔业资源的有效可持续管理，以及改善渔业社区的生活水平。

在林业改革方面：政府对林业改革战略的目的是保障森林的可持续发展[①]。柬埔寨政府根据国际森林管理标准，实施可持续的林业管理政策。重新评估了现有的森林开发权协议，停止了部分企业的开发权。在合理利用森林资源，确保国内木材市场需求的同时，严格控制森林开采，持续执行植树造林政策。防止由于过度砍伐而造成的干旱、洪水等自然灾害。进一步加强对森林资源和野生动物的可持续管理，参与森林覆盖的改善管理，每年提高林业社区年收入 20%，促进重新造林，进一步落实维持生态系统的必要措施。

---

① 中华人民共和国驻柬埔寨王国大使馆经济商务参赞处，2004. 柬埔寨王国政府．四角战略 [EB/OL]. http://cb.mofcom.gov.cn/article/ddgk/zwminzu/200412/20041200318821.html.

在畜牧业方面：将肉类产量（动物产量）从 2019 年的 31.6 万吨增加到 2023 年的 35.6 万吨。将商业化饲养动物的比例从 2019 年的 20% 提高到 2023 年的 22%。到 2023 年，促使杂交幼牛在奶牛小规模商业化饲养中占比达 30%。

2. 中长期农业（含林、牧、渔业）发展规划

柬埔寨政府长远发展规划是到 2030 年实现向中上等收入国家的转变，到 2050 年实现高收入国家的长远愿景。柬埔寨已将农业提升至国家安全战略的高度，希望以扎实的农业基础支撑柬埔寨经济增长。

通过提高生产管理水平，促使生产者不断学习、分享经验，实现柬埔寨农业资源的可持续性开发利用，实现"一村一品"建设。积极提高良种及农业机械化的使用率，健全农产品质量及农业服务体系。引进大型商业运营商及社会资本投资农业，推进农业贷款发展。推广农业合作组织及精深农产品加工业企业，特别是渔业社团、林业社团及橡胶社团等。把农业生态系统分析纳入土地利用规划的必要项目。重点加强对土地资源的管理及分配，强调对土地使用权的保护，维护柬埔寨土地所有权与投资项目安全。增强柬埔寨农业的国际竞争力，提升农民经济收入，实现农业现代化建设，减少贫困。对余粮和欠粮地区搞好综合平衡，确保食物的数量及质量安全，建立抵御自然灾害的应急机制。对生产技术服务及信息要给予法律保障和财政支持，以实现农业中长期发展目标[①]。

（四）重点产业、产业链环节支持政策、措施

农作物生产能力提升和产业多样化一直是柬埔寨政府努力发展的方向。柬埔寨重点发展产业为精米生产、出口，及橡胶、腰果、玉米、绿豆、大豆、麻、辣椒、丝绸、水果、咖啡、蔬菜、花卉等产业。推进畜牧业生产和水产养殖，以满足国内对肉类、鱼类和乳制品等市场需求。鼓励农业投资，提高农业生产力，实现农业现代化和商业化。在全国推广优良种子种植及减肥减药土地管理项目，已批准的经济特许地可以种植橡胶、甘蔗、木薯、棕榈、腰果、金合欢木等农作物。

但由于柬埔寨政府经济实力较为薄弱，对重点农业产业及产业链的支持措施多限于税收优惠方面。还没有针对此类项目的补贴及农业保险，缺乏完善的公共服务和金融优惠。柬埔寨鼓励的农业投资产业有农业生产、畜牧业、水产业及农产品加工业等，并鼓励规模经营，以实现和提升柬埔寨农业的产业化。具体鼓励投资的农业行业、规模及产品种类见表 1-2 所示。

---

① 赵耀，2013. 柬埔寨王国投资法律风险防范 [M]. 北京：法律出版社.

表 1-2 柬埔寨鼓励投资的农业行业

行业	规模	产品种类
农业生产	50 公顷以上	蔬菜
	500 公顷以上	经济作物
	1 000 公顷以上	稻米产品
畜牧业	100 头以上	乳牛的农场
	1 000 头以上	家畜
	10 000 只以上	饲养家禽和禽
水产业	占地 2 公顷以上	孵化鱼苗场
	占地 10 公顷以上	养虾场和其他各种水产的养殖场
食品加工业及其他	投资额在 50 万美元以上	饮料、食用油、甜点、肉制品、乳制品、水果蔬菜罐头、烘烤类、面粉产品、饲料

种植业产业政策，以农业基础设施配套、节水管理农场示范、农业机械化进步，促进农业现代化发展。鼓励优良农业技术示范推广、食品安全、卫生和植物检疫、农业投入、农业土地的管理和可持续利用。鼓励合同制农业，鼓励农业研发，促进农业产业链延伸，加强农业合作社建设，促进私人投资，鼓励政府和社会资本合作（PPP 模式）等。特别是针对稻米产业，通过建立大米出口加工的"一站式服务"成功缩短出口流程时间。橡胶产业一直是柬埔寨农民的重要经济来源之一，且由于其对自然资源的保护性，是柬埔寨政府鼓励的产业，主要出口马来西亚、越南、新加坡和中国。虽然近期橡胶价格下降，但柬埔寨政府表示不会实施"减产提价"政策。

畜牧产业政策，畜牧产业越来越受到柬埔寨政府重视。政府特别鼓励建设紧缺的饲料厂及兽药厂，并要求以国际标准规范畜牧业生产，建立现代化屠宰场，做好生物沼气及农民职业培训等事务。将畜牧业从役畜资源转变为食物来源。更加强调建立牛、猪、家禽的商业化农场（控制和预防动物疾病率远低于3%）。促进私人投资建立畜牧场，投资畜牧业。通过合同农业促进畜牧业中买家、卖家、屠宰场的联系，提升肉类质量。

渔业产业政策，柬埔寨政府积极实施渔业改革，鼓励在渔业资源保护条件下的小规模捕捞及养殖。建立和保护 50 个渔业保护区，总计 2.25 万公顷，特别是洞里萨湖（Tonle Sap Lake）周边 65 万公顷的淹没森林。柬埔寨农林渔业部政策为：加强渔业资源管理，控制非法捕捞活动，促进内陆和海洋养殖业发展，以满足当地市场需求。加强对渔业社区的管理（特别是增加社区基金管理），促进内陆和海洋渔业的研究和发展。

林业产业政策，针对林业实施"2010—2030 年国家林业计划"，严格实施林业执法治理、林业边界划分、可持续林业管理及野生动植物保护。加强林业资源管理，重点控制林业违法行为，进一步加强林业执法，促进集约再造林。加强林业社区管理，促进林业和野生动物研究。

二、柬埔寨农业法律制度

（一）柬埔寨农业投资定义、范围和监管部门

1. 农业投资定义

柬埔寨对农业投资的定义比较模糊，但可参考我国对农业投资的定义，即用于改善农业生产条件、发展农业产业的资金，是加强农业经济建设、实现农业现代化的重要条件[①]。

2. 柬埔寨农业投资法适用范围

《投资法》适用于农业投资。其第 1 条就明确规定："本法适用于所有投资者的项目，包括所有在柬埔寨境内的柬埔寨公民和外国公民"；第 2 条规定："投资者可以是自然人或者是法人实体"。因此，《投资法》适用于所有在柬埔寨境内从事投资活动的柬埔寨人和外国人，且投资者不论是自然人还是法人均受到该法律的约束。可见柬埔寨执行的投资法并不是专门的外商投资法，实际上柬埔寨政府对外资和内资基本上给予了同等待遇。

柬埔寨关于外商投资的法律规范被编撰为一部统一的投资法典，作为调整外商投资关系的基本法，同时辅之以其他有关的国内法律。但其投资法典又同时适用于本国人。柬埔寨选择这种立法模式主要有以下两个原因：第一，目前柬埔寨国内经济发展还处于不发达阶段，一般引资尚处于初级阶段的发展中国家多采用这一立法模式。第二，由于历史原因，柬埔寨国内法制不健全，整个法律体系缺乏统一性，没有具体的法律分工，缺乏必要的部门法，尤其是关于经济、贸易、商业等方面的法律法规更是缺乏。本国与外资的投资关系不能得到很好的调整，柬埔寨迫切需要制定既适用于本国投资者，又适用于到柬埔寨投资的外国投资者的法律，而且这种立法模式降低了立法成本，提高了立法效率，在一定程度上保证了一个国家立法体系的统一性[②]。

3. 柬埔寨农业投资形式

柬埔寨外商投资的商业存在形式主要是以公司为主，公司制的形式有以下几种类型：

第一，有限公司。有限公司指依照法律规定由一定人数的股东所组成，股

---

① 何盛明，1990. 财经大辞典 ［M］. 北京：中国财政经济出版社.
② 张文超，2004. 柬埔寨对外贸易制度和政策研究 ［J］. 东南亚纵横（4）：47-51.

东以其出资额为限对公司负责，公司以全部资产对公司的债务承担责任的公司。柬埔寨政府规定柬埔寨的有限公司股东至少2名，最多30名。最低资本为2 000万瑞尔。此种公司不得经营金融、银行及保险业。

第二，独资公司。独资公司指由1个自然人单独投资并经营，股东只有1名的公司。

有限公司和独资公司都是有限责任公司。而且如果经营地址在柬埔寨且柬资占51%以上，董事会主席必须是柬埔寨人，可视为柬埔寨国内企业并有权购买土地。

第三，无限公司。无限公司指由2个以上的股东共同完成出资，股东对公司债务承担无限连带责任的公司。柬埔寨政府规定，柬埔寨的无限公司最少有7名组成成员，且董事会成员至少有3名来自公司组成成员，最低资本为1亿瑞尔。

第四，办事处。对于短期尚未设立子公司的外商企业，设立办事处是一种良好的选择形式。如果打算开拓柬埔寨市场，可通过办事处收集资讯甚至采购当地商品和劳务。

第五，分公司。柬埔寨商业部对外商在柬埔寨设立分公司规定很严格，此种类型在柬埔寨较为少见。外商投资者最常用的设立公司的形式是股份有限公司，投资方式有独资、合资、合作和租赁等4种[①]。

4. 柬埔寨农业投资管理机构

根据《投资法》第二章规定，柬埔寨发展理事会（CDC）是柬埔寨政府唯一负责投资、重建、发展综合事务的政府机构，由柬埔寨重建和发展委员会与柬埔寨投资委员会组成。该机构负责对全部重建、发展工作和投资项目活动进行评估和决策，批准投资人注册申请的合格投资项目，并颁发最终注册证书。柬埔寨发展理事会设主席、副主席，其日常事务由秘书长负责，下设3个委员会，即柬埔寨投资委员会（CIB）、柬埔寨重建与发展委员会（SEZB）和柬埔寨经济特区委员会（SEIB），分别负责监管和处理私人投资、公共投资和经济特区投资业务。私人投资包括外商直接投资；公共投资主要涉及政府发展和外国援助等项目；经济特区投资主要涉及政府批准建设的经济特区、工业开发区和自由贸易区等。各委员会成员由政府相关部门负责人组成，均设有各自的秘书处、秘书长及相关办事机构，负责日常事务的处理工作[②]。但对于下列条件的投资项目，需提交内阁办公厅批准：①投资额超过5 000万美元。②涉及政治敏感问题。③矿产及自然资源的勘探与开发。④可能对环境产生不利影响。

---

① 杨建学，2008. 柬埔寨外商投资法律制度分析［J］. 东南亚纵横（11）：35-39.

② 李轩志，2012. 柬埔寨社会文化与投资环境［M］. 北京：世界图书出版公司.

⑤基础设施项目，包括 BOT 模式（建设—经营—转让），BOOT 模式（建设—拥有—经营—转让），BOO 模式（建设—拥有—经营）和 BLT 模式（建设—租赁—转让）。⑥长期开发战略。

（二）农业生产资料法律制度

1. 与农业相关的土地管理法律制度

《柬埔寨王国土地法》适用于农业土地管理，依据该法规定"允许以特许经营的形式将土地租借给国内外企业或个人从事农业生产。"且根据柬埔寨政府关于特许经营用地的第 146 号令规定，特许经营用地（Economic land concessions，ELC）指的是设定一种途径将国家私有土地通过特许经营权的方式进行授予，用作农业生产或工业化的农业开发，即粮食耕作、工业化种植、畜牧与水产养殖、植物栽培、农业加工业及相关设施，上述某几个或所有产业。特许经营用地可以不同方式批准给本国和外国企业或个人，但要求：①最大面积不超过 10 000 公顷。②被批准用地只能为国家私有用地。③最长期限为 99 年。

特许经营用地只能在满足以下 5 点要求的情况下得到批准：①土地已根据《国有土地管理条例》《土地登记和地籍图绘制办法》及《分散土地管理条例》的规定进行登记和分类。②土地利用规划已被省级、市级土地管理委员会通过且土地的实际使用与规划一致。③已完成社会和环境影响评估，且符合特许经营用地的土地利用和发展计划。④特许经营用地批准在符合现有法律法规框架的基础上能够妥善安置当地民众，且保障私有土地受到保护并不出现非自愿的迁移安置。⑤批准前进行了广泛的意见征询，既符合特许经营工程和方案，又顾及当地职能部门和民众意愿。

2. 与农业生产相关森林管理与保护法律制度

柬埔寨森林资源丰富，森林覆盖面积占全部土地面积的 73.83%。《柬埔寨王国森林法》分别在 2002 年 7 月 30 日和 8 月 15 日获得国会和参议院通过。该法规定了柬埔寨的森林管理、森林成果采集、森林使用、森林开发和森林保护的框架。意在确保林木连续性管理，以利于包括综合生态平衡及文化遗产保护在内的社会、经济及环境效益。农林渔业部有权对森林租赁者发放森林产品及副产品采集发放许可证。《柬埔寨王国森林法》第五章第 14 条规定"柬埔寨政府有权同投资者或任何法人签订租赁森林的协定，而这种租赁的提供，应符合国家森林领域方针政策、国家森林领域管理计划及本法的所有规定。森林公开竞标应在政府遵守本法规和租赁森林管理法令，在森林租赁协定签订之前获得基本落实。"第 15 条规定"森林租赁者对在自己租赁林地上的森林产品副产品，有权实施管理和收获，并保证所有这些运作不至于影响到在由国家按照

《土地法》进行登记的少数原始民族社团所有权土地上实施的传统使用权，和由所在地在租赁土地内或附近的社团行使的进出权和传统使用"。第 18 条规定"各种规格租赁森林管理计划的制定应由森林租赁者负责，并阐明指导原则及在租赁协议中规定的条款加以落实。由农林渔业部部长依照森林行政长官建议决定，此计划每五年检查一次。森林区标准成果年度收获计划和森林收获成果区管理计划，由森林行政长官规定"。第 19 条规定"所有森林租赁者均应把对环境、社会危害评估纳入森林租赁管理计划，由森林租赁者做出，并在农林渔业部部长审决前，经环保部审查和评价"。第 17 条规定"森林租赁协议不应规定超过 30 年的限期。当政府如发现森林租赁者对在租赁森林管理法令中所表明应制止的条件有严重违法的时候，森林租赁协议可中止。"

3. 与农业生产相关的水（海）域管理、使用和保护法律制度

柬埔寨水资源使用的指导方针政策为有效保护、科学管理和可持续利用。柬埔寨水资源主要管理部门有 1996 年成立的环境部，1998 年成立的水利气象部，而农业生产用水的管理部门还有农林渔业部等。同时，柬埔寨各级政府也积极采取措施，协助上述主管单位解决水资源利用的各种问题，贯彻执行国家水资源战略、政策和管理措施，引导农民对水资源的使用与开发、节约与保护，希望借此可以提升柬埔寨农民的生活质量、减少贫困、促进社会经济的可持续发展。

涉及农业生产用水的法律法规主要有，《关于水污染管理的行政法规》规定严禁任何人向公共水域、公共排放系统处置固体废弃物或任何垃圾或任何有害物质。《水资源管理法》规定应有效和持续管理水资源，用于发展社会经济和保障人民健康。此外还有《以社区为基础的捕鱼次法令》和《农业用水使用者社区次法令》等相关法令。而且针对海域资源，1994 年柬埔寨就加入了《保护和开发东亚区域海洋与海岸行动计划》，其内容包括"人类活动对海洋环境的影响评估，沿海污染控制，红树林、海草以及珊瑚礁保护，废弃物处理，以及技术转让和环境监督等内容。"

4. 农业投入品管理法律制度

1994 年柬埔寨四类免征进口税商品中就包括种子、农药、农用机械等。2011 年 12 月 21 日，柬埔寨国会审议通过《化肥与农药管理法》。该法强化了对柬埔寨农药登记管理制度，提出经营管理和使用指导意见，提出农药生产质量安全控制措施等，明确规定了对违法生产和经营的处罚，该法共 12 章 119 条。根据规定，"生产、经营产品包装上未附柬文标签的农药产品，处 500 万～1 500 万瑞尔的罚款；伪造商标的农药产品，处 500 万～1 000 万瑞尔的罚款并处 1～2 年有期徒刑""进出口有强烈毒性的农药产品，处 1 000 万～1 500 万瑞尔的罚款并处 2～5 年有期徒刑"。

柬埔寨对农用机械的需求量很大，故柬埔寨政府已把发展农业机械化列入了重点规划，由农林渔业部农机局负责实施。2008 年 4 月柬埔寨首相洪森宣布，"柬埔寨政府将免除 5 种农业机械以及有关畜牧原料和用品的进口税和增值税，以促进农业和畜牧业发展。获得免税的农业机械包括拖拉机、耕地机、碾米机、收割机和饲料生产机等；畜牧方面则有饲料、饲料原料和牲畜药品等"①。

（三）生产经营法律制度

1. 农业生产经营主体相关政策及法律制度

（1）设立形式及类型。2005 年，柬埔寨政府出台《柬埔寨王国商业企业法》（以下简称《商业企业法》），共有 8 章 304 条，分别是总则、普通合资企业、有限责任公司和公众有限责任公司、外国企业、股东衍生诉讼、罪行、法则与补救措施、过渡性条文和最后条款等。既对原有的商业企业法律法规进行了传承，又加以适当的变更，加强对于企业管理方面的强制性要求，也设立新章节规定了外国企业在国内经商的形式，解决了投资主体国内主体地位的合法性问题。该法规定："合资企业法遵循国际通行做法，并将合资企业划分为普通合资企业和有限合资企业，公司则划分为有限责任公司和公众有限责任公司。"

有关合资企业，该部法律第二章规定，普通合资企业和有限合资企业法律规定的内容，着重于普通合资企业立法，有限合资企业则是以补充式规定呈现。"有限合资企业是由有限合伙人和普通合伙人构成的合资企业，并且要求在有限合资企业中至少要有一名有限合伙人和一名普通合伙人"。基本上延续了之前法律对于有限合资企业的规定。有限合资是一种特殊的企业形式，它实际上是普通合资与一般有限公司的混合物。有限合资具有普通合资经验方式上的灵活性，又有如同公司一样比较易于筹集经营所需资金的特点②。如果一名合伙人在有限合资企业中同时具备有限合伙人和普通合伙人的资格，应当将其视同为普通合伙人，承担无限连带责任。

（2）有限合资企业的设立条件。有限合资企业的设立条件基本有以下几点：①至少有一名普通合伙人和一名有限合伙人。②以书面形式或口头形式规定最多 99 年（到期可以经协议延长）的合资协议。其中，书面的合资协议应当由全体普通合伙人和至少一名有限合伙人在上面签名方才有效。③有限合伙

---

① 新华社，2008. 柬埔寨政府宣布对 5 种农业机械免税 [J]. 农业机械（12）：11.
② 杨建梅，2010. 论我国有限合伙企业的立法缺陷与完善 [J]. 南昌大学学报（人文社会科学版）（12）：1.

人可以货币和实物出资，并且可以随时增加出资。但普通合伙人也可以劳务出资。④有符合法律规定的企业名称。⑤有限合资企业成立的日期为登记的日期，如果不进行登记，则有限合资企业的法人资格不被承认，只被认为是一般的合伙关系①。

（3）合资人权利义务。普通合伙人以管理合伙企业事务的行为对有限合伙人负责，对于合资企业的对外债务，由普通合伙人承担无限连带责任。普通合伙人应当将有限合伙人的基本情况登记备案，出于严肃性考虑，这种登记应当在有限合资企业的主要办事处进行，由普通合伙人负责相关登记和备案的费用①。

有限合伙人有权参与合资企业利益的分配，但是当有限合资企业负债时，应当归还该收益以清偿债务。有限合伙人不得执行合资事务，但是可以随时查阅企业的文件关注企业的发展，并监督普通合伙人的管理行为。如果有限合伙人的名字出现在合资企业的名称中，应当承担与普通合伙人一样的无限连带责任，除非已经交易相对人知晓他的有限合伙人身份。①除其他合伙人同意并且抽回出资后剩余的财产仍足以支付有限合资企业债务之外，有限合伙人不得任意撤回其出资。有限合伙人可以不经其他合伙人同意转让其财产份额，出于对第三人权益的保护，有限合伙人在其身份没有转变之前依旧要对企业的债务承担有限责任。不得对外代表合伙企业及其名字出现在合资企业的名称中，否则将与普通合伙人一样承担无限连带责任。当普通合伙人不能执行合伙事务时，有限合伙人可以基于对企业管理的需求执行简单的合伙事务，当这种状态持续超过 120 天时，有限合资企业解散。

（4）企业注册条件。依据法规规定，普通合资企业要取得国内法人主体资格，必须同时具备以下两个条件：①营业场所的办事处必须设立在柬埔寨境内。②本国自然人和法人投资主体的投资比例必须超过 51％。中国投资者前往柬埔寨投资时，如果要取得合资企业的合法地位，必须采取与柬埔寨资金合作的方式。

（5）合资企业的财产。合伙人可以以货币和实物出资，也可以以劳务出资。货币必须以本国货币即瑞尔计算，实物出资是被其他合伙人确认的评估价值。任一合伙人均可以并只能基于普通合资企业利益的考虑而支配合资企业的财产。全体合伙人同意，普通合伙人可以转让其财产份额。

（6）合格投资项目合并或收购。依据《商业企业法》规定，两个或以上投资人，或投资人与其他自然人或法人约定合并组成新实体，且新实体拟实施投资人合格投资项目，并享受合格投资项目最终注册证书规定投资优惠及投资保

---

① 黄滢，2011. 柬埔寨合伙企业法律制度研究［J］. 东南亚纵横（9）：13 - 16.

障的，新实体需向投资委员会书面申请注册为投资人，并申请将合格投资项目最终注册证书转让给新实体。

收购合格投资项目。收购人为未注册自然人或法人的，需先申请注册为投资人。投资人或其他自然人或法人收购合格投资项目所有权，且拟享受合格投资项目最终注册证书规定投资优惠及投资保障的，应向投资委员会提出收购申请，将合格投资项目最终注册证书转让给新实体。投资人股份转让造成受让方取得投资人控制权的，投资人须向投资委员会提出转让申请，并提供受让人名称和地址。

（7）合资企业的解散与清算。合资企业解散的原因如下：①合资协议中规定的解散事由出现的。②合资企业的经营目的已经达到的。③合资企业不能继续经营下去的。④全体合伙人一致同意解散的。

合资企业解散后，进入到清算程序。可以根据全体合伙人的协商确定合资企业的固定经营期限。合伙人执行合资事务行为同时停止，除非这种行为是为了履行未完成的合同，该合伙人依旧应当秉承善良管理信念继续履行该合约。当合资企业只剩下一名普通合伙人的时候并不导致合伙企业的解散，只要在120天之内有至少一个合伙人加入。在清算结束之前，企业仍旧享有法人资格。企业解散后，合伙人应当拟定解散企业的通知并在登记官处登记和委托清算人。这份通知应当经过商务部的审核发布在柬埔寨境内的报纸上，至少持续4周时间，以达到通知合资企业债权人的目的，保护相对人的利益。清算人受托后对企业财产进行占有和管理，并有权要求合伙人提交相关的文件和账簿。清算完毕后，按照下列顺序进行清偿：①职工的工资。②所欠税款。③其他有限债权。④合伙人的出资。

合伙人的出资返还应当按照合资协议规定的比例退回，如果合资协议无约定则均等分配。如果清算财产中包括有第三人财产的，清算人应当将其退回而不能作为合资企业的财产，保护真正产权人的权益。清算完毕以后的10年期限内，清算人应当妥善地保管企业的账簿和其他文件，以便发生关联诉讼时可以作为证据使用。最后，由商务部对此进行备案，合资企业主体地位消灭。

2. 农业技术科研与推广法律制度

柬埔寨农业科研机构和科研人员缺乏，农业技术推广服务机构构建仍有待优化。现行的农业技术科研与推广体系有政府组织及公共组织两套，旨在改良技术、方法、政策建议的采用与转化，提高生产力以及各种作物、畜牧、渔业、林业资源利用的可持续性，致力于提高柬埔寨人民的福利并保护水土等自然资源。

柬埔寨农业技术科研与推广体系的政府组织主要为农林渔业部，其组织结构有部内机构（部长办公厅、监察总局、行政局、会计财务司、计划统计与国际合作司、人事与人力资源司、农业法规司、农艺学与土地改良司、农业产业局、生产和兽医司、农业推广司、农业机械司、林业局、渔业局、橡胶种植总局)、地方农林渔部门以及其下辖的公共企事业单位(皇家农业大学、柬埔寨农业发展和研究所、Prek Leap 农业学校、磅湛农业学校、农业物资公司、橡胶开发公司、柬埔寨橡胶研究所、进出口和橡胶设备运输公司、7 个橡胶种植农场)。

柬埔寨国家农业研究体系主要发展措施要求:一是通过大量多层面的合作,强化各种知识的衔接度、资源研究的目的性以及研究的细化过程,以提高技术发展的效率和效力。二是拓宽投资渠道,促进私人及相关部门参与并投资农业研究。三是在所有技术开发及转化方面,注重社会公平、性别及环境因素。四是通过适应性和应用性研究提高知识水平,并与国际机构合作获取基础战略性研究数据。五是以可持续发展的态度为重心,强化贯彻各项措施的能力,吸引、开发和吸纳高素质人才,提高全国农业服务体系的质量。

柬埔寨农业研究机构主要有:

(1)柬埔寨国家农业科学院(CARDI)。CARDI 是委员会管理性质的半自治研究机构,也是柬埔寨农林渔业部直属最大的研究机构,致力于国家扶贫计划及经济发展规划。其研究项目包括:①水土资源科学研究。②植物育种。③植物保护。④经济社会研究。⑤农学和耕作体系研究。⑥农机研究。[①]

(2)柬埔寨橡胶研究所(CRRI)。其研究目标是:①支持促进橡胶种植发展的实施计划。②为橡胶产业研发高产品种。③参与协助提高柬埔寨橡胶质量。④为橡胶产业提供程序评价和分析研究。⑤新技术培训和推广。

(3)内陆渔业研究与开发研究所(IFREDI)。其发展战略是"确保内陆水产品资源的可持续发展,促进国家粮食安全和经济繁荣"。主要由湄公河委员会和丹麦的援助机构提供资金资助,并受柬埔寨政府监管。主要部门有 4 个:①生物研究部门。②社会经济研究部门。③行政部门。④干丹省研究站。

(4)国家动物防疫与繁殖研究中心(NAHPIC)。已在国家项目的支持下建立了实验室,拥有了动物疾病防疫及基础研究的能力。

(5)林木与野生植物科研所(FWSRI)。由柬埔寨林业管理部门管辖,一直积极参与世界自然基金会、世界自然保护联盟及其他组织的研究活动。但组织规模仍较小。

3. 农产品市场流通法律制度

当前柬埔寨农产品市场流通法律制度仍不健全。但柬埔寨一直实行开放的自由市场经济政策,经济活动高度自由化。欧盟、美国、日本等全球 28 个国

---

① 冯璐,吴春梅,李立池,2010. 柬埔寨农业研究体系概况 [J]. 东南亚纵横 (1):69-72.

家（地区）给予柬埔寨普惠制待遇（GSP）。对于农产品的市场流通，《柬埔寨王国投资法》第 9 条规定"柬埔寨规定政府不实行对境内私有财产产生负面影响的国有化政策。如果根据国家安全需要、社会安定需要和国家经济发展需要，出现通过法令对部分投资领域进行限制的情况，则必须依照公平、独立评估的价格对投资者进行补偿"。柬埔寨的竞争与价格政策较为开放，几乎没有政府垄断，政府不会直接干涉商业货物或是服务价格，不会进行价格管制。

（四）涉农保护制度

1. 涉农环境保护与生态补偿法律制度

1996 年 11 月 18 日，柬埔寨国民议会通过了柬埔寨第一部环境保护法，此后不断完善，旨在保护和恢复柬埔寨的自然环境，确保自然资源的保护、开发、管理和可持续利用[①]。《柬埔寨环境保护及自然资源管理法》授权环境保护部（MOE）检查任何房屋或任何运输工具的权利，规定了包括环境影响评估法令、水污染控制法令、固体废物管理分法令和附属法令（对空气和噪音污染的控制）。就柬埔寨领空、领水、领地内或地表上进口、生成、运输、再生、处理、储存、处置、排放的污染物、废物和有毒有害物质的来源、类型和数量；噪音、震动的来源、类型和影响范围都进行了明确规定。根据该法"任何私人或公共项目均需要进行环境影响评估；"[②] 在项目提交柬埔寨政府审定前，由环境保护部予以检查评估；未经环境影响评估的现有项目及待办项目均需进行评估。

（1）环境影响评估。根据 1999 年颁布的《环境影响评估进程实施法令》规定的性质、规模、活动等，对一些项目需要进行"环境影响评估"。项目进行环境影响评估的投资者需要向政府提交初步的环评报告和可行性研究报告。对于可能造成严重环境影响的项目，必须向政府提交完整的环境影响评估报告和可行性研究报告。在项目开始之前，必须获得政府批准的初步和完整的环境影响评估报告。投资者需要支付检查环评报告和监督项目实施的服务费，并向环保基金缴款。并要求新获得许可的投资企业签订合同，要求投资者说明它将遵守环境法规，采取行动保护环境，并立即纠正投资企业造成的任何负面环境影响。

（2）水污染防治。1999 年 4 月 6 日制定了"水污染控制法令"，以控制水污染，并减少和制止公共水污染。该法令规定了可以排放的液体废物的标准。

---

① 《柬埔寨环境保护及自然资源管理法》第一章概述第 1 条。
② 《柬埔寨环境保护及自然资源管理法》第三章评估环境影响因素第 6 条。

该法令确定了一些污染源，需要获得政府批准，才能排放液体废物或从某些行业运输液体废物。该法令还禁止倾倒废物或会引起水体污染的危险物质。《柬埔寨环境保护及自然资源管理法有关水源的污染和控制的修增案》第三章第10条规定"所有欲从污染源排放的废水或废水的运输，无论其作用、目的如何，都须事先获得环保部的许可证，才可进行。许可证的申请文件的影印本，也将会呈报各有关的政府部门。"[①] 该法第五章同时规定公众水域实行污染监督：环保部将会定期监督和控制整个柬埔寨国内的公众水域的水质状况，并将采取适当步骤来确保或避免公众水域受到污染（第26条）。环保部将管理在柬埔寨全国范围内，收集到的水质的测试资料，并对全国的水质状况进行评估（第27条）。环保部将会定期向公众公布柬埔寨各地公众水域的水质和污染情况的详情（第28条）。一旦公众水域受到污染，并将对人体健康产生威胁，和破坏生态平衡的发展，环保部将即刻公布告知人民有关的危险性，并将采取各种必要的措施避免污染，并恢复公众水域的水质标准（第29条）。

一旦环保部发现污染源所排放的污水不符合本增订案要求时，环保部将会采取下列步骤：

①如果这些违反的事项，并未即刻对人民健康造成伤害或未对公众水域形成严重的水质破坏，环保部将出具书面通告给有关的污染源主人，或其代理负责人，要求在一定期限内改正其违反的事项。

②如果此污染对人民和水质造成严重的影响，环保部将出具书面通告，要求污染源主人或其指定的代理负责人，暂时停止作业，直到违反的事项得到更改。

（3）固体废物管理。固体废物管理由1999年4月27日颁布的《废物管理法令》管理。该法令特别禁止向柬埔寨出口废物。根据本法令，运输或建造危险废物处置或储存场地需要政府授权。本次级法令还要求按照公认的技术标准对危险废物进行安全处置和储存。关于固体危险废物的管理，《柬埔寨环境保护及自然资源管理法有关固体废料管理的修增案》规定：

条款13：危险废料的主人或其代理负责人，必须暂时以适当技术和安全的方式，将危险废料妥善储存。

条款14：危险废料的主人或其代理负责人，须于每季（3个月）向环保部呈报有关废料的详情，报告的内容须包括：危险废料的种类和数量；暂时性的储存方式；如何处理和消除危险废料的方法条款。

---

① 《柬埔寨环境保护及自然资源管理法有关水源的污染和控制的修增案》第三章废水排放许可证第10条。

条款 15：有关危险废料的储存、运输和丢弃，必须和家用废料区分开来，而且必须根据环保部的通令及所颁布的指导原则进行。法案严禁将危险废料倾倒于公共场地，公共阴沟系统，公众水域，郊外和森林等地。

条款 16：危险废料的收集、运输、储存和丢弃，无论是从民居、市场、医院、诊所、旅店、餐厅和公众建筑物都是地方管理局的胜任职责。在条款 6 的第 1 段，有关危险废料的处理，必须依照环保部所颁布的通令的指导原则的最佳管理方法进行。

条款 17：有关危险废料的运输或者废弃填充场的建设或储存设施的建设，无论是在工厂或生产场地，都须得到环保部的许可方可进行。

条款 18：有关危险废料储存场地或废料填充场地的主人或其代理负责人，须每季（3 个月）向环保部提呈有关储存或丢弃在他辖下的废料场地的废料，报告内容须包括下列事项：①废料的种类和数量；②废料的来源；③废料的包装和运输；④废料的管理和处理程序。

条款 19：任何有关投资危险废料的处理或焚化炉，都须事先经过环保部的审批。

条款 20：危险废料在柬埔寨出口，必须与环保部签订协定，同时也需要有商业部的出口执照和入口国所发的入口许可证，才可以正式进行出口。危险废料的出口，必须受布鲁塞尔公约的约束，有关危险废料的过境运输和丢弃条款设立于 1989 年，并于 1992 年 5 月 5 日付诸实施。

条款 21：本法案严厉禁止从国外向柬埔寨输入危险废料。

对于污染事项的违反者，环保部门将加以告发，并追诉刑罚。同时，也可采取法律行动诉讼①。任何环保部门的官员或其代理负责人，因疏忽没有及时觉察、执行符合环保部条例的任务，或同违反者共谋、支援、纵容、协助造成违法，将面临行政制裁或移交法庭审判处理②。

噪音和空气污染：空气污染和噪音滋扰的控制在 2000 年 7 月 10 日的《空气污染和噪音滋扰控制分令》中得到了解决。《柬埔寨环境保护及自然资源管理法空气污染和噪音污染的控制之修订案》也规定了允许的污染物和噪音水平。该法令禁止进口、使用或制造超出允许排放污染物或噪音的机动车辆和机器。不动产污染物和噪音的排放需要政府授权。修订案还规定：一旦发现污染源主人或其代理负责人，违反了"修增法案"内容，排放了超出其所设定对有毒物质和噪音的允许标准，环保部将执行下列行动：①发出书面要求污染源主人或其代理负责人对其违反排放污染体的行为，限其于一定的时间内改正；

---

① 《柬埔寨环境保护及自然资源管理法有关固体废料管理的修增案》第五章惩罚条款第 29 条。
② 《柬埔寨环境保护及自然资源管理法有关固体废料管理的修增案》第五章惩罚条款第 28 条。

②如果污染源所排放出的污染物，对人体健康会产生严重冲击，或严重破坏空气质量，环保部将马上出具书面要求，违反的污染源主人或其代理人，立刻暂时停止作业，直到违反事项活动得到改正为止①。

自然保护区：自然保护区管理法令于 1993 年 11 月 1 日设立。全国共 23 个自然保护区，分为四大类：国家公园、野生动物保护区、受保护景观区和多用途区。

国际条约：柬埔寨也积极加入与环境保护有关的条约同盟。迄今为止批准的一些主要环境保护条约包括：《维也纳保护臭氧层公约》《关于消耗臭氧层物质的蒙特利尔议定书》《联合国气候变化框架公约京都议定书》《生物多样性公约》《生物多样性公约卡塔赫纳生物安全议定书》《东盟跨界烟雾污染协定》《关于持久性有机污染物的斯德哥尔摩公约》《控制危险废物越境转移及其处置巴塞尔公约》《具有国际重要性，特别是作为水禽栖息地的湿地公约》《濒危野生动植物种国际贸易公约》《建立全球绿色增长研究所的协议》和《获取遗传资源并公平和公平地分享其利用生物多样性公约所产生的惠益的名古屋议定书》。

2. 乡村治理与宗教文化法律制度

1993 年大选后，柬埔寨政府奉行宗教信仰自由的政策，并将其明确写入《柬埔寨王国宪法》（以下简称《宪法》），规定"柬埔寨男女公民均享有充分的信仰自由权利。国家保护信仰自由和宗教活动，但不得妨碍其他宗教信仰、公共秩序和社会安定"。

《宪法》第 41 条和第 43 条规定，"任何人不得因此损害他人名誉、社会习俗、公共秩序和国家安全""不得妨碍他人信仰或宗教自由、社会公德和社会安宁"②。同时，《柬埔寨王国刑法典》（以下简称《刑法典》）第 61 条第 1 款规定："任何人，在公共场所或会议中通过说话、呼喊或威胁，或是通过写作、出版、绘画、雕刻、涂写、制作标识或拍摄电影或任何其他写作和演说形式，或是通过公共场所或会议中电影的销售、发行或放映，或是通过公开场合中符号或海报的展示及任何其他视听传播形式，激起包含歧视、敌对或暴力的民族、种族或宗教仇恨的，将被处以一个月至一年的监禁，100 万～1 000 万瑞尔的罚款，或二刑并罚"③。

---

① 《柬埔寨环境保护及自然资源管理法空气污染和噪音污染的控制之的修订案》第四章污染源的监管第 25 条。

② 许肇琳，张天枢，1995. 柬埔寨 [M]. 南宁：广西人民出版社.

③ Vitit Muntarbhorn，2010. Study on the prohibition of incitement to national，racial or religious hatred：Lessons from the Asia Pacific Region [EB/OL]. http：//www. ohchr. org/Documents/Issues/Expression/ICCPR/Bangkok/StudyBangkok _ en. pdf.

1995 年，通过的《新闻法》第 7 条第 6 款还规定："媒体应当避免公开任何激起和引起基于种族、肤色、性别、语言、信仰、宗教、观点或政治倾向、民族或社会出身、社会资源或其他社会地位歧视的任何信息。"柬埔寨司法部门很少动用亵渎宗教类法律，媒体和个人因此而被刑事制裁的很少。但是，媒体管理部门仍然会对亵渎宗教的言论进行处罚。

2010 年，柬埔寨《刑法典》又进一步修订，"针对他人出身、民族划分、种族、国籍或宗教信仰进行侮辱或诽谤者，无须自诉，将由检察官提起公诉。"此外，柬埔寨首相洪森也曾公开表示，"由执政的柬埔寨人民党推行的政策，让柬埔寨人民可以宗教信仰自由，多个不同宗教信仰的人民可以和睦相处，平平安安地生活在同一个国家。歧视某个宗教，绝对不是柬埔寨人民党现在或今后执行的政策。因为这样的政策会导致国内发生宗教纠纷或冲突，甚至蔓延成国家动乱。"①

三、柬埔寨农业市场准入及农产品贸易制度

柬埔寨无专门的外商投资法及农业市场准入制度，其政策主要体现在《投资法》②《修正法》③《关于柬埔寨发展理事会组织运作法令》《关于特别行政区设立与管理的第 148 号法令》《商业管理与商业注册法》《商业合同法》、柬埔寨在中国—东盟自贸区《服务贸易协议》中的具体承诺减让表规定等。

（一）农业领域外资管理法律制度及政策体系

1. 外国投资者准入制度

国民待遇：柬埔寨的外资政策相对自由，对外资与内资基本给予同等待遇。强调所有投资者不分国籍和种族在法律面前一律平等。也明确承诺，对于设立或审批现有外国服务提供者从事经营或提供服务的许可或其他形式中所列所有权、管理、经营、法律形式和活动范围的条件，将不会使之比柬埔寨在加入世界贸易组织（WTO）之日时更具限制性。关于自然人流动，除下列类别自然人的入境和临时居留有关措施外，不做承诺。一是商务旅行者入境签证有效期为 90 天，初始居留期间为 30 天并可延期；二是负责建立商业存在的人员，不受最高居住期限限制；三是企业内部流动人员（高级管理人员、经理、

---

① 东博社，2017. 洪森：柬埔寨不能发生宗教纠纷 会导致国家动乱［EB/OL］. https：//www. sohu. com/a/149762875＿402008.

② 《投资法》：本法于 1994 年 8 月 4 日柬埔寨王国第一届国会特别会议通过，1997 年、1999 年两度修订。

③ 《修正法》：本法于 2003 年 2 月 3 日柬埔寨王国第二届国会通过。

专家）需要提供临时居留和工作许可，许可证的年限为 2 年并可每年进行延期，最高累计年限为 5 年[①]。

国家利益审查：《投资法》规定，"寻求激励的投资者有义务为柬埔寨人员提供充分持续的培训，包括提供晋升至高级职位的机会。"此外，柬埔寨政府不实行损害投资者财产的国有化政策；已获批准的投资项目，柬埔寨政府不对其产品价格和服务价格进行管制；不实行外汇管制，允许投资者从银行系统购买外汇转往国外，用以清算其与投资活动有关的财政债务[②]。

2. 农业用土地及房屋买卖和租赁制度及政策

依据法律，柬埔寨土地分为五种形式即私有土地、国家公用土地、国家私有土地、公益用地和原住民用地。其中，国家公用和私有土地属国有用地，占柬埔寨土地面积的 75%～80%。原住民群体持有的未登记土地、寺庙建设所占用的、公益用地也属公有产权[③]。由于柬埔寨经济发展落后，在土地管理方面受到诸多非政府组织的支持，如世界银行则以"土地监督和行政计划"作为依托，帮助柬埔寨设立土地管理登记制度和土地所有权合同的发行制度等。

所有权及其使用应遵循以下原则：①《柬埔寨王国投资法修正法实施细则》中对外国人土地利用做出了具体规定，投资活动所用土地，其所有权依据现行法律，应为柬埔寨自然人或法人所有。柬埔寨籍法人是指柬埔寨籍个人或法人在投资总额中占 51% 以上股份的法人。②投资者可通过长期租赁的方式使用土地，最长租期为 70 年，期满可申请继续租赁。土地的使用及土地上的其他所有权的行使，必须符合法律规定。且投资人登记土地所有权的，应填写全部表格，并在不动产所在辖区的地籍办公室办理登记手续。且根据柬埔寨宪法，外籍自然人或法人不得拥有柬埔寨土地。

土地所有权。柬埔寨对外国人拥有本国不动产有一定的法律限制，根据宪法规定：所有人，无论个人或集体，均有权占有财产；只有柬埔寨公民或合法团体有权占有土地。""除非因合法的公众利益，且事先进行了公平公正的补偿，否则土地占有权不能被剥夺"（《柬埔寨王国宪法》，1993）。

土地使用权。一是柬埔寨法人，除所有权外，允许柬埔寨投资人以多种方式使用土地，包括特许、租赁、转让或抵押。二是外籍法人，允许外籍法人以多种方式使用土地，包括特许、15 年或以上长期租赁及可展期短期租赁。土地使用权包括承租人在合同规定期限内对建筑物、装备及土地改良所拥有的权

---

① 柬埔寨在中国—东盟自贸区《服务贸易协议》中的具体承诺减让表。

② 《修正法》：本法于 2003 年 2 月 3 日柬埔寨王国第二届国会通过。

③ 李周密，2015. 中国在柬埔寨耕地投资研究 [D]. 武汉：华中科技大学.

利。使用土地的方式需符合现行法律规定。而自然人或法人租赁国有土地的，应依据国有资产管理有关规定办理，并经主管部门明确批准，可转租给第三方①。

柬埔寨《土地法》第七章第四部分第 106 条规定：不动产所有者可以向其他人租赁。租赁合同是不动产所有者临时将财产交予他人，以规定的租金、租期为对价的合同。不动产租赁合同也称租赁协议。租赁有两种形式：不定期租赁与定期租赁。定期租赁包括短期附加续租选择权的租赁和 15 年以上的长期租赁。第 108 条规定：长期租赁形成不动产的权利。上述权利可有价转让或继承。如果不损坏或根本改变其原有性质，可以改善并改变长期租赁的财产，除非租赁协议中特殊规定。租赁期到，出租人或其继承人无需对承租人所做的改善进行任何补偿就完全获得所有权。如果承租人符合本条第 2 款，出租人或其继承人无权强迫承租人将不动产返还原状。还有同年柬埔寨通过的投资保护法中对投资者不动产租赁的规定，在第六章第二款规定，"允许投资人使用土地，包括采用长期租赁，最长租期 70 年的方式，并可申请延期。采用该土地使用方式如涉及地上不动产及私人财产所有权，按相关法律规定处理"。柬埔寨法律虽然涉及农业用土地及房屋买卖和租赁制度及政策，但是法律中缺少实施细则，在实际操作过程中发生的拆迁等问题逐渐突出和严重，土地产权定义的不明确以及《土地法》管理过程中出现的漏洞都造成了柬埔寨土地纠纷案件数量的逐年增长。

3. 涉农投资的税收制度及政策

在柬埔寨设立好企业之后，需要向柬埔寨税务总局（GDT）进行企业登记，一般需要 4～6 周完成登记程序。2016 年 1 月 1 日之前，柬埔寨共有 3 种税务模式：实际纳税、简化纳税和预估纳税。2016 年 1 月 1 日起，柬埔寨只保留一种税收政策，即实际纳税政策，并更名为自我评估纳税政策。在每一税收年（自然年）末，自评纳税人（SAT）应当在下一年的 3 月 31 日之前缴纳所得税（TOI）或最低税费（MT）（以多者为准）。

纳税人分类。纳税人包括小额纳税人、一般纳税人、大额纳税人（自评纳税人 SAT）（表 1-3）。

主要税种。现行赋税体系包括的主要税种如表 1-4 所示，有所得税、最低税、预提税、薪酬税、增值税、不动产税、特种税、进出口税等。

---

① 杨易，仇焕广，冯勇，2013. 农业走出去重点国家农业投资合作政策法规及鼓励措施概况 [M]. 北京：中国农业出版社.

表 1-3　纳税人分类表

小额纳税人	一般纳税人	大额纳税人
包括个体和合伙企业，条件如下： ①年度应税销售总额为2.5亿～7亿瑞尔。 ②在一个税收年度内，3个连续自然月的应税销售额超过6 000万瑞尔。 ③在接下来的3个连续自然月的预计应税销售额超过6 000万瑞尔。 ④该企业供应商品或服务进行了投标、报价或调查活动。	①年度应税销售总额为7亿～40亿瑞尔的企业。 ②企业采取法人形式设立。 ③政府机构、外国使领团、国际组织或代理。	①年度应税销售总额超过40亿瑞尔的企业。 ②外国公司的分支机构。 ③由柬埔寨发展委员会（CDC）批准注册的"合格投资项目"的企业。

表 1-4　税种情况表

年度	月度	其他
所得税（TOI）	预支所得税（PIT）	营业税
最低税费（MT）	预提税（WHT）	特殊商品及服务税（ST）
	薪酬税（TOS）	住宿税（AT）
	增值税（VAT）	公共照明税（TPL）
		荒地税（TUL）
		不动产税（TIM）
		股息分配附加税（ATDD）

（1）年度税费。所得税（TOI）。应纳税所得额＝收入－支出，标准税率为20％，自然资源和油气资源类税率为30％。2017年之前，所得税称为"利润税"，其规定，"应税对象是居民纳税人来源于柬埔寨或国外的收入，及非居民纳税人来源于柬埔寨的收入。税额按照纳税人企业类型、业务类型、营业水平而确定使用实际税制、简化税制或预估税制计算。"而不同行业税率也有所不同，如表1-5所示。

可扣除的开销。在一个税收年度内，纳税人为经营所支付的开销可以在计算纳税额时予以扣除。税收规定指出，"与非正常经营有关的开销""为第三方提供利益的开销""为满足个人需求的开销"，以及"奢侈开销"不得扣除。

表1-5 不同行业税率情况表

行业类型	税率
法人（一般商业类型）	20%
小额纳税人	累进税率
石油、天然气产品共享合同或自然资源开采	30%
与柬埔寨境内财产或风险有关的保险活动	保费总额的5%

不可扣除的开销。法律规定中特别列出不可扣除的开销包括：与休闲娱乐有关的任何开销、个人或生活开销、罚金或罚款、捐款、补助金或津贴、预先支付的利润税、最低税费或利润税、企业承担的预提所得税和薪酬税以及销售损失或关联企业之间进行的直接或间接的交换。

非相关业务开销，税务折旧。不同资产的税务折旧有所区别，如表1-6所示。

表1-6 不同资产的税务折旧法及比率情况

类型	财　　产	方法	比率
无形资产	有特定使用寿命	直线折旧法	与预计使用寿命有关
	无特定使用寿命	直线折旧法	10%
有形资产	①楼房、建筑及其基本组成部分	直线折旧法	5%
	②电脑、电子信息系统、软件或数据处理设备	余额递减法	50%
	③汽车、卡车、办公用品和设备等	余额递减法	25%
	④全部其他有形资产	余额递减法	20%

最低税费（MT）。最低税费与利润税是不同的独立税种。除合格投资项目外，实际税制的纳税人也应缴纳最低税。其最低税率为年营业额的1%，包含除增值税外的全部赋税，应于年度利润清算时缴纳。利润税达到年度营业额1%以上的，纳税人仅缴纳利润税。"合格投资项目（QIP）"（在项目期间不需缴纳最低税费，且在所得税免税期无需缴纳预支所得税）以及2017年和2018年进行税收登记的中小型企业（SMES）可豁免缴纳最低税费，也不需要按月支付。《2017金融管理法》对支付最低税费的义务进行了修改，即只有具有不良会计记录的企业才需缴纳最低税费。2017年7月4日颁布的638号法律文件规定了何种记录为"不良会计记录"：企业会计账目不符合GDT和经济与金融部门的要求，企业未根据《柬埔寨王国税法》（以下简称《税法》）第77、79和98条的规定开具发票；企业具有《税法》第126条所规定的重大疏忽；企业构成《税法》第127条所规定的逃税行为；企业的年销售额超过20亿瑞

尔（约 50 万美元）而没有独立审计员制作审计报告。

（2）月度税费。 预支所得税（PIT）。根据第 28 条，如果企业根据自我评估纳税政策缴纳所得税，那么该企业应当按月缴纳预支所得税，税费为上一月营业额（包括除增值税之外的全部税费）的 1％。即使企业免除最低税费，除 QIP 在免税期内免缴预支所得税外，其他企业仍需按月缴纳。对于免交最低税费且在本年度内遭受税收损失的纳税人，每月 1％ 的预支所得税将作为下一年度的税务抵免，直到该企业盈利，累积税务抵免可以用于抵消所得税税费。

预提税（WHT）。在柬埔寨经营的纳税人必须在向居民纳税人和非居民纳税人付款时预扣特定款项，该笔预扣款项应当交给 GDT。付款纳入预提所得税范围（表 1-7）：

表 1-7　付款纳入预提所得税范围情况

居民纳税人由于下列事项 支付给居民的款项	居民纳税人由于下列事项 支付给非居民的款项
提供服务——15％（支付给已进行税收登记并有合法增值税发票的纳税人除外）	利息——14％
利息——15％（国内银行和储蓄机构除外）	版税租金或其他基于财产使用产生的收入——14％
版税——15％	管理和技术费——14％
租金——10％	股息——14％
当地银行支付给居民的定期存款利息——6％	柬埔寨现阶段有签署《避免重复征税协议》，对于符合条件的非居民，其基于特定交易的预提税率可能低于 14％
当地银行支付给库民的活期存款利息——4％	

预提税不适用于货物买卖。柬埔寨已与中国签订了《避免双重征税协定》，并于 2019 年 1 月 1 日起生效。《避免双重征税协定》降低了向非居民付款的预提所得税税率标准。对于重复征税协议覆盖地区的纳税人，其支付的利息、版税、服务费和股息的预提所得税税率从 14％ 降为 10％。

薪酬税（TOS）。对于自然人而言，分为居民和非居民纳税人。如果某一自然人的居所或主要居住地在柬埔寨，或在任一连续 12 个月的期间内在柬埔寨境内停留超过 182 天，则该自然人视为居民。未满足以上条件的自然人为非居民。柬埔寨个人居民纳税人应当就其来源于柬埔寨境内或境外的薪水缴纳薪酬税，税率为 0～20％ 递增税率；而非柬埔寨居民的纳税个人仅就其来源于柬埔寨境内的薪水纳税，统一税率 20％。薪酬包括报酬、工资、奖金、加班费、赔偿，以及雇主提供的贷款或预付金。对于需要抚养孩子或有无工作配偶的居民雇员，薪酬税的基数可以减少。2017 年 1 月 1 日《2017 金融管理法》生效后，上述基数减少的额度由 7.5 万瑞尔提高到 15 万瑞尔。具体薪酬税税率情况见表 1-8 所示。

表 1-8　柬埔寨薪酬税税率情况

月薪（瑞尔）	等额美元（4 000 瑞尔兑 1 美元）	税率
0～1 200 000	0～300	0
1 200 001～2 000 000	301～500	5%
2 000 001～8 500 000	501～2 125	10%
8 500 001～12 500 000	2 126～3 125	15%
12 500 000 以上	3 125 以上	20%

下列由居民纳税人取得的薪水免于征收薪酬税：一是，雇主对雇员进行的业务费用报销，前提是该费用产生于业务范围内、未超过合理数额且可以计量；二是，符合劳动法规定的解雇赔偿金；三是，由于具备劳动法规定的社会特征而取得的额外报酬；四是，雇员在业务范围内使用的免费或低于市场价格的工作服务或特殊专业设备；五是，工作期间取得的食宿费和差旅费，但报销数额不得超过实际开销。

福利补贴税。雇主给予雇员的福利补贴将按照 20% 的税率征税。福利补贴税的应税项目主要包括下列福利（表 1-9）：

表 1-9　福利补贴税内容

私人用交通工具	住宿；食物、家庭用品或佣人	教育补贴（与工作有关的培训除外）
低息贷款	打折销售	超过劳动法限额的社保福利
人寿或健康保险（全体员工均享受的无差别保费除外）	超过月薪 10% 的养老金缴款	工作范围之外的休闲娱乐开销

增值税（VAT）。增值税适用于商品销售及提供服务。商品是指有形商品，不包括土地和金钱。服务是指提供除商品、土地或金钱之外的有价物。企业需要按照 10% 的标准税率对柬埔寨境内供应的应纳税商品或服务缴纳增值税，包括进口到柬埔寨的货物。但从柬埔寨出口的货物的增值税税率为零。除免征税商品或服务之外，其他商品或服务均纳入应缴增值税范围。

免征增值税的商品或服务如表 1-10 所示。

表 1-10 免增值税内容

公共邮政服务	基础金融服务	国有公共交通服务	保险服务
医院、诊所、医药或牙医服务，以及为提供上述服务所销售的药物或牙医产品	免于征收进口税的个人用进口货物	经济与金融部门承认的为公共利益进行的非营利活动	与搬迁或移除固体或液体废料有关的服务
电力或纯净水供应	未经加工的农产品	教育服务	

柬埔寨采用传统的增值税体系，规定需要缴纳增值税的企业的进项增值税可以抵扣出项增值税。如果纳税人当月的进项增值税多于出项增值税（即税务抵免 tax credits），该纳税人可以用该剩余额度抵扣下一时段的出项增值税。但是，娱乐开销、生产或进口特定石油产品、购买或进口载客机动车辆及移动通信不能作为进项税进行抵扣。

(3) 其他税费。营业税（PT）。企业应当在进行营业登记之后每年为其进行的任何商业活动缴纳营业税，不同纳税人缴纳营业税情况，如表 1-11 所示。

表 1-11 不同纳税人缴纳营业税情况

自评纳税人	营业税（瑞尔）	营业税（美元）
小额纳税人	40 万	100
中等纳税人	120 万	300
大额纳税人	300 万或 400 万	750 或 1 250

如果大额纳税人的年度销售额超过 100 亿瑞尔（250 万美元），那么营业税为 1 250 美元；如果未超过 100 亿瑞尔（250 万美元），那么营业税为 750 美元。营业税的缴纳地点必须是纳税人的实际经营地。如果纳税人在实际经营地具有分支机构、仓库、工厂或工作坊，而这些场所与实际经营地的商业目标相同，那么该纳税人仅需缴纳一次营业税。柬埔寨境内或进口货物及服务需征收特殊商品及服务税，如软饮料、酒精饮料、烟草制品等，服务包括娱乐、家政、国际机票以及电话通信服务，税率为 3% 到 45% 不等。

印花税（Stamp Duty）。纳税人需就其不动产、所有种类的交通工具、股权所有权转让活动缴纳印花税。此外，征税对象也包括为公共机构提供商品或服务的合同，以及与企业设立、合并或解散有关的特定法律文书。印花税的税率为：转让不动产的所有权或使用权，或以不动产作价向企业出资——不动产价值的 4%；转让交通工具的所有权或使用权——交通工具价值的 4%；转让公司的部分或全部股权——被转让股权价值的 0.1%；对向政府提供商品或服务的合同进行登记——合同价格的 0.1％；对企业设立证书、合并证书或能够证明企业解散的文件进行登记——100 万瑞尔（约 250 美元）。

不动产税（TIM）。不动产包括土地、房屋、楼房和其他建筑。不动产税的征税对象是价值超过 1 亿瑞尔（约 2.5 万美元）的不动产，税率为 0.1％。不动产的价值由不动产评估委员会决定。纳税人需要在每年的 9 月 30 日之前填写报税表并缴纳不动产税。

股息分配附加税（ATDD）。股息分配附加税是对之前未按 20％ 税率纳税的利润的分配进行征税（例如 QIP 分配的股息）。无论是在免税期内，或免税期结束后，企业免缴所得税期间产生的利润不是股息分配附加税的征税对象，仅在分配留存利润时才会涉及股息分配附加税。从 2017 年开始，对于柬埔寨境内的分公司将股息分配给外国的总公司，且该股息分配未进行源头纳税，那么该利润分配也需要缴纳股息分配附加税。

进出口税。除法律和相关政策另有免税规定外，进入柬埔寨海关的任何货物都要征收进口税，税率为 0 到 35％ 不等。柬埔寨《关于特别经济区设立和管理的 148 号次法令》规定，特别经济区委员会应向全部特别经济区提供优惠政策。《投资法修正法》规定，位于特别经济区的合格投资项目有权享受与其他合格投资项目相同的法定优惠政策和待遇。经济区开发商和区内投资企业可享受的优惠投资政策包括以下内容：一是对于经济区开发商：利润税免税期最长可达 9 年；经济区内基础设施建设使用设备和建材进口免征进口税和其他赋税；经济区开发商可根据《土地法》取得国家土地特许，在边境地区或独立区域设立特别经济区，并将土地租赁给投资企业。二是对于区内投资企业：与其他合格投资项目同等享受关税和税收优惠；产品出口国外市场的免征增值税。产品进入国内市场的，应根据数量缴纳相应增值税①。

（4）企业报税管理。报税单。企业必须在每年第一季度之内提交上一年的所得税和营业税报税单。新登记的企业必须在商务部批准其进行商事登记后的 15 日内提交营业税的报税单。企业应当在每月 20 日向税收管理部门提交上个月的月度报税单，包含预支所得税税单、预提所得税税单、薪酬税税单及增值税税单。特别税费、住宿税、公共照明税、股息分配附加税以及其他税费也应体现在月度报税单中。

税务亏损。企业的税务亏损可做结转，用以抵扣接下来 5 年内的利润，但不得抵扣之前年度的利润。如果企业所有权或企业经营活动发生变化，该税务亏损将不可用以抵扣。此外，若 GDT 对纳税人进行税务重算，该税务亏损也

---

① 克瑞德，2007. 柬埔寨吸引外商直接投资优惠政策之探究 [J]. 世界经济研究（12）：82－85＋88.

不可用以抵扣。GDT 可以在 3 年内进行税务重算。如果有证据证明重新评估存在障碍或阻挠，那么重新评估的期限可以延长至 10 年。"障碍"的定义非常广泛，包括未在报税期限届满后 30 日内提交报税单等。因此，在很多情况下，税务总局进行重新评估的期限是 10 年。

处罚措施。违反了《税法》和相关规章的纳税人将受处罚。处罚的轻重取决于违法行为的性质，具体办法如下：

如果违法行为是由纳税人或扣缴税款代理人的疏忽引起的（欠缴税款不超过应缴税款的 10%），那么罚金为欠缴税款的 10%；

如果纳税人或扣缴税款代理人存在重大过失（欠缴税款超过应缴税款的 10%），或经税务总局送达催缴通知书后，纳税人未于通知规定期限届满之前补缴税款，则罚金为欠缴税款的 25%；

如果经税务总局审计，发现纳税人存在逃税行为，则罚金为欠缴税款的 40%；

迟交税款或报税单的纳税人每月需缴纳 2% 的滞纳金。

4. 涉农领域投资制度及政策

柬埔寨政府一直十分鼓励外国资本对农业及农业加工业发展的直接投资，其给予的投资优惠主要包括免征全部或部分关税和赋税。在吸引外商投资农业产业上，柬埔寨政府依据投资法实施的主要鼓励措施是[①]：

①项目在实施后，从第一次获得盈利的年份算起，可免征盈利税的时间最长为 8 年。如连续亏损则被准许免征税。如果投资者将其盈利用于再投资，可免征其盈利税。

②政府只征收纯盈利税，税率为 9%。

③分配投资盈利，不管是转移到国外，还是在柬国内分配，均不征税。

④对投资项目需进口的建筑材料、生产资料、各种物资、半成品、原材料及所需零配件，均可获得 100% 免征关税及其他赋税，但该项目必须是产品的 80% 供出口的投资项目。

柬埔寨银行体系由国家银行和商业银行构成。国家银行的主要职能是：建立金融体系的法律框架，维持稳定的价格体系，为制定金融政策提供依据，增加国家资本、承担政府间的财务清算和管理本国货币，管理外汇储备，监督调控商业银行、专门金融机构等依法运营。虽然柬埔寨商业银行能够提供海外资本划拨、信用证开立、外汇服务、贷款服务、不动产抵押，但业务范围相对狭窄，且经济实力不强，操作困难，手续复杂，借款期限短，

---

① 中华人民共和国驻柬埔寨王国大使馆经济商务参赞处，2015. 柬埔寨税制概要［EB/OL］. http://cb.mofcom.gov.cn.

利率较高。

对于融资外汇管理。美元与瑞尔同是柬埔寨的主要货币。人民币与瑞尔不可直接兑换，与瑞尔进行结算需以美元搭桥。

5. 外汇管理制度及政策

美元是柬埔寨的通用货币之一，柬埔寨并且没有汇管制。在柬埔寨，无论是汇款还是转账只需要通过已注册的金融机构即可。柬埔寨大部分交易是以美元计算，汇款仅需支付预扣税。由于美元的相对稳定和实力，也为该国的国际投资者带来了便利。

根据《柬埔寨王国外汇法》（以下简称《外汇法》）："柬埔寨不实行外汇管制，汇率由市场调节，美元可自由流通。"外国投资人可以向境外汇出外汇，用以清偿与投资活动有关的债务以及返还投资收益、剩余资产收益等。《外汇法》还规定："允许居民自由持有外汇。通过授权银行进行的外汇业务不受管制，但单笔转账金额在1万美元（含）以上的，授权银行应向国家银行报告。只要在柬埔寨商业主管部门注册的企业均可开立外汇账户。"[①]

6. 涉农劳动法律制度与政策

《柬埔寨王国投资法》规定雇佣劳动力的自由原则是投资者在柬埔寨有权按照《柬埔寨王国劳工法》（以下简称《劳工法》）和《柬埔寨王国移民法》（以下简称《移民法》）的有关规定，自由选择和雇佣柬埔寨籍或外籍员工。外籍员工转移收益的方式是外籍员工在纳税之后，可允许通过银行系统将其在柬埔寨境内的工资收入汇往国外。

(1) 外籍人士在柬埔寨就业准入制度。在柬埔寨劳动者权益受柬埔寨《宪法》和《劳工法》保护。外籍人士在柬埔寨就业，需满足以下条件：

雇主预先获得柬埔寨工作的合法就业证、工作许可证，合法进入柬埔寨，持有有效护照，持有有效居留证，无传染性疾病（卫生部规定相关条件，劳动主管部门批准）。就业证有效期为1年，并可延期，但延期后的有效期不得超过其居留证有效期。

自2016年9月1日起，外国人在柬埔寨申办工作证网上系统投入使用，网址为www.fwcms.mlvt.gov.kh。但工作证申请和工作配额申请除正常的100美元和20美元费用外，使用网上系统需分别另付30美元服务费。柬埔寨需要外籍劳务的主要岗位是专业技术人员和管理人员等。

(2) 外籍人士在柬埔寨就业程序。柬埔寨于1997年颁布了《劳工法》，2002年1月18日颁布了关于雇佣外国人在柬埔寨就业的申请办法及相关规

---

① 杨易，仇焕广，冯勇，2013. 农业走出去重点国家农业投资合作政策法规及鼓励措施概况 [M]. 北京：中国农业出版社.

定。根据有关法规，任何企业雇佣外籍劳工必须向柬埔寨劳动与职业培训部申请。且根据劳工法的规定，需要雇佣外国专业技术和管理人员企业，必须在每年11月底之前向劳工部申请下一年度雇佣外籍劳工的指标，每个企业所雇佣的外籍劳工不得超过企业职工总数的10%。未申请年度用工指标，将不被允许雇佣外籍劳工。而外籍劳工必须持有劳工部颁发的工作许可证，该工作许可证的有效期为1年，可以延期，但延期不得超过居留许可证确定的期限。外国人的工作合同每次期限不超过2年。工作合同可以用外文，但应附有一份柬埔寨文文本。工作合同应明确规定符合劳动法的主要雇佣条件。外国人在合同工作期满后要在柬埔寨继续工作应重新报批①。

外籍劳工审查。2016年3月，柬埔寨内政部与劳职业培训部发布《关于加强审查在柬外籍劳工的联合通告》，包括11项条款，主要内容是对在柬埔寨投资运营的外国企业的劳工审查工作进行法律上的规范，要求任何来柬投资企业或务工人员都必须严格遵守柬埔寨《移民法》和《劳工法》，并且办理由劳动与职业培训部颁发的劳工证和雇佣卡。当外籍劳工联合检查组对企业进行检查时，企业主或企业负责人须配合联合检查组出示企业章程、商业部登记注册证书、雇佣通知、解雇通知、雇佣外籍劳工授权及指标、劳工部颁发的柬文外籍劳工雇佣合同、所有劳工护照及照片、入境签证和外国人就业延期签证、劳工证和雇佣卡、劳工法和移民法文书等10项文件的原件或复印件。外国人运营的小型商业店铺须持有主管部门颁发的营业许可并办理劳工证、雇佣卡等相关手续。

(3) 涉农劳动在柬埔寨就业保障。签订工作合同，以法律为保障。劳动者依据《劳工法》来保障自身权益，该法原则性规定：①严格禁止强迫或强制劳动。②雇主雇佣或解雇工人时，应在雇佣或解雇之日起15日内向劳动主管部门书面申报。③雇主用工人数超过8个的，应制定企业内部规章制度。④允许就业的最低年龄为15岁，工作性质涉及危害健康、安全或道德的，最低就业年龄为18岁，且劳工与雇主须通过劳动合同建立工作关系。劳动合同受普通法管辖，以书面或口头形式订立。雇主签订或存续雇佣合同时，不得要求交纳抵押金或任何形式保证金。工作合同分为试用（一般雇员不得超过3个月，专业工人不得超过2个月，非专业工人不得超过1个月）、定期（不得超过2年，可一次或多次续签，续签期限也不得超过2年）和不定期3种。如经双方达成协议，也可提前终止合同。终止劳动合同需以书面形式订立，劳动监察员在场见证，由合同双方签署。合同双方未达成协议的，除非因严重不当行为或不可

---

① 杨易，仇焕广，冯勇，2013. 农业走出去重点国家农业投资合作政策法规及鼓励措施概况[M]. 北京：中国农业出版社.

抗力，不得提前终止。合同一方以上述以外原因提前终止合同的，另一方有权获得至少与其合同终止日期应得报酬或遭受损失相当的赔偿金。合同一方拟不予续签时，应提前通知另一方（合同期限超过 6 个月的，提前 10 天；合同期限超过 1 年的，提前 15 天），未提前通知的，合同应按其原始合同相等期限予以延期。不定期劳动合同可由合同任一方自由中止（例外情况除外）。拟终止合同的一方应书面提前通知另一方。

建立纠纷解决制度。《柬埔寨王国投资法》对涉及到与投资法所列权利义务的纠纷，制订了一般解决方式以及一些解决程序上的规定。《柬埔寨投资法》对纠纷解决的规定体现了当事人双方协商优先的原则，即当事人双方先通过协商后协调解决，如果两个月内纠纷未得到解决才由柬埔寨发展理事会、法庭或根据国际法解决。柬埔寨先后建立了有关劳资纠纷协调和仲裁机制。1999 年柬埔寨成立了一个由政府部门、工会和雇主协会三方代表组成的"劳工顾问委员会"，专门研讨劳工政策。在国际劳工组织（ILO）和美国的帮助下，2003 年 4 月柬埔寨成立了一个独立的"劳工仲裁委员会"，以裁决协商无果的劳资纠纷。

（4）涉农劳动在柬埔寨就业福利待遇。工作周期。《劳工法》规定：工人工作时间（不论性别）每天不得超过 8 小时，或每周不得超过 48 小时，严禁安排同一劳工每周工作 6 天以上。因特殊和紧急工作需工人加班的，加班工资应为正常工资的 150%，在夜间或每周休息日加班的，加班工资为正常工资的 200%。工作计划需进行轮班的，正常情况下企业仅可安排两班（早班和下午班），夜间工作须按照上述加班工资标准支付（"夜间"是指包含 22 点至凌晨 5 点，且至少连续 11 小时的一段时间）。

劳工报酬。《劳工法》规定：劳动主管部门制定最低保障工资标准，劳工工资至少应与最低保障工资相同。工资应以硬币或纸币形式直接支付工人本人，工人同意以其他方式支付的除外。工人工资每月应至少支付 2 次，间隔最多不得超过 16 天，雇员工资每月至少支付 1 次。柬埔寨政府对在私营企业或非官方组织的柬埔寨籍或外籍雇员征收"工资税"，但对工资以外的福利不征税。

假期待遇。《劳工法》规定：同一工人每周工作时间不得超过 6 天，周歇班应至少持续 24 小时，且原则上安排在星期日。全部工人均有权享受带薪假，按每连续工作 1 个月休假 1 天半计算，在此基础上劳工资历每增加 3 年，带薪假增加 1 天。发生直接影响工人直系亲属的事件，雇主应准予该工人特别假（最多不超过 7 天）。女工有权享受 90 天产假，产假期间，应发放其一半的工资和津贴；产假后返厂工作的 2 个月内，应指派其从事轻微劳动。

7. 农业保险和外商农业投资保险政策

柬埔寨保险业正处于起步时期，现有的保险业对很多保险业务都涉及不深或未能涉及，农业保险、外商农业投资保险等业务需要进一步开发。2001 年，中国出口信用保险公司成立。它是中国唯一承办出口信用保险业务的政策性保险公司，为中国企业开展涉外投资活动提供股权保险和贷款保险服务。但由于法律法规尚不完善、政策性支持相对不足、参保门槛和保险费率高等问题，企业参保率仍偏低。

（二）农资、农产品贸易制度

柬埔寨与贸易相关的法律法规主要包括《进出口商品关税管理法》《关于颁发服装原产地证明，商业发票和出口许可证的法令》《关于实施货物装运前验货检查工作的管理条例》《加入世界贸易组织法》《关于风险管理的次法令》《关于成立海关与税收署风险管理办公室的规定》和《有关商业公司从事贸易活动的法令》等①。

柬埔寨对外贸易发展普惠制制度。柬埔寨商业部为柬埔寨贸易主管部门。在多数情况下，柬埔寨进口货物无需许可证，但部分产品需要获得相关政府部门特别出口授权或许可后方可出口。由柬埔寨商业部负责出口审批手续。目前，柬埔寨享受了欧盟"除武器外全部免税"和美国普惠制等优惠关税，使符合条件的产品可以免除配额和关税进入欧盟和美国市场，这两种优惠大约占柬埔寨出口总额的 60% 以上①。

另外，若享受普惠制制度，出口到美国的产品，原产地规则对当地含量的最低要求为 35%（符合条件的东盟成员国，即柬埔寨、泰国、印度尼西亚和菲律宾，在原产地规则要求中视为同一国家）。欧盟要求出口产品原产地规则当地含量至少有 40%。根据投资法修正法规定，由柬埔寨投资委员会批准的出口型合格投资项目可享受免税期或特别折旧。其出口产品增值税享受退税或贷记出口产品的原材料②。

关税税率。除天然橡胶、宝石、半成品或成品木材、海产品、沙石等 5 类产品外，一般出口货物不需缴纳关税。货物在进入柬埔寨时均应缴纳进口税，投资法或其他特殊法规规定享受免税待遇的除外。进口关税主要由 4 种汇率组成，即 7%、15%、35% 和 50%。在东盟自由贸易协定的共同有效关税体制

---

① 嘉誉海外房产，2019. 柬埔寨对外贸易的法规和政策规定［EB/OL］. http：//www.sohu.com/a/300289228_120066495.

② 中华人民共和国驻柬埔寨王国大使馆经济商务参赞处，2014. 柬埔寨对外贸易的法规和政策规定［EB/OL］. http：//cb. mofcom. gov. cn/article/ddfg/201404/4shtml.

下，从东盟其他成员国进口、满足原产地规则规定的产品可享受较低的关税税率。

禁止及限制政策。柬埔寨政府明令禁止红木的贸易与流通。半成品或成品木材制品、橡胶、生皮或熟皮、鱼类（生鲜、冷冻或切片）及动物活体需交纳10%的出口税。禁止或严格限制出口的产品包括文物、麻醉品和有毒物质、原木，贵重金属和宝石、武器等。

检验检疫。进出口商品检验由柬埔寨财经部海关与关税署、商业部进出口检验与反欺诈局联合在工厂或进出口港口进行检验检疫。依据相关规定，柬埔寨全部进出口货物均接受检验，而政府正计划逐年降低检验比率。对于价值5 000美元或以上的进口货物，需在出口国进行装运前检验。检验报告和其他装船前检验文件将被递交柬埔寨海关，货物抵达柬埔寨后，货主凭检验单据到海关交纳税款并提出货物。

四、影响企业投资柬埔寨农业产业的其他因素

（一）政治环境

在联合国的监督下，柬埔寨于1993年举行了国家选举。新政府成立后，柬埔寨坚持实行自由市场经济，推行经济私有化和贸易自由化，扩大对外开放[①]。

1. 柬埔寨签署的涉农国际条约情况

1960年，柬埔寨加入《承认及执行外国仲裁裁决公约》，承认和执行外国仲裁裁决，也为解决投资争端提供了保证和便利。1999年4月30日，柬埔寨正式加入东盟，成为东盟第10个成员，积极参与东盟政治合作与经济一体化进程。2004年10月13日，柬埔寨成为WTO第148个成员，作为WTO成员，柬埔寨有关国际贸易法律和投资政策必须符合WTO相关规则，这也为外国农业投资者提供了必要保障。2005年，柬埔寨加入《解决国家和他国国民之间投资争议公约》，有助于解决政府和外国投资者之间的投资争端，实现调解和仲裁机制，从而实现解决投资争端的非政治化。《多边投资保证协定》（MIGA）在柬埔寨的批准为避免诸如没收、征用和其他政府干预等政治危机的发生提供了一定保障[②]。

---

① 克瑞德，2007. 柬埔寨吸引外商直接投资优惠政策之探究［J］. 世界经济研究（12）：82 - 88.
② 百度文库，2012. 柬埔寨法律制度基本概况［EB/OL］https：//wenku. baidu. com/view/980837a40029bd64783e2ce5. html.

2. 柬埔寨与我国双边涉农协定情况

1996 年 7 月，中柬两国签署了《中华人民共和国政府和柬埔寨王国政府关于促进和保护投资协定》，为缔约一方的投资者在缔约另一方领土内的投资创造有利条件，现已被广泛应用。

双边涉农协定内容主要涉及：①投资与投资者的定义。②投资者待遇标准。③征收和国有化。④外汇转移。⑤争端解决。这些协定内容，为中国在柬埔寨的投资提供了巨大的支撑和保护。

中国与柬埔寨签署的其他协定，包括：《中柬贸易协定》（1996 年 7 月），《中柬经济技术合作协定》（1999 年 2 月），《中柬关于双边合作的联合声明》（2000 年 11 月），《中柬关于成立经济贸易合作委员会协定》（2000 年 11 月），《中柬农业合作谅解备忘录》（2000 年 11 月），《中华人民共和国与东南亚国家联盟全面经济合作框架协议》（2002 年 11 月），《中华人民共和国农业部与东南亚国家联盟秘书处农业合作谅解备忘录》（2002 年 11 月），《中国与东盟面向和平与繁荣的战略伙伴关系联合宣言》（2003 年 10 月），《货物贸易协议》（2004 年 11 月），《中柬海关合作协议》（2010 年 6 月），《中国国家质量监督检验检疫总局与柬埔寨农林渔业部关于柬埔寨精米输华的植物卫生要求议定书》（2010 年 10 月），《中国—柬埔寨农业合作会议纪要》（2016 年 10 月）等。

3. 柬埔寨接受国际组织或者主要国家农业援助的情况

近年来外国对柬埔寨涉农援助力度不断加大。自 1966 年柬埔寨加入亚洲开发银行之后的 50 年间，亚行共向柬埔寨提供了 26.5 亿美元优惠贷款、无偿援助、技术援助等。2017—2019 年，3 年间，亚行向柬埔寨提供了 10.9 亿美元援助，包括 8.72 亿美元优惠贷款、1 300 万美元技术合作援助，主要用于农业、自然资源和农村发展、教育、能源、金融、工业、贸易、卫生和基础设施建设等领域。但同时，国际援助机构及非政府组织严格要求柬埔寨政府加强对环境及人权的保护。迫于压力，柬方政府单方面终止原有与所有投资商签订的森林开发和木材加工的长期合作协议，致使投资者损失；制定的劳工政策更偏重于劳工权益的保护而弱化了对资方权益的保护。

（二）法治环境

柬埔寨正不断通过对现有法律体系的健全和完善，为投资者努力创造更加公平、开放、优越、透明的投资环境。现已形成以《柬埔寨王国投资法》及其实施细则为基础，辅之《土地法》《税法》《劳工法》《外汇法》《商业企业法》《环境保护与资源管理法》《移民法》等相关配套法律制度的外国投资法律体系。但外资法律体系仍欠缺，体现在如下几个方面：

一方面，法律分工尚不明确。柬埔寨由于历史原因，现行法律制度多代重叠。而且,相关部门在执法过程中也没有明确界定,法律体系缺乏完整性,也缺乏必要的部门法律和法律分工。另一方面,司法体系不健全。柬埔寨的司法体系分为三级,即各省市的初级法院、设在首都金边的一个中级法院和一个高级法院。无经济法庭等专业处理经济纠纷的法庭,通常经济纠纷民事刑事等都由同一法庭受理。

这就往往导致在实际司法实践过程中,不同历史时期的法律混用,相关法律法规欠缺,司法标准不能统一。以至法官的执法空间很大,随意性很大,影响法律公正性事件时有发生。而且柬埔寨自 1993 年以来借鉴西方发达国家经验制定的一些法律法规,在体系上与以前的法律有着很大的区别,如《投资法》《劳工法》和《商业注册法》等。

(三) 营商环境

1. 基础设施

近年来,柬埔寨政府将基础设施的建设和改善列为"四角战略"的重要任务之一,加快恢复和重建的步伐,且在多项基础设施建设方面均已取得了跨越式发展。其中,中资企业利用中国政府提供的援助及优惠贷款,为柬埔寨修筑公路 2 600 千米、桥梁 6.81 千米;累计支持柬水利项目 14 个、灌溉面积 43.22 万公顷[①]。金边—西港高速公路也于 2019 年动工开建。该高速路耗资 17.82 亿美元,预计建设期为 4 年,预计 2023 年前竣工。金边第 3 条"环城路"于 2019 年正式动工。

公路:公路运输目前是柬埔寨最主要的运输方式,路网总长度约为 4.5 万千米,包括国道 5 492 千米,省级公路 6 471 千米,农村公路约 3.3 万千米,全国无高速公路。公路运输量占客运运输总量的 65%,货运运输总量的 69%。

铁路:柬埔寨全国只有 2 条铁路,即北线(338 千米)和南线(264 千米),总长 655 千米,均为单线米轨,无客运列车,平均时速仅 20 千米。由于多年战争和缺乏维护,柬埔寨的铁路发展较慢,运力差,运速慢,只有货运。2009 年,柬埔寨政府开始复建工作,并给予王家铁路公司对国内铁路 30 年的特许经营权。2010 年起,柬埔寨政府利用亚洲开发银行的低息贷款和澳大利亚政府提供的无偿援助以及自身财政资金,开始修复现有两条铁路。其中,南线已于 2016 年 4 月 30 日恢复客运[②]。

---

① 蒋天,2017. "一带一路"助力柬埔寨经济走向全面发展 [EB/OL]. https://www.sohu.com/a/136431526_611236.

② 中国—东盟矿业信息服务平台,2017. 柬埔寨的基础设施 [EB/OL]. http://www.camining.org/ziliaoku/show.php? itemid=2869.

空运：柬埔寨空运主要为客运，货运不发达。有 11 个机场，包括金边、暹粒、西哈努克省 3 个国际机场。柬政府执行航空开放政策，柬埔寨航线的航空公司数量正稳步增长。金边机场现运营至马来西亚、新加坡、泰国、越南、韩国、中国内地及中国香港和中国台湾 8 条航线。2016 年 6 月，柬埔寨国会通过了《中国—东盟航空运输协议》，其中批准了第五航权。2017 年，中国直飞柬埔寨航班快速增加。截至目前，共有 15 家航空公司开通了中国直飞柬埔寨航班，每周执飞 270 个航班，其中 11 家为中国航空公司。

水运：柬埔寨水运分为海运与河运。其中，海运，西哈努克港是柬埔寨唯一的深水海港，有 4 个泊位，该港海运线路可抵达美国、欧盟、中国、印度尼西亚、日本、马来西亚、菲律宾、新加坡、韩国、泰国、越南等国家和地区（多通过新加坡中转）。据柬埔寨公共工程与运输部统计，2017 年西哈努克港营业收入 5 214 万美元，增长 16.8%；货物吞吐量 430.6 万吨，增长 6.6%；运载 45.5 万个标准集装箱，增长 14%。日本已同意向柬提供 2 亿美元贷款，用来新建深水码头。河运，柬埔寨内陆水系主要包括湄公河、洞里萨河和巴萨河，雨季总长度约为 1 750 千米，旱季缩减为 580 千米。全国有 7 个主要河运港口，包括金边港、磅湛码头、桔井码头、上汀码头、奈良码头、磅清扬码头和重涅码头。2013 年 1 月 22 日，由中国提供优惠出口买方信贷支持的金边港新建集装箱码头项目竣工，位于金边以南湄公河畔，距金边市约 21 千米，码头长 300 米，宽 22 米，有 2 个 500 吨级货轮泊位，设计年集装箱吞吐量 12 万个标准箱。

电信：柬埔寨全国电信运营商共有 9 家。柬埔寨正在加快实施光缆发展计划，该项目完成后，光缆及相应配套设施将覆盖全国，届时将大幅改善通信条件和质量，降低通信成本。互联网服务于 1997 年引入柬埔寨，由邮电通信部下设的 CamNet 公司负责提供互联网接入服务。据悉，截至 2017 年 7 月份，柬埔寨国内使用网络的民众已达到 1 003 万人次，占总人口的 66.68%，其中无线网络有 991 万人次，有线网络有 12 万人次。与 2016 年年底 810 万人次相比，增长 24%。柬埔寨近 5 年来，平均每年使用网络人数增长 30%。

电力：柬埔寨电力基础设施发展仍较为落后。中资企业投资建设的水电、火电项目发电量，约占柬埔寨全国发电量的 80%。所有水电站均为中国企业投资或控股投资建设。如 2018 年 12 月 17 日柬埔寨最大的水电站——桑河二级水电站举行竣工投产仪式，可提供柬埔寨国内所需 20% 电力。但柬埔寨部分城市和大部分农村地区，电力供应质量仍不稳定，无法保证 24 小时供电。供电价格较高，电价为 0.15～0.2 美元/千瓦时。据柬埔寨工业矿产能源部数据显示，2017 年，柬埔寨全国电力供应 81.5 亿千瓦时，比上年增长 16.1%。其中，国内发电 65 亿千瓦时，比上年增长 20.7%；从泰国、越南、老挝进口

16.5 亿千瓦时。柬埔寨政府正在制定电力中期发展规划，通过建设大型火电及天然气厂实现能源供应多元化，减少对石油的依赖，降低发电成本，计划开发所有具备潜力的水电站。柬埔寨与中国企业合作正式启动新建太阳能光伏电站，建成后预计将成为柬埔寨最大的光伏电站。中资企业已建成的高压输电线路占柬高压输电线路总长的 35%，已建成的农村电网占柬农村电网总长的约 1/4。

2. 经济基础

亚洲开发银行评定柬埔寨现在是亚洲增长最快的经济体之一。同时，柬埔寨还被许多投资者称为亚洲快速增长的前沿市场之一，更被媒体称之为中国经济的"新翻版"，甚至称柬埔寨已成为世界上经济发展最成功的典范之一。

近年来，柬埔寨经济以年均 7% 的速度快速发展。柬埔寨保持稳定的政治经济环境，积极融入区域、次区域合作，重点参与区域连通计划的软硬设施建设，加大吸引投资特别是私人领域参与国家建设，"四架马车"（农业、以纺织和建筑为主导的工业、旅游业和外国直接投资）拉动经济稳步前行[①]。据柬埔寨国家中央银行（NBC）的年度报告得知，2018 年柬埔寨吸引外国直接投资（FDI）总额为 30.83 亿美元（约 212 亿元人民币），同比 2017 年的 26.73 亿美元增长了 12%。2017 年柬埔寨国内生产总值（GDP）约合 222.8 亿美元，同比增长 6.9%，人均 GDP 增至 1 435 美元。2018 年柬埔寨进出口贸易总额持续增长，根据柬埔寨商业部 2018 年 12 月 24 日公布的最新年度数据报告显示，2018 年柬埔寨 GDP 创造了 7.3% 的增长率，人均 GDP 达 1 500 多美元。具体来看，柬埔寨进出口贸易总额达 249.85 亿美元，比 2017 年的 237.96 亿美元增长 5%。2018 年柬埔寨贸易逆差为 25.57 亿美元，比 2017 年的 22.42 亿美元增长 14.05%。其中，中柬贸易额达到 74 亿美元（约 500 亿元人民币），同比增长 27.6%，中柬贸易已经占到柬埔寨进出口经济的 1/4。

同时，农业领域仍是柬埔寨 2019 年发展重点，柬政府也欢迎中国企业到柬投资，柬埔寨商业部部长表示，柬埔寨有诱人的投资激励措施，例如企业可以 100% 拥有柬埔寨公司的所有权，不强制与其他企业合资。企业还能享有进口税全免、更优惠的劳动力成本、无外汇管制、资金自由出入柬埔寨国境、最高 9 年免税期等优惠政策。中国企业还可享受柬埔寨作为最不发达国家所享受的普遍优惠制待遇，中国企业在柬埔寨生产的产品，可以获得向欧美发达国家出口优惠关税待遇，便于投资柬埔寨的中国企业开发国际市场。

3. 政策基础

柬埔寨政府推行自由化政策，实行开放的自由市场经济政策，经济活动高度自由化。据美国传统基金会"2018 年度经济自由度指数"排名，柬埔寨经

---

① 程希，2017. 一带一路之柬埔寨投资贸易政策研究 [J]. 今日财富（20）：8-10.

济自由度位于全球第 101 位。同时，世界经济论坛（WEF）发布的《2017—2018 年全球竞争力报告》显示，柬埔寨在全球最具竞争力的 137 个国家和地区中，排第 94 位。世界银行发布《2018 年营商环境报告》显示，柬埔寨在全球 190 个经济体中排名第 135 位。另一方面，柬埔寨有较为健全的农村农业工作组织机构，下设 16 个局，包括农艺、畜牧兽医、水利与水文气象、渔业、农村经济、计划与组织、财政与管理、国际合作、运输与材料等以及国立农学院的农业科学研究所。且新成立农村发展部，主要负责农村的经济、社会、环境、卫生和医疗保健等工作。

（四）社会环境

1. 人口

经济的发展，很大程度上得益于人口的强大支撑。柬埔寨 20 年稳定的政治局面，促使人口暴增。金边 2011—2016 年人口净增 25 万，年均增长 2.97%，在全球主要城市中排名第三。金边是这个国家人口增长最快的城市，也是吸引外资最多的城市。根据柬埔寨房地产网的信息，到 2030 年，柬埔寨总人口预计从 1 500 万人增加至 1 900 万人，金边市人口预计将增加到 300 万人。另外，柬埔寨年轻人口占比较高，将长期具有人口红利。

2. 民族

柬埔寨是一个多民族国家，高棉族是主体民族，约占总人口的 80%。其他民族有占族、普农族、老族、泰族、华族、京族、缅族、马来族、斯丁族等。柬埔寨现有华人、华侨约 100 万人，约占全国总人数的 6%，主要分布在马德望、干拉、贡不、茶胶等省。首都金边市的华人、华侨最多，有 30 万人左右[①]。

柬埔寨华人主要从事进出口贸易、餐饮零售、房地产、轻重加工业、旅游开发、翻译、农业等。

3. 宗教

柬埔寨人民多信仰小乘佛教，其信教人口占全国人口 90% 以上。柬埔寨佛寺遍及全国，僧王和僧侣的社会地位很高，受到社会各界的尊敬。宗教在柬埔寨人民的政治、社会和日常生活中均占有十分重要的地位。依据宪法规定，"男女公民均享有充分的信仰自由，国家保护信仰和宗教自由"。此外柬埔寨还有基督教和伊斯兰教。

---

① 商务部国际贸易经济合作研究院，中国驻柬埔寨大使馆经济商务参赞处，商务部对外投资和经济合作司，2018. 对外投资合作国别（地区）指南——柬埔寨（2018 版）[EB/OL]. https：//max. book118. com/html/2019/0213/5202312123002011. shtm.

4. 对外商的态度

柬埔寨曾是被联合国列为低度开发国家，亟须外资注入协助发展，柬埔寨政府对外资限制甚少，对于外来投资的政策非常友好。对外开放的政策使得所有大型建设投资、科技文化、现代技术、市场及商品都可以无条件地引进国外资本。柬埔寨政府总理洪森多次表示"柬埔寨欢迎来自全球各个国家的投资者"，并指出："柬埔寨不会歧视任何一个国家，对所有投资者一视同仁，他们拥有同样平等的权益，包括银行、保险、交通、通讯等所有行业都允许外资独资，且没有外汇管制。"① 外资公司可以 100% 在柬埔寨投资，不必拥有本地的合作伙伴或本地公司参股。同时也不限制外资公司把利润汇款回国，并一直期待外资公司投资获得的利润继续扩大在柬埔寨投资的范围。而且，柬埔寨文化的多元化使其具有包容性，柬埔寨人民也都特别渴望能够让经济发展起来，让生活更好起来。所以从政府到群众，柬埔寨社会对外资的态度均表现友好。

5. 工会情况

《柬埔寨劳工法》规定，工人可在企业组建"劳工工会"，雇主组建"雇主协会"来保障劳工—雇主双方权益，但禁止组建雇主及劳工同为会员的行业工会或协会。无论劳工或雇主均有权不需预先核准，自主组建专业组织，以集体或个人方式研究、促进组织章程所涉及人员的权益、保护其精神和物质利益。《柬埔寨劳工法》也规定，工人和工会可组织罢工活动。目前，柬埔寨注册有 9 个全国性的工会组织，拥有 10 多万人。所有工会都是为了保护工人的利益而设立。工会受国家法律保护，且得到西方发达国家和在柬有关非政府组织的大力支持。这也导致部分工会可能受到反对党的操控，出现大规模罢工、游行和示威活动，有造成经济损失的风险。

6. 环保标准

柬埔寨的环保标准比较严格。环境保护管理机构有权要求任何工厂、污染源、工业区或自然资源开发项目所在区域的所有人或负责人安装或使用监测设备，提供样品，编制档案，并提交记录及报告供审核。环境保护单位应依据公众建议，提供其相关信息，并鼓励公众参与环境保护和自然资源管理。企业不得拒绝或阻止检查人员进入有关场所进行检查，否则将处以罚款，有关责任人还可能被处以监禁。

表 1－12 和表 1－13 所示，分别为 2018 年柬埔寨社会环境及经济发展的基本概况。

---

① 嘉誉海外房产，2019. 柬埔寨房地产市场"爆炸式"增长，洪森呼吁投资者大胆到柬埔寨投资 [EB/OL]. https://www.sohu.com/a/297627880_120066495.

表 1-12　2018 年柬埔寨社会环境基本数据

人口结构	1 576 万人，贫困人口约占总人口的 14%
教育普及程度	柬埔寨成人中有 68% 的识字率，其中 4% 高中毕业，仅 0.8% 有高中以上学历
语言	柬埔寨语（又称高棉语）为官方语言
种族	高棉族占总人口 80%，华人华侨约 100 万人
宗教	信仰小乘佛教人口占全国人口的 90%，华侨信仰大乘佛教，天主教徒大部分为越南裔，占族与马来人多信仰伊斯兰教
首都及重要城市	首都金边市，重要城市有施亚努城，马德望市，暹粒市
政治主体	君主立宪的内阁政治制度
投资主管机关	柬埔寨投资发展委员会（CDC）、柬埔寨投资委员会（CIB）

表 1-13　2018 年柬埔寨经济概况

币制	REL（瑞尔）
国内生产总值	245.72 亿美元，经济增速 7.3%
平均国民所得	1 500 美元
产值最高产业	服务业（占 GDP 比重 41.8%）、农业（34.4%）、制造业（23.8%）
主要出口国家	美国、加拿大、英国、荷兰
主要进口国家	中国、越南、泰国

（五）自然环境

　　柬埔寨地形多样，天气多变，但历史上从没有受到过地震、海啸、台风的侵扰。年平均气温在 25℃ 左右，干湿季节明显。18 万千米² 的国土上，海岸线长约 460 千米，生态环境良好。由于国土周边是山脉，中心为盆地，柬埔寨成为湿地资源保持完好的国家。北部和西部山林环抱，矿山、林海尽收眼底；东部河流充沛，群山密布，矿石和稀有木材丰富；南侧临暹罗湾（泰国湾）、浩瀚的大海，东与太平洋接壤，成为南太平洋中心。如表 1-14 所示，为柬埔寨自然环境基本情况。

表 1-14　柬埔寨自然环境基本数据

地理环境	位于中南半岛南部，东面和东南面与越南接壤，边境长约 970 千米，北面与老挝相邻，边境长约 450 千米，西面和西北面与泰国毗连，边境长约 690 千米，西南濒临暹罗湾
国土面积	181 035 千米²
气　候	热带气候

从自然条件来说，一是适宜稻谷种植。柬埔寨具有发展农业的优越地理条件，湖泊河流众多，日照充足，气候湿暖，土地肥沃，适合大多数农作物的生长，特别是为稻谷种植提供了得天独厚的条件，使得柬埔寨成为世界上重要的稻谷产地之一。二是水资源丰沛。境内有亚洲第三大河湄公河和东南亚最大的淡水湖洞里萨湖等，柬埔寨水电蕴藏量约 1 000 万千瓦。目前已建及在建水电站装机容量为 143.5 万千瓦，约占总蕴藏量的 14%，因此水电资源可开发潜能巨大。三是太阳能资源丰富。柬埔寨约有 13.45 万千米^2 的土地适宜发展太阳能，平均日太阳辐射量为 5 千瓦时/（米^2·天），但目前柬埔寨太阳能发展缓慢，仅有两个太阳能试点专案，占太阳能发电潜能的很小一部分。四是新兴能源蕴藏潜能。据世界银行相关报告估计，柬埔寨可能拥有高达 20 亿桶的石油和 10 亿立方英尺*的天然气，据此，柬埔寨在不久的将来有可能成为新兴的能源输出大国。五是可耕用土地数量巨大。柬埔寨是标准农业国，农业为柬埔寨经济第一产业，对柬埔寨经济的贡献超过 30%。可耕地面积 630 万公顷。

从农业经济区域的角度，可以把柬埔寨全国划分为 4 个农业区：一是以洞里萨河与湄公河汇合处为核心的中部平原地区，主要包括干丹、茶胶和磅士卑 3 省，主产稻谷和农畜产品。二是包括磅湛、波萝勉、柴桢等省在内的东南部柬埔寨、越南边界地区，主产稻谷和玉米。三是包括马德望、暹粒、菩萨、磅清扬等省在内的西部地区，这一地区位于洞里萨湖滨地区，是稻谷的另一主产地。四是以磅湛省为中心的北部及东部地区，这里是柬埔寨著名的红壤区，是橡胶的主产地。

五、企业投资柬埔寨农业产业的主要法律风险

（一）企业设立阶段的主要法律风险

柬埔寨的经贸环境比较宽松，企业设立标准较低，个人、合伙、公司等各种商业组织都可以进行注册。但外国投资者的投资份额不能低于合资公司总资本的 30%，若想拥有土地，外资持股不得超过总资本的 49%。任何在柬埔寨从事商业活动的外国直接投资项目都必须在商业部注册，否则将被以非法从事商业活动罪论处。通常注册需要不到 2～4 周时间[①]。但投资额超过 5 000 万美元或涉及政治敏感、环境保护等方面，需提交内阁办公厅批准。外国投资者要享受投资优惠就必须向柬埔寨发展委员会或省（市）投资委员会申请投资注册。此项在公司成立之前或之后均可办理。但投资者不得将被

---

* 立方英尺为非法定计量单位，1 立方英尺≈0.028 32 米^3。——编者注

① Richard Baker. 2010 CAMBODIA Legal Investment Guide ［M］. Duplex printing system.

授予的一切投资项目权利转让给第三方。投资法要求投资者不得在环境保护区内进行投资。

1. 土地管理风险

"非柬埔寨籍自然人和法人可以租赁但不能拥有土地，最长租赁期为 70 年，期满可申请延期。土地使用记载土地上的其他所有权的行使，必须符合法律规定。"投资者应在投资前明确土地归属，确认没有权属纷争。外资投资种植业的土地一定要经过特定法律文件许可，不能私下租赁或事实占有。该许可证可以由授予土地许可的所有者、国家、公共集体颁布，且必须在土地管理、城市规划与建设部注册。土地许可面积不超过 1 万公顷。工业化耕作的土地必须在获得授权后的 12 个月内开发，同时缴纳许可费，否则将被撤销且不予补偿。

2. 劳资关系风险

柬埔寨严格控制外籍劳工输入，只接受紧缺技术、管理人才，在柬埔寨劳工部申请批准后才能在柬埔寨工作。柬埔寨当地的劳工政策比较完善，且当地人们的法律意识较强，投资企业应规范内部劳务管理。工作合同一定要附柬埔寨文，外籍劳工在合同期满后续签要重新报批。重新报批所提供的材料包括，雇主预先获得在柬埔寨工作的合法就业证，雇主的聘用证书、有效护照、有效签证及健康证明。

3. 鼓励政策风险

除土地政策外，外国投资者和国内投资者完全平等，而且享有优惠全部或部分免除关税和税收。作为交换，投资者要给予柬埔寨国民相应的技能培训。但是企业无权在其自身需求以外从事进出口贸易活动。

4. 鼓励及限制行业风险

柬埔寨政府鼓励大多数农业产业投资，但禁止及限制的农业相关产业有：森林开发业务，农药、杀虫剂及其他影响公众健康及环境的化学物质产业。限制产业需政府批准或国家参股的有：香烟产业不可内销须 100% 出口；酿酒产业需有关部门管制。

5. 知识产权申请风险

柬埔寨有自己的《柬埔寨知识产权法》，明确指出保护新思维、新发现等。但依据生物学原理，用于植物或动物繁殖中所产生的非微型机体的植物或动物，某一植物种子的各种类型，破坏环境的，不予保护及颁发发明专利证书。对于商标商号，柬埔寨《商标法》仅认可"一国用尽原则"，因此，权利所有人对分销和进口享有专有权，并可通过委托或分销协议方式转让给独家分销商①。

---

① 中国金融信息网，2015．"一带一路"倡议之柬埔寨投资法律规则与实践 [EB/OL]. https：//finance. huanqiu. com/article/9CaKrnJOm8l.

但目前柬埔寨关于知识产权的保护工作尚无明确的处罚细则，主要由商业部负责。

（二）企业经营阶段的主要法律风险

柬埔寨的投资政策相对稳定，对已获批准的合格投资项目，柬埔寨政府承诺将不会管制其产品价格和服务价格。但企业经营阶段主要面临以下法律风险：

1. 外汇管制风险

柬埔寨政府不实行外汇管制，美元在柬埔寨普遍流行，外币可以自由兑换，携带不受限制。但人民币与瑞尔不可直接兑换。允许投资者从银行系统购买外汇转往国外，用以清算其与投资活动有关的财政债务。但单笔转让金额在1万美元（含）以上的，授权银行应向国家银行报告。只有在柬埔寨商业主管部门注册的企业才能开立外汇账户。

2. 税收法律风险

柬埔寨对企业逃税的处罚力度很重。逃税的组织者将被处以1 000万～2 000万瑞尔的罚款或服刑1～5年或并罚。纳税人必须在收到催促缴纳税款通知书15日内缴纳相应税款，否则税收机关有权没收纳税人财产。

3. 劳资关系风险

若有雇佣外籍劳工，必须在每年11月底前向劳工部申请，且雇佣外籍劳工不得超过企业职工总数的10%。雇佣或解雇工人时，应在15日内向劳动主管部门书面申报。雇主用工人数超过8个就应制定企业内部规章制度。禁止组建雇主及劳工共同会员的行业工会或协会。柬埔寨允许就业最低年龄为15岁。对柬埔寨籍及外籍劳工均有最低工资标准，且征收工资税，但对工资外的福利不征收。工人工资每月应至少支付2次，雇员工资每月至少支付1次。工作时间每天不能超过8小时，每周不得超过48小时，雇员同意加班应给予相应加班工资。

4. 融资政策风险

柬埔寨商业银行的业务范围相对狭窄，贷款、提供不动产抵押等服务手续仍很繁琐，且可贷款的期限短，利率高。柬埔寨的银行非常依赖外资，高度的美元化限制了中央银行货币政策的影响力，使得柬埔寨的融资成本及资金流动风险加剧，降低了其外部风险的抵抗力。

5. 项目实施风险

外资投资企业应按项目报备时间开展项目实施工作，项目所在的柬埔寨地方政府农林渔业局会每两个月派员检查项目进展情况，如有违约将予以警告。

（三）企业退出阶段的主要法律风险

1. 企业在柬埔寨要结束投资时

需依据《柬埔寨商业法》的规定以正式书面形式向柬埔寨发展理事会提交申请，并提供经济财政部开出的证明或证实公司已经妥善解决其潜在债务风险，说明停止投资的原因。被允许正式解散后，外资投资者可以将其剩余财产转移到国外或在柬埔寨境内使用。但不得转让出售柬埔寨发展理事会所给予的投资批准及激励措施。如其被免征进口税的进口设备物资使用期未满 5 年的，投资者必须按现行法律纳税[①]。但如被许可人死亡，其继承人也愿意，可继续在剩余的许可期限内行使权力。

柬埔寨的企业经营环境较为宽松，但对劳工的管理制度较为严格。若企业退出阶段要与劳工终止劳动合同时，未到达固定期限劳动合同的截止日期需双方协商，且以书面形式订立，由劳动监察员在场见证，双方签署。双方均有权获得至少与合同终止日期应得报酬或与损失相当的赔偿金。另外，如果合同一方不予续签时，应提前通知另一方（合同期限超过 6 个月时，提前 10 天；合同期限超过一年的提前 15 天）。不定期合同可由双方任意方自由中止（例外情况除外）。终止合同的一方应书面提前通知另一方。

2. 企业在柬埔寨发生股份转让时

要履行相应的报批手续。持有者必须在转让股份前 30 天内，向柬埔寨发展理事会递交一份载明投资企业中各方投资者国籍、身份及其拥有的股份情况的申请书，并获得批复。值得注意的是，如果申请者不是自然人，还需载明所有权结果以及财务状况。

企业的股份转让应首先考虑转给本企业的股东，在股东不愿购买的情况下才可以对外转让。而且，股份转让不得违背其他相关规定。如土地管理风险，即便外国投资者接受转让股份，也不能违背柬埔寨的土地所有制规定，不得拥有土地。自然人或法人租赁国有土地的，经主管部门明确批准，可转租给第三方。发明者有权利将其发明专利的一部分或全部随同股权一同转让。但未经转让允许，不可使用。

六、农业投资法律风险防范建议

（一）做好项目实施的前期评估

国际投资本身就是集机遇与挑战为一身的项目，完善的项目评估是降低项

---

① 隋广军，2012. 柬埔寨社会文化与投资环境［M］. 广州：世界图书出版广东有限公司.

目实施风险最有效的措施之一。特别是对于柬埔寨这样法律体系还有待完善的国家，投资者在投资前期，应寻求专业的组织对投资项目进行充分的调研和投资评估，设计投资实施可行性报告，了解所投资项目的可能性风险，包括自然资源、经济环境、商业市场、合作方信息及法律政策的分析。全面掌握农业投资产业的相关政策，搜集当地资讯，并进行甄别，分析其可靠性及风险性，做好产业前景预期。最好选择我国及柬埔寨政府推荐的农业产业投资，善用柬埔寨对外国投资者的优惠政策。

认真分析柬埔寨的行业准入限制、外资控股限制及鼓励优惠政策，特别是柬埔寨的土地管理、劳工管理及税收管理政策。建议先从小项目做起，以适应柬埔寨市场及经济环境。在投资前或寻求当地合作伙伴时，可以向中国驻柬埔寨使馆经济商务参赞处了解，证实对方身份和相关项目情况，了解柬埔寨政府有关投资政策，避免不必要的损失。在项目初始期就应明确救济方式，一旦项目执行遇到危机就可以选择法律武器保护投资利益。

（二）将法务管理落实于项目各个阶段

外资投资活动受国内法律和国际法律的双重管理，投资者既要了解柬埔寨投资法律也要熟悉国内对海外投资的法律政策。同时，农业外资企业在整个项目的运营过程中包括成立、实施及退出阶段均需进行风险监控，严格按照相应的法律法规做好司法审批工作，依法经营。投资企业应时刻关注柬埔寨相关领域的立法政策变化，以便随时调整产业投资方向。为减少项目的法律风险，在实施的各个阶段均应由专业法律人士为其提供法律技术服务。如遇到问题，也可以向使馆经济商务参赞处反映，并寻求项目相关帮助。

（三）降低社会舆论风险

在对柬埔寨投资过程中，企业应注意提升社会责任意识，特别是在劳工权益及环境保护方面。做好外派人员及本土劳工的选用工作，加强交流，处理好相互文化差异。重视柬埔寨外资投资相应的环境政策和环境影响评估（EIA），预测项目开发环境后果及过程，评价投资项目开发潜在环境风险和社会影响。切实服务于当地社区，履行在柬埔寨的社会责任。

同时加强与柬埔寨社会的沟通意识。积极与柬埔寨政府各个部门合作沟通，获得相应的政策及法律指导。在项目投资前除了项目可行性分析外，还需了解柬埔寨当地的风俗习惯、风土人情，最好可以寻找既熟悉中柬语言又了解农业技术的当地人做翻译，方便中国企业在柬埔寨项目实施过程中的交流与沟通。让企业融入当地社会、经济之中，实现企业与地区协同发展，进而应对企业潜在风险。

（四）寻求互利共赢合作体

在柬埔寨投资的中国企业应借助中国商会农业行业协会、各省商会等非营利性机构拓宽信息渠道，丰富人脉网络，共享产业资源，实现优势互补，合作共赢，避免与同领域投资的中方企业间出现恶性竞争，以便形成产业合力，共同抵御政策风险，共同应对国际市场纷繁复杂的竞争格局。不断在产品、技术、服务等方面提升企业自身竞争力。同时，企业可以接受行业协会给予的市场信息及法律法规指导，从而快速了解行业产业特征、相关法律政策，规避企业在投资过程中可能遇到的法律风险。

（五）善用海外投资保险机构

海外投资保险机制是资本输出国助益投资者抵御非商业性风险，维护海外投资权益的重要制度保障。特别是在柬埔寨这种社会环境多变的发展中国家。一方面，中国在柬投资企业可以通过购买中国政府性质的中国出口信用保险公司的政治保险；另一方面，中国企业还应该善于利用多边投资担保机制（MIGA）[①]。MIGA 是世界银行在《多边投资担保机构公约》（以下简称《公约》）基础上设立的通过向投资者和贷款方提供包括征收、货币汇兑、违约、战争和内乱等政治风险的担保来履行其使命，并向成员国政府提供投资促进服务，加强成员国吸引外资的能力，推动外国直接投资流入发展中国家[②]。MIGA 发展到如今已有一套较完善的机制。

但目前中国在柬埔寨投资者使用中国出口信用保险、多边投资保险的记录甚少。中国赴柬投资企业应进一步了解此类保险服务对象、流程、类型、承保范围和处理纠纷的机制，依据农业行业特性，评估项目风险类型，选择恰当的适宜险种或者组合购买。充分利用我国及国际社会对海外投资的支持政策，发挥海外投资保险的作用，规避柬埔寨投资风险。

（六）建立自身风控体系

在做好外部风险控制的同时，企业作为风险控制主体更应建立自身完善的海外投资风险管理体系，规范在柬埔寨经营活动内容。提高企业员工的法律风险控制意识，加强企业管理层的认识及宣传力度，强化企业相关内部培

---

① 朱陆民，崔婷，2018. 中国对柬埔寨直接投资的政治风险及化解路径［J］. 国际关系研究（1）：130 - 144.

② 梁文才，2019. "一带一路"建设中我国海外承包工程非商业性风险保险规制及完善研究［J］. 沿海企业与科技（3）：3 - 7.

训，使得企业各级员工均能熟悉法律和规章制度。通过完善的管理体系，积极应对企业潜在风险。依据柬埔寨国情做好项目前的风险评估，社会舆情监控，为企业各项投资决策提供依据。通过多方渠道加强对风险信息的收集工作。对已发风险事件进行及时控评，增强企业应对、解决风险事件的能力。

七、农业投资合作典型案例评析

中国和柬埔寨均是中国—东盟自贸区的重要成员，在农业合作上具有良好的互补空间。在"一带一路"背景下，中国与柬埔寨经贸往来日益密切，合作领域逐渐加深。中国已连续6年成为柬埔寨最大的外资来源国和贸易国。截至2018年，中国累计对柬埔寨协议投资170亿美元。2016年中国投资占柬埔寨外国总投资比的30%，超过了柬埔寨本地的投资额。中国农业企业主要是通过并购当地公司或租赁政府经济特许土地进行农业综合开发，开展橡胶、木薯、经济林木、杂交水稻、畜牧养殖和热带水果等经济作物的种植和加工。

（一）柬埔寨农业投资优秀案例分析

案例1："农业对外合作'两区'试点"——中柬热带生态农业合作示范区投资项目

1. 案例概述

"柬埔寨—中国热带生态农业合作示范区"由海南顶益绿洲生态农业有限公司主导建设。拥有8 181公顷土地的50年使用权可开发利用特许地。另有代为管理的0.5万公顷国家保护林，其基地总面积1.30万公顷。基地位于柬埔寨东北部桔井省，毗邻柬埔寨国家7号公路，距金边290千米，经禄宁关到越南胡志明市300千米，交通相对便利，投入资金达4 000多万美元。示范区坚持开发和保护并重的理念，计划分期建设"一区、多园、N基地"。

2. 完善基建，人才本地化，面向国际市场

公司现已开发了250千米的道路，建设了多个中小型水库，建设了2万米^{2}的加工厂，1 000米^{2}的办公生活区，1万米^{2}的工人住宿区，购置了60多台（套）中大型农业机械。培养出一支高效的经营管理团队，共有人员约500位，其中90%为柬埔寨人，招收当地大中专以上毕业生20多人，实行管理技术人才的本地化。已在示范区内完成种植橡胶1 000多公顷，柚木300公顷，香蕉30公顷，胡椒40公顷，香水椰子、腰果、柚子、杧果实验种植各10公顷，总种植面积1 400多公顷，形成了以热带作物为主的综合性实验示范

种植基地。基地产品香蕉、胡椒、热带水果等农产品主要销售往中国、越南、欧盟、日本等国家和地区。示范区制定了香蕉、胡椒等热带作物的生态种植及加工标准，引进中国热带农业科学院和海南相关技术专家，已逐步形成一套适合当地气候的种植技术和标准。

3. 携手合作，三产融合，互助发展

现有入园及意向企业 10 余家，涉及一二三产业，总投资额超 3 亿元人民币，其中有香港嘉道理农场及植物园公司、深圳市华柬生物科技有限公司生物质综合炭化及土壤改良项目、海南澄迈祥裕农业香蕉产业种植及组培苗项目、三一重工（柬埔寨）有限公司农业工程机械服务项目、海南福田绿色农业杧果规模化示范园建设项目、宏泰有限责任公司金边冷链物流批发市场项目等。上游企业及机构 4 家涉及环保、科研、种苗、机械工程，中游企业 6 家涉及种植业、养殖业、加工业，下游企业 2 家涉及运输、金融。

4. 在柬埔寨投资中存在的风险提示

一是柬埔寨基础设施落后。很多待开发农用土地基础设施落后，没有国家电网覆盖，仍需自备发电机，没有水库及恒定河流，网络信号较差。二是复合型人才缺乏。企业往往会在当地聘请翻译，但翻译对农业技术不甚了解，在协调中方和柬方雇员沟通时，难以准确表达，容易引起相互矛盾。三是金融贷款成本较高。走出去企业贷款比较困难，中方银行不认可企业在柬埔寨的土地等资产，不能抵押；柬方银行实力不强、贷款利率高、审批时间长。四是特许地的规划相对固定，不适宜企业因时因事调整。在获得特许地的同时，特许地的种植规划也被确定，但农产品的市场在随时变化，企业很难顺应市场调整种植结构。

5. 在柬埔寨农业投资的经验及建议

一是项目执行中的环境保护。柬埔寨的森林覆盖率高，在做好项目开发的同时应重视对环境资源、水资源、野生动植物等的保护，以获得良好的社会效应。二是寻找基础设施相对完善的土地投资。由于柬埔寨财政实力不强，使得各项基础设施建设落后。企业在农业投资选址的时候应该注意道路、电力、水库等农业基础配套设施的建设情况。

案例 2：广东农垦柬埔寨投资项目

1. 案例概述

2013 年广东农垦橡胶集团公司完成对春丰橡胶有限公司的股份收购，目前广东农垦橡胶集团控股 60%。为保证广垦柬埔寨种植项目的优良橡胶种苗供应，广垦（柬埔寨）农业科技有限公司于 2014 年 12 月在柬埔寨注册成立，项目位于春丰公司特许经济地内，注册资本 10 万美元，投资主体为广东省广

垦橡胶集团有限公司。公司约有员工 80 人，主要承担广垦柬埔寨所有种植项目的种苗繁育工作，兼对外出售橡胶苗。公司现建设橡胶苗圃地共 40 公顷，其中芽接苗培育苗圃 28 公顷；增殖苗圃 12 公顷，共 3.47 万株，共有 10 个品种。

2. 瞄准优势产业，精准投资

广东农垦柬埔寨投资项目基地位于柬埔寨桔井省，橡胶是该省的传统优势作物，也是国家及省政府鼓励的产业之一。而且桔井省的劳动力相对便宜，距越南口岸较近，交通方便，适宜橡胶出口运输。公司现已拥有特许经营地 1.2 万公顷，可规划种植面积为 7 763.89 公顷。已完成橡胶种植 4 000 公顷，有员工及工人约 500 人。成为柬埔寨 120 多家农业特许经营地中的样板项目。

3. 做好基础设施建设，服务当地社区

在做好产业生产的同时不断完善基础设施建设。公司现已建成一个办公总部，两个生产管理区，建造工人宿舍、办公室、仓库、油库、机修房、木材加工厂等房屋建筑共 2 万多米^2，并配套建设水塔、发电机房、路灯等辅助设施，路网及水利设施等建设较完善。另外公司还配备医疗室、综合商场，开办了中柬文化学习班等，面向公司周边社区当地居民服务，提升当地社区对公司的认可度及公司的影响力。

4. 在柬埔寨农业投资的经验及建议

一是土地纠纷和由此引发的冲突问题。柬埔寨的土地纠纷此起彼伏，研究机构和非营利组织针对此问题开展了诸多调研来揭示问题的存在，这些问题也得到了柬埔寨国内及国际社会的严重关切，各国媒体也相继报道了柬埔寨的土地纠纷问题。因此，在柬埔寨实施大型农业种植投资项目时，对于土地如何合法获得以及柬埔寨当地的相关政策法规，前期必须调查了解清楚。

二是基础设施落后。柬埔寨公路只有国道、省道及农村路，没有高速公路，大部分国道常年处于维修状态，且多靠国外援助资金；全国只有两条铁路，车速缓慢，且轨距与国际不接轨；海运与河运港口设施严重不足；空运主要为客运，货运不发达；供电严重不足，电价十分昂贵；互联网服务落后。薄弱的基础设施条件使得柬埔寨的物流成本远远高于区域内其他国家，这些都给企业发展带来较大的影响，投资前必须充分考虑。

三是柬埔寨的贪腐问题。尽管在 2010 年 3 月国会批准通过了《反腐败法》，但柬埔寨的反腐形势依然严峻。国际组织 Transparency International 在 2018 年发布的《2018 年国际腐败感知指数》报告中，柬埔寨的透明指数位列 180 个国家中的第 161 位。非正式收费、执法透明度和争议解决方式等方面的严重腐败问题大大增加了柬埔寨企业成本。

（二）柬埔寨农业投资值得注意的案例思考

外国在柬埔寨农业投资的法律政策争议多集中在土地方面，特别是经济特许地方面。根据柬埔寨人权中心发布的一份《2007—2011 年柬埔寨土地纠纷统计报告》显示，涉案的纠纷面积达国家领土的 5%，受到影响的人数为 76 万人，柬埔寨全国各省几乎都有土地纠纷。

案例 1：切勿轻信他人，签订无效私人协议

李某经同乡张某介绍欲在柬埔寨购买土地用于香蕉种植。但依据柬埔寨《投资法》对土地所有权和使用权的规定，"用于投资活动的土地，其所有权须由柬埔寨籍自然人、或柬埔寨籍自然人或法人直接持有 51% 以上股份的法人所有"。因张某已是柬埔寨籍，故李某接受张某建议，借张某名义购买土地，并签订土地实际归属权的私人协议。但待购买土地后，张某却声称该土地为其独自购买。李某无奈只能将张某告上法庭，但由于私下签订的土地归属协议不具有法律效力，李某所购买土地最终判归张某所有。

分析及建议：依据《柬埔寨王国土地法》第一章第 8 条规定，"只允许柬籍自然人和法人对柬埔寨土地拥有所有权。"第一章第 9 条规定，"在柬注册的企业，其 51% 以上的股份由柬埔寨籍自然人或法人持有，可以成为土地的所有者。股权比例以公司章程为准。股东签署的违背本条款的私人协议无效。如果公司章程规定的股权比例发生变更使其不再是柬籍公司，该企业有义务按照实际情况变更公司章程并依法将此变更通知主管部门"。故李某无权购买土地，且私人协议无效。建议赴柬埔寨投资的公司及个人一定要遵守当地法律，将法务管理落实到项目实施的各个阶段。切勿妄图钻柬埔寨法律的漏洞，轻信他人及投资建议，切记在投资前明确柬埔寨各项法律法规，以免造成经济损失。

案例 2：切勿贪大占地，面临收地风险

某公司成功向柬埔寨政府申请经济特许地用于种植橡胶，且在申报时已经制定好土地利用规划，并被相应土地管理委员会通过。但由于公司资金运转不畅及近年胶价低迷，特许地的全部面积一直未被完全开发。但经济特许地合同签订时已明确"土地必须在获得授权后的 12 个月内开始按规划报备时间内容开发，同时缴纳许可费，否则将被撤销且不予补偿"，依据柬埔寨现行政府令，经济特许地被多部门委员会联合监管，定期对经济特许地开发项目进行检查和评估。对于已经获得的经济特许地，但未按法律和合同规定进行开发，或利用特许地经营权开拓更大土地，转售空置土地，侵犯社区人民土地的公司，政府将收回其经济特许地。该公司的负责人已被监管部门多次约谈。柬埔寨政府执

行《001 号令》后，截至 2015 年已有 129 家公司的 36 万公顷特许地被割让给当地居民，约 30 家公司的 215 240 公顷特许地被政府收回。故该公司忧心忡忡，土地随时面临被政府收回的风险。

分析及建议：依据《柬埔寨王国土地法》第 52 条规定"土地特许仅在特许合同规定的时间内设定权利"。第 59 条和第 61 条规定"土地特许面积不超过 1 万公顷，特许期限不超过 99 年（已变更至 50 年）"。2012 年 5 月 7 日，柬埔寨首相洪森签发《提高经济特许地管理效率》的政府令，宣布"自即日起暂停批准新的经济特许地。该法令要求政府各部门、各有关单位必须认真执行政府关于提供经济特许地的合同规定，不影响社区和当地居民的生活环境；对于已经获得经济特许地，但未按法律原则和合同规定进行开发，或者利用特许地经营权开拓更大土地，转售空闲土地，违背合同，侵犯社区人民土地的公司，政府将收回其经济特许地；对于之前已获政府批准的经济特许地，政府将继续依照法律原则和合同执行"。建议赴柬埔寨投资的公司及个人一定要谨慎投资，切勿贪多贪大，严格执行经济特性地的有关规定，以免造成不必要的经济损失。

案例 3：明确土地产权，降低社会风险

某公司在柬埔寨投资种植经济作物，但长期受到土地纠纷的困扰。基地周边村民要求政府将 1 500 公顷的土地进行整合，一部分土地划分给该公司，另一部分划归本地乡民所有，将土地进行保留以饲养黄牛，并将该公司在此地新种植的农作物火烧殆尽。虽然当局政府甚至省长多次进行纠纷协调，但收效甚微。该基地进入居民数量不断增加，农民开始强占公司土地，出现因土地纠纷而发生的对峙，破坏公司财产等事件。该投资公司实际控制的土地面积也因最初购买土地产权不明或农民强行占地而大量缩减。同时与当地政府、农民沟通协调的成本相当高。

分析及建议：尽管柬埔寨早在 1994 年就通过了《投资保护法》，然而法律缺少实施细则。按照该法第六章第二款规定，"允许投资人使用土地，包括采用长期租赁，最长租期 70 年的方式，并可申请展期。采用该土地使用方式如涉及地上不动产及私人财产所有权，按相关法律规定处理。"然而在实际操作中，对于土地产权的定义并不明晰，法律漏洞造成土地纠纷层出不穷。建议在赴柬投资之前一定要对项目产业、社会环境、土地产权和环境影响进行有效的评估，确保项目可行性，确保土地所有者拥有在政府部门注册的有效地契，避免在投资过程中与当地社会发生冲突，避免陷入不必要的土地纠纷，防止人身及财产损害。

老挝

一、老挝农业投资宏观政策及发展规划

老挝北邻中国，南接柬埔寨，东接越南，西北达缅甸，西南毗邻泰国。湄公河流经 1 900 千米，国土面积 23.68 万千米^2。老挝实行社会主义制度，老挝人民革命党是唯一政党。1991 年老挝人民革命党"五大"确定"有原则的全面革新路线"，提出坚持党的领导和社会主义方向等六项基本原则，实行对外开放政策。2011 年老挝党"九大"成功召开，主题是"加强全民团结和党内统一，发扬党的领导作用和能力，实现革新路线新突破，为 2020 年摆脱欠发达国家状态和继续向社会主义目标迈进奠定坚实基础"。

近些年，老挝政府不但在制定宏观市场准入政策上经常体现大力发展农业的思想，针对农业各产业还定期制定不同阶段的发展规划，而且因地制宜制定重点产业、重点地区的农业规划和行动纲要。

（一）宏观市场准入政策

1. 老挝投资法律制度概述

老挝的法律制度在很大程度上受习惯法（现仍是调解老挝居民法律关系的重要方式之一）的影响，在法国殖民统治时期也受成文法编制的影响。现代编纂的法律体系仍处于萌芽阶段，司法机构的水平也需进一步提高。近年来，由于法律的宣传和出版以及管控机制的完善，立法程序也更加透明。

老挝外商投资法律制度是以《老挝投资促进法》（以下简称《投资促进法》）为代表的包括一系列法律法规在内的完整法律体系。老挝外资法主要从投资领域、投资方式、外国投资方的权利和义务、老挝外资管理机构和投资争议解决 5 个方面阐述了老挝对外资投资管理的内容，外资法规定外来投资者与老挝要在互利互惠的基础上，遵守老挝的各项法律规定。另外，老挝总理府还颁布了以《老挝关于外国投资审批手续的政令》（以下简称《关于外国投资审批手续的政令》）《中华人民共和国政府和老挝政府关于鼓励和相互保护投资的协定》（以下简称《中老关于鼓励和相互保护投资协定》）和《外国投资项目在老挝审批程序的若干规定》为主的若干行政规范性文件。

《投资促进法》由原来的《老挝国内投资促进管理法》和《老挝外国投资促进管理法》合并而成，并对其中 8 处作了修订和完善，如：投资方式、投资类型、审批程序、一站式投资服务、投资指导目录、优惠政策、专门经济区开发投资以及中央与地方管理职能划分等内容。工贸部、计划投资部、国家主席府分别对老挝投资的一般投资、特许经营投资和经济特区投资负责。

除危及国家稳定，严重影响环境、人民身体健康和民族文化的行业和领域外，老挝政府鼓励外国公司及个人对各行业各领域投资并出台了《老挝鼓励外国投资法》。老挝现行的外国投资法律是 2009 年颁布的《投资促进法》，2011年 4 月颁布了《老挝投资促进法实施条例》（以下简称《投资促进法实施条例》），对投资促进法部分条款作出了进一步的规定。老挝国家主席本扬·沃拉吉在 2016 年 11 月的国民议会上颁布了新修订的《投资促进法》。修改后的法案共有 12 个部分，109 个条款。新的法规旨在为投资者扩大特许权范围，最大限度地促进对老挝的投资效益。

2. 投资的形式

根据 2016 年《投资促进法》第 26 条规定，外国投资者在老挝进行投资可通过 3 种方式：一是外国投资者独资，指外国投资者单独或者与其他外国投资者共同在老挝某一行业或者某一项目中进行投资，但外国投资者需要在老挝当地设立企业或分支机构。二是内外资间的股份制投资，是指国内和外国投资者之间在老挝法律下成立新法人开展经营的共同股份制投资。对于参与该投资方式的外国人，其出资额至少不得低于总投资的 10％。三是合同联营方式，是指未在老挝境内设立新法人或者分支的外国法人与老挝国内法人之间通过合同规定开展的联合经营。参与投资的国内法人应向工商部门、计划投资部进行申报。通过前两种方式在老挝进行投资的外国投资者，需要根据《老挝企业法》（2013）规定在老挝境内注册新的企业。对于从事特许经营的企业，其注册资本不得低于总投资的 30％。

3. 禁止外资投资的行业

根据《投资促进法》，禁止外资进入的领域如下：各种武器的生产和销售，各种毒品的种植、加工及销售，兴奋剂的生产及销售（由卫生部专门规定），生产及销售腐蚀、破坏良好民族风俗习惯的文化用品，生产及销售对人类和环境有危害的化学品和工业废料，色情服务，为外国人提供导游。

根据老挝工商部 2015 年公布的《对老挝公民有所保留的企业清单》，野生动植物采收或森林物产开采属于对老挝公民有所保留的企业类型，即外国公民及法人不能投资该领域。

4. 政府专控的行业

根据《投资促进法》，政府专控的行业为：石油、能源、自来水、邮电和交通、原木及木材制品、矿藏及矿产、化学品、粮食、药品、食用酒、烟草、建材、交通工具、文化制品、贵重金属和教育。

外资若投资粮食产品加工企业，注册资金不得低于 10 亿基普（约合 80 万元人民币），外资股权占比不低于 20％。

5. 专为老挝公民保留的职业

根据老挝工贸部 2015 年公布的《对老挝公民有所保留的企业清单》，为老挝公民保留的职业如下：

①工业手工业部门：制陶，金、银、铜及其制品的打制，手工织布和编纺刺绣，工厂的织布、缝纫工作，竹篾、藤凉席的制作，佛像、木雕制作，玩具的制作，棉或木棉服装和被褥的制作，铁匠，电焊工。

②金融部门：金、银、铜及其有价物品的销售。

③商业部门：流动和固定零售，成品油零售。

④财政部门：财务监督或提供财务服务工作。

⑤教育部门：为外国人教授老挝语。

⑥文化部门：老挝传统乐器制作，手工字母排版，各种广告牌的设计和制作，各种场所的装修。

⑦旅游部门：导游和导游的分配。

⑧交通、运输、邮电和建设部门：各种运输车辆的驾驶，建筑行业的各种载重车（推土机、自卸车等）的驾驶，铲土机、平地机、打夯机、挖土机的操作，各种信件、报纸、文件的发送，密码工作，汽车美容。

⑨劳动和社会服务部门：普通工人、清洁工、保安，为外国人提供家政服务，美容、烫发和理发，文书和秘书工作。

⑩食品部门：米线制品的生产。

另外，老挝对国产水泥、钢筋、洗洁净、PVC 管、镀锌瓦、水泥瓦实行保护政策。

6. 设立公司的主管机构

老挝企业的主管部门是工贸部，具体包括工贸部企业注册与管理司、省工贸厅以及县工贸局。具体权限如下：

①工贸部企业注册与管理司负责：企业名称的审核和批准，审批境外企业在老挝设立分支机构，依总理府的决定，审批设立国有企业，审批公众公司的设立，审批其他部委规定保留经营项目的企业，审批其他特殊行业的企业设立。

②省政府工贸厅负责：监督检查企业经营活动，企业名称的预核准，依省政府的决定，审批设立国有企业，审批辖区范围内企业分支机构的设立，审批其他特殊行业的企业设立。

③县政府工贸局根据省工贸厅的具体授权，承担相关企业的注册工作。

7. 经济特区的相关规定

(1) 经济特区的概念。经济特区，是指经老挝政府批准，可以独立开展经营的新经济开发区。区内建有经济社会基础设施、院校及其他配套设施。经济特区获得特殊的促进政策，拥有自主的经济和财政体系。行政委员会和经济行政会是经济特区的管理人。政府授权经济特区审批决定有关投资、开展经营、生产和服务、收支及其他事宜，用"小行政—大社会单位"管理机制进行行政管理。

经济特区行政委员会根据经济特区短期、中期和长期各个时期的经济特区总体发展规划编制工作实施计划，尤其是土地开发和合作计划，基础设施开发、城市发展、新区开发、旅游区、文化区、教育区、卫生区计划，农业、工业区计划、出口商品生产计划及其他。

（2）老挝经济特区的开发可以用以下方式进行。

①国家100％的投资开发，是国家使用政府预算，由政府投资开发区内的全部基础设施及其各种公益设施。如塔克经济特区，投资额8 000万美元，面积1 035公顷，特许权期限为75年。

②政府和私人合作投资开发，是政府和私人投资开发区内的全部基础设施及其各种公益设施，具体方式为政府以土地使用权入股，政府持股至少占30％或以双方一致同意的方式出资，至于私人开发人则用现金和财产入股。如金三角经济特区，面积为3 000公顷，投资总额为8 660万美元，特许权期限为50年。

③私人100％的投资，是国内、外私人使用开发商本人的预算，投资开发区内的全部基础设施及其各种公益设施。如磨丁关口经济特区，该特区与中国云南省西双版纳傣族自治州磨憨口岸接壤，由中国云南海诚集团有限公司全权负责特区的开发工作，投资额5亿美元，面积1 640公顷，特许权期限为50年。

（3）设立经济特区所需资料。有意设立经济特区的，必须经过国家经济特区管理委员会秘书局向国家经济特区管理委员会递交申请书，具体由以下文件组成：经济技术可行性研究报告，发展总体规划，对文化、社会、环境影响的评估报告，经济特区项目开发合同草案，财务资信证明文件，个人或法人身份证明文件，其他有关的文件。

（4）经济特区设立的程序。

①根据制式表格通过国家经济特区管理委员会秘书局向国家经济特区管理委员会递交经济特区设立申请书。

②收到经济特区设立申请书后，国家经济特区管理委员会秘书局将协调有关部门的地方人民政府，研究并提请国家经济特区管理委员会主席同意经济特区设立筹备会，以便调研经济特区设立的初步可行性。

③上述筹备会正式成立后，该筹备会召开首次大会，以便商讨、分工和制定详细工作计划；该筹备会有权设立自己的秘书处，以便帮助完成组织实施工作。

④国家经济特区管理委员会秘书局汇总调研成果、特许经营权合同谈判的

成果以及筹备会的研究成果，以便提交秘书局常务会和非常务会，之后，在设立筹备会书面同意意见的基础上再上报国家经济特区管理委员会审批。

⑤国家经济特区管理委员会审批决定或否决设立经济特区。如果决定批准设立经济特区，国家经济特区管理委员会主席宣布成立经济特区的决定，并由国家经济特区管理委员会秘书局出具特许经营权登记证。如果有超出本职权范围的情形，国家经济特区管理委员会将提交政府审批。

⑥如果发生否决成立经济特区的情形，国家经济特区管理委员会秘书局将书面答复经济特区开发申请人并附适当的理由。

⑦如果是列入政府通过的经济特区发展规划中的项目，其审批程序则视不同情形，以对比、评估或由国家经济特区管理委员会秘书局协调有关部门和地方人民政府基础上评价等各种办法选择开发商。

(5) 经济特区内的投资人将获得以下政策优惠。

①税收方面的特殊政策，经济特区行政委员会根据投资部门、行业、规模进行投资审批、减免各种税收税率，但最高不得超过《关税法》和《税法》规定的比例。

②位于偏僻和地形险要的经济特区的开发商，在建设期间获得进口燃油关税—税收免征优惠政策（非一般经济特区）并建立年度进口计划，具体由国家经济特区管理委员会审批。

③至于经济特区其他投资人及出资人的燃油进口，则按《投资促进法》《关税法》和《税法》缴纳税收。

④在老挝境内进口原料用于经济特区的各种经营，视为是商品出口，将依法获得关税—税收方面的政策。

⑤根据《投资促进法》第58条之规定，获得有关土地使用权及其他动产产权的促进政策。

⑥根据投资开发合同，本人及其家属获得在老挝领土上的居住权。

⑦根据《投资促进法》第66条之规定，获得劳务招聘权；获得有关投资及其他方面提供信息的便利。

⑧根据开发商和投资人的业绩，获得相应的表彰。

⑨按规定获得荣誉公民称号。

若投资者希望得到税收优惠，可考虑选择在老挝经济特区进行投资。例如在普乔经济特区投资贸易业、运输业，可享受3～8年内免所得税，之后按6%～7%的标准收取所得税；在沙湾—色诺经济特区投资贸易业可免所得税2～5年，此期限结束后将按所得税10%的标准收税。在万象赛色塔综合开发区获得经营许可的入园企业，可获得增值税、消费税、企业所得税、关税、个人所得税、分红税等减免。

（二）农林牧渔业发展的宏观政策情况

老挝政府从一开始就特别注重农业发展，老挝农业与林业部是在老挝农业和林业活动方面的社会经济发展计划中发挥重要作用的部门之一。从老挝的产业结构来看，农业占据国民经济 1/3 的比重。

自老挝政府提出新经济机制以来，制定了从自然经济转向商业或市场经济的指导方针，自那时以来，农业发展一直在不断扩大，依靠自然的农业实践逐步被淘汰，农业基础设施逐步发展完善，许多地方建设了水库、水泵站及灌溉系统，为实现两季种植和农业现代化奠定了坚实的基础，并使全国在食品方面实现了自给自足，特别是自 2000 年以来，出口产品也有过剩。此外，甜玉米、甘蔗、木薯、咖啡、蔬菜和果树以及橡胶树等商业作物和树木等的种植逐渐增加，可供应全国和出口。但是，与实际发展需求相比，基于丰富自然资源的潜力，农业发展尚未达到其全部发展潜力。总体来看，老挝农业生产仍然依赖于自然环境，整体农业生产力低下。关于农业部门的政党决议和政府政策尚未转化为所需的行动计划，投资的重点不足以支持从自给自足的生产系统向现代农业实践的转变。农业部门的工业化和现代化，特别是地方一级的工业化和现代化有待加强。

《老挝农业 2025 年发展战略和 2030 年愿景》（国会字第 53 号）是老挝农业林业部于 2015 年制定的，于 2015 年 2 月 20 日由老挝国会通过的法律文件（以下简称《老挝农业 2025 年发展战略和 2030 年愿景》），是老挝宏观农业政策的具体体现。其重点实施方向为：积极发展清洁农业、扩大现代高效农业、重点发展现代生产基地、支持新技术研发。集中精力改善灌溉条件，推广农业发展中心，将研究成果应用于每个地区的生产重点领域，为农民提供技术咨询和培训。建立农民小组，以维持农业和农村发展。继续对每个村庄实施土地分区及森林分配政策，以保护和利用农村地区每个农民家庭的长期使用所有权，以便集中精力生产。农业发展与工业化现代化、国际一体化相结合，与现代化社区和小城镇的发展相适应。此外，农业发展应与市场机制的力量相结合，符合社会主义发展方向。合理开发及使用劳动力、土地、水源和森林等现有资源，同时支持国内外投资。

《老挝农业 2025 年发展战略和 2030 年愿景》中，明确了以下政策以支持农业发展：

资金方面，政府将根据农业生产的特点继续研究并确定适当的信贷利息，增加长期信贷额度，完善抵押体系及抵押原则。另外，《老挝农业法》[①] 明确：

---

① 《老挝农业法》第 46 条。

国家促进农业生产，目标是确保在农业生产的数量和质量上保证农产品满足社会需求，并有足够的储备作为商品出售。国家将鼓励人们不定期地以优惠利率获得短期、中期和长期贷款，以进行农业生产，还将吸引外国援助以鼓励农业生产。如果发生自然灾害，例如干旱、洪水、动物流行病、昆虫侵扰或其他严重损害农业生产的事件，国家给予农民宽限期以偿还国家发放的贷款本金和利息①。针对从事国家和当地优先发展的水稻及经济作物生产的目标群体②，实施低息信贷政策。

加强与工商、财政等有关部门的合作，研究和实施食品安全与农产品生产政策，如财政政策、商品出口政策，设立商业生产推广、稳定价格基金和风险保障基金，建立食品和货物储备及其他合作。老挝还设立了农业促进基金，以鼓励有效的农业生产。该农业促进基金来自：国家出资、人民出资、国际援助。

实行补贴政策，保障大米和优先发展的经济作物的价格，确保生产者的利润至少为生产成本的30%。开展有效的全国水稻储备项目建设。

研究制定适当降低进口关税（进口税）的政策，即降低老挝无法生产的生产要素或农业投入品的进口关税，如农业机械、化肥、农药、动物疫苗和兽药，以及生产动物饲料的化学品或原料（包括水稻种子、作物种子和动物繁育所需的种苗）。

研究制定适当的农业生产（种植、养殖）及加工用电量和灌溉用水的费用，以降低生产成本。

研究制定具体的政策，促进农产品生产投资，尤其是国家优先发展的品类（如大米、玉米、咖啡、蔗糖、木薯、橡胶树、奶牛），以及地方优先发展的具有较大潜力的农产品，特别为环境友好型清洁农业生产落实推广扶持政策。

建立降低农业生产风险、粮食安全和商业风险的补助基金。

研究制定扶持、推广和资金提供的政策，以发展和改进农产品（包括用于消费和商业目的的粮食生产）的质量和标准，如：投资建立和发展动植物卫生检疫体系（SPS）。

在动物疫病高发区、山区和贫困、脆弱和偏远地区实行免费接种动物疫苗和治疗。

针对外派到偏远地区工作的技术人员，制定适当的政策，包括轮岗制度、接受技术培训和岗位晋升的标准。

《老挝农业2025年发展战略和2030年愿景》也明确了以下立法方面的规

---

① 《老挝农业法》第50条。

② 目标群体指有使用机械或转向与加工和销售（如水稻生产是为使用种植、收割、干燥和加工/研磨等机械的生产者组织提供原料）有关的产业化经营特征的农户。

划以支持农业发展：

审查和修订所有农业相关立法，使其符合老挝的情况和条件，并符合老挝加入的有关国际条约。

制定农业和林业用地的区划和总体利用规划，并建议政府予以考虑和批准，确定未经批准将农用地尤其是水稻用地改变为其他用途的预防性措施。

制定和修改种养殖立法，以符合老挝加入的协定和条约的规定，特别是与动植物卫生和检疫措施（SPS协定）有关的立法。

制定和修改与管控措施有关的立法，使其能够合法有效执行，包括进口老挝无法生产的农业投入品，如肥料、动物疫苗和兽药、农药、农作物种子和动物种苗。

另外，老挝农业与林业部和老挝国立大学及地方行政部门合作，负责寻找适应老挝各地气候条件的国内外优质的动植物物种，以实现高效的农业生产。另一方面，促进国内有机和化学肥料的生产，以确保高产量和高质量的农业生产。建立动物饲料加工厂，如果家畜饲料产量不足，将根据法律法规从国外进口。

老挝从农业政策保障方面及粮食安全方面均以强制与灵活的政策加以保障实施。通过《农业法》与《老挝农业2025年发展战略和2030年愿景》来保障老挝农业基本发展与农业中长期发展规划。

（三）最新农业（含林牧渔业）发展规划

1. 近期农业（含林牧渔业）发展规划

第10届老挝全国人民代表大会（以下简称国民大会）决定，基于国家的资源优势、国家经济与社会明确的目标，改进农业生产系统，保证国家粮食和农产品市场安全，进一步巩固、完善农业基础设施，以科学技术促进农业现代化，到2020年实现国家消除贫困。同时重视环境保护，保护森林、水源、生物资源，注重森林恢复，制定好目标和平台规划；注重生态环境保护，提高粮食生产安全；推动农业用水现代化，支持建设农业水池、小水电站、水库，在平原和丘陵地区推动农业用水建设是国家发展方向和将来的投资重点；提高产品的生产力，基于国家特色的气候和水源，最大限度地利用优势土地资源，扩大和开发新的农业土地面积，提高水稻和其他农作物产量；调整生产设施，依靠生物技术、农业技术、现代技术，加强机械农耕，提高农业产量、生产效率和集约化程度；推广农业服务，政府安排专业技术人员到农村指导农业生产，提高农业生产力[①]。

---

① 文瀚，林卫东，陈玉保，等，2017. 老挝农业发展现状、问题剖析及对策研究［J］. 云南科技管理，30（2）：53-55.

老挝农业与林业部的目标是到 2020 年农业总产值占国内生产总值（GDP）的 15.29%[①]。国家农业和林业研究所（NAFRI）表示，若农业占国内生产总值的 15.29%，意味着农业将占国民生产总值（GNP）的 19%。老挝农业与林业部预计，2019 年水稻年产量将扩大至 440 多万吨，咖啡产量应达到约 16 万吨，甜玉米 100 万吨，木薯 228 万吨。肉类产量预计达到 19.921 万吨，鸡蛋产量为 4.347 万吨，鱼类产量预计将达到 21.5 万吨。当局预计全国的耕地面积将从 2018/2019 年度的 17.7 万公顷增加到次年的 18.5 万公顷。老挝农业与林业部通过 NAFRI 的努力，现在有超过 16 010 个农作物种子样本，用于研究开发更富有成果的作物。政府打算 2019 年进行重大农业调查，并将其中的调查结果作为 2020—2025 年国家社会经济发展计划的参考点。农业仍然是国民经济的支柱[②]。到 2020 年，为使 GDP 增长水平达到 8% 的目标，农业总产值将占国内生产总值的 3.4%，农林部门应保持总投资 79 200 亿基普（约 99 亿美元）的规模；其中包括 1 200 亿基普（约合 1.5 亿美元）的公共投资项目（PIP），占总投资的 1.5%（每年增长 15%）；13 000 亿基普（约合 16.25 亿美元）的官方发展援助（ODA），占总投资的 16.4%，每年增长 20%；国内和外商直接投资 65 000 亿基普（约合 81.25 亿美元），占总投资的 82.1%（增长 25%），其中国内占 30% 和外国直接投资（FDI）占 70%[③]。

(1) 到 2020 年的粮食生产目标。 为了确保人们每天每人获得至少 2 600 千卡[*]的能量，其食物构成中，包括大约 62% 的大米和淀粉；肉、蛋和鱼约占 10%；蔬菜、水果和豆类约占 6%，脂肪、糖和牛奶约占 22%。因而每人每年各种食物的消费量必须确保达到如下标准：

碾米 160 千克（相当于 280 千克水稻）；面粉 5 千克；肉、鱼和蛋总共 65 千克（包括猪肉 13 千克，禽肉 9 千克和其他肉类 7 千克，鸡蛋 6 千克和鱼类 30 千克）；蔬菜 50 千克；豆类、芝麻 2 千克；甜玉米 2.5 千克；块茎/根茎（芋头，土豆等）2.5 千克；水果 30 千克；糖 1 千克；牛奶 3 千克；脂肪/油 23 千克。

为了满足这一要求，必须生产和供应足够的大米、蔬菜、豆类、芝麻、水果、糖、肉、鱼和蛋，这些都应集中在以下主要食品的生产上：

水稻总产量达到 470 万吨，其中糯米占 70%，非糯米占 30%，到 2020 年平均产量增长率为 5%（主要是提高生产力和扩大产区）。其具体构成如下：水稻约 250 万吨，包括：水稻消费 210 万吨 ［750 万人×280 千克水稻/(人·年)］，

---

① https：//mp.weixin.qq.com/s/k1sIvVKfCiB3C0JW1N-Bxw，Vientiane Times.
② https：//mp.weixin.qq.com/s/Vtp-BHEoBLGBM5fFXaI9sQ.
③ 《老挝农业 2025 年发展战略和 2030 年愿景》第 3.1、3.2 条。
* 卡为非法定计量单位，1 卡≈4.184 焦［耳］。——编者注

大米储备 40 万吨（精米 24 万吨；覆盖 2～3 个月），水稻种子约 10 万吨，国内加工大米 50 万～60 万吨，国内销售及出口大米不低于 100 万吨。

生产蔬菜、豆类、芝麻和水果，包括甜玉米约 22.8 万吨，芋头、土豆约 30.4 万吨，水果约 80 万吨。

肉类、鱼类和蛋类产量约 48.75 万吨（包括肉类和蛋类 26.25 万吨，鱼类和水生动物 22.5 万吨），人均消费量为 65 千克/（人·年）［城市地区 70 千克/（人·年），农村地区 50 千克/（人·年）］。鱼类和水产养殖业每年以 8%～10%增速增长。

（2）农业商品生产目标。尽最大努力发展农产品生产，逐步创造工业化和现代化的基本要素，逐步打开国际市场。

水稻方面，到 2020 年，生产用于国内销售和出口的大米约 100 万吨，同时促进在各个地区种植市场潜力大的水稻，如黑米（Khao Kaam），小鸡饭（Khao Kay Noy），老挝香米。增加非糯稻种植比例，使其产量占总产量的 30%。关注区域和国际市场，重点关注基于良好农业规范（GAP）标准的出口稻米的生产。对于北方省份的中小平原，水稻生产应侧重于使用符合市场需求的水稻种子，以向中国和其他邻国出口。

其他作物：到 2020 年，生产动物饲料玉米 130 万吨，咖啡 12 万吨，甘蔗 200 万吨以上，木薯 150 万吨，豆类 5 万吨。此外，还生产满足国内和出口市场需求的其他潜在作物。

牲畜养殖方面，从传统的畜牧业实践转向现代化农业实践，重点培育杂交品种，以满足国内市场需求，并继续将奶牛、水牛等大型动物出口至近邻国家，到 2020 年肉类出口量至少为 10 000～15 000 吨。继续进行奶牛、水牛、山羊养殖，扩大草场，农业和林业部门应负责开发优质草种农场以促进动物饲料加工。

（3）林业方面，森林覆盖率达到 70%。

2. 中长期农业（含林牧渔业）发展规划

老挝于 1986 年开始执行革新路线，经过近 30 年的探索和实践，老挝经济、政治、文化取得了较大发展。老挝是一个传统的农业国，农业生产一直在其国民经济中占据主要位置。在优先发展农林业的同时，老挝政府也开始重视发展旅游业，并将旅游业作为国家吸引外汇收入的重要来源。中国提出"一带一路"倡议，给相关国家间的互联互通提供了便利，也促进了老挝与世界各国的交流，使老挝成为"一带一路"命运共同体的一员。老挝政府积极响应"一带一路"倡议，改革创新，建立新型的管理政策，鼓励与国外企业进行合作，积极推进经济发展，旅游业也为老挝的经济发展起到积极的拉动作用，老挝将会迎来新的发展形势。

《老挝农业 2025 年发展战略和 2030 年愿景》对 2030 年的总体目标表述如下：

①经济强劲增长，符合工业化和现代化发展方向，加强基础设施建设，确保经济增长，有效、稳定地保障粮食安全，有力保证营养质量，保障农产品的生产数量和质量以适应气候变化。

②农业生产符合清洁、安全的卫生原则。

③农业生产要在创造就业、人民创收、缩小城乡差距、建设新农村、保护各民族象征文化及环境保护等方面做出贡献，这有助于生态系统的稳定和平衡。

具体目标包括：

①生产技术推广和服务推广方面，通过建立并逐步加强生产者群体，从小型分散生产转向集中生产，扩大农业生产力，扩大农民的所有权；在未来 10 年内，每个省至少应有一个农业生产模式组或农业合作社，以及与该地区或国际农民组织相关的合作社网络。到 2025 年，应根据每个生产区的潜力改进或开发模型技术中心，每个生产区至少有一个服务中心或一个服务站。

②粮食生产方面，到 2025 年，水稻总产量达到 500 万吨，其中糯米 70%，非糯米 30%。生产蔬菜、豆类/芝麻和水果，包括甜玉米约 30.6 万吨，豆类和芋头、土豆约 32.7 万吨，水果约 182.5 万吨，其他作物约 157 万吨。生产肉类、蛋类约 71.1 万吨（包括肉类和蛋类 41.4 万吨，鱼类和水生动物 29.7 万吨）。生产至少 140 万吨动物饲料的玉米，28 万吨咖啡，240 万吨以上的甘蔗，160 万吨木薯，5.2 万吨豆类。此外，还为国内销售和出口生产其他高潜力和比较优势的经济作物。确保每人每天营养 2 600 千卡，其中包括大米和淀粉，约占 54%，肉、蛋和鱼占 13%，蔬菜、水果和豆类占 8%，脂肪、糖和牛奶占 25%。

③牲畜养殖方面，从传统或自然的畜牧业实践转向农业实践，农场可以提供 35% 的动物产品。专注于繁殖杂交用于商业目的的物种，以满足国内市场需求，并继续将奶牛、水牛等大型动物出口到近邻国家，2025 年肉类出口量至少为 1.5 万吨。

④投资额方面，到 2025 年，农林部门的投资总量将达到 187 万亿基普（约合 233.75 亿美元）；其中包括 2 万亿基普（约合 2.5 亿美元）的公共投资项目，约占总投资的 1.07%（每年增长 15%）；官方发展援助为 25 万亿基普（约合 31.25 亿美元），占总投资的 13.37%（每年增长 20%），国内和外国直接投资的私人投资为 160 万亿基普（约合 200 亿美元），占总投资的 85.56%（每年增长 25%），其中国内投资占 30%，外国直接投资占 70%①。

---

① 《老挝农业 2025 年发展战略和 2030 年愿景》第 3.1、3.2 条。

具体措施包括：

①保障农业用地。继续加快开垦农业用地，以确保有足够的土地来生产足够的粮食，确保粮食安全，并保持不少于450万公顷的农业用地，其中稻田不少于200万公顷。

②为了实现现代与清洁农业生产，根据每个地区的条件及优势来使用农业用地。比如，在平原地区重点种植水稻，到2020年，全国水稻生产面积将扩大到110万公顷；在山地和高原地区重点种植花生、豆类和青豆，年平均种植面积为2.7万～3万公顷，年产量为5.4万～6万吨。

③为了确保每年两季的生产用水供应，今后应重点关注实施能确保生产符合规定的农业灌溉计划，以应对气候变化和减少可能发生的自然灾害造成的损失。老挝政府将重点改善现有的6 953个项目，使其可以在雨季为19.69万公顷耕地供水，在旱季为11.85万公顷耕地供水。

④采取措施预防和控制洪水、干旱等自然灾害。通过应用现代技术，如利用卫星图像等监测土壤侵蚀风险和其他风险；建设、改善水门和堤堰，如在河岸和其他有风险的地区，特别是修复大平原旁边的堤防和湄公河及其支流上的水泵站；利用水库和水电站等基础设施，在洪水季节开始之前控制和确定水库中适当和安全的水位；建设导流通道系统，从水库等具有洪水风险的大型生产区域排水，在有条件的地区建设防洪渠系统、安装水泵排水、建造排水渠；通过建立监测和控制中心，以确定每个水位测量站的紧急警报水平（1级，2级和3级），使用现代技术监测每条重要河流的水位。

⑤发展清洁农业。将清洁农业生产作为农业发展的优先事项，推广ISO/IEC17065和ISO/IEC17025标准，制定和修订符合国际标准的法规和标准，升级技术和材料及基础设施，旨在全面提高生产力。

⑥建立和完善种子、肥料和农药的使用管理系统。在全国范围内开发管理系统，进行植物品种登记和植物品种质量控制，以满足生产者对优质植物品种的需求，走向国际一体化。为了确保提高生产效率和产品的质量及安全性，避免食品中的残留物，应建立管理体系，进行与东盟和国际标准相结合的登记，以及严格控制已经取消在老挝使用的违禁农药和农药的措施，确保化学物质和农药的质量。

⑦推广农业生产技术。通过建立并逐步加强生产者群体，从小型分散生产转向集中生产，提高农业生产力，扩大农民的所有权；在未来10年内，每个省至少应有一个农业生产模式组、农业合作社以及与该地区或国际农民组织相关的合作社网络。到2020年，应改善和发展包括山区、高原和平原地区（272个地区农业推广服务中心）在内的推广网络，以便成为农民学校，并可以发挥作用，向整个社会的农民、企业家和相关方提供农业、动物育种和渔业技术转

让的相关培训。

⑧研究和应用新技术。比如，研究水稻种子生产技术，以提高水稻生产的生产力。改善和提升农业和林业研究部门的能力，包括改进组织结构，完善内部规则以及提高网络应用的能力，倡导中央和地方各级企业家将研究成果应用于实践。

⑨建立粮食储备。比如，建立国家稻米储备 40 万吨，其中包括灾害和国防及公共安全的稻米储备，东盟和国际稻米储备和水稻种子储备。

⑩农业灌溉计划①。为了确保每年两季的生产用水供应，应对气候变化和减少可能发生的自然灾害造成的损失，到 2020 年，可以在雨季为 33 万公顷稻田供水，在旱季为 21.6 万公顷稻田供水；到 2025 年，可以在雨季为 35.5 万公顷稻田供水，在旱季为 24 万公顷稻田供水；改善水渠，由土壤渠道改为水泥/混凝土渠道；加强水泵站现代化，继续建设灌溉水库和水闸，以便利用下游地区水电站发出的水量。优先考虑灌溉水流的重力系统，或考虑以自流水为主要形式的灌溉；使用水泵机械作为次要选择，同时逐步使用其他潜在的可再生能源。

为确保实现这些目标，政府指定 10 个省份作为生产重点区域，将重点改善现有的 6 953 个项目，使其可以在雨季为 19.69 万公顷供水，在旱季为 11.85 万公顷供水。继续建设已经研究、调查设计并签订 33 个项目合同的灌溉项目，确保 10 个省份到 2020 年在雨季为 25.4 万公顷供水，在旱季为 161 350 公顷供水；到 2025 年，在雨季为 279 450 公顷供水，在旱季为 184 100 公顷供水。总之，到 2025 年，应确保 10 个重点省份的供水量不少于 463 550 公顷。利用灌溉水库和水电站等基础设施，通过在洪水季节开始（雨季）之前控制和确定水库中适当和安全的水位，特别是南鹅湖 1 号水电站、南芒 3 号水电站、南腾 2 号水电站、欣本、色边-色南浓和色困曼等地。建设导流通道系统，从色邦享、色邦非水库等具有洪水风险的大型生产区域排水，在有条件的地区建设防洪渠系统、安装水泵排水、建造排水渠，特别是在大平原上，通过建立监测和控制中心，以确定每个水位测量站的紧急警报水平（1 级，2 级和 3 级），使用现代技术监测每条重要河流的水位。

（四）重点产业、产业链环节支持政策、措施

1. 推广大米及其他经济作物的种植

为了确保粮食安全和商业生产，老挝农业与林业部将着重发展大米种植，尤其是在首都万象市、沙耶武里省、甘蒙省、沙湾拿吉省、沙拉湾省、占巴塞

---

① 《老挝农业 2025 年发展战略和 2030 年愿景》第 3.2 条。

省和万象省，种植面积为 65 万～80 万公顷，年产量 3.0 万～3.3 万吨。同时，推广符合清洁农业标准（GAP 和 OA）和具有地理标志（GI）的植物认证。此外，高原和山区还推广紫米（黑米）和其他水稻品种的种植。推广具有市场需求的优质改良水稻种子，如塔多坎、丰南、塔沙浓、色邦丰 2 号、万象 450 - 1 号、洪沙湾、洪占巴 230 号水稻种子和其他芳香水稻种子。此外，对于北部的中小平原，通过在琅南塔省指定水稻生产中心，根据市场需求扩大水稻种植，向中国市场供应大米。

在农业生态适宜的地区推广用于家庭以及出口的果树种植园，包括波乔省敦鹏区、朗南塔省的芒新及孟隆区、乌多姆赛省的赛区、琅勃拉邦省的巴乌、仙恩和琅勃拉邦地区、沙湾拿吉省的色邦区和沙拉湾省老南区。这些区域可种植香蕉、西瓜、菠萝、椰子、橙子、罗望子、龙眼、杧果、菠萝蜜、红毛丹、榴莲、火龙果、番荔枝等，总种植面积 1 万～1.5 万公顷，预期年产量30 万～40 万吨。

2. 重视研究经济作物的品种

①致力于本地植物品种多样化，如黑米、小鸡饭等有潜力的品种进行特定市场的商业生产。

②研究具有比较优势的植物品种，优先考虑生产高产的战略经济作物，特别是优质大米和其他具有潜力的经济作物，包括玉米、木薯、甘蔗、咖啡、橡胶、蔬菜和果树等，促进商业生产以满足国内需求和出口。

③通过建立生产网络，改善生产系统和经济作物的供应，包括企业家在全国范围内提供优质经济作物品种，提供自给自足的条件，逐步减少植物品种的进口。

④开展关于植物品种可获得性和商业生产技术的政策研究，以降低生产成本，包括使用农业机械减少人工劳动，并将农民从农业中释放到工业和服务部门。

3. 支持和促进畜牧业发展

（1）肉牛及奶牛养殖。 预计 2020—2025 年，老挝牛肉出口量约为 1.5 万吨。重点发展肉牛养殖区域是：丰沙里、乌多姆赛、华潘、川圹、波里坎赛、甘蒙、沙湾拿吉、占巴色、阿速坡、琅勃拉邦和万象省。为实现上述目标，老挝政府拟实施以下措施：促进个体或生产团体建立本土养牛场，并在养殖方面进行改良，开展对杂交牛的研究，以改善其生产力、抗气候变化、抗病性能，形成具有商业潜力的品种，将肉牛体重增加至 300 千克/头，建立动物无规定疫病区并根据国际标准实施卫生措施。支持国内外企业和企业家在大城市附近的平原地区或有条件和适宜气候的高原地区投资建设奶牛场，如首都万象市，川圹、万象省及占巴色，以向当地市场供应牛奶。饲料方面，鼓励农民种植高产牧草，种植不少于 15 万公顷的植物作为动物饲料的原料,促进建立现代标准化屠宰场。为满足国内需求和出口,应有 5 个屠宰场,屠宰能力约 70～100 头/天。

(2) 肉猪养殖。目前老挝商业化养猪生产规模很小,在国际市场上仍然缺乏竞争力,因此生产重点是满足国内市场供应。老挝政府采取的措施如下:通过支持公共和私人投资部门进行纯猪饲养,在琅勃拉邦、琅南塔、乌多姆赛省、万象省、首都万象市、甘蒙、沙湾拿吉、沙拉湾及占巴色促进杂交猪的生产,以减少从邻国的进口并实现自给自足。

(3) 蛋鸡养殖。蛋鸡生产的发展目标是充分供应鸡蛋以满足国内需求和可持续自给自足。因此,需要寻找高生产力的蛋鸡种类,为全国各城市供应鸡蛋,同时创造就业机会并建立可持续的养鸡专业小组。优先发展省份是:北部省份包括琅勃拉邦、沙耶武里、乌多姆赛和朗南塔,中部省份包括首都万象市、万象省、波里坎赛和沙湾拿吉,南部省份包括占巴色和沙拉湾。

(4) 肉鸡养殖。目前老挝对鸡肉的市场需求仍然较高,因此需要继续扩大潜在地区的肉鸡产量。促进肉鸡生产的优先领域:北部省份的琅勃拉邦、沙耶武里、乌多姆赛和朗南塔,中部省份包括首都万象市、万象省、波里坎赛和沙湾拿吉,南部省份包括占巴色和沙拉湾。

(5) 铺鸭(鸭蛋)生产。鸭蛋是老挝的重要食品之一。因此,需要在高潜力区域促进合适的鸭类生产。优先促进铺鸭生产供应国内市场的地区是:北方的乌多姆赛和沙耶武里,中部省份包括首都万象市、波里坎赛和万象省;南部省份包括占巴色。

(6) 网箱养鱼。在有适当条件的区域扩大罗非鱼生产,推广网箱养鱼,满足全国各地市场需求。目标是到 2020 年将网箱数量增加到 10 000 个网箱,到 2025 年增加到 18 000 个网箱。通过在湄公河及其支流的适当区域进行推广,增加已经在首都万象市开展业务的数量。促进网箱养鱼的优先领域是:北部省份包括琅勃拉邦和波乔,中部省份包括首都万象市、沙湾拿吉、甘蒙、波里坎赛和万象省,南部省份包括古巴色、沙拉湾、阿速坡和色贡。

(7) 饲料生产。据估计,到 2025 年,老挝动物饲料需求量将增加到 120 万吨。但是,目前全国每年仅供应 110 吨。因此,必须通过支持和促进当地可获得原料的使用来开发动物饲料的生产以增加饲料的数量。

4. 重视植物保护检疫

植物保护检疫是老挝农业保护的重要活动之一。根据世界贸易组织(WTO)卫生和植物检疫措施(SPS)的国际植物检疫措施以及老挝加入的国际条约,老挝政府修订相关立法,重视植物保护检查站建设和技术基础设施的人力资源开发,具体如下:

①制定法律、法规和技术准则/手册,包括国际植物检疫标准和区域及国

际一体化的其他相关法规。

②与东盟国家就老挝开放农产品市场进行谈判，就有可能出口的植物与SPS签订双边协议并出口。

③建立和完善国际植物保护检查站。其中包括检查站的植物检疫办公室，有害生物实验室和植物检疫场所，重点放在全国20个检查站，如丰沙里省的帕卡检查站、华潘省的南宋检查站、朗南塔省的磨丁检查站、琅南塔省的老挝缅甸友谊桥检查站、川圹省的南甘检查站沙耶武里省的南红友谊桥检查站、琅勃拉邦的琅勃拉邦国际机场检查站、波省的老泰友谊桥4检查站（或会塞检查站）、首都万象市老泰友谊桥1、首都万象市瓦岱国际机场检查站、老泰友谊桥5波里坎赛省的检查站（或巴伞检查站）、波里坎赛省的南保检查站、老泰友谊桥3检查甘蒙省的检查站、甘蒙省的纳保检查站、沙湾拿吉的老泰友谊桥2检查站、沙湾拿吉省的丹沙湾检查站、沙拉湾省的拉莱检查站、占巴色省的万岛检查站、农肯占巴塞省的检查站和阿塔佩省的普夸检查站。

④在中央层面建立和改进有害生物实验室，以符合农业和林业部植物保护中心的 ISO/IEC 17025 标准。

⑤列出商业作物的有害生物或植物病害清单，作为进入国际市场的风险提示信息。

⑥开发人力资源，每个检查站配备植物保护技术人员3～5人。

⑦在全国建立植物保护网络，每个村配备开发村庄植物保护人员（植物专家）1～2人。

5. 加强主管部门的协调

加强农业和林业部门及相关部门之间的协调，旨在改善和发展与综合系统加工和营销相关的生产链，并加强工业和商业部门、工商会、碾米厂协会、生产者和加工者协会以及其他农业服务协会的联系，将生产与加工和营销整合为一体。农林部门的作用是支持各团体、协会或合作社的农产品生产过程，以改善和扩大生产力。此外，应协调中央和地方相关部门参加国家和其他国家的农产品展览和交易会，以宣传老挝的农产品。

二、老挝农业法律制度

（一）老挝农业投资定义、范围和监管部门

《老挝农业法》第46条对农业投资进行了定义：农业投资活动指种植、畜牧业及渔业投资，承担农业生产的活动。该法第47条规定了投资形式："农业生产投资形式包括：1. 家庭单位的投资；2. 人民共同投资；3. 私人投资；

4. 如果没有其他方投资，由国家自行投资（但这种投资对于民族多样化而言是重要和必要的）；5. 国家投资于国内或国外企业；6. 私人国内和国外投资；7. 外商独资。"

农业生产投资有 3 个尺度，例如：小规模农业生产和经营，中等规模的农业生产和经营，大规模农业业务。农业和林业部与管理和促进投资委员会协调确定农业生产和经营规模。

农业监管部门包括：农业与林业部，省、市、特区农林部门，地区农业和林业办公室，乡村行政当局，自然资源与环境部门，工贸部，公共工程与运输部，内政部等①。

（二）农业生产资料法律制度

1. 与农业生产、加工、仓储等相关的土地管理法律制度

（1）土地管理制度概述。《农业法》第 12 条将农业用地分为两种：耕种土地及畜牧业用地。耕种土地包括：平坦的土地；高地或丘陵地带。用于畜牧业的土地可以转化为植物作物和草地用于畜牧业或土地，可以挖掘池塘养殖水生动物。

有意获得农业生产用地的个人和组织必须按照土地法的规定取得国家的批准。获得批准使用农业用地的个人和组织，必须按照土地的目的，生产性地并按照法律法规，在农业生产中正确使用这些土地。如果获得批准使用农业用地的人在批准之日起 3 年内不遵守上述条件，其使用土地的权利将按照《土地法》第 18 条的规定到期。

《土地法》规定了土地使用和保护管理制度，使国家的资源产生效益和合法化，其目的是为促进国家的经济社会发展包括保护老挝境内水域和环境作贡献。

根据《宪法》，老挝实行土地公有制，土地所有权禁止交易。地产市场的交易仅为土地使用权交易。老挝土地法根据老挝宪法的规定将土地国家所有权制度确立为国家唯一的土地所有权制度，即作为土地唯一所有者的国家对于自己所有的土地依法享有占有、使用、收益和处分的权利。

国家按照法律和规划统一管理全部土地，保证有目的和有成效地使用土地。政府授权有关管理部门如：农业与林业部、公共工程与运输部、新闻文化与旅游部、国防部，授权财政部为集中管理者。政府成立专门机构以便实施土地的勘查和分配工作。检查和收集有关土地资料以便在全国范围内划分地区、划分土地类型和绘制总地图，然后授权有关部门和地方政府管理。

（2）土地类型。按国家经济社会发展规划，进行土地登记，发放土地证，

---

① 《农业法》第 69 条。

出租土地并直接管理建筑用地。老挝《土地法》规定，全国范围内的土地划分为以下 8 个类型：农业用地、林业用地、建筑用地、工业用地、交通用地、文化用地、国防治安用地和水域用地。关于各类土地范围划分权和程序方面，中央一级政府在全国范围内分配和划分各类土地，然后向国会提议以便审议通过。地方政府在自己负责的范围内规定各类土地的范围，使之符合政府制定的土地类型范围的规定，然后向自己的上级政府提议以便审议通过。

老挝《土地法》没有对土地使用权的期限作出规定，即老挝的土地使用权期限是长期的、永久的。老挝《土地法》对本国人与外国人在土地使用形式上作了区分：本国个人、家庭及组织享有土地使用权和土地租赁权，而外国人仅仅享有土地租赁权。外国人以及其他组织如果需要从老挝公民手中租赁已开发的土地，则应由土地所在地的省、市或特区政府向财政部建议审批。根据外国人投资的项目、产业、规模、特性，期限最高不得超过 50 年，但可按政府的决定视情形续租。

(3) 土地证明及土地证。土地证明是指由老挝县级政府出具给具有该土地使用权的个人或组织有关农业用地或林业用地临进使用权证明的正式文件。获得土地证明的个人或组织，可以有权按证明的期限进行继承，但无权转让，无权拿去入股，无权拿去担保或出租。

土地证是指长久土地使用权的唯一凭证的文件，其合法地从土地登记簿复制一张交给土地的主人作为长久保留的凭证，直到按法律规定的条件有新的变更为止。

土地证出具前，有关机关必须在土地管理办公室、县政府、土地所在地村公所张贴公告，自公告签发之日起 90 日内通过政府的公众媒介、报纸通告和国家广播电台公告。如果在上述规定的期限内无异议已被解决，方可为获土地使用权的人出具土地证。

(4) 仓库租赁相关法律。结合上述有关土地的法律法规，外资企业可以在老挝租赁土地进行经营，根据出租方不同可分为 3 类：

①在经济特区内，其租赁年限为该经济特区所获得的土地使用年限，一般为 50 年。

②出租方为老挝公民的，租赁年限不得超过 30 年。

③出租方为国家的，租赁年限不得超过 50 年。

另外，经济特区内租金约为每月每米^2 50 美元（仓库类的租金低于该价格），用水价格约为 0.36 美元/米^3，工业用电价格约为 0.09 美元/度。

2. 与农业生产相关的森林管理与保护法律制度

(1) 林业产业政策。老挝是一个经济欠发达国家，大量的农村人口依赖于森林资源的销售来改善经济环境，在此背景下老挝的森林保护政策无法脱离现实需求。因此，老挝从国情出发确定了森林保护的相关林业产业发展支持政策与限制性政策①。

老挝林业产业政策主要包括：支持企业或者是家庭个体户承包规定的产业林，并享有对林木产品的直接处置权。同时，政府还倡导森林产品销售企业对林木产品进行深加工，从而延长产业链并提高林木产品的价值。该政策的实施使得森林生长条件较好的产业林区能够最大化地发挥出森林的经济价值，从而带动当地农民就业并增加农民收入。而林木产品的出口也为老挝赚取外汇创造了有利条件。此外，老挝政府也指出，农业企业在开展农业生产活动时应加强对种植区的植被保护与恢复，对于企业的植被恢复也给予一定的税收与财政补贴优惠。老挝的林业产业支持政策对于促进产业林的发展，增加经济收入起到了重要的促进作用。

老挝林业产业政策还包括：严禁未经许可采伐森林（包括产业林），严禁个人或企业在未获得政府许可的情况下占用耕地以从事其他经济活动，严禁实施游耕政策。为了保护现有的森林资源，避免无序采伐，老挝对森林采伐采取许可制度，对于未经许可的采伐行为采取严格的禁止措施。采伐许可措施的实施在一定程度上减轻了非法盗采现象，对于保护老挝的森林资源起到了促进作用。在老挝传统的社会发展中，侵占林地以增加更多的耕地较为普遍，这也是老挝森林面积急剧下降的重要原因之一。此外，老挝的工业化发展也使得一些企业对于占用林地有了更强的需求，并在现实中出现了一系列未经严格审批而毁林建厂的行为。针对这些现象，老挝政府加强了政策上的约束及处罚力度，从而降低了农业生产与企业建厂对森林用地的无序侵占。在老挝的传统农业发展中存在游耕农业，即在某一片区通过毁林开荒后种植几年的农作物，待土壤肥力下降后转移到另外一片林区重复上述行为。这种种植模式对于森林的破坏较为严重，为此，老挝政府出台了游耕禁止措施。从而消除传统的游耕种植方式，降低游耕对森林带来的破坏。

（2）森林发展规划政策。目前，老挝政府将本国的森林主要分为以创造经济效益为核心的生产林和以维护生态环境和保持水土为核心的保护林。老挝政府每年会对全国的森林储量进行统计，从而了解全国森林储量基本信息。在此背景下由林业部门起草森林采伐计划，确定全国本年度的森林采伐与种植总量。该计划经国会批准后将相关指标分配到各个省份。由此，各地方政府在对本区域的森林采伐与种植面积进行具体的细分。对于生产林的采伐企业或个人必须支付一定的采伐费用与森林再造费用。例如，对于生产林区内的1级木材

---

① 金龙（PHAILAVANH KHAMPHAY），2018. 老挝森林保护政策研究［D］. 北京：中国地质大学.

品种每采伐 1 米³ 需要支付 3 美元。

老挝政府对生产林实施采伐引导政策，对于保护林则实施全面保护的政策，在政府划定的保护林区内禁止采伐。保护林分为纯自然生态环境的保护林与道路或重要区域的防护林，前者的主要目的是维护生物多样性、保持水土以及发挥森林的气候调节作用；后者则以维护城市道路景观、路基稳定以及减少风沙、噪声等为主。政府在保护林的保护中规定了中央财政与各地方政府财政共同投入的机制，从而在一定程度上为保护林保护工作的顺利开展创造了条件①。

(3) 财政政策。 森林保护离不开直接的政策约束，也同样需要有财政资金的支持。为促进老挝森林保护工作的顺利开展，补偿在退耕还林过程中农民与相关企业的损失，同时也为了推动国民更加积极地开展森林保护行动。老挝政府制定了一系列财政政策，主要分为直接财政补贴与转移支付。

(4) 金融政策。 要恢复原有被毁坏的林地，支持企业进行大规模的植树造林，都需要财政资金的支持。为了更好地促进林业企业开展植树造林与退耕还林工作，老挝政府对于林业企业用于植树造林与退耕还林所形成的专项融资，采取低利率政策与利息政府补贴策略。低利率与利息补贴政策使得企业的贷款成本较低，从而为企业更好地开展植树造林活动提供持续动力。政府在企业植树造林贷款的利息补贴上近年来的支出不断加大，截至 2016 年，按照美元结算的利息补贴已经达到 10.6 万美元，同比增长率也高达5.51%。不断增长的利息补贴金额表明老挝在支持企业开展植树造林上的力度在不断加大②。

(5) 土地与经营政策。 森林的生长周期较慢且森林的持续保持对于生态环境所做出的贡献更为显著。根据老挝法律，土地以国有为核心，企业或者是个人依据其用途的不同在获得政府批准后可获取使用权。但是，对于常规的土地使用，老挝政府一般规定为 30 年或 60 年期限。对于企业以经营性质为目的的土地使用年限则规定为 20 年。但是，这一土地使用年限对于林业企业而言无法适应其生产的需要。为此，老挝政府对林业企业的土地利用实施了申请延期政策，即林业用地企业可以申请延长土地的使用期限而无需缴纳额外的费用。这就使得企业能够长期种植苗木并保持一定的生长年限。

企业或者是居民通过植树造林而获取的收益分配，也是老挝政府森林保护政策中的一部分。老挝政府规定对于个人在房屋前后或者是耕地周围自行种植的树木享有完全自主收益，无需向政府交纳任何所得税。对于企业经营的林地

---

①② 金龙（PHAILAVANH KHAMPHAY），2018. 老挝森林保护政策研究 [D]. 北京：中国地质大学.

则实行差异的税率，但整体实行低税率政策。对于种植名贵树木的企业所征收的所得税与税费高于常规树木，但是，仍然低于老挝社会企业的平均税率。优惠税率的制定使得企业在获取林业收益上有了更多的空间，推动了企业植树造林的积极性，提高了其林木产品深加工的意愿。

3. 与农业生产相关的水域管理、使用和保护法律制度

(1) 水资源法概述。《老挝水资源法》分为 9 个章节，介绍了水源的测量与类型、水资源的开发、管理与使用、水资源的保护等内容。

根据该法第 13 条，水和水资源可用于以下各种目的：用于家庭的消费和使用、灌溉、捕鱼、养鱼和其他水生动物、农业和林业生产、饲养牲畜、生产电力、工业生产、通信和运输、体育和娱乐、医疗、文化和其他用途。

①水资源的使用。

个人、法律实体或组织有权将水和水资源用于家庭使用或商业运营。水和水资源的使用权有 3 个层次：小规模、中等规模及大规模。水和水资源的使用权必须符合水源分配计划。

小规模的使用指用于以下目的：家庭用于村庄利益或文化和体育用途，捕鱼和养鱼或其他水生动物，在水源中或周围收集土壤、岩石、砾石、沙子、泥土和植被，在基本家庭一级用于农业和林业生产以及饲养牲畜。

如果没有相关部门或地方行政当局的禁令，可以进行上述小规模使用。

中等规模的用途是将水和水资源用于以下目的：建造小型堰或水坝，建造妨碍或转移水流的建筑物，建造水坝或筑堤以转移水流以便航行或小型水库以产生电力，或用于灌溉，牲畜，钓鱼等；在对自然和环境影响较小的水源中或周围提取石块，砾石，沙子，土壤，泥土，矿物，树木等；安装小型机械水泵，进行非家庭生产或服务；将水源用于与旅游，体育和文化相关的业务。

大规模的用途是将水和水资源用于以下目的：建设中、大型水库，用于灌溉，消费和使用，并生产电力；在水源区内或靠近水源区或围绕水源区建设建筑物或安装厂房、工厂、设备或大型机械；在工业工厂生产领域大量使用水和水资源。

小规模使用不需要批准。对于中型和大型使用，必须获得批准及进行注册，或者必须签订书面合同。此外，大规模使用必须伴随可行性研究，环境和社会影响评估以及处理此类影响的详细措施。

②水资源的保护。

根据《老挝水资源法》第 29 条，个人、法律实体或组织有义务保护水资源。在政府确定的水资源保护区域内，不得进行工厂建设、农业生产、饲养牲畜、采石、采矿、采砂、倾倒垃圾、废物、废水等有毒物质，不得引爆炸药、埋葬人体或动物尸体以及其他造成损害的物品。如果水量和水质严重受损或存在传

播疾病的风险，政府应确定额外的保护区域或区域，或采取其他保护措施。

负责水务的机构和其他相关机构有责任定期监督和检查以下措施的遵守情况和实施情况：法律法规规定的水的标准，数量和质量；根据使用类型和系统正确使用水和水资源；执行与水源开发有关的建设项目，使其符合社会经济发展计划、环境发展计划、水源分配计划、总体规划和与发展有关的建设计划。

(2) 渔业法概述。 老挝于 2009 年颁布了《老挝渔业法》，该法共 10 章，72 个条款。《渔业法》第 5 条规定了老挝政府对渔业的总体政策：国家通过政策、法规及资金以支持渔业技术的研究。发挥本地的潜力，最终促进水产养殖、保护、发展，促进水生动物的开发，以使数量不断增加的水生动物能够满足所有老挝人民的需求。国家鼓励国内或国外的个人和组织通过实施各种政策（如信贷政策以及免税或减税政策）投资于水产养殖。国家支持成立渔民团体、协会或合作社，以促进研究鱼类和其他水生动物的生产和加工方法，以确保产品的质量。

①渔业模式。老挝的渔业模式包括家庭渔业和商业渔场。

家庭渔业是指主要用于家庭日常生活的在特定水域内对水生动物进行水产养殖、养护、保护、发展、捕捞和开发的活动。每个家庭的水产养殖应使用不超过 15 000 米^2 的池塘或水域面积及不超过 120 米^2 的网箱。渔民应按照有关水域渔业管理委员会的规定在渔民名单上登记。

商业渔场模式指养殖鱼类以供贸易和分配，商业水产养殖应根据《投资促进法》的规定进行许可申请及注册。使用 15 000～50 000 米^2 的池塘或水域进行的水产养殖或在 120～250 米^2 的网箱中进行水产养殖，须经有关市或区农业与林业办公室批准。如果使用的池塘面积大于 50 000 米^2 或网箱面积大于 250 米^2，则必须获得首都或省级农业与林业部门的批准。

②商业性捕捞活动的要求。任何商业性捕捞活动应满足以下主要要求：进行了经济和技术分析，掌握有关环境影响评估的报告，拥有经畜牧和渔业当局批准的场所、技术人员、渔业技术、运输手续等，已获得负责该特定水产养殖水域的渔业管理委员会的批准。

③暂停或取消商业渔场。若出现下列情形，应暂停商业渔场运作：渔场经营者不遵守商业渔场运作批准的条款和条件，未报告疾病暴发或微生物感染的暴发，但未采取任何保护措施和解决方案，对水生动物或人类生命构成威胁，对环境/自然或社会的影响超过规定标准的，对附近财产造成重大损失的，由于管理单位有充分的理由要求停止该地点的水产养殖活动。

若出现下列情形，应停止商业渔场运作：

渔场经营者领取许可证后未在《投资促进法》规定的期限内开始经营；不遵守有关组织规定的技术标准和原则；渔场经营者停止业务运作而未能事先通

知有关组织；渔场经营者未依法纳税的；应渔场经营者的要求。

④老挝渔业管理与服务。老挝的渔业资源管理主要是由社区自我组织进行。社区的渔业资源管理是经过政府认可，并得到政府的鼓励和支持的。但是，一旦牵涉多个村庄时，社区的渔业资源管理就会存在很多困难，因此，社会的主动性渔业管理只能被限制在很小的范围内和单个的水库等。

在老挝的北部，超过一半以上的村庄都有着非常有效的传统渔业管理体系，包括：保护区，如有时受限制的河流深水区，这些是被认为具有宗教信仰含义的。季节性限制区，特别是产卵时期。工具限制，不仅包括毒药和炸药，还包括过度捕捞的工具，特别是针对脆弱的洄游区域。除此之外，还有特殊时期针对渔业种类的，通过限制捕捞工具或捕捞时间进行。

虽然老挝有渔业管制措施，例如对毁灭性捕鱼工具的禁止和产卵期的禁渔，但是这些通常不会由政府实施。老挝并不是不存在滥捕滥杀的现象，而是这些渔业管制通常由地方习惯和规则进行约束。

4. 农业投入品（种子、农药、化肥、农机等）管理法律制度

农药管理法令。《老挝农药管理法令》颁布于 2017 年，编号为 No. 258/GOV，共 11 个部分，主要包括总则、农药的种类、农药的注册、安全用药（标签、运输、进出口）、监管及罚则等。

该法令的第 8 条将农药划分为 5 类：极其危险的农药、高度危险的农药、中等危险的农药、极易危害的农药、不太可能存在急性危害的农药。具体定义及管理如表 2-1 所示。

表 2-1　老挝农药种类的划分及管理

种类	定义	管理
极其危险的农药	通过口服接触剂量小于 5 毫克/千克受试动物体重，或通过皮肤接触剂量小于 50 毫克/千克受试动物体重，能杀死 50% 的受试动物	禁止生产、进口、销售、使用和拥有极其危险的农药
高度危险的农药	通过口服接触剂量 5～50 毫克/千克受试动物体重，或通过皮肤接触剂量 50～200 毫克/千克受试动物体重，能杀死 50% 的受试动物	除了政府研究和开发技术以及预防和控制检疫性有害生物或病媒之外，禁止生产、进口、分发、使用和拥有高危害农药
中等危险的农药	通过口服接触剂量 5～2 000 毫克/千克受试动物体重，或通过皮肤接触剂量 200～2 000 毫克/千克受试动物体重，能杀死 50% 的受试动物	农业和林业部门登记和授权后，可以生产、进口、分配、使用和拥有中等危险农药，并严格按照有关规定进行监督

（续）

种类	定义	管理
极易危害的农药	在通过口服或皮肤接触后，剂量大于2 000毫克/千克受试动物体重，能杀死50%的受试动物	经农业和林业部门批准和登记后，可以生产、进口、分配、使用和拥有轻微危险的农药，并应符合相关规定
不太可能存在急性危害的农药	在通过口服或皮肤接触后，剂量大于5 000毫克/千克受试动物体重，能杀死50%的受试动物	农业和林业部门登记和授权后，可以生产、进口、分配、使用和拥有该类农药

该法令第34条规定了农药的使用应遵守以下要求：①农药必须在农业和林业部登记。②必要时仅使用农药以降低农药风险并遵守病虫害综合治理原则。③根据标签上的规定选择适合特定害虫和目标植物的农药。④按照标签上的使用说明进行操作。⑤使用适当和正确的应用技术确保人类、动物和环境健康的安全。⑥在施用农药期间规定了防护用品和衣服，以确保人，动物和周围环境的安全，并在使用前后设置警示标志。⑦按照标签上的说明，将农药保存在安全的存放处并在使用后处理废弃物。⑧每年对农药施药器进行医疗健康检查。

该法令第69条规定了违反农药使用规定的惩罚措施，违反本法令的个人，法人或组织应缴纳以下罚款：①未经批准，生产、进口、出口、运输农药的，应当扣缴该农药，并处以相当于农药价值50%的罚款。②进口已经过期或已经恶化的农药，应处以相当于农药价值50%的罚款，并将农药送回原产国。③出售、使用或拥有未登记或属于老挝禁用农药清单的农药，应处以相当于100%农药价值和缉获农药的罚款。④未经农药管理部门批准，将农药从原始容器中混合，转移或分开，更换包装或农药标签的内容，应处以相当于100%的罚款。⑤在没有农药经营许可证的情况下向零售商或者其他销售商销售农药，应当处以相当于农药数量100%的罚款和农药的缉获量100%的罚款。⑥未经许可提供农药服务：首次违规应受教育并记录在后续书中，第二次违规将被没收设备，农药，并处以相当于服务金额100%的罚款。⑦雇佣未经农药培训的人员进行农药使用，应处以相当于农药数量100%的罚款，并应对发生的损害负责。⑧不符合规定的农药和农药废物的处理和处置，应处以相当于损害赔偿100%的罚款。⑨不符合本法令第32条第1款和第2款规定的农药运输，应处以相当于农药数量50%的罚款，并接受教育并记录在后续书中。

5. 农田水利等基础设施开发管理法律制度

《农业法》[①] 将灌溉活动分为小规模灌溉（小于 100 公顷）、中等规模灌溉（100～500 公顷）、大规模灌溉（超过 500 公顷）3 个级别。小规模灌溉一般是家庭用于自身生产的灌溉。如有必要，国家可以提供支持，并为建立小规模灌溉做出贡献。中等规模的灌溉是一种由用水者协会投资建设、管理和使用的灌溉系统。对于具有尖端技术且需要大量投资的中等规模灌溉，国家和人民将共同投资建设该类灌溉系统，然后将所有权转让给人民进行管理和使用。大规模灌溉是国家和人民共同投资建设的灌溉系统。如果这种灌溉的管理不涉及复杂的技术规范，则应分配给人们进行管理。如果这种灌溉的管理涉及复杂的技术规范，国家将参与该类灌溉的管理。

（三）生产经营法律制度

1. 农业生产经营主体相关政策及法律制度

（1）投资法及企业法层面。根据《投资促进法》第 8 条，投资可以按如下直接或间接方式进行：

①外资独资：即由外资企业 100% 出资在老挝设立公司，该种由境外母公司完全出资在老挝设立老挝子公司的方式在老挝最为普遍，目前中国的国有企业、大型集团公司，甚至民营企业都采用此种模式。公司应当依据投资注册规模向老挝工贸部或工贸部下属工贸厅一站式服务办公室提出注册公司申请，有关部门机构应当考虑申请并自收到申请 10 个工作日以内向登记员作出回复。自收到有关部门机构书面的积极响应后，注册员应当在 3 个工作日内考虑申请（老挝政府工作效率低下，很难严格按照法律规定的时间完成注册手续，根据实际经验，类似中资企业经营范围的公司注册需 2 个月左右，应给予适当考虑确保工作计划的顺利进行）。

②国内外合资：即外资企业与老挝当地投资人成立公司，股权比例依照法律规定并由双方协商确定，但投资于该形式的外国投资人，其出资额必须至少不得低于总投资的 10%，合资公司的审批较独资公司审批程序更为灵活简便。

③根据合同联营：即外资企业与老挝各政府或企业签署合作合同进行项目开发、经营。如设立项目部。

老挝《企业法》第 25 条、第 86 条对公司注册资本的定义、形式、性质等做了规定，但并未规定公司最低的注册资本金数额，而是授权政府对部分必要领域或行业的公司制定最低资本金的规定。我们理解为，老挝对一般公司没有

---

① 《农业法》第 18 条。

最低注册资本金的要求。但《促进投资法》第17条规定，外国人注册公司进行一般经营的全部资金不得低于10亿基普。《投资促进法实施细则》对该条做了扩大解释，规定外国人进行一般经营的总投资和注册资本均不得低于10亿基普。同时，《企业法》规定有限公司每股价值规定不得低于2 000基普，股份公司每股价值不得高于100 000基普。

在老挝进行一般领域投资外的特许权经营投资，则应按照《投资促进法》第12条规定，即特许经营领域的注册资本金不得低于总投资的30%。该法第15条规定，特许经营一般包括土地、矿产、电力、航空、电信、保险、金融等领域。

《企业法》规定，投资人可以现金、实物或劳动力等形式作为公司的出资，同时对于注册资本金的出资期限也做了一定的规定，允许采取"首付"的形式。《企业法》第101条规定，公司股东以实物出资的应在注册时完成评估作价出资，现金出资的应在注册时完成至少认缴额70%的出资。《投资促进法实施细则》规定，一般经营的投资，应在获得企业登记证后10个工作日内将注册资本金通过银行汇入老挝并取得银行证明。部分特殊行业的投资，进行了特别规定，其中a. 农业类：获得企业注册登记证后90个工作日内首期出资注册资本的40%，其余在一年内补足。b. 生产、工业加工、手工业类：获得企业注册登记证后90个工作日内首期出资注册资本的60%，其余在一年内补足。c. 贸易、服务业类：获得企业注册登记证后90个工作日内首期出资注册资本的80%，其余在一年内补足。商业银行和金融服务类行业按照专门规定执行。

投资特许经营投资类公司的注册资本金可按总投资30%的最低比例执行，投资者应在企业设立之日起90工作日内将至少占全部注册资本20%的初始资本通过在老挝设立的商业银行汇入老挝，其余资本在两年内补足。每次缴纳的注册资本金应在缴纳后的10个工作日内取得上述老挝银行的出资证明。

老挝企业的主管部门是工贸部，具体包括工贸部企业注册与管理司、省工贸厅以及县工贸局。具体权限如下：

工贸部企业注册与管理司负责：企业名称的审核和批准；审批境外企业在老挝设立分支机构；依总理府的决定，审批设立国有企业；审批公众公司的设立；审批其他部委规定保留经营项目的企业；审批其他特殊行业的企业设立。省政府工贸厅负责：监督检查企业经营活动；企业名称的预核准；依省政府的决定，审批设立国有企业；审批辖区范围内企业分支机构的设立；审批其他特殊行业的企业设立。县政府工贸局根据省工贸厅的具体授权，承担相关企业的注册工作。

投资申请需提交以下文件（一式七份）：投资申请表（可在中央和地方各

级投资促进管理委员会领取）；商业计划书；合资协议（如有两位以上的股东）；将在老挝设立的公司之章程草案；如为商业实体所发起的投资，需提供过去 3 年公司所得税完税证明；投资人的其他证明文件（个人简历、护照复印件，如为老挝国内投资人，需提供身份证件和犯罪记录号码、驻老挝公司总经理或代表人的 6 张 3 厘米×4 厘米近照）。

投资申请提交方式：老挝首都万象市琅普拉邦路计划与投资委员会国内外投资促进和管理局（DDFI），邮政编码：01001，电话：856 - 21 - 217014，223002，传真：856 - 21 - 215491，电子邮件：investinlaos@gmail.com，网站：http：//www. invest. laopdr. org。

公司法层面，设立公司应提交的材料：申请表和有限公司发起协议，有限公司发起大会会议纪要，有限公司章程。

《企业法》对股东会议事规则的规定如下：a. 老挝企业法规定有限公司必须详细规定股东大会的出席人数和有限公司章程中规定的开会程序，在未做出该规定的情形下，出席人数必须至少有 2 名股东参加并且拥有股份数超过已认缴股数的一半。b. 未按照规定出资的无表决权；无记名股东无表决权。

《企业法》对股东会职权的规定如下：a. 通过章程和有限公司发起合同；b. 选举董事或董事会；c. 选举监事；d. 决定董事的年薪、会议补贴或月薪；e. 决定职员的月薪、监事以及公司其他工人的报酬；f. 通过有关开展经营工作的总结报告、收支报表以及有限公司开展经营的计划；g. 通过分红决定；h. 任命监事；i. 公司章程的其他规定。

《企业法》对股东会形式的规定如下：股东大会有两种形式：例会和特别会议。例会至少每年召开 1 次，开会的日期应在有限公司章程予以规定。下列情形之一，特别会议可以召开：a. 有董事人数过半同意召开股东大会；b. 股东向法院起诉、法院下令召开股东大会；c. 持股数至少相当于已认缴全部股份 20% 的股东的请求。

《企业法》对董事会的相关规定如下：老挝企业法规定有限公司有 2 人以上的股东可以成立董事会，资产超过 500 亿基普的有限公司，必须有董事会和监事会。董事任期为 2 年并且可以连选连任，补选的董事任期相当于被代替董事剩余的任期。董事会职权：a. 协调各董事的工作；b. 任命在两次股东大会例会之间空缺的董事；c. 制定有限公司行政管理工作的方针、计划，以便提交股东大会通过；d. 按有限公司章程规定履行其他职权。

《企业法》对监事的职权规定如下：a. 检查有限公司的财务；b. 对与本人财务检查有关联的一切事项，抽查有限公司的董事或员工；c. 制作有限公司的收支账目工作报告和资产负债表送给股东大会。

《企业法》对企业解散方式的规定如下：企业可因法律原因解散或根据法

院判决解散。

法律原因的解散：a. 根据有限公司章程解散；b. 有限公司股东大会作出决议，解散有限公司；c. 破产；d. 按本第二章第二节和第三节的规定解散；e. 只剩下一位股东或者股东人数多于 30 人，应变更公司性质。

法院判决解散：a. 违反本法规定的发起规定和程序；b. 违反有限公司的发起合同或者章程；c. 有限公司连续亏损并且不能扭转；d. 不可抗拒力致使有限公司今后不能开展经营。

（2）农业法层面。《农业法》第 47 条规定了投资形式："农业生产投资形式包括：1. 家庭单位的投资；2. 人民共同投资；3. 私人投资；4. 如果没有其他方投资，由国家自行投资（但这种投资对于民族多样化而言是重要和必要的）；5. 国家投资于国内或国外企业；6. 私人国内和国外投资；7. 外商独资。"

《农业法》第 43 条对农业市场的设立进行了描述，农业市场必须在国内外作为分销农产品的场所以多种形式和层次广泛建立。还应该建立农业合作社，将农民与农产品出口公司直接联系起来。

2. 农业技术科研与推广法律制度

（1）有机农业标准。2005 年 12 月 30 日，老挝农业与林业部发布了编号为 1666/老挝农业与林业部的《有机农业标准》，该标准旨在促进农业和林业部门的清洁农业，并确保老挝农业生产管理符合《农业法》。该标准以国际有机农业运动联合会（IFOAM）基本标准为基础，适用于有机农产品的管理、收获和加工阶段。

作物和品种的选择要求如下[①]：

①选择在有机农业系统中种植的物种和品种，以适应当地的土壤和气候条件，以及对病虫害的耐受性。所有种子和植物材料均经过有机认证。

②种子和植物繁殖应来自有机农业。

③如果种子和植物繁殖不能来自有机农业，则允许使用常规种子，但禁止化学处理。当有机农业处于发展的早期阶段或出现意外事故时，可以例外。但是，生产者应在农场内开展种子生产和植物繁殖，或与其他有机生产者进行交换。

④允许使用化学处理的种子和植物繁殖多年生作物，但前 12 个月的作物产品不能作为有机产品出售。

⑤不允许转基因生物的植物品种。

有机农场管理中允许及禁止的行为如下[②]：

①合成化学品和基因工程产品的使用不允许用于植物保护。

---

① 《老挝有机农业标准》（No.1666/老挝农业与林业部）第 10 条。
② 《老挝有机农业标准》（No.1666/老挝农业与林业部）第 13 条。

②在害虫防治产品中使用的添加剂需根据评估指南经农业与林业部评估后使用。

③允许使用烟草茶作为植物源农药，只要它不影响其他有益生物。禁止使用纯尼古丁。

④禁止使用洗涤剂和其他合成黏着剂。

⑤允许物理和生物害虫控制，只要它们不影响农场中有害生物和有益生物的平衡。

⑥只有在脆弱的种子或幼苗的苗圃中才允许使用热灭菌来对抗土壤中的病虫害。

⑦允许使用稻草覆盖以防止杂草和保持土壤湿度。在可能的情况下，优选来自有机源的秸秆。

⑧允许使用塑料覆盖，水果包装和防虫网。塑料应在使用后适当处理。

有关生长激素和其他合成物质的使用要求如下[①]：

①禁止使用合成生长刺激剂进行植物繁殖，如 3－吲哚丁酸和 N-acytle 天冬氨酸。

②禁止使用合成染料。

③允许使用附录 1（第 2 部分）中列出的生长激素和其他物质。根据附录 3 中的附加输入评价指南，老挝农业与林业部审查后，可以允许使用附录 1（第 2 部分）中未列出的物质。

防止污染的相关内容如下[②]：

应采取所有相关措施确保有机土壤和食品免受污染。

①如果有机农场可能被毗邻的常规农场所污染，则生产者应设置缓冲区以防止这种污染。缓冲区的宽度至少应为 1 米。如果喷雾漂移可能造成污染，应种植缓冲作物以防止喷雾污染。缓冲作物不能作为有机产品出售，必须易于与经过认证的作物区分开来。如果有可能被水源污染，应建立接地或排水时间以防止这种污染。如果存在高风险的外部污染，老挝农业与林业部可能要求生产者扩大缓冲区域。

②如果存在化学或重金属污染的高风险，无论是外部因素还是农场化学品的历史使用，生产者应允许老挝农业与林业部对水，土壤或产品进行取样以进行残留分析，费用由生产者承担。

③常规农场中使用的喷雾设备不能用于有机生产。

④常规农场中使用的农业机械，例如收割机和脱粒机，只要它们在用于有

---

① 《老挝有机农业标准》（No. 1666/老挝农业与林业部）第 14 条。
② 《老挝有机农业标准》（No. 1666/老挝农业与林业部）第 15 条。

机生产之前进行清洁，便可以用于有机生产。

《老挝有机农业标准》对化学杀虫剂和除草剂中重金属含量的限制见表 2-2：

表 2-2 《老挝有机农业标准》对化学杀虫剂和除草剂中重金属含量的限制

重金属名称	每千克肥料中该重金属的最高含量（毫克/千克）
砷	15
镉	20
铬	1 000
铜	400
铅	250
汞	2
镍	100
锌	1 000

(2) 木薯粉虫的防治措施技术指南。2011 年 7 月，农业和林业部发布了编号为 0879/DOA 的《木薯粉虫的防治措施技术指南》，该指南对木薯粉虫进行了介绍，且规定了对其防治的措施。

种植材料供应的控制措施有：

①用于种植的木薯种类应由农业与林业部登记，以证明其适合于老挝生产，如符合 1997 年 12 月颁布的编号为 0719/老挝农业与林业部之《植物新品种管理和使用条例》中规定的作物。

②在种植材料进口之前，应对其进行有害生物风险分析，并由农业与林业部批准；进口商必须提交使用和分发种植材料的计划，以便进一步监测和检查。

③木薯的种植材料应从经证明无木薯粉虫发生证明的地区进口，并附有原国家国家植物保护组织颁发的植物检疫证书，该证书符合老挝农业与林业部颁发的进口许可证中所述的进口条件。

④允许进口的种植材料应采样，以便根据边境检查站的植物保护技术标准，由植物保护官员检测粉虱的侵染。在检测到目标有害生物的情况下，应将侵染的种植材料浸泡在 3 种推荐的化学杀虫剂中，包括 25%噻虫嗪水分散粒剂，70%吡虫啉水分散粒剂和 10%呋虫胺可湿性粉剂。应用程序必须遵循其容器标签上的说明。处理后，植物保护官员必须重新检查种植材料，以证明其没有虫害。

⑤加强与在边境检查站工作的所有相关部门，特别是海关官员的协调，以控制运行，并严格按照规则检查种植材料的进口。如果进口不符合法规和法律或是走私，这种种植材料应按照上述技术程序扣留进行检疫处理。此外，应警

告违法者并支付任何消毒或罚款的费用。

⑥在国内供应种植材料的任何生产来源应制订生产计划，并要求省和首都万象市农业部门进行检查和认证，以确保该田地不受木薯粉虫侵扰。禁止分发任何受侵染的种植材料。如果发现此类案件，违法者必须被罚款或送交法院起诉，特别是在使用受侵染的种植材料造成他人严重损失或损害的情况下。

该指南还提供了以下减轻木薯粉虫害的措施：

①应适当选择种植季节。特别是在雨季，应在5月初或持续降雨期间进行种植，这将有助于减少木薯粉虱的数量，因为木薯幼苗处于低水平阶段的前3个月。

②在发生这种有害生物流行的地区，必须避免种植于干燥季节，因为这种情况有利于木薯粉虱的发育。

③应仔细挑选木薯品种，以确保它们能够很好地适应该地区的条件，并且不会受到木薯粉虫的侵扰。

④种植应在8～12月，并且必须在收获后15天内种植。

⑤应每周至少一次定期监测木薯田，如果因雨延迟数天或在温度超过25℃的干旱期间应更频繁地监测。监督应在种植区域内行走。如果在调查期间发现木薯粉虱并且在1～2株植物的枝条上发现了叶卷曲的症状，则必须切掉枝条，或者将整株植物取出并将其焚烧。

⑥如果检查发现超过3个受感染的植物，则必须使用推荐的杀虫剂和植物保护中心不时公布的技术程序喷洒整个种植区域。还应向区农林办公室请求提供指示，以避免滥用可能引起目标昆虫抵抗的杀虫剂，并对环境产生负面影响，特别是对可以控制粉虱的其他昆虫。此外，在严重流行病的情况下，建议种植后8个月必须采收木薯。

⑦在木薯连续生长超过2个季节的生产区域，必须通过施用2吨/层的粪肥或堆肥来改善土壤，或者可以种植豆类，然后通过犁耕将其掺入土壤中。这可以改善土壤结构，更好地吸收营养物质，并提高木薯抵抗粉虱的抵抗力。

⑧在发生严重流行病的生产区域，收获后的任何植物残余物或木薯的任何剩余部分必须移走并在田地中焚烧掉，然后通过将土壤翻转至少14天进行耕作。

3. 农产品市场流通法律制度

(1) 农产品购销合同相关制度。农产品购销合同相关制度主要体现在《老挝合同及侵权责任法》中，该法于2008年12月8日经老挝国民大会第01号决议通过，是对老挝国民大会1990年6月27日通过的《合同法》及老挝国民大会1990年11月29日通过的《侵权法》的修改补充。《老挝合同及侵权责任法》分为通用条款、合同法及侵权责任法三大部分。该法定义了合同关系和侵权责任关系的基本权利义务，确立了自愿平等、诚实信用、合作以及公序良俗的基本合同法律原则，以及由侵权人承担侵权责任和补偿实际损失的侵权责任原则。

关于合同当事人行为能力的问题。老挝法律规定的行为能力，是指自然人或组织以自己的行为享有民事权利和履行民事义务的资格。没有民事权利的自然人或者组织订立的合同，可能为无效合同。在老挝，18 岁以上并且精神正常的自然人，和具备民事行为能力的组织自设立为法人之日，具有行为能力。老挝没有设立 16 岁以上 18 岁以下的自然人以自己的劳动收入为主要的生活来源，而具备完全民事行为能力的规定，也没有关于限制民事行为能力人作出民事行为并得到追认所产生的民事法律效力的规定。因此，在老挝投资经营中，如果和 18 岁以下的自然人订立合同，或者与尚未取得法人资格的组织订立合同，必须特别注意合同的效力。必要时，应通过咨询法律服务机构，或进行公证等手续，进一步确认合同效力。

关于合同的内容和形式的问题。根据老挝合同法的规定，在订立合同时，各方应就以下内容进行约定：当事人的名称和住址；合同标的价格、履行期限、结算方式等；标的的数量和质量；履行地点和方式；违约责任；争议解决方式；合同的变更和终止等。合同内容应当做到清楚完备。虽然法律允许书面和口头的形式，但作为外国投资者，一般应签订书面合同，并在必要时可以邀请他人作见证，或办理公证。对于借贷合同，必须采用书面的形式。

关于合同履行的问题。合同应按照双方约定的时间履行，如果合同没有约定履行时间的，合同权利人可要求义务人随时履行，权利人发出此要求的，合同义务人应当在收到通知之日起 15 日内履行义务。合同的履行地点，应按照合同的约定或法律规定，如果合同没有明确约定的，交付不动产的，在不动产所在地；交付金钱的，一般在债权人所在地；交付其他不动产和行为的，以债务人所在地为合同履行地。如果在合同履行过程中，一方发现或出现如下情形，可经通知另一方中止合同履行，包括合同的另一方被起诉或申请破产的，另一方经营情况恶化的，以及出现不能履行合同的其他情形。当出现上述情况时，可要求出现不能履行合同情况的一方提供相应的担保以继续履行合同，未提供担保的，另外一方可解除合同。在实践中，一般如出现中止合同履行的情况，应当除通知对方外，立即采取相应的证据保全或者司法途径，以确认中止履行合同的效力，避免产生纠纷或导致赔偿。如果在合同履行过程当中，需要转让债权债务的，应当按以下要求办理：债权人转让债权，应将债权的凭证移交给新的债权人，并对债权真实性负责；经债权人同意，债务人可以将债务转移给其他人承担。上述规定与我国的合同法相类似。

关于违约责任的问题。当一方部分或全部不履行合同的约定，或者履行合同不适当，不符合约定的，或质量、履行的时间、履行合同的标准不符合双方约定，均可能导致违约责任，违约方应承担相应责任和赔偿对方因此造成的损失。如出现不可抗力的情形时，可以在不可抗力的范围内免除部分或全部不履行义务的一方的合同违约责任。但是，对于不可抗力的范围，应当由合同各方作出明确的规定，对某种情形，比如罢工，是否属于不可抗力，应由双方确定。我们建议投资者在订立重大合同时，对不可抗力作出明确的约定，根据合同的具体情况，合理确定不可抗力的范围，特别是对于政府行为是否作为一项当然的不可抗力，要进行仔细的斟酌，避免因为老挝的政策不透明和政策变化，而导致投资损失且丧失追究相对方的违约责任的权利。

该法在第二章对购销合同进行了定义：在购销合同中，卖方有将物品交予买方的义务，买方的义务是接收物品并按约定支付价款。卖方可以出售归自己所拥有的任何财物。如果出售给买方的财物已被法院或经济纠纷调解机构判决没收的，卖方须赔偿买方的损失。财物交付前，所有权已归买方所有的，卖方须保管好交易物，不可有损失或损坏，直到买方接收。

根据该法第40条，在农产品购销活动中，交易物的质量须符合合同要求。如出售物已不符合合同规定的，卖方须对此负责。在买方知道交易物已无价值可言的情况下，买方有权要求更换同一种类的有质量的物品或要求降低价格或解除合同，同时要求赔偿损失。买方须检查购买物的质量并在发现有缺陷的情况下及时告知卖方，否则，买方自己负责该缺陷。

合同签订后，即具有法律效力，未经当事人协商一致或出于法律规定的情形，不得随意变更和解除合同。合同在履行完毕后终止，也可以因为当事人一致同意、当事人主体合并、存在不能履行合同的情形、或一方死亡而没有继承人，或被注销和破产的情形而终止。在合同生效履行期间，如一方违约而造成合同的另一方无法实现合同目的时，另外一方有权变更或解除合同。对于已经解除的合同，不能再进行变更。如双方确定变更或终止书面合同，应采取书面的形式。在老挝，因为很多合同签订时都进行了公证，因此，如双方一致书面解除合同的，也建议进行公证。

（2）水果蔬菜质量管理标准。2011年，老挝农业与林业部颁布了《老挝水果蔬菜质量管理标准》（No.0539/老挝农业与林业部），该规范分为6个部分，包括总则、生产质量、标签规范及罚则等内容。

对水果蔬菜的运输要求如下[①]：

①运输前，产品需保持在可用的最低温度。

②运输车辆需有覆盖物，并使用适当的温度条件以最大限度地减少质量损失。

③运输车辆在使用前必须检查清洁度，避免异物和虫害，并在存在机械损坏和腐败生物污染的重大风险时进行清洁。

④避免在运输过程中混合不相容的农产品。

---

① 《老挝水果蔬菜质量管理标准》（No.0539/老挝农业与林业部）第12条。

⑤生产后需被快速运送到目的地。

老挝也重视农产品可追溯性及召回[①]，要求每个单独的生产站点都有名称或代码标识，且该站点需公示在网站上并记录在属性地图上。产品包装容器上需清楚地标有标识，以使产品可追溯到生产该产品的农场或场所。

老挝对水果蔬菜类农产品的密封及标签要求如下[②]：

①只有经质量管理标准认证的产品才能贴上老挝农业与林业部标志。

②禁止使用老挝农业与林业部印章作为产品品牌名称。质量管理良好农业规范认证标识和老挝农业与林业部标识在一起的字样大小不得超过产品标签的3/4。

③在印刷之前，生产者应将设计好的产品标签提交给认证机构（老挝农业与林业部）批准。

在良好农业质量管理模块规范领域表现良好的个人或组织将获得老挝农业与林业部认为合理的奖励。个人或组织违反农业质量管理模块规范的，将通过警告信、教育、罚款来惩罚。

(3) 牲畜及制品技术管理规范。老挝农业与林业部颁布的《牲畜及制品技术管理规范》（No.0313）第7条，对动物运输的操作标准进行了规定[③]。在车辆运输的情况下，运输车辆必须在动物背部有一个大约1.60米长的坚硬的木栅栏，以防止动物跳出车辆。对于运输小牛和猪的车辆必须安排在分开的围栏中，或者用适当大小的木栅栏。装载前，必须由兽医检查动物的健康状况和数量并记载，检查动物后，必须在动物体上盖上标记，然后在车辆后门的靠近位置使用钢丝密封。到达目的地后，兽医检查员应仔细检查所有与运输有关的文件，如果发现任何动物因运输而变弱或受伤，则应隔离这些变弱或受伤的动

---

① 《老挝水果蔬菜质量管理标准》（No.0539/老挝农业与林业部）第13条。

② 《老挝水果蔬菜质量管理标准》（No.0539/老挝农业与林业部）第17条。

③ 《牲畜及制品技术管理规范》（No.0313/老挝农业与林业部）第7条：在装载任何动物之前，必须由负责动物运输的兽医或地区或省级授权官员进行消毒，同时必须对车辆进行检查以确保其状况良好，车辆地板上无任何尖锐的物体或洞。此外，地板必须用稻草，稻壳，木皮或其他物质覆盖，以防止动物滑倒。装载前，负责动物运输的地区或省级兽医必须检查动物的健康状况和数量，然后在文件中记录动物健康状况、数量以及临床症状，确保动物的数量是正确的，并且其健康状况良好，可以运输。动物可以用木块围起来或以适当的方式捆绑，以确保动物的安全，在运输牛和水牛的情况下，动物的头部可以绑在车辆的围栏上，小水牛在指定区块内有约0.4~0.8米^{2}的自由空间，每头猪约0.4~0.6米^{2}的自由空间。将动物转移到屠宰场进行屠宰时，不得以任何可能影响动物健康或肉质的方法强迫或压迫动物。检查动物后，必须在动物体上盖上标记，然后在车辆后门的靠近位置使用钢丝密封（为了防止动物在运送过程中被更换）。除此之外，每次运输必须在文件中显示清晰的符号（应用于动物的相同符号）。当动物到达目的地时，应遵循以下说明：动物的主人应将动物带到兽医指定的区域，动物的主人可以在抵达后释放他们的动物，但动物的主人必须立即通知村政府和兽医。兽医检查员应仔细检查所有与运输有关的文件，如果发现任何动物因运输而变弱或受伤，则应隔离这些变弱或受伤的动物，以便进一步观察和治疗。

物，以便进一步观察和治疗。每次运输后，车辆必须进行清洁和消毒，其他废物如稻壳、木壳、粪便等应通过掩埋或燃烧进行销毁或处理，必须确保不会有任何污物排放到河流中。

（四）涉农保护制度

1. 涉农环境保护与生态补偿法律制度

（1）环境保护法。《环境保护法》（2013 年）是对 1999 年环保法的修正版，新法从环保政策、环境影响评估、有毒有害污染控制、环境许可制度、恢复治理制度、应急机制等各方面对老挝的涉及环境影响及保护的行为进行了规定。

《环境保护法》规定，个人或组织在实施项目中必须负责预防和控制水、土地、空气、垃圾、有毒化学物品、辐射性物品、振动、声音、光线、颜色和气味等污染，禁止随意向沟渠、水源等倾倒、排放超标污水和废水，禁止排放超出空气质量指标的烟雾、气体、气味、有毒性化学品和尘土，生产、进口、使用、运输、储藏和处理有毒化学物品或辐射性物品必须按照相关规定执行，禁止随意倒放垃圾，必须在扔弃、燃烧、埋藏或销毁前进行划定或区分垃圾倒放区域，禁止进口、运输、移动危险物品通过老挝水源区、境内或领空。个人或组织违反环保法的，情节较轻者处以教育、罚金；情节重者可按相关民事法律和刑事法律进行处罚。

《环境保护法》第 42 条明确规定：若农业生产者需排放污染物，需经自然资源和环境保护部门许可后颁发排污许可证。

《环境保护法》第 58 条规定了环保担保金：项目投资者应当从立项开始提供环保担保金（用以恢复，清除污染物）直至项目完成。如果投资者未按照法律或特许合同的规定支付与影响有关的损害或费用以履行恢复、纠正和清洁环境的义务，则应使用其缴纳的环保担保金；如果投资者完全履行特许合同中规定的环保义务，则应退还该担保金。

另一方面，老挝在国家层面推动建立环境保护基金。环境保护基金的主要来源是：①国家预算。②投资项目或活动的环境恢复费。③生态服务费。④投资者的捐赠。⑤国际组织提供的援助。⑥环境损害赔偿的罚款和赔偿。⑦环境保护基金资本投资产生的利息和利润①。

环境保护基金应用于：①与绿色发展模式、清洁发展、森林恢复、减缓气候变化、清洁生产等和研究环境保护技术科学相关的研究。②开展关于预防、控制或消除空气、土壤和水污染物的项目。③制定环境保护法律法规。④提高环保意识的宣传，特别是世界环境日、世界水日等。⑤将环境管理和解决问题

---

① 《环境保护法》第 66 条。

作为各级的优先事项。⑥环境保护基金的管理和投资。

《环境保护法》尤其重要的是其规定了初步环境评估和环境影响评估制度，即对环境影响较小的项目仅需要做初步环境评估（IEE），而影响一般或较大的则需要做比较完整的环境及社会影响评估（ESIA）报告和相应管理计划，上交主管的自然资源和环境部。政府授权该部依法行政，对项目的环评审核，可一票否决。在投资项目中，企业对生产经营可能产生的废气废水及其他环保影响要事先进行科学评估，在规划设计中选好解决方案。自然资源和环境部根据项目类型、规模收取环评费，没有统一收费标准，需要双方洽谈。审批时间方面，环评报告上交自然资源和环境部环境监察中心后在半年内给予答复，如未通过则需重新评估。

（2）野生动物和水生资源法。 老挝于 2007 年颁布了编号为 07/NA 的《野生动物和水生资源法》，该法第 5 条对野生动物和水生生物的保护宗旨进行了阐述：政府通过发布旨在增加野生动植物种群数量的政策、法规，通过资金、技术援助，鼓励和促进野生动植物和水生生物的保护和可持续再生。政府通过信贷、税收优惠来支持和促进国内外个人及组织从事野生动植物和水生动物的保护及圈养。

对野生动物和水生生物的进口规定在该法第 42 条：进口野生动植物和水产品需要获得有关原始国家的机构的出口许可，动物的起源和无疾病认证，进口商和出口商之间的合同，动物名单、数量及类别，以及老挝农业与林业部的认证。

出口野生动植物和水产品需要获得育种认证繁殖或饲养动物的起源、免于疾病认证、进口商和出口商之间的合同、将被出口的动物类别清单和编号以及老挝农业与林业部出口许可。

再出口野生动物和水生动物的，需填写完整的登记表、养殖认证、健康证明、再出口的动物名单和数量，以及重新进口目的地国家有关机构的许可。

野生动植物和水产品的转运应当提供如下文件：原出口国有关机构的文件和目的地国家进口文件、本地认证、健康证明、列表类别和转运动物的数量。

对于违反该法律的惩罚措施规定在第 70 条：任何个人、组织或企业违反了本法，损坏价值达 200 000 基普以上的，将被处以两倍罚款。如果违法行为是第二次或多次违法行为，将被处以 3 倍罚款。

若有下列伤害野生动物行为的，将被判处 3 个月至 5 年的有期徒刑：①捕捉水生和捕杀禁止类别的天然野生动物包括罕见和近灭绝的动物，如海豚、大象、老虎、犀牛、熊、野牛的。②使用捕捞和狩猎动物的工具或方法，导致水生和野生动物濒临灭绝的。③侵占水生和野生动物的栖息地和饲养区的。④出于占用或贸易目的偷取禁用类别水生生物和野生动物的尸体或部分器官的。⑤非法进口、出口、再出口及转运水生和野生动植物的。⑥贿赂、伪造公文和印章。

另外，为了保护和发展丰富的水生和野生动物，该法律将每年的 7 月 13 日确定为鱼类释放和保护水生及野生动物日。

三、老挝农业市场准入及农产品贸易制度

（一）农业领域外资管理法律制度及政策体系

1. 老挝投资管理机关

老挝政府在全国范围内集中、统一管理，具体交由计划投资部和工贸部根据各自的职能，协调其他部门及有关的地方人民政府为管理人，投资管理机关有计划投资部和工贸部。老挝政府在中央和地方成立了各级投资管理促进委员会（CPMI）。

中央投资管理促进委员会：计划与投资委员会主席兼任投资管理促进委员会主席。成立国内外投资促进与管理局（DDFI）作为其常设办公室，下设"一站式"服务站。

地方投资管理促进委员会：各省省长或首都万象市市长兼任地方投资管理促进委员会主席。省级计划与投资部门作为其常设办公室，下设"一站式"服务站，与计划投资部门的投资处合署办公。一站式投资服务，是指向投资人在提供信息资料、投资审批、发放企业登记证或经营特许权登记证以及出具各种有关投资的通知等方面，全方位地提供便利的服务。

2. 外国投资者准入制度

（1）投资促进法层面。 老挝工贸部、计划投资部分别负责外国投资中的一般投资、特许经营投资和经济特区投资。除危及国家稳定，严重影响环境、人民身体健康和民族文化的行业和领域外，老挝政府鼓励外国公司及个人对各行业各领域进行投资并出台了《老挝鼓励外国投资法》。老挝现行的外国投资法律是 2009 年颁布的《投资促进法》，2011 年 4 月颁布了《投资促进法实施条例》，对投资促进法部分条款作出了进一步的规定。老挝国家主席本扬·沃拉吉在 2016 年 11 月的国民议会上颁布了新修订的《投资促进法》。修改后的法案共有 12 部分，109 个条款。新的法规旨在为投资者扩大特许权范围，最大限度地促进在老挝的投资效益。

根据《投资促进法》，投资业务分为普通投资业务和特许经营投资业务。普通投资业务类型有管控清单内的行业及管控清单外的行业。管控清单外的行业，是指根据《企业法》和相关法规的规定，可进行企业注册和申请业务经营的、开放投资的各个行业。管控清单中的行业，是指对国家稳定、社会秩序、国家美好传统文化和自然、社会环境有影响的行业，为了保证社会和经济各部门的发展和完善，在获得"一站式"投资服务部门和投资管理促进委员会的投

资许可前，须通过各个相关部门的慎重审批。政府负责制定每个时期的企业管控清单。有意向投资管控清单内的行业的投资者，须向中央或省级"一站式"投资服务办公室提交投资申请，"一站式"投资服务办公室与其他相关部门进行研究审批后，按相关法律法规规定和管理层级，向投资管理促进委员会申请审批同意。

特许经营投资业务，是指依法取得政府特许经营投资的，发展和经营某一业务，尤其是特定的特许经营、经济特区开发、出口加工业、矿产开采、电力开发、航空特许经营和电信。政府是特许经营业务清单的制定者。根据项目类型、规模、投资额、条件、可行性报告及相关法律规定，特许经营业务的投资期限最高不可超过50年。特许经营投资期限可以向政府、国会或省级国会申请根据相关法律规定的权限决定是否予以延期。

(2) 国民待遇。《中老关于鼓励和相互保护投资协定》涵盖了坚持国民待遇和最惠国待遇原则、保护投资、限制国有化和征收、确定补偿原则以及担保代位权，同时还规定了投资争端解决的仲裁机制。

《中老关于鼓励和相互保护投资协定》第1条约定了"投资"的内涵：即缔约国一方投资者依照缔约国另一方的法律和法规在后者领土内投资的各种财产，主要是：动产和不动产的所有权及其他财产权利，公司的股份或该公司中其他形式的权益，金钱请求权和具有经济价值的行为请求权；著作权，工业产权，专有技术和工艺流程；依照法律授予的特许权，包括勘探和开发自然资源的特许权。

(3) 行业鼓励政策。老挝鼓励外国投资的行业：①出口商品生产。②农林、农林加工和手工业。③加工、使用先进工艺和技术、研究科学和发展、生态环境和生物保护。④人力资源开发、劳动者素质提高、医疗保健。⑤基础设施建设。⑥重要工业用原料及设备生产。⑦旅游及过境服务。

(4) 地区鼓励政策。老挝吸引外资较多的省（市）有首都万象市、万象省、甘蒙省、沙湾拿吉省等，琅勃拉邦省、乌多姆赛省、华潘省、波利坎赛省、沙拉湾省、阿速坡省、占巴色省等也有较大吸引外资的潜力，主要引资行业有农业、农产品加工、贸易、能源、矿产、旅游业等。老挝政府根据不同地区的实际情况给予投资优惠政策：①一类地区，指没有经济基础设施的山区、高原和平原，免征7年企业所得税，7年后按10%征收企业所得税。②二类地区，指有部分经济基础设施的山区、高原和平原，免征5年企业所得税，之后3年按7.5%征收企业所得税，再之后按15%征收企业所得税。③三类地区，指有经济基础设施的山区、高原和平原，免征2年企业所得税，之后2年按10%征收企业所得税，再之后按20%征收企业所得税。免征企业所得税时间按企业开始投资经营之日起算；如果是林木种植项目，从企业获得利润之日起算。

此外，企业还可以获得如下4项优惠：①在免征或减征企业所得税期间，企业还可以获得免征最低税的优惠。②利润用于拓展业务获批者，将获得免征年度企业所得税。③对直接用于生产车辆配件、设备，老挝国内没有或不足的原材料，用于加工出口的半成品等进口可免征进口关税和赋税。④出口产品免征关税。对用来进口替代的加工或组装的进口原料及半成品可以获得减征关税和赋税的优惠；经济特区、工业区、边境贸易区以及某些特殊经济区等按照各区的专门法律法规执行。

3. 农业用土地及房屋买卖和租赁制度及政策

(1) 老挝《土地法》的主要规定。 老挝境内所有土地归国家所有，国家对老挝的所有土地拥有占有、使用、收益和处分的权利；法律禁止买卖土地所有权，以保证国家按照法律规定，统一规划和管理所有土地。同时，老挝法律规定了个人、家庭和其他经济组织、国家武装部队、政府机关，以及其他组织等，可以成为土地的用益权人。任何自然人和法人只能享有土地使用权或用益权。在实践中，老挝的农民实际上可以永久使用土地，农村的集体组织也对集体土地拥有无期限限制的使用权，已经属于永佃权的范围。因此，从实践中的产权类型看，老挝实际上存在着国有土地、集体土地和农民私有土地3种混合土地所有制。

全国范围内的土地划分为以下8个类型：农业用地、林业用地、建筑用地、工业用地、交通用地、文化用地、国防、治安用地和水域用地。在有必要的情况下，各类型的土地可以互相转化，但必须征得有关土地管理部门的许可，且不能对自然环境和社会造成不良影响。

老挝政府还通过授权相关的政府职能部门管理土地。例如农业与林业部、交通运输部、国防部、财政部等，均有管理土地的职权。这些机关按照老挝国家经济社会发展的规划，进行土地登记、取得土地证、出租和开发利用土地，行使相关的行政管理职权。实践中，老挝的几个重要部门，尤其是自然资源与环境部和财政部，在管理中有很多职权重叠和权属不清的问题，造成土地管理制度复杂，每个部门中缺乏土地管理和开发的具体条例，造成政务管理权责不清，人治因素较大。

(2) 外国人获得土地使用权的相关规定。 老挝的《土地法》区分了本国人和外国人使用土地的形式。本国人包括个人、家庭和组织，可以享有土地使用权和土地租赁权，而外国人，包括外国国籍的自然人和组织、企业和无国籍人，仅享有土地租赁权，除法律特别规定外，不享有土地使用权。

外国人和无国籍人如果需要在老挝使用土地，只能向老挝的政府和公民以及其他组织租赁已经获得使用权的土地，并经过所在地方的政府机关批准。

①注册资本达到50万美元的外国投资者在征得有关部门的同意后可以向政府购买土地使用权。但目前为止此种方式的具体实施细则尚未明确。

②外国投资者可通过租赁或出让的方式获得土地。外国投资者与老挝公民

间的土地租赁期限不得超过 30 年，从国家获得的土地特许使用期限不得超过 50 年。经济特区（SEZ）内的土地特许使用最长期限可以达到 75 年。大使馆或国际组织享有的土地租赁或从国家获得的土地特许使用不得超过 99 年。

③租得土地或从国家获得土地特许使用的外商必须履行若干义务，包括：根据有关分区目标合理使用土地、保护环境、尊重邻居的土地使用权、按时支付土地租金或特许费用以及遵守老挝各项法律法规。

④外国投资者在租赁期间或特许使用期间对土地上的附着物等不动产享有所有权。一旦租约或土地特许使用到期，土地上的所有不动产都将转为出租人或国家所有。

⑤外国投资者有权抵押其租赁的土地上的固定资产，有权转租其享有的土地使用权，在征得国家同意后，有权以其享有的土地租赁特许协议作为资本出资。

虽然外国人不享有土地使用权，但是其以租赁方式取得土地和利用土地时，应当履行的法定义务和土地使用权人几乎没有差别。除应当合理使用土地、保护环境、遵守相邻权的有关规定、符合老挝的土地使用总体规划外，还需要按时支付租赁费或特许经营费等。

外国投资者在取得了土地租赁权后，可以将租赁权进行抵押或者作为资本出资。这使得在老挝取得的土地租赁权具有物权的性质。

对于租赁土地的地上建筑和地上附着物的所有权，现行老挝法律规定不明确。外国投资者在老挝租赁土地的，对于地上建筑物的不动产在租赁期间享有所有权，但是租赁期满后，地上建筑物和附着物都将随土地一起重新归出租人或国家所有。因此，按现行法律规定，上述地上建筑物和附着物，并不具备完整的所有权。这导致外国投资者对于上述财产在租赁期限内使用、处分和收益，包括用于担保抵押等，均带来较大影响。

同样，受限于土地公有制的情况，老挝的房屋政策也同样受到限制，房屋不具有相应的土地使用权，因此，外国人在老挝也不能购买具有完全产权的房屋。目前外国人一般经营主要以租赁房屋为主。

与土地利用相关的土地评估制度，在老挝也还未起步。老挝国家的土地评估一般每两年开展一次，评估方法一般采用市场比较法，但是没有规范的评估体系和作价方法，也没有严格区分城市和农村土地的评估。通常土地价格的评估由国家土地管理处承担，在老挝尚没有专门的土地评估中介机构，一旦某地区的土地基准价格产生了较大变化时，可由国家土地管理部门成立专门的委员会，开展土地评估。

（3）有关租金的相关规定。2009 年，老挝颁布了《关于政府土地的租金比例和特许经营费用的主席令》，根据地理位置和各区的社会经济状况，政府将土地出租区域划分为 3 类：

1区：无经济基础设施服务于投资的山区、高原、平原。

2区：有某一部分经济基础设施服务于投资的山区、高原、平原。

3区：有较好的经济基础设施服务于投资的山区、高原、平原。

用于农业业务的政府土地特许经营费用收取标准见表2-3①。

表2-3　用于农业业务的政府土地特许经营费用收取标准

租赁政府土地的目的	每公顷每年的租金为：（美元）		
	1区	2区	3区
一年生植物和粮食作物种植业务	5	10	15
大牲畜养殖业务，如：黄牛、水牛、包括绵羊、山羊及其他	5	10	20
果子树木和林木种植	5	10	20
经济作物种植业务	6	10	20
药用植物和林产品种植业务	7	15	25
飞禽及其他小动物养殖业务	10	15	25
水产养殖业务	10	20	30

植树业务的政府土地特许经营费用的收取标准见表2-4②。

表2-4　植树业务的政府土地特许经营费用的收取标准

租赁政府土地的目的	每公顷每年的租金为：（美元）		
	1区	2区	3区
经济林木种植业务10年以上	8	15	25
速生林种植业务10年以上	10	20	30
橡胶种植业务	30	40	50

（4）土地税费的有关规定。老挝土地的税费主要涉及土地使用税、土地转让交易税（一般按交易额的1%收取，包括土地的登记和服务费）、土地使用租金、违规使用土地罚款、土地用途变化税、土地管理部门服务费等。土地的相关税费由土地管理署收取，但现行的税费分类标准和依据都尚不完善，管理体制粗放，这不但是当前老挝政府面临的问题，也给到老挝的投资者测算和控制经营成本带来困难。

现行的老挝土地法，对于土地的征收、补偿以及相关的实施细则均不完善，经常导致在老挝投资的项目在使用土地时发生争端。这类情况已经在中老铁路建设，以及老挝一些公路的建设项目中反映出来。可以预见，在现行的土

---

① 《老挝关于政府土地的租金比例和特许经营费用的主席令》第10条。

② 《老挝关于政府土地的租金比例和特许经营费用的主席令》第11条。

地法管理制度体系下，外国投资者在老挝投资重大项目时，如需要大量使用、开发、征收土地时，将必然遇到大量需要进行行政审批和补偿协商的法律事务。但很多涉及行政审批的事务，目前也只有特事特办，具体协调。

可以见得，老挝现行的《土地法》和相关制度，在一定程度上已经限制了老挝的社会和经济发展。比如因为土地法禁止土地买卖，导致政府无法对类似土地转让或者处分的行为征收税费，已经给老挝政府造成了巨大的损失。另比如，现行土地法也还不能解决高层建筑和公寓使用土地权的问题。

虽然从 2003 年以后，老挝法律开始允许进行土地交易，对于土地置换和补偿的问题也进行了一些规定，但目前仍存在土地市场发育程度较低、土地权属证书管理体系不完善、对土地擅自交易问题管理不到位、土地价格制定与经济社会发展脱节、土地评估没有专门的中介机构，以及基准地价变化较大等问题。老挝政府也已经意识到这些问题，并积极着手加以完善。

老挝现行的土地制度类似于我国改革开放初期开始的土地批租制度。为了切实保障外国资本和外国人在老挝长久发展经济，开展商业活动，享有完整的民事权利，以及推进土地开发利用便利和实现价值最大化，老挝政府将会随着市场经济的深入发展，逐步完善其土地管理体系和制度，比如逐步允许各类民事主体有条件地获得具有一定期限的土地使用权。

4. 涉农投资的税收制度及政策

目前老挝实行全国统一的税收制度，外国企业和个人与老挝本国的企业和个人一样同等纳税。老挝税制中将其税收分为间接税和直接税。其中，直接税以个人、公司及其他组织为纳税对象，包括任何自老挝境内取得收入的外国公司或外籍个人，直接税主要是企业所得税、个人所得税、定额税、环境税、手续费和专业服务费 5 种。间接税主要是增值税和消费税两种。具体税率如下：

一般进口关税率为 3%～40%，增值税为 5%～10%，消费税为 5%～90%，企业所得税为 35%，最低税额为年总营业额的 0.1%，个人所得税为 0～25%（累进税率）。

各种服务费：矿产勘探及开发、能源、土地出让行为等与自然资源相关的投资行为应缴纳自然资源税（或称土地出让费），此项由老挝政府定期征收或根据协议执行。

（1）企业所得税。 企业所得税是向国内和外国企业生产者所获得利润所征缴的税。按照复式记账制和通用记账制记账的需要，缴纳企业所得税者必须按照上一年度的实际收入或财务计划中估计的数值分期缴纳企业所得税。应缴纳的实际企业所得税将在财务年度结束时最后一期缴纳款中重新核算。企业所得税按季度分期缴纳，具体如下：第一期必须在 4 月 10 日之前缴纳，第二期必须在 7 月 10 日之前缴纳，第三期必须在 10 月 10 日之前缴纳，第四期必须在次年的 3 月 10 日之前缴纳。如纳税人在年度分期缴纳的税款超出实际应缴纳的年度企业所得税款，超出部分将在次年的企业所得税款中扣除。

企业所得税税率如下：在国内和外国法律实体所有企业（除上市公司），企业所得税税率为 24％；生产、进口、销售烟草产品的企业，企业所得税税率为 26％（其中 2％为禁烟基金）；私人企业及自由职业者企业所得税税率为 0～24％不等，具体见表 2－5。

表 2－5 老挝企业所得税税率表

水平	年度利润基础 （基普）	计算基础 （基普）	税率	每个级别企业所得税 （基普）	总企业所得税 （基普）
1	3 600 000 以下	3 600 000	0％	0	0
2	3 600 001～8 000 000	4 400 000	5％	220 000	220 000
3	8 000 001～15 000 000	7 000 000	10％	700 000	920 000
4	15 000 001～25 000 000	10 000 000	15％	1 500 000	2 420 000
5	25 000 001～40 000 000	15 000 000	20％	3 000 000	5 420 000
6	40 000 001 以上	—	24％	—	—

（2）个人所得税。所得税指国家对个人、组织或法人在一定时期内的各种所得征收的直接税。根据《老挝所得税法》（2019 修订版）第 33 条，在老挝境内连续居住 183 天或在 1 年内非连续居住但累计超过 183 天的老挝人、外国人或无国籍人士，只要获得收入，都必须缴纳个人所得税。

个人所得税税率如下：

a. 工资、劳务费、加班费、超时务工费、职务工资、职位工资、年度补贴、公司董事会或经理会务费以及其他货币或物资类的收益，需按照从 0～25％递增累计的税率缴纳所得税。经过数次调整，自 2020 年 2 月 17 日起，老挝的个人所得税起征点为 130 万基普（表 2－6）。

表 2－6 老挝个人所得税税率表

编号	应税工资级别 （基普）	计算基础 （基普）	税率	每个级别税 （基普）	总收入税 （基普）
1	130 万以下	130 万	0％	0	0
2	130 万～500 万	370 万	5％	18.5 万	18.5 万
3	500 万～1 500 万	1 000 万	10％	100 万	118.5 万
4	1 500 万～2 500 万	1 000 万	15％	150 万	268.5 万
5	2 500 万～6 500 万	4 000 万	20％	800 万	1 068.5 万
6	6 500 万以上		25％		

b. 给股东或持股人的股息、利润分红或其他收益，个人、法人出售股份的，若有相关凭证，所得税税率为溢价的 10%，若没有交易凭证，应缴纳销售价的 2%作为所得税。

c. 贷款利息所得，个人、法人的代理费或委托费收入，根据合同或其他条约收取的保证金，税率为 10%。

d. 政府组织机构、老挝建国阵线、民间组织机构、社会团体的盈利性业务活动收益的税率为 10%。

e. 价值在 100 万基普以上的奖金、彩票奖金或者实物的税率为 10%。

f. 租金收入，如：土地、房屋、建筑物、交通工具、机械或者其他实物的税率为 10%。

g. 专利证书、版权、商标、个人或法人的其他权力的属于知识产权收入的税率为 5%。

h. 买卖和转让土地、建筑物或土地连带建筑物的使用权的（不包括直系亲属间交易），若有相关凭证，所得税税率为溢价的 5%，若没有交易凭证，应缴纳销售价的 2%作为所得税。

结合投资者所涉及的行业，企业所得税适用的税率为 24%；若投资者提供进口货物，则按照标准税率 10%征收增值税。

(3) 增值税。 增值税是以商品（含应税劳务）在流转过程中产生的增值额作为计税依据而征收的一种流转税。增值税是对商品生产、流通、劳务服务中多个环节的新增价值或商品的附加值征收的一种流转税。

捞砂、建筑业的场地清理、印刷服务、保洁服务、安保服务、保险业及在石油、天然气开发和基础设施建设中租赁机械设备等行业，按照 10%税率征收增值税。此外，在老挝境内提供进口货物及劳务服务的企业，按照标准税率 10%征收增值税。

①可以抵扣的增值税进项税。购买与企业经营活动直接相关且必要的商品或服务而产生的增值税进项税可以全额进行抵扣，该类经营活动包括生产制造、运输、广告宣传及销售活动。因企业经营活动而产生的水费、电费及油费可以按照 80%的比例进行增值税进项抵扣。因采购、出租或租入不动产而产生的增值税进项税可以按照 70%的比例抵扣。

②不可抵扣的增值税进项税。为企业股东或雇员购买台式电脑、笔记本、平板电脑或移动手机所产生的增值税进项税不得抵扣。

另外，2016 年 8 月，老挝财政部发布了关于"征收旅客个人财产 10%增值税"的条款 No.283，其具体所涉及的修订内容如下：一是经由边境或国际机场进入老挝的过境旅客或游客（每月不得超过 2 次），如每人每次携带超过 50 美元的产品/货物的，需要自行申报及缴纳增值税，税率为 10%。二是对出入境较频繁的游客所携带进口商品征收 10% 的增值税，即不能享受针对 1 个月内出入境次数低于两次的旅客所携带的 50 美元以内物品免征增值税的政策。

(4) 消费税。消费税是向具有消费性质的商品物资征收的间接税。

老挝政府规定：燃油、酒（含酒精）类、软饮料、香烟、化妆品、烟花和扑克牌、车辆、机动船只、电器、游戏机（台）、娱乐场所服务、电信服务、彩票和博彩业服务等商品和服务项目必须缴纳消费税，具体税率从 5%～90% 不等（表 2-7 和表 2-8）。

表 2-7 一般商品消费税

编号	消费税一般物品类型	2016—2017 年	2018—2019 年	2020 年 1 月 1 日之后
1	易燃燃料：			
	超高编号汽油	35%	39%	
	普通汽油	30%	34%	
	柴油	20%	24%	
	航空汽油	10%	14%	
	润滑油、液压油、润滑脂、刹车油	5%	9%	
2	天然气车辆	10%		
3	酒精或所有类型的酒精饮料：			
	酒精或其他类型的饮料（含有 20% 酒精，或更高）	30%	50%	70%
	酒精、葡萄酒和其他类型的饮料（酒精含量不到 20%）	25%	45%	60%
	啤酒	50%		
4	现成的饮料：			
	碳酸饮料，苏打水，无酒精饮料、矿泉水、果汁	5%		
	刺激性饮料	10%		
5	香烟：			
	雪茄	30%	45%	60%
	包装的香烟	30%	45%	60%
	散装烟草	15%	25%	35%
	其他	30%	45%	60%
6	水晶器具或装饰品	20%		
7	所有类型地毯	15%		
8	家具（沙发）（价格不低于 1 000 万基普）	15%		

（续）

编号	消费税一般物品类型	2016—2017 年	2018—2019 年	2020 年 1 月 1 日之后
9	香水和化妆品		20%	
10	扑克牌和其他赌博用具		90%	
11	火箭、烟花、爆竹		80%	
12	车辆：			
	1. 摩托车			
	排量 110 毫升以下		20%	
	排量 111～150 毫升		30%	
	排量 151～250 毫升		40%	
	排量 251～500 毫升		60%	
	排量 501 毫升以上		80%	
	清洁能源型		5%	
	零部件		5%	
	2. 汽车			
	2.1 使用燃料的车辆			
	1 000 毫升以下		25%	
	1 001～1 600 毫升		30%	
	1 601～2 000 毫升		35%	
	2 001～2 500 毫升		40%	
	2 501～3 000 毫升		45%	
	3 001～4 000 毫升		70%	
	4 001～5 000 毫升		80%	
	5 000 毫升以上		90%	
	2.2 清洁能源型车辆		10%	
	2.3 小型代步车			
	燃料型		10%	
	清洁能源型		5%	
	2.4 中型车			
	燃料型		8%	
	清洁能源型		5%	
	2.3 大型车			
	燃料型		5%	
	清洁能源型		3%	

101

（续）

编号	消费税一般物品类型	2016—2017 年	2018—2019 年	2020 年 1 月 1 日之后
13	汽车零部件		5%	
14	车辆配件		20%	
15	快艇、游艇、机动运动船只（包括其组件和备件）		20%	
16	卫星接收器、照相机、电话、音频和视频录音（像）机、乐器（包括其设备和组件）		20%	
17	电气设备：空调、洗衣机、吸尘器		20%	
18	台球或斯诺克桌、保龄球设备，足球桌		30%	
19	所有类型的游戏设备		35%	

表 2-8 服务消费税税率

编号	需要支付消费税的服务	2016—2017 年	2018—2019 年	2020 年 1 月 1 日之后
1	娱乐服务：酒吧、迪斯科舞厅和卡拉 OK	10%	20%	35%
2	保龄球业务		10%	
3	服务涉及按摩、桑拿、美容美发沙龙		10%	
4	电话服务、有线数字电视、互联网服务		10%	
5	高尔夫活动		10%	
6	彩票活动		25%	
7	赌场活动和老虎机		35%	

(5) 税收优惠政策方面。老挝政府对重点产业支持的措施主要体现在税收方面，比如：

①在偏远、经济社会基础设施无法满足投资需要的困难地区投资的，可获得 10 年免税。投资清洁、无公害农业、传统特色工艺品加工行业的，可另外获得 5 年的免税期。

②在有社会经济基础设施，能为投资提供方便的区域投资的，获得 4 年免税。投资清洁、无公害农业、传统特色工艺品加工行业的，可另外获得 3 年的免税期。

③经济特区、工业区、边境贸易区以及某些特殊经济区等，按照各区的专门法律法规执行。

前述偏远、经济社会基础设施无法满足投资需要的困难地区即老挝山区，若投资者将企业设立于该类地区可能不便于公司业务开展，因此，若投资者希望得到税收优惠，可考虑选择老挝经济特区进行投资。例如在普乔经济特区投资贸易业、运输业，可享受3～8年内免所得税，之后按6％～7％的标准收取所得税；在沙湾一色诺经济特区，贸易业可免所得税2～5年，此期限结束后将按所得税10％的标准收税。在万象赛色塔综合开发区获得经营许可的入园企业，可获得增值税、消费税、企业所得税、关税、个人所得税、分红税等减免。

进出口方面的税收优惠：

①进口用于在老挝国内销售的原材料、半成品和成品可享受减征或免征进口关税、消费税和营业税。即进口经有关部门证明并批准的原材料可免征进口关税和营业税，进口老挝国内有但数量不足的半成品5年内可按最高正常税率减半征收进口关税和营业税，进口经有关部门证明并批准的老挝国内有但数量不足或质量不达标的配件可按照东盟统一关税目录中的税率征收配件关税及消费税。

②进口的原材料、半成品和成品在加工后销往国外的，可享受免征进口和出口的关税、消费税和营业税。

③经老挝计划投资部批准进口的设备、机器配件可免征进口关税、消费税和营业税。

④经过老挝计划投资部或相关部门批准进口的老挝国内没有或有但不达标的固定资产可免征第一次进口关税、消费税和营业税。

⑤经过老挝计划投资部或相关部门批准进口的车辆（如载重车、推土车、货车、35座以上客车及某些专业车辆等）可免征进口关税、消费税和营业税。

（6）企业在老挝纳税的相关手续。

纳税登记：收到投资许可证后，国内外投资局的一站式服务站将以如下程序为投资人办理登记注册手续：①企业登记注册。②国内税务登记注册。除上述登记注册要求外，在正式开业前，投资企业必须取得合法经营的其他必要运营许可证件，主要包括以下3类：第一类，针对咨询或贸易性质的投资活动必须获得许可方可启用公司印鉴。第二类，不涉及新建筑或厂房修建的投资活动必须获得许可方可启用公司印鉴，且应取得该行业经营许可证。第三类，涉及新建筑或厂房修建的投资活动必须获得许可方可启用公司印鉴，且应先取得建筑许可证及经营许可证。

纳税时间：报税时间是每年12月31日前，但企业所得税按季度缴纳，个人所得税逐月缴纳。

纳税渠道：根据老挝法律，企业纳税渠道为企业按规定直接向所在税务登记部门缴纳。商品的进口，除法律另行规定的商品外，需在商品进口口岸处、国库或者有国库账号的银行处缴纳。

纳税手续：根据老挝法律，企业在老挝的纳税手续为企业直接到所在税务登记部门申报并缴纳。

纳税资料：企业在老挝纳税需要提供的相关材料包括：税务报表、发票、外国投资许可证、企业营业执照、企业经营许可证等。

在境外投资、出口和利润汇回等情形发生时，企业应查阅相关法规或咨询专业人员，确定有无税收优惠措施。例如中国的财政部和国家税务总局联合下发了《关于完善企业境外所得税收抵免政策问题的通知》，规定对同时在多个国家投资的企业，允许其统一计算抵免限额，并将抵免层级由3层扩大至5层，进一步完善了企业境外所得税收抵免政策的相关措施。

如果企业能够按照上述《通知》申请享受相关的政策，将降低在"走出去"投资经营时的投资成本。当然，对于在老挝现有投资的企业，尽管我国已经有了所谓的"中老走廊"，但目前仍然需要在国内和老挝缴纳两次税费。

虽然现行的抵免政策在一定程度上可以抵减部分应纳税额，但重复征税的问题至今仍未解决，对投资的企业来说，也是一笔较大的负担。值得企业关注的是，最新的抵免境外所得税税额措施，将原来的3层抵免扩大为5层，更好地契合了企业境外投资组织架构的需要。据此，投资境外的企业现在有条件将投资中直接或间接控股的中间层平台公司增加到5个层级并且均享受税收抵免，有利于实现在境外对资源、市场、技术的投资中，更好地设置公司治理、税务筹划和资本运作等功能性机构，为企业的经营管理提供更多便利，也有助于在更大程度上消除重复征税。

5. 涉农领域投、融资制度及政策

（1）**融资环境。**老挝国家银行奉行的是宽松的货币政策。2016年，老挝的政策利率从4.5%降到了4.25%，基普存款的法定存款准备金利率维持在5%，外汇存款的法定存款准备金利率维持在10%。一份来自中央银行的数据显示，老挝现有42家商业银行，96个分支机构，494个营业点，37个兑换处，全国有1 095台ATM机器。42家商业银行中，有3家老挝国有商业银行，3家老挝与外国的合资银行，7家老挝本土私人银行，1家特别银行和28家外国银行在老挝设立的海外分支机构。其中，有中资背景的银行有中国工商银行万象分行、中国银行万象分行和云南富滇银行与老挝外贸银行合资成立的老中银行。此外，微型金融机构的数量也在增加，目前有186家注册的微型金融机构（如储蓄与信贷联、贷款公司、当铺、转账机构等）提供存款和非存款服务。2017年，商业银行发放的贷款总额为669.39亿基普，比2016年增长约12%。贷款大部分用于商业部门、加工业、建筑业和农业综合企业。2017年，商业银行存款总额为680.32亿基普，同比增长7.47%。根据老挝人民银行的统计，银行存款中约53%的存款是外币。结合2018年的数据，平均贷款利率

（老挝基普）为 5.46％，略低于 2017 年的 5.64％。泰铢和美元的贷款利率也分别从 2017 年的 3.71％下降到 3.70％，和从 3.74％下降到 3.73％①。

（2）监管部门。 对项目融资产生影响的主要政府部门包括：

①老挝银行负责批准任何来源于外国的贷款、对冲工具、外币使用和离岸银行账户。

②电力和矿业部门负责对所需特许进行谈判和批准。

③计划和投资部负责项目公司的建立及特许权的最后批准。

④自然资源和环境部负责批准社会和环境影响评估和缓和计划，包括移民安置计划、任何所需的土地租赁和所需的土地文件及土地担保文件的登记。

⑤国家资产管理部门负责所有必需的非土地相关项目、财务和担保文件登记。

⑥负责项目所需许可和批准的其他政府部门。

根据《老挝外汇管理法》，老挝已经采取了全面的资本管制措施，所有外国来源的贷款都需要得到老挝银行的批准。非土地项目文件，财务文件和担保文件必须在国有资产管理部门登记注册，需缴纳注册费。与土地有关的文件和与土地有关的担保文件必须经过公证并在自然资源和环境部进行登记注册，需缴纳公证及注册费。

私有基础设施项目和采矿项目需要被授予特许权。电力和采矿项目的特许权协议必须与能源和矿业部（MoNRE）协商谈判，且包含以下内容：土地使用权、环境和社会影响缓解要求、税务、特许权收益、各项费用、资金要求、使用外国劳动力的限制、老挝承包商和供应商的优先权。特许权协议将采取建设-经营-移交（BOT）的形式。在特许期结束时，项目资产必须上交政府，且对因此造成的损失不予赔偿。项目的环境和社会方面，包括项目移民的安置，都受到了政府的严格监管。

所有项目都需要多个部门的许可和批准。对任何法律或法规规定的豁免通常需要国会或国会常务委员会（针对法律和执行法令）或总理（针对普通法令）批准。另外，外国贷款人通常要求为老挝项目购买政治风险保险。

（3）融资载体。 项目发起人必须在老挝设立一个有限责任公司来承载一个项目。根据老挝法律，外国实体是不允许拥有项目的直接所有权的，因此，若需在老挝进行融资，需在老挝设立一个独资公司或合资公司。实践中，外国投资者可以从国际金融组织、开发和出口银行、国际银行集团和区域性银行获得融资。一些老挝电力和采矿项目已经获得有限追索项目融资。但是，

---

① 老挝商业银行贷款利率持续下降 http://www.ccpit.org/Contents/Channel_4013/2018/0601/1012174/content_1012174.htm.

承购者的信誉是至关重要的，中国的贷款人通常只提供将有限追索权项目融资和发起人担保相混合的项目融资形式。一些特定的老挝采矿项目已经能够通过离岸债券筹集债务。

(4) 担保的相关规定。

①担保的形式。基于合同的担保具有以下 3 种形式：动产担保（包括股权）、不动产担保、其他自然人或法人实体担保（即，担保人）。法律上的担保包括纳税申报、工资索赔和"留置权"（类似于技工留置权的承包商和供应商的索赔权）。

如果可以合理确认该收益、许可或权利、回报会实现，对动产资产的担保可以追溯到项目或活动的收益、公司运营的许可或权利及未来的回报。资产也可以根据《担保交易法》的规定存于其他交易方（质押范围之外）。位于老挝的不动产资产可以通过"不动产担保合同"进行担保，例如抵押。

在同一移动资产上是允许设置多重担保的，但该担保权益是通过"文件质押"而设置的情况除外。在遵守任何从属协议的情况下，同一抵押品的担保权益的优先级别由登记日期确定，以加盖登记处印章的担保文件日期为证。此外，依法赋予的担保权益（如纳税申报、工资索赔和"留置权"）优先于合同中的担保权益。法律允许多重留置不动产。然而，这在实践中可能很难实现，因为能源和矿业部（MoNRE）已经不再配合为同一不动产登记额外的担保权益。

②担保的手续。根据《文件登记法令》及相关规定，所有合同必须在国有资产管理部（SAMD）（针对非土地合同）或能源和矿产部（MoNRE）（针对与土地有关的合同）登记注册，以确保其在老挝的可执行性。与动产（包括股份质押）相关的担保权益的完善需要向 SAMD 登记担保文件。对不动产资产的担保权益的完善需要向 MoNRE 公证和登记担保文件。尽管通常来说公证不是强制性的（土地租赁、设备租赁和与不动产相关的担保文件除外），合同也可以由公证处进行公证，以保证经过公证的文件是真实和正确的复件或原件。根据《担保交易法令》，可移动资产的担保文件有效期仅为 5 年，到期需重新登记 1 次。此重新注册要求也适用于现有的已注册的担保文件。

对于任何类型的抵押物，当已在国家资产管理部门登记或者在不动产资产的情况下在能源和矿业部的适当办公室或部门登记，且如果以下两个条件均得到满足，该担保权益才得以确立：债务人和债权人已经签订了一项担保协议，对担保资产的性质和价值进行了精确的界定；债务人是抵押物的所有人或有权使用抵押品作为担保。

就不动产而言，担保协议必须在 3 名证人在场的情况下签署，并在公证处或公证部门公证。

③优先级的设立。确权行为授予了被担保方针对担保协议中列举的抵押物第一优先级别的担保权益，优先于所有无担保债权、未登记担保权益和后续登记担保权益。除通过"文件"质押提供的证券外，可以对同一资产设置多重担保。在遵守任何从属协议的情况下，担保权益的优先性由登记日期确定（以登记处在文件中盖章的日期为凭证）。法律赋予的担保权益〔例如，纳税申报，工资索赔和"留置权"（类似于"机工的留置权"）〕优先于合同下的担保权益。但是，一旦债务人根据《破产法》进入破产程序，有担保债权人针对担保资产的权利转移、转让或者没收将受到严格限制。

在《破产法》或《公司法》的清算中，有担保债务（按优先性排序）优先于无担保债务以及优先股股东和普通股股东的分配。但是，纳税申报、工资索赔和"留置权"等基于法律授权所产生的担保优先于有担保合同债权人的请求权。

④担保利益的实现。根据《担保交易法令》，在实现担保权益之前，必须提前提供书面强制执行通知。在不动产资产的情况下，有担保债权人必须向债务人发出违约通知书，要求其在收到通知之日起 60 日内，搬离处所或实施其他通知书上所规定的补救措施。通知的副本必须提供给其他同一资产上的其他债权人、政府和不动产资产的所有人（如果不是债务人），如出租人。债务人必须在收到违约通知之日起 15 日内对债权人作出回应。就可移动资产而言，必须向债务人、在同一资产上拥有担保权的其他债权人发布 10 日执行通知，并通过大众媒体发布通知。就有担保人的情况而言，债权人必须在实现担保前事先向债务人发起请求。自力救济行为不被禁止，但条件是担保债权人在扣押担保资产过程中没有违法行为。通过公开拍卖、债权人出售或债权人购买（向债务人支付超过未偿还本金和利息价值的付款）是《担保交易法》授权的救济措施，但不是唯一的救济措施。司法拍卖不是必须。虽然老挝法律严格来说要求在交易中使用老挝基普，但实际上许多交易是以外币计价或估价的。

⑤破产程序的启动是否影响贷款人实现其担保的能力。《破产法》适用于所有破产企业（位于老挝或在老挝开展业务的国企或私企）。对查封破产企业资产没有额外的司法批准程序。在破产程序启动时，未经法院和资产监督委员会批准，公司资产（包括抵押资产）不得出售或转让。有担保债权人在破产程序中对无担保债权人不享有特别表决权或其他权利。此外，即使存在有担保债权人的反对情形，也可以通过至少占债务总额的 2/3 债权人的表决通过重组计划并向法院提出建议。如果法院没有通过复兴计划，破产公司将在法院指定的清算委员会的监督下进行清算。如果法院决定债务人破产，有担保债权人的担保权益将只被转化为货币化的清算债权，这些债权将根据《破产法》中的分配优先顺序从清算收益中支付。

清算委员会可以追回由"违法合同"产生的立案前转移，包括资产贴现、前期债务抵押、资产转让给亲友、朋友、内部人士的情况。追回权没有截止日期限制。公司股东也可以依照《公司法》的规定选择在破产程序之外解散和清算公司。在这种情况下，清算人可以由股东或法院任命。在根据《破产法》和《公司法》进行的清算中，有担保债务（按优先级排列）优先于无担保债务及优先股股东和普通股股东的分红权。然而，纳税申报、工资索赔以及承包商和供应商的"留置权"（类似于技工留置权）优先于有担保债权人的索赔。老挝破产程序下的外国投资者或债权人的债权没有特别的权利、救济或优先权。

（5）对老挝境外的母公司支付股息/偿还股东贷款的限制。来自外国股东的贷款需要得到老挝人民银行（BOL）的事先批准。在没有 BOL 批准的情况下，禁止通过向老挝外部转移资金来偿还股东贷款的本金或利息。

股息可从年净利润中支付给股东，但前提是公司的税款和劳务支付已经完成且公司没有累计亏损。另外，BOL 的规定要求证明外国股东的注册资本已经全额支付，作为股息汇出境外的先决条件。在实践中，因在离岸银行账户中持有注册资本或由于债转股或"实物"资本规定（如项目开发费用）导致无法获得资本引进证书的情形，是否将限制外国投资者获得股息或返还注册资本的能力，还尚未有结论。

清算股息〔即注册资本（权益）的返还〕需要以下条件：①特别股东决议。②减少注册资本的政府批文。③通知所有债权人。④公告（10 次）。⑤向任何反对债权人全部还款。

此外，任何注册资本（股权）仅限于通过老挝银行系统注入的注册资本（需要资本引进证书）。

6. 外汇管理制度及政策

老挝是一个实行外汇管制的国家。2008 年 3 月 17 日，老挝政府颁布了《外汇和贵金属管理条例》，随后老挝国家银行也于 2008 年出台了《外汇和贵金属管理条例实施细则》，并在 2015 年《反洗钱和反资助恐怖主义法》出台后，配套出台了《携带现金、贵金属和支票出入境申报条例》。依据这些法律和条例，除非老挝银行建议并且政府法律同意，否则个人或企业在老挝境内的结算应当使用老挝基普而不能使用外币。当其境内个人或企业需要使用外汇时，首先必须符合《外汇和贵金属管理条例》第 5 条规定的几种目的（包括贸易款、投资资本汇出汇入、个人或企业所得收入汇回国内等），可以在获得老挝央行授权的具备外汇结算的商业银行申请开立外汇账户，进行购汇结算，也可以获得境外外汇贷款。一般依据《投资促进法》和《商业银行法》在老挝投资的中资银行，如工商银行万象分行、老中银行都具有外汇结算业务资质。老挝央行对商业银行间的外汇流通依法进行监管。

虽然有此规定，但是现实日常生活中，美元和泰铢在老挝具有很高的流通性。只是对于大额现金的商业往来，尤其是对公业务，还是要依据《外汇及贵金属管理条例》来操作才行。至于个人携带现金出入境，依据老挝国家银行《携带现金、贵金属和支票出入境申报条例》第 3 条规定，个人携带的现金或支票总额超过 1 亿基普或等额外币（1 万美元），则需在海关出入境时填写申报清单。

老挝《外汇及贵金属管理条例》第四章第 25 条至第 28 条专门规定了外商投资的外汇使用条款。投资者应当在老挝境内商业银行开立账户，使用法律和投资许可中规定的外汇币种。在获得老挝计划投资部颁发的投资许可证和老挝工贸部颁发的营业执照后，投资者就可以凭投资许可证和营业执照到老挝商业银行（包括中资银行）申请开立账户。老挝国家银行有权监管投资者的账户，并且投资者有义务向老挝国家银行证明投资总额的完成。在注册资本未实缴到位前，投资者不得向老挝境内商业银行贷款。

7. 投资退出机制及分红

（1）股份转让。 一般而言，在老挝投资的外国人转让其持有的股权不受限制，只要转让行为不会违反老挝法律关于外商持股比例的限制。但依据老挝《投资促进法》和投资法令，特许经营公司股权转让要经过主管机关的批准，而且，特许经营公司在完成项目开发计划的 45% 之前，不得转让其特许经营权。

（2）股息分配。 当公司已经缴清税款、付清员工工资，且不存在累计亏损的状况时，才可分配股息。股息应从公司年度净利润（偿付债务和缴纳税款之后的利润）中支付，但在每次股息分配之前，须提取年度净利润的 10% 作为法定公积金。在公积金达到注册资本的 50% 后，便可以不再提取。

8. 涉农劳动法律制度与政策

（1）老挝劳动法律制度概述。 现行《老挝劳动法》（以下简称《劳动法》）于 2013 年 12 月 24 日经老挝国民大会第 43 号决议通过。该《劳动法》取代了老挝国民大会于 2006 年 12 月 27 日制定的《劳动法》。《劳动法》分为总则、劳动技能培养与开发、促进就业、劳工保护、劳动合同、女工及童工、工资及薪水、劳工职业安全与健康、流动劳动力、劳工基金、劳工信息登记、禁止条款、劳动争议解决机制、三方组织、劳动管理及监察、奖励及处罚政策及附则共 17 部分，此处着重介绍劳工保护（工作时间和外籍员工）部分。

（2）工作时间的相关规定。《劳动法》第 51 条规定，一切劳动单位劳动者的工作时间是一周 6 天，每天不超过 8 小时或者每周不超过 48 小时。在以下工作岗位工作的劳动者每天不得超过 6 小时或每周不得超过 36 小时：与放射性物质或危险传染病接触的岗位；在对健康有危害的气体、烟雾中作业；接触危险化学物质，尤其是爆炸物的工作；在地下洞穴、隧道、水下和空中作业；在非正常高温和高寒场所作业；直接接触震动频繁的工具的岗位。

此外，上下班前的技术准备时间、每小时不超过 15 分钟的倒班时间及 45 分钟的用餐时间必须计入工时。用人单位必须安排员工每两小时至少休息 5～10 分钟。若有必要，用人单位在征得工会或劳动者代表或劳动者本人同意后，可要求劳动者加班。每个月加班时间不得超过 45 小时或每天不得超过 3 小时。如果某月有必要加班时间超过 48 小时，用人单位必须事先征得工会或劳动者代表的同意，然后向用工单位所在地劳动管理机构申报特批。工作满一年以上的劳动者，有权休年假 15 天，若劳动者所在岗位与放射性物质或危险传染病接触、与对健康有危害的气体、烟雾接触以及与危险化学物质等接触的危险岗位，那么该劳动者有权休年假 18 天。

(3) 外籍员工的相关规定。用工单位有用工需求时，应优先考虑老挝籍员工，当老挝籍员工无法满足该职位要求时，用工单位可雇佣外籍员工。在体力型的用工单位，老挝籍员工比例不得低于 85%，在脑力型的用工单位，老挝籍员工比例不得低于 75%。在政府参与的大型项目中，由老挝政府与项目承建方签订的合同确定外籍员工的比例。老挝《劳动法》鼓励用人单位聘用老挝国民，当然也给予外国投资者使用外籍员工的权利，但必须符合法律规定。

需要注意的是，中资企业使用非老挝籍员工需按照老挝法律办理引入外籍员工的手续。中央政府参与投资或关系多省份的投资项目的外籍员工登记批准由中央政府劳动和社会福利部负责；地方项目由项目所在地省政府劳动和社会福利厅负责。具体办理程序为：

① 由用人单位每年向劳动和社会福利部（厅）申请外籍员工使用指标，并提交用工计划、投资许可证、特许经营权证和营业执照、项目合同、公司设立许可、聘用员工名单等。

② 由劳动和社会福利部门进行外籍员工工作证的审批，主管部门应当在两周内进行审批（工作许可证分为 3 个月、6 个月以及 1 年期限，最长不得超过 4 年）。

③ 用人单位获得外籍员工指标后，拟引入的外籍员工应通过公安部出入境管理局和外交部领事司申请 B2 签证，并提供相关的配额批复、引入外籍劳工的申请书，以及外籍劳工的相关自然情况介绍，包括员工名册、简历、照片等，用人单位还要提交单位保证函，以及单位设立的相关营业执照等文件。

④ 外籍员工获得 B2 签证以及工作许可后，可向公安部外国人管理局申请暂住证，向外交部领事司申请多次往返签证。根据促进投资法的规定，投资普通行业的多次往返签证一次可申请 1 年，特许经营权行业一次最高可申请 5 年。

在外籍劳工的使用期限届满之后，用工者可以向老挝国有劳务中介部门或代理处提交延长用工时限的申请，出示劳工工作证和缴纳所得税的证明，说明延期用外籍劳工的理由，并得到劳工所在的村委会出具的其在工作期间的使用情况证明。

使用外籍员工的单位应达到以下条件，包括：用人项目属于在老挝合法注册的项目，用人单位的注册资本应当超过5 000万基普，所聘用的劳务人员总数超过10人，使用的外籍员工年龄应超过20岁，身体健康；应经老挝劳动主管部门批准，取得劳动用工许可，并遵守老挝的法律法规。

经老挝政府批准引进劳务的用工单位，未经政府劳动管理机关的许可，不能转移其引入的外籍劳工给其他单位或企业使用；劳动合同期满后，用工单位必须在15日内将劳务人员送回国内。

如果外籍劳务人员在用工期间，擅自离开其劳务单位，到其他的单位打工或置业，用工单位应该对其提出警告，并同时报告省、县的劳动和公安机关，并将其遣送回国。但如果用工单位不重视管理，或者与劳务人员合谋，也将受到严厉的处罚。

用工单位应注意管理劳工，外籍劳务人员在老挝期间，应遵守相关的法律规定，不允许采取违法和无序的方式谋生，比如随意兜售商品，未经许可开展按摩美容服务等。根据老挝政府于2011年3月16日颁布的《关于外国人以经商和雇佣劳动方式到老挝谋生问题的处理方针和办法》相关规定，老挝对于以经商和雇佣劳动方式到老挝谋生的外国人，采取严格的管理措施。

（4）最低工资标准。国家劳动委员会负责研究最低工资政策，确定与劳动和其他各方面有关的标准和措施。目前，老挝最低月工资约960元人民币，一般的劳动用工月工资在1 300元人民币左右。

（5）有关劳动合同的规定。

①劳动合同的类型及内容。《劳动法》第78条规定，劳动合同的表现形式包括书面及口头形式。其内容必须包含劳动者工作范围、雇佣期限、薪水支付方式、试用期、休息时间等。固定期限劳动合同（包含续签），不得超过3年。若超过3年，该合同为无固定期限劳动合同。若需续签劳动合同，需在劳动合同到期前60天进行。

②解除劳动合同。签订劳动合同的任何一方可解除劳动合同，以体力劳动为主的，必须至少提前30日通知对方，以脑力劳动为主的，至少提前45日通知对方。

定期劳动合同可以在双方同意或任何一方违反合同时被取消。在违反合同的情况下，侵权方负责赔偿所造成的任何损失。如果用人单位违反合同，用人单位必须支付剩余月份的工资，并应遵守合同和法律的其他福利规定。

劳动者有权要求解除劳动合同，并在下列情况下获得赔偿：该劳动者在接受治疗后身体不健康，并持有医疗证明，用人单位已将该劳动者调至新职位，但该劳动者仍然无法工作；劳动者多次按照劳动合同向用人单位提出异议但未得到解决；工作场所的搬迁导致劳动者无法履行职责，工会或劳动者代表和村庄当局提供了书面证明的；如果用人单位有任何骚扰或性骚扰，或用人单位不理会这种行为的发生。

用人单位不能解除劳动合同的情况如下：怀孕或有一岁以下孩子的妇女，正在接受治疗或康复并持有医疗证明的劳动者，员工是劳动部门的员工代表或工会主管；涉及法律诉讼或被拘留或正在等待法院裁决的劳动者；受伤和正在接受治疗并持有医疗证明或最近经历过灾难的员工；劳动者年休假或经用人单位许可的休假；在用人单位指派后在其他地点执行工作的劳动者；劳动者在向用人单位提出索赔或针对用人单位采取法律行动的过程中，或正在与劳动法相关的政府官员合作，以及与劳动者的劳动单位内的劳资纠纷有关。如果用人单位打算在上述任何情况下解除就业合同，则必须得到劳动行政管理局的授权。

(6) 有关劳动职业安全与健康的规定。用人单位必须定期检查和评估劳动单位以及工作场所内可能具有的安全和健康风险，并至少每年一次向劳动监察局报告风险评估的结果。风险评估可以由劳动行政管理局授权的用人单位，劳动监察官员或劳工健康和安全服务组织进行。用人单位必须根据相关法律制定内部规章，并成功地完成与工会或劳动者代表或劳动单位内大多数劳动者的协商。具有 100 名或以下员工的经济劳动单位必须至少有一名员工负责劳动保健和安全。在建筑和采矿领域工作的劳动单位或工作场所必须至少有一名员工负责劳动保健和安全。拥有 100 多名员工的劳动单位必须指定一个单位，如有必要，应建立一个负责劳动卫生和安全的安全卫生委员会。负责劳工健康和安全的员工必须具备相关知识，或已接受过培训，或具有机构或组织颁发的有关劳动行政管理局认可的劳工健康和安全的学位或证书。

有关医务人员的内容，规定在《劳动法》第 124 条："位于郊区或偏远地区，有 50 多名员工的单位必须有一名医生。拥有少于 50 名员工的单位必须有一个药柜，并有一名员工作为主要护士。"另外，用人单位必须每年至少一次为员工进行体检。在危险地区工作或在夜间工作的劳动者必须每年至少接受两次体检。

政府方面由劳动和社会福利部来负责制定标准、定期检查等。截至 2016 年下半年，尚未有实施细则类的部门规章发布，但是依据可靠消息来源，老挝政府正在制定一项新的法令，以维护和促进工作场所劳工健康和安全。老挝劳动与社会福利部、世界卫生组织和国际劳工组织的专家和其他利益相关者已于 2018 年 7 月 21—22 日在首都万象市开会讨论这项题为"职业安全和健康管理"的新法令。新法令总计 10 章，包括老挝劳动与社会保障部等部门的责任、工作场所有害因素的保护和控制、职业安全和健康管理以及改善工作环境等。

(7) 用工者违法的处罚。关于用工者违反规章的相应处罚，可以概括为 5 档，一是用工者超过外籍劳工工作许可证期限仍继续使用劳工的，按超过期限的天数对每人处以相当于 5 美元的罚款；二是用工者未按外国劳务审批程序进行登记的，将按照每人每日相当于 10 美元的罚款；三是在未经主管机构批准的区域使用外籍劳工的，处以相当于 200 美元的罚款，若再次发现违规使用的情况，将取消用工者使用外国劳务的资格；四是对未经老挝劳动司或地方各级社会福利厅审批而擅自使用外国劳务的用工者，处以相当于每人 250 美元的罚款，还将负担遣送外籍劳工回国的一切费用；五是用工者未经有关劳动协议许可而擅自开办外国劳务的中介服务机构的，按查获的劳务人数对用工者处以每人相当于 300 美元的罚款，还将追究其刑事责任。

9. 农业保险和外商农业投资保险政策

(1) 老挝保险法律制度概述。《老挝保险法》（以下简称《保险法》）于 2011 年 12 月 21 日经老挝国民大会第 06 号决议通过。该《保险法》是对老挝国民大会于 1990 年 11 月 29 日通过的《保险法》的修改补充。《保险法》分为通用条款、保险种类、再保险、保险业务的开展、保险合同、保险公司及保险经纪人、行业竞争、财务及财务报告要求、投保人和承包人的权利及义务、禁止条款、争议解决、监管机构、奖惩措施及附则十四大块。

(2) 保险种类。根据《保险法》第 14 条，一般保险包括以下内容：事故保险（含事故受伤人员的治疗），健康保险，财产保险，通过陆路、水路和铁路运输的货物和过境货物，以及航空运输保险，航空保险，运输与发动机保险，消防和爆炸物制造场地保险，国有资产保险，金融和信用风险保险，商业风险保险，农业和林业保险，事故和灾害保险。

如有必要，额外类别的保险可以根据财政部的批准而设立。

(3) 保险合同。根据《保险法》第 38 条之规定，保险合同必须包含以下细节：姓名和姓氏，缔约方地址；保险对象，保险风险类型；保险合同生效日期、保险金额；保险费和付款方式；发生损失的通知方法和规定；保险合同和担保的保险期限；表明保险合同无效，在合同到期之前失去权利和终止合同的措辞；争端解决方法。

合同的有效性规定在第 39 条，"保险合同只有在保险合同结束，或有证据表明承保人已经接受保险，并且保险购买者已支付保险费，除非在保险合同中另有约定才有效。"

保险证书的相关内容规定在《保险法》第 40 条。保险证书是由承保人交付的合同文件，确定保险合同的一般条件。只有当各方同意一般条件并且保险购买者支付了保险证明中的保险费时，保险合同才能执行。保险证书应易于阅读并以老挝语书写；如果需要，也可以用外语。当需要增加或更改保险证书中的内容时，双方应另立合同。

根据《保险法》第43条之规定，保险合同在以下情况下无效：

①保险合同到期，而未延期。

②任何缔约方违反保险合同或不符合约定的要求。

③保险财产消失或销毁。

④缔约方自愿同意取消保险合同。

⑤承保人故意说谎或隐藏被保险人/财产。

⑥法院作出保险合同无效或承保人破产的决定。

实践中，老挝的保险业处于发展的初级阶段。老挝居民可支配收入较低，对保险功能不了解，保险意识不足，保险的深度和密度都处于东南亚国家的底层水平，保险市场仅稍好于柬埔寨。保险需求主要源于在老挝的外资机构和个人，市场上主要销售的是产险产品，产险保费占总保费的98％。由于老挝国内保险公司的承保能力有限，绝大多数保险需要安排海外分保。针对政府违约风险，大部分投资老挝的企业选择向世界银行多边投资担保机构（MIGA）进行相应险种的投保，或者向中国出口信用保险公司投保政治险种。

在老挝法律中，项目公司必须在老挝的保险公司为其项目投保。然而，在外国再保公司投再保险也是允许的。由于当地保险公司的财务能力有限，项目通常都会在外国再保公司购买100％再保险。必要的保险通常包括：一切险（即综合险）、第三人责任险、延误营业险、业务中断险、恐怖活动险、环境风险险、政治风险险。

《保险法》并不禁止在保单中包含不可无效条款。该条款是否可以被纳入保单取决于投保人与保险公司之间的交涉。保险公司可以拒绝约定该针对投保人错误陈述时的抗辩豁免。

（二）农资、农产品贸易制度

1. 老挝贸易政策

老挝是最后一个加入世界贸易组织的东盟国家，于2013年取得正式成员资格。由于该国是最不发达国家之一，因此获欧盟、美国及日本授予豁免进口关税等贸易优惠，而其产品一般也可按较低关税税率进入全球各地市场。老挝的主要贸易伙伴包括泰国、越南及中国，主要出口产品有木材、矿产及水力发电，而主要进口产品则有机械、设备及汽车。

老挝贸易管理中不同商品有不同的管理规定，比如：木材贸易中原木、锯材等禁止出口，只有木材制成品才能出口；矿产品贸易中原矿不能出口，必须半加工品才能出口；药材贸易中大黄藤需向老挝政府申请配额后方能出口，等等。老方进口商品主要按中国—东盟（10＋1）自贸区货物贸易协定执行，即除敏感商品外，其余商品在 2015 年降为零关税，逐年降低。另外，随对老援助和投资项目进入老挝的产品在实施期内可享受零关税。

2. 进出口相关规定

（1）进出口管理部门。老挝的进出口事宜受《海关法》规定和管理，财政部辖下的海关局则为主要执法机关。不过，当地多个政府部门均有参与进出口活动的管理事宜，包括：工贸部辖下的进出口局（DIMEX）：负责发出进出口许可证。工贸部辖下的外贸政策部：负责外贸政策、业界关系与合作，以及商务事宜。其他部门：负责个别商品的进出口事宜，例如农林部负责农产品，卫生部辖下的食品及药物局则负责药物产品。

老挝仅允许已在当地注册营商的公司进出口货物。公司进出口货物前，或须申领进出口许可证。进出口许可证分为自动及非自动签发。自动许可证只需符合一般法定规定即可取得，非自动许可证则须经进出口局审批。此外，公司进出口牲畜、若干类农产品、药物等商品前，也须得到相关政府部门同意。

（2）进出口程序。外国投资人需按照老挝中央和地方各级投资管理促进委员会的标准格式填报全年进口计划（各级投资管理促进委员会为投资许可证发放机构），投资管理促进委员会将在收到审批申请之日起 30 个工作日内审批并发放许可证。

获准的年度进口计划将转交进口口岸边境管理机关，以监控进口并根据实际进口量计算余额。获准的年度进口计划可做一次修改。未列入年度计划的额外进口，如用以更换陈旧破损零部件的用品或急需零部件等，价值在 3 万美元以下，经相关行业认证，需经财政部海关司批准，且一年不超过两次。如金额在 3 万美元以上的，需向投资管理促进委员会提出申请，做个案处理。

一般而言，在老挝从事进出口活动须遵照以下程序：

①在本国国内申领进口许可证。

②取得老挝相关政府部门同意，具体程序视商品种类而定。

③向老挝进出口局提交申请，并附上证明文件，例如公司注册证书、税务证书、年度进口计划书、规划及投资部同意书，以及相关政府部门的同意证明。

④向老挝工商部辖下的财务组缴交进出口许可证费用 10 000 基普（约 1 美元）。

⑤老挝进出口局将核实公司提交的文件是否齐备，若齐备，便会发出许可证。

⑥在货物抵关的 24 小时内向老挝有关口岸的海关人员提供运输文件，例

如空运货单、提单等。

⑦向老挝海关提供运输文件后的 15 日内到海关地区办事处提交声明书，并至少附上以下证明文件：商业发票、运输文件、装箱单（如有）、原产地证明、进出口许可证。

⑧缴纳关税。

一切步骤办妥后，海关便会放行货物。

(3) 卫生与动植物检疫措施。 老挝对各类动植物产品的进口有检疫要求，要求对进口产品的特征及进口商的相关信息进行检查。

①动物检疫。根据老挝动物检疫规定，活动物、鲜冻肉及肉罐头等进口商须向农业与林业部动物检疫司申请动物检疫许可证。商品入境时由驻口岸的动物检疫员查验产地国签发的动物检疫证和老挝农业与林业部签发的检疫许可证。

《牲畜及制品技术管理规范》第 8 条对牲畜的进口流程进行了规定：若需进口牲畜，应在进口前至少 15 天提交申请表，且应遵循财政部、贸易和旅游部的进口法规。在出售、饲养或屠宰之前，每只动物应在官方场所拘留不超过 15 天。

进口牲畜所需证件：如果是为进口育种而进口的动物，应提交进口许可证，对于为育肥目的而进口的动物，应获得省、市或特区农林办公室的进口许可。应提交由出口国可靠的兽医当局认证的动物健康及卫生证书，这些文件应以法文或英文书写。应提交原产国的疫苗接种证书。进口商应具有由来自原产国的主管部门认证的基因记录簿或动物谱系。

动物产品的进口要求：

A. 供消费的生肉或肉制品：进口前的肉可以是整个屠体。在切成小块的情况下，应按照卫生原则包装，标签上标明重量、价格、肉类、类型及包装日期。食品和药品中心应检查动物卫生证书，并且证明产品不含对消费者有危险的传染病。

B. 进口不供消费的肉类产品（如骨头、蹄子、肉皮等）：应使用 10%～15% 的福尔马林消毒。动物卫生证书应由诊断实验室检查，产品应经过认证，不含传染病。

动物产品的出口要求：应提交财政部、贸易和旅游部以及进口国要求的完整文件。出口商应在出口前至少 15 天向省、市或特区农林办公室提交出口申请表。包装前，动物产品需由指定的兽医密切检查，出口商需在出口检查站出示此类文件。

②植物检疫。老挝农业与林业部负责植物检疫工作。进口植物及其产品须在老挝的边境口岸接受驻口岸检查员检查，并出示产品原产国有关机构签发的

植物检疫证。

（4）**关税分类和进出口关税。**老挝采用商品协调制度，进口货物及部分出口货物须缴交关税。此外，所有进口货物均须缴交增值税，而汽油、酒类及电器等进口商品还须缴交消费税。出口货物则豁免增值税。

进口关税，详情载于《关税目录 2012》（于 2016 年修订），税率介乎5%～40%。适用税率视商品来源地而定，并须出示原产地证书。关税税率共分以下 3 个类别：

①特别优惠税率。老挝与另一国家或地区订有贸易安排时适用，例如东盟成员国之间的协定。按照《中国—东盟自由贸易区框架协议》，已在 2015 年实现 90%的产品零关税。另外，按照中国—东盟自由贸易区《货物贸易协定》规定：如一种产品的本地加工增值不低于该产品总价值的 40%，则该产品可被认为是原产于中国—东盟自贸区的产品，即可申请原产地证明书，获得减免关税的最大优惠待遇，否则只能享受 WTO 最惠国关税待遇。

②优惠税率。有关国家因世界贸易组织成员身份在老挝享有最惠国待遇时适用。2016 年，老挝的平均最惠国待遇适用关税税率为 8.5%（世界贸易组织）。

③普通税率。适用于任何其他国家。

老挝仅就部分商品征收出口关税，包括宝石、电力、天然气、原油和木材，详情可参阅《商品及出口关税清单法令》（国家主席办公室第 002 号法令）。

（5）**产品标准和标签要求。**老挝科技部辖下的标准及计量局（DSM）负责产品标准事宜。所有产品必须遵守《产品标准法》（2012 年）。另外，老挝也制定了数百项老挝国家标准，在老挝营商的公司及商家可选择以此作为商品的标准。《产品标准法》（2012 年）已订明采用国家标准的相关程序。2016 年，老挝政府更新产品标签规定，所有标签必须符合《工商部国内贸易局第 2501 号条例》，并以老挝文制备。

（6）**老挝大米出口的流程。**以向中国出口大米为例。有意向中国出口大米的企业需要在老挝注册，且必须得到中方的认可。出口到中国的大米应符合中国植物检疫的有关法律，法规和国家标准，并且不含中国关注的检疫性有害生物。

出口大米到中国之前的措施和要求如下：老挝农业与林业部应在水稻种植区对中国关注的检疫性有害生物采取综合虫害防控措施，老挝农业与林业部应该在大米加工厂对谷斑皮蠹、长角谷盗、大谷蠹（三种粮食害虫）进行调查，并在大米加工厂安装捕集器；在水稻加工、贮藏和运输过程中，老挝农业与林业部应采取保护措施，防止水稻霉变或与土壤颗粒、植物残留物、杂草种子和杂质混合；出口到中国的大米的包装场所和包装过程应保持清洁，无有害生物感染。出口到中国的大米包装箱应标明中英文"中华人民共和国"。应确定水稻品种，加工厂，出口商名称，注册代码和相关企业地址；出口前，老挝农业与林业部应对大米进行检查，熏蒸处理和检疫，确保出口到中国的大米不含活虫。然后，针对满足本协议要求的大米，老挝农业与林业部应颁发植物检疫证书和官方熏蒸证书。

采购流程是业务经营者在其运营中必须要了解的必要程序，因为它与业务运营的回报直接相关。买家和卖家的细节和条件必须被正确理解和清楚地说明，例如大米的产地、目的地、购买协议的种类和数量、交货的时间和条件、质量检验、付款条件和分配。

四、影响企业投资老挝农业产业的其他因素

(一) 政治环境

1. 老挝签署的涉农国际条约情况

目前，老挝订有以下贸易协定：

(1)《东盟货物贸易协定》。即 ASEAN Tradein Goods Agreement，简称"ATIGA"。成员国包括文莱、柬埔寨、印度尼西亚、老挝、马来西亚、缅甸、菲律宾、新加坡、泰国及越南。该协定于 2009 年 2 月在泰国签署，于 2010 年 5 月生效，旨在取消关税以促进东南亚各国贸易发展，共同消除非关税壁垒，提高区域内海关协作水平，协调盟内成员政策。根据该协议，老挝只能对某些对经济稳定至关重要的商品征收进口关税，即仍有 325 项进口关税保持不变。

根据东盟自由贸易协定，每个成员国都有权列出一些可以维持进口关税水平的货物，以防止国内税收收入急剧下降。为增加老挝国内的收入，老挝政府仍对进口到本国的商品征收 10% 的增值税。

东盟自由贸易区建立和取消进口关税的主要目的是为了促进东盟成员国之间的自由贸易，帮助生产者和贸易商更自由地分配其商品并降低其商业运营成本。更自由的货物流动将鼓励外国投资者在东盟建立企业和生产基地，并为这些国家的人民创造就业机会。废除进口关税和贸易保护主义对于外商投资老挝是一个利好政策，这将会吸引更多外商到老挝进行投资。

根据《2019 年国家社会经济发展》报告显示，老挝政府不再向东盟成员国的 8 536 件商品征收进口关税，这些商品占老挝根据《东盟货物贸易协定》(ATIGA) 与区域成员国进行贸易的指定清单上总产品 89% 的比例。这是老挝为建立东盟自由贸易区所做努力的一部分成果。

(2)《中国—东盟全面经济合作框架协议货物贸易协议》。2004 年 11 月 29 日，中国与东盟 10 国共同签署了《中国—东盟全面经济合作框架协议货物贸易协议》(以下简称"《货物贸易协议》")。2005 年 7 月 20 日，中国—东盟自

贸区降税进程全面启动。这标志着《货物贸易协议》正式进入了实施阶段，也标志着中国—东盟自贸区的建设进程全面拉开了帷幕。

《货物贸易协议》是规范我国与东盟货物贸易降税安排和非关税措施等问题的法律文件，共有 23 个条款和 3 个附件，主要包括关税的削减和取消、减让的修改、数量限制和非关税壁垒、保障措施、加速执行承诺、一般例外、安全例外、机构安排和审议等内容。

（3）中国—东盟自贸区《服务贸易协议》。服务贸易是中国—东盟自贸区的重要组成部分。2007 年 1 月 14 日，第 10 次中国—东盟领导人会议在菲律宾宿务召开。除柬埔寨之外的所有国家均已完成《协议》的国内法律审批程序，该《协议》于 2007 年 7 月 1 日起正式生效。

《服务贸易协议》规定了双方在中国—东盟自贸区框架下开展服务贸易的权利和义务，同时包括了中国与东盟 10 国开放服务贸易的第一批具体承诺减让表。各方根据减让表的承诺内容进一步开放相关服务部门。根据《协议》规定，我国在 WTO 承诺的基础上，在建筑、环保、运输、体育和商务等 5 个服务部门的 26 个分部门，向东盟国家做出市场开放承诺，东盟 10 国也分别在金融、电信、教育、旅游、建筑、医疗等行业向我国做出市场开放承诺。这些开放承诺是根据中国和东盟国家服务业的特点和具体需求而做出的，主要包括进一步开放上述服务领域，允许对方设立独资或合资企业，放宽设立公司的股比限制等内容。根据《协议》规定，双方正就第二批服务部门的市场开放问题进行谈判，以进一步推进中国与东盟间的服务贸易自由化。

（4）中国—东盟自贸区《投资协议》。该《投资协议》包括 27 个条款。该协议通过双方相互给予投资者国民待遇、最惠国待遇和投资公平公正待遇，提高投资相关法律法规的透明度，为双方投资者创造一个自由、便利、透明及公平的投资环境，并为双方的投资者提供充分的法律保护，从而进一步促进双方投资便利化和逐步自由化。随着《投资协议》的签署和实施，中国与东盟之间的相互投资和经贸关系必将进入新的发展阶段。

中国—东盟自贸区是我国对外商谈的第一个自贸区，也是东盟作为整体对外商谈的第一个自贸区。2002 年中国与东盟启动了自贸区的谈判，2003 年"早期收获计划"正式实施，2004 年签署了《货物贸易协议》，2007 年签署了《服务贸易协议》。《投资协议》的签署标志着双方成功地完成了中国—东盟自贸区协议的主要谈判，中国—东盟自贸区将如期在 2010 年全面建成。在自贸区各项优惠政策促进下，中国与东盟双向贸易从 2002 年的 548 亿美元增加至 2018 年的 5 878.7 亿美元，增长逾 10 倍，双向投资从 2003 年的 33.7 亿美元增加至 2018 年的 159.2 亿美元，增长近 5 倍。特别是在全球经济增速放缓、贸易保护主义盛行的情况下，中国已连续 10 年保持东盟最大贸易伙伴；东盟则于 2019 年上半年超越美国，成为继欧盟后中国第二大贸易伙伴，双边贸易额达 2 918.5 亿美元，全年有望突破 6 000 亿美元。

（5）《中华人民共和国与东南亚国家联盟关于修订〈中国—东盟全面经济合作框架协议〉及项下部分协议的议定书》。《中华人民共和国与东南亚国家联盟关于修订〈中国—东盟全面经济合作框架协议〉及项下部分协议的议定书》（以下简称"《升级议定书》"）自 2019 年 8 月 20 日起全面生效，同时《中华人民共和国海关〈中华人民共和国与东南亚国家联盟全面经济合作框架协议〉项下经修订的进出口货物原产地管理办法》开始正式执行。

相较以前，《升级议定书》原产地规则更加优化。今后进出口货物只要满足以下三个条件之一，即可被认定为中国—东盟自贸协定项下原产货物：在中国或者一个东盟成员国完全获得或生产；在中国或者一个东盟成员国完全使用符合上述新管理办法规定的原产材料生产；虽然在中国或一个东盟成员国非完全获得或生产，但符合特定要求。此外，《升级议定书》还提供了不少"便民举措"：原产地证书统一使用国际标准 A4 白色纸印刷，领用和填写均更加便利科学；一张证书不再受 20 个产品项数量限定，充分满足企业多元需求；生产商授权代理商代其出口的，生产商可直接申请原产地证书。

为充分发挥这一"富矿效应"，即进一步提高本地区贸易投资自由化和便利化水平，中方倡议双方启动自贸区升级谈判并正式签署了《升级议定书》，涵盖货物贸易、服务贸易、投资、经济技术合作等领域，这是对原协定的丰富、完善、补充和提升。在货物贸易领域，双方优化了原产地规则和贸易便利化措施，将使域内企业更大程度地享受自贸区优惠政策，降低贸易成本；在服务贸易和投资领域，中国在建筑工程、证券、旅行社和旅游经营者等方面作出改进承诺，东盟各国在商业、通信、建筑、教育、环境、金融、旅游、运输等 8 个方面约 70 个分部门向中国做出了更高水平的开放承诺；在经济技术合作领域，双方同意在农业、渔业、林业、信息技术产业、旅游、交通、知识产权、人力资源开发、中小企业和环境等 10 多个领域开展合作，并为有关经济技术合作项目提供资金支持。此外，双方还纳入了跨境电子商务合作等具有前瞻意义的议题。

（6）与越南签订的《双边贸易协定》。2015 年老挝与越南签订了《双边贸易协定》，该协定是越老两国在货物和服务贸易领域开展双边合作的法律框架，促进越老关系的发展。该协定取代了 1998 年的贸易协定，取消了越老贸易中 95% 商品的关税。据悉，越南工贸部已批准"至 2020 年越老边境集市网络发展规划"和《至 2025 年越老边境口岸仓库系统发展规划及 2035 年愿景》提案①。

---

① http://www.ccpit.org/Contents/Channel_4114/2019/0228/1133343/content_1133343.htm，中国国际贸易促进委员会网站。

2. 老挝与中国双边涉农协定情况

自 20 世纪 80 年代末开始，中国便与老挝开展了紧密的贸易和投资合作。迄今为止，两国签署了许多份关于投资、贸易、旅游、运输、司法等合作协议。涉及农业投资领域的重要双边协定主要包括：

①《中老关于鼓励和相互保护投资协定》（1993 年 1 月），全文总共 12 条，涵盖了坚持国民待遇和最惠国待遇原则，保护投资、限制国有化和征收、确定补偿原则以及担保代位权（所以如果中资企业在老挝投资项目并向中国出口信用保险公司投保的话，可以很好获得索赔），同时还规定了投资争端解决的仲裁机制。

②《中老避免双重征税协定》（1999 年 1 月），全文总共 29 条，采用的是联合国经济及社会理事会的范本，适用于个人和企业所得税，秉承无差别待遇原则，兼顾中老两国利益，规定了营业利润、股息、利息、财产收益、特许费、劳务、不动产收益等征税方式。对于投资企业而言，核心条款是第 7 条营业利润的征收，该条规定了税务来源地征收标准，以企业常驻机构所在国为管辖标准。另外第 23 条规定了消除双重征税的办法，采取的是限额抵免法，即中国居民（包括自然人和法人）从老挝取得的所得，按照本协定规定在老挝缴纳的税额，可以在对该居民征收的中国税收中抵免。但是，抵免额不应超过对该项所得按照中国税法和规章计算的中国税收数额。尽管中国与老挝签订了避免双重征税的协定，但老挝国内没有明确规定当税收协定与国内法规发生冲突时，是否可优先执行税收协定条款。针对该种情况，老挝税务机关在实际操作中拥有较大的自主决定权，中资企业仍然面临承担较大税务隐性成本的风险。

③如前所述，作为东盟成员之一，中国和东盟缔结的条约在中国与老挝之间也照样有适用效力。这主要包括中国东盟 2002 年签署的《全面经济合作框架协议》和《争端解决机制协议》（此争端解决机制协议因为未规定设立常设机构，导致无现实意义）、2004 年签署的《货物贸易协定》、2007 年签署的《服务贸易协定》和 2009 年签署的《投资协定》，以及 2016 年 2 月修订的《全面经济合作框架协议》及项下部分协议的议定书。

④中国和老挝还共同参加了世界银行《多边投资担保机构条约》（MIGA），因此，如果中资企业在老挝投资项目并向 MIGA 投保的话，可以很好地获得保险索赔。但是老挝没有加入《关于解决国家和其他国家国民投资争端公约》即《华盛顿公约》（ICSID），所以中资企业在老挝投资的项目出现国有化、征收或者政府违约等政治风险时不能提交 ICSID 解决。

⑤《中国农业部和老挝农业与林业部关于农业合作的谅解备忘录》（2000 年 11 月）。

⑥2016 年 5 月老挝国家主席本扬·沃拉吉访问中国期间签署了《中国共

产党和老挝人民革命党合作计划（2016—2020 年）》《中老两国政府经济技术合作协定》《中老关于促进产能与投资合作的谅解备忘录》等 10 项合作文件。

⑦2016 年 9 月，中老双方签署了《关于编制共同推进"一带一路"建设合作规划纲要的谅解备忘录》《关于确认并共同推动产能与投资合作重点项目的协议》等协议。

⑧2017 年 11 月两国签署《关于共同推进中老经济走廊建设的谅解备忘录》《关于共同建设中老现代化农业产业合作示范园区的谅解备忘录》等文件，进一步将中老两国经贸合作推向纵深。

⑨《中国农业部与老挝农业与林业部关于植物保护合作的谅解备忘录》（2018 年 1 月），这是中老双方农业部门落实两国元首共识，深化农业科技合作的又一具体体现，为双方加强植物保护领域的合作奠定了坚实基础。

⑩《中国共产党和老挝人民革命党关于构建中老命运共同体行动计划》（2019 年 4 月），该行动计划全文 5 000 余字，总体目标是着眼未来 5 年，推进战略沟通与互信、务实合作与联通、政治安全与稳定、人文交流与旅游、绿色与可持续发展"五项行动"，为中老关系长远发展规划时间表和路线图。

3. 接受国际组织或者主要国家农业援助的情况

2008—2013 年，来自 21 个国家 170 多个国际非政府组织对老挝的援助超过 3.4 亿美元，主要集中在农村发展、未爆炸物清理、残疾人扶助、紧急援助、卫生、教育、体育和农业等方面，其中 70% 的援助资金被直接用于基层社区。可以看出，老挝政府比较依赖国际援助。老挝政府重视国际非政府组织在社会经济发展和减除贫困中的作用，将采取措施继续加强与国际非政府组织的合作①。根据中国商务部的数据②，2012 年，老挝共接受援助 5.79 亿美元（其中，澳大利亚 0.54 亿美元，法国 0.14 亿美元，德国 0.39 亿美元，日本 1.31 亿美元，韩国 0.1 亿美元，美国 0.08 亿美元，多边 2.58 亿美元）。2013—2014 财年中国对老挝官方发展援助（ODA）金额达 1.87 亿美元，连续第 2 年成为对老挝最大援助国。该财年对老挝援助位居前 5 位的国家分别为中国、日本（9 779 万美元）、澳大利亚（4 752 万美元）、泰国（3 985 万美元）和越南（2 829 万美元）③。

韩国正在实施 30 个农村发展试点项目。其中万象省有 13 个项目，沙湾拿吉省有 17 个项目。2020 年，韩国将在占巴塞、色贡和沙拉湾省实施农村发展项目，预算达到 1 200 万美元。2019 年韩国政府的农村发展项目主要集中在首

① http：//la.mofcom.gov.cn/article/jmxw/201411/20141100784137.shtml.
② http：//yws.mofcom.gov.cn/article/u/201511/20151101156109.shtml.
③ http：//la.mofcom.gov.cn/article/jmxw/201501/20150100855926.shtml.

都万象市和沙湾拿吉省的村庄，采取新村运动的模式，重点关注农村发展，鼓励当地农户参与发展项目。老挝政府这些年高度重视新村运动，并高度肯定韩国自 1970 年代以来在援助老挝农村发展方面给予的巨大援助①。

2018 年 9 月，德国政府同意向老挝提供 5 170 万欧元的援助，用于支持 2018—2019 财年期间的老挝发展项目。据老挝《万象时报》2018 年 9 月 7 日报道，这笔援助资金包括将用于帮助老挝南部阿速坡省萨南赛县灾后救济和恢复工作的 1 000 万欧元，用于技术合作的 2 000 万欧元以及用于金融合作的 3 100 万欧元②。

2019 年 3 月 5 日，日本国际志愿者中心（JVC）③ 在日本驻老挝大使馆签署了一项价值 223 114 美元的赠款协议，该项目是为了帮助改善农民的生计，对每个村庄提供农业支持和建立可持续的自然资源管理系统，并为当地人民创建社区森林和保护区④。

华潘省农业技术服务中心是越南和老挝两国在华潘省开展的最具规模的农业合作项目。该项目位于华潘省桑怒（Sam Nua）市，占地面积 12 公顷，投资总额 436 亿越南盾（约合 200 万美元），其中越南政府无偿援助 394 亿越南盾，老挝政府自筹资金共 42 亿越南盾。该项目包括在华潘省建设农业技术服务中心和"提高当地助农干部及农民的能力"两大部分。2018 年完工并投入使用之后，该工程项目将有助于促进华潘省乃至老挝北部地区的农林业发展⑤。

国际农业发展基金（IFAD）于 1980 年在老挝开展业务，其战略是确保贫困农村人口增加可持续粮食和营养安全和生计的机会。自 1980 年以来，国际农发基金已投资 1.224 亿美元资助 14 个与农业发展有关的项目和方案，惠及 272 875 户家庭⑥。

联合国粮食及农业组织在老挝的援助包括 4 个优先重点领域：通过完善政策、规划及执行机制改善粮食及营养安全，鼓励小农采用价值链方法，为市场提供环境可持续的产品，作物、森林、渔业及家畜等自然资源的可持续管理，通过预防、备灾、应对及恢复，减少自然及其他灾害的风险与脆弱性。致力于改善粮食安全是老挝力求在 2020 年前不再被归类为最不发达国家所作的努力之一。

---

① https：//mp. weixin. qq. com/s/fq6eEjfftBBMJvGluhYmMA.
② https：//mp. weixin. qq. com/s/2nQT253tMR1fEC1Artn _ 9Q.
③ JVC 成立于 1980 年，自 1989 年以来一直在老挝工作。JVC 的核心任务涉及农业和农村发展，如 1993 年在中国甘肃省实施的林业种植—畜牧业项目，在 2008 年是在老挝沙湾拿吉省实施的林业种植—畜牧业项目。
④ https：//mp. weixin. qq. com/s/mrMNOsfv0bmOFIG5yFRZUw.
⑤ https：//mp. weixin. qq. com/s/uBb _ HEWVEYplIork2JvLmQ.
⑥ https：//www. ifad. org/en/web/operations/country/id/laos.

4. 老挝政治风险综合分析

老挝政府高度重视引进外资，2009 年正式提出"资源变资金战略"，为了吸引更多外国企业到老挝投资开发，相应在投资管理方面出台了新的《投资促进法》，为外国投资者提供了更为有力的激励政策，加强了对外国投资的程序化、规范化管理，从而使投资环境得到极大改善，农业领域的投资机会越来越多。

（二）法治环境

1. 法律体系概况

老挝政治稳定、社会安宁、人民友好。经过多年的努力和发展，老挝的法律体系初现雏形。但仍然有以下几点问题：

（1）法律体系有待进一步完善。目前，在老挝的法律体系中，除了宪法和几大基本法律框架外，属于经济法律体系的法律、法规（包括法律、法规、国家主席令、政令及各种管理规定）数量还较少。而且，从内容上看，许多法律法规都是原则性、指导性的意见多，可实际操作的内容少，较为单薄。因此，不得不一而再、再而三地用诸如修正案、实施细则、政令之类的法律形式作补充。

（2）法律更迭较快。仅以外国在老挝投资法为例，1989 年 7 月，老挝颁布了首部《外国在老挝投资法》。之后，于 1994 年 3 月颁布了新的《管理和促进外国在老挝投资法》。2001 年 3 月，出台了《〈管理和促进外国在老挝投资法〉实施细则》。2004 年 10 月，又通过了《鼓励外国投资法》。在这一基础上，老挝政府还颁布了一系列细则和规定，基本上形成了较为稳定的老挝鼓励外国投资法律文件。2009 年 7 月 8 日，国会以第 2 号决议通过了《老挝投资促进法》（以下简称《投资促进法》）。该法取代了 2004 年 10 月 22 日国会字第 10 号《促进国内投资法》和 2004 年 10 月 22 日国会字第 11 号《促进外国投资法》，2009 年 7 月 8 日通过的《投资促进法》是《促进国内投资法》和《促进外国投资法》这两部重要法律的整合体。之后，于 2011 年颁布了《投资促进法实施条例》。

（3）法律履行能力较弱。据世界银行发布的调查报告显示，老挝国内商务合同的履行能力在世界被调查的 185 个国家中排名第 114 位，与同为大湄公河次区域（GMS）成员的中国、泰国、越南还有非常明显的差距。世界银行在关于老挝问题的分析中，把老挝发展中面临的问题归纳为 3 个方面，其中之一就是政府治理水平较低，对经济和社会发展带来不利影响。由于没能建立起强有力的法律执行体系，老挝的法律法规治理能力尚有待提高。另外，在老挝很多重要的贸易和商务领域都缺少合同法保护，即使在有合同法保护的领域，在实施的过程中会受到政治或者其他因素的干扰，难以保证司法公正，如果发生重大利益冲突，合同就有可能被认为是无效的，外国人所认可的合同在老挝大多数被认为是"协商"而不是一个有法律约束力的协议。

2. 纠纷解决途径

在老挝投资的决策、协商、签订合同和履行协议的过程中，运用法律进行项目管理和风险控制，目的在于防范风险。虽然如此，企业在开展境外投资时，还是应当未雨绸缪，当发生纠纷和解决争议时，如何最好地保护权益和避免损失，要有提前的预计和规划。

依据老挝《投资促进法》规定：解决有关投资的纠纷，可以采取协商方式解决、行政手段解决、经济纠纷解决委员会解决或者向法院起诉，合同当事各方可以共同约定适用法律、管辖法院等。同时老挝2010年《经济纠纷解决法》第4条也规定了经济纠纷解决方式：通过调解或仲裁的方式和平解决经济纠纷，个人、法人或团体（国内或国外）有权依法选择经济纠纷解决方案。

①老挝国内投资企业。

a. 内部争端解决办法：争端各方应首先通过调解解决争端。如争端无法通过友好协商解决，争端各方应向颁发该企业投资许可证的投资管理促进委员会提出争议解决申请。争端调解期为收到申请后的30个工作日。如仍未能解决争端，相关各方应向国家经济争端仲裁机构提出争议解决申请，或经争端各方同意，以法律程序解决。

b. 如投资企业与政府已签署合作协议，争端解决应根据协议条款进行。

②外国投资企业。

a. 如该争端的发生与协议合作商业机构的商业经营活动有关，该争端应根据协议规定进行。

b. 如争端发生在合资企业或全外资企业内，争端各方应根据下列步骤解决争端：争端各方应首先以调解方式解决争端。如争端无法通过友好协商方式解决，争端各方应向颁发该企业投资许可证的投资管理促进委员会提出争议解决申请。争端调解期为收到申请后的30个工作日。如仍未能解决争端，相关各方应向国家经济争端仲裁机构提出争议解决申请，或经争端各方同意，以法律程序解决。

就纠纷解决的方法，如果争议方一致同意，或者在发生争议时达成协议，可以将纠纷提交国际仲裁机构仲裁的方式。这是目前解决国际商事纠纷比较通行的处理方式。与提交法院进行司法诉讼相比较，国际仲裁基于双方的协商，易于解决问题，且具有更大的灵活性、透明度、独立性和自主性，解决争议的效率一般比司法机关高，仲裁费用也比较低。另外，仲裁通常是在双方自愿的基础上进行，对于和平化解争议，缓和矛盾有一定作用。对于重大的投资项目，为保持仲裁的公允性和可执行性，双方一般会选择国际知名的仲裁中心仲裁，目前中国国际经济贸易仲裁委员会（包括其华南分会）及新加坡仲裁委员会都是较为可行的选择。

当事人为避免争议，在投资合同和相关法律文件中，便可以将上述某家仲裁委员会的仲裁条款直接写入投资合同，以便在纠纷发生且通过协商无法解决时，直接适用明确的仲裁规则启动仲裁，避免就法律管辖和争议解决方式无法达成一致，而使纠纷解决久拖不决，造成当事人进一步扩大损失。

老挝是《承认及执行外国仲裁裁决公约》即《纽约公约》的成员国。老挝于1998年加入《纽约公约》，并且未对该公约作任何保留声明。老挝于1997年加入东盟自贸区后，根据东盟自贸区的规定，修订法律并积极推进市场经济条件下法律体系和制度的完善。2005年老挝颁布了首部《经济仲裁法》，并于2010年对该法进行了完善，同时将国内的经济纠纷仲裁署更名为经济纠纷仲裁中心，实现了和国际仲裁相关法律制度的对接。其后老挝又于2013年成为世界贸易组织的成员，并按照WTO的相关规则，对法律进行了全面梳理，遵守了相关法律公开的基本要求。因此从老挝的法律体系和现在参加的国际组织和条约的情况看，国际仲裁可以在老挝得到执行。

在遇到纠纷或者法律风险时，当事人还可以根据相关国家间的司法协助协定，获得相关的救济途径。例如中国和老挝签订了《中老领事条约》《中老民事刑事司法协助条约》和《中老引渡条约》等双边条约，加强双方在司法领域的合作，对双方的公民和企业提供司法方面的保护和一些便利化的解决措施。

例如，中国和老挝签订的《中老民事和刑事司法协助条约》规定，双方互相尊重主权和平等互利，加强司法协助；在民商事领域，双方在人身和财产权的保护方面，对另一国公民给予国民待遇，双方的司法机关可根据当事人的请求，在民事案件当中代为送达司法文书、代为取证和进行司法鉴定，以及提供其他相关便利措施；两国法院在不损害各自的主权和安全、不违反公共秩序和不与本国法律相抵触的前提下，互相承认和执行两国法院有管辖权并作出最终的和可执行的裁决的案件。因此两国之间的司法裁决也具备承认和执行的法律基础。

另外，如中国企业在老挝投资，对于执行风险的防范措施，也可以考虑约定向中国出口信用保险公司或者多边投资担保机构（MIGA）进行投保，因为老挝与中国签订有双边投资协议，并且老挝加入了MIGA组织，所以如果是涉及执行风险或征收的政府违约，以及其他政治风险、战争风险和外汇风险，那么这两个保险机构可以首先对投资者进行赔付。

3. 反腐败制度体系

2012年12月，老挝颁布了《反腐败法》。根据该法第11条，腐败行为有以下表现形式：侵吞政府或集体资产，诈取政府或集体资产，行贿，受贿，利用职位、权利、职责谋取政府、集体或个人的资产，非法利用政府或集体资产，超出范围使用职位、职责、权利谋取政府、集体或个人的资产，擅自删除、修改建设、设计、计算技术标准等，投标或特许经营欺诈，修改资料或使用假资料，为谋私利公开机密等。

老挝《反腐败法》中对腐败行为的界定及其惩罚措施见表 2-9。

表 2-9 老挝《反腐败法》中对腐败行为的界定及其惩罚措施

条文	腐败行为	惩罚措施
第 57 条	贪腐行为造成的损失不超过 500 万基普（约为 600 美元），但违者逃避调查、不如实供述的	（1）批评，警告并在个人档案上进行记录； （2）剥夺其升职、加薪、受到各种奖励的权利 （3）停职或降职处理，并计入个人档案； （4）解除一切职务，并计入个人档案； （5）开除出公务员系统，不再享受任何相关待遇 受处分人员应将非法转移或隐匿的涉案资金如数上缴
第 58 条	凡涉及贪污政府或集体资产、行贿受贿、滥用职权、伪造文件或使用伪造文件者	将按照《刑法》进行惩处
第 59 条	伪造施工勘察、设计、核价标准，或者操纵投标项目、特许经营项目，造成损失 500 万（约为 600 美元）至 5 000 万基普（约为 6 000 美元）的	判处有期徒刑 1~5 年，并按照所造成损失的 1% 进行罚款
	伪造施工勘察、设计、核价标准，或者操纵投标项目、特许经营项目，造成损失 5 000 万至 7 亿基普的	判处有期徒刑 4~14 年，并按照所造成损失的 1% 进行罚款
	伪造施工勘察、设计、核价标准，或者合谋操纵投标项目、特许经营项目，造成损失 7 亿至 20 亿基普的	判处有期徒刑 14~20 年，并按照所造成损失的 1% 进行罚款
	伪造施工勘察、设计、核价标准，或者合谋操纵投标项目、特许经营项目，造成损失 20 亿基普以上的	判处无期徒刑，并按照所造成损失的 1% 进行罚款

老挝《刑法》对贪污犯罪的相关规定见表 2-10。

表 2-10 老挝《刑法》中对贪污犯罪行为的界定及其处罚措施

条文	行为	处罚措施
第 157 条 (行贿及受贿)	公务员利用其职务便利提出、要求、接受或者同意接受贿赂*，以实现行贿人利益的行为	判处有期徒刑 1~3 年，并按行贿金额进行同等数额的罚款
	任何人同意向公务员行贿或向公务员行贿	判处有期徒刑 1~3 年，并按行贿金额进行同等数额的罚款
	大额受贿的情况下	判处受贿的公务员、行贿者及同意行贿者有期徒刑 3~5 年，并按行贿金额的两倍罚款
	贿赂中介	判处有期徒刑 6 个月至 2 年，并按行贿金额进行同等数额的罚款
	被胁迫行贿并在事后告知当局的人，不应被视为犯行贿罪	不被视为犯法
第 174 条 (贪污)	领导者、管理者、专职员工、国企员工、公务员、军人、警察，包括村长和授权人，任一正式职务，如使用自己的身份、职位、权利、职责以挪用公款、诈骗、受贿，利用政府或集体资产，越权，为自己、家庭、亲戚、朋友、同伙，谋取利益，造成政府、集体利益受损或造成人民利益受损的	处以贪污金额 1%的罚款，并根据涉案金额大小判处以下徒刑： 刑期 / 赔偿： 1~2 年 / 100 万~2 000 万基普 2~4 年 / 2 000 万~5 000 万基普 4~6 年 / 5 000 万~1 亿基普 6~8 年 / 1 亿~3 亿基普 8~10 年 / 3 亿~5 亿基普 10~12 年 / 5 亿~6 亿基普 12~14 年 / 6 亿~7 亿基普 14~16 年 / 7 亿~8 亿基普 16~18 年 / 8 亿~10 亿基普 18~20 年 / 10 亿~20 亿基普 终身监禁 / 大于 20 亿基普
	贪赃舞弊所得的资产和利息，将被收归为国家所有或物归原主，归还给组织、个人或法人	

* 此处对于什么是"贿赂"并没有最低限度的门槛要求。

另外，老挝刑法没有明确规定公司或实体可以成为犯罪主体，但如果个人为了公司的利益而犯罪或指使他人犯罪，该个人将会根据其行为受到刑法的制裁。

2009 年 9 月，老挝批准了《联合国反腐败公约》，但老挝尚未签署经济合作与发展组织（OECD）的《打击腐败公约》。老挝政府建立了反腐败监察机构（SIAA），该机构基于反腐败法而成立。中央级的反腐败监察机构位于总理办公室，负责分析国家腐败情况，并作为收集涉嫌腐败证据的中心办事处。此外，各部、省、市、县政府内部的反腐败监察机构负责打击各部、省、市、县级政府的腐败。基于此，老挝政府有很好的举措可以帮助其实现在国家社会经济发展计划中所需要的根本性变革。另外，来自联合国开发计划署和世界银行的国际压力，为老挝的反腐败工作注入了新的动力。

（三）营商环境

根据世界银行发布的《2019 年营商环境报告》，老挝营商环境在 190 个经济体中位列 154 名，营商环境便利度分数为 51.26 分。老挝相较于其他经济体而言，在开办企业手续和耗时方面存在不足。

据通伦·西苏西总理向第八届国会第八次常务会的汇报内容显示[①]，老挝 2019 年经济发展仅达 6.4%（目标为 6.7%），人均收入达 2 677 美元（目标为 2 726 美元），一部分重要原因是因为发生自然灾害、流行疾病以及旱灾。但同时，作为创造持续收入基础的生产行业还不够多元化，还未对发展做出重大贡献，才导致经济发展处于比 2018 年缓慢的状况。

根据老挝政府制定的"八五"（2016—2020 年）及中长期发展规划，老挝未来的 5 年经济增速将不低于 8.0%，未来 10 年经济增速不低于 7.5%。虽然面临如此优越的发展机会，其农业发展也存在一定问题[②]。

1. 国家财政较为薄弱

老挝的一个宏观经济问题是国家财政较为薄弱。老挝国内财政从 2012 年开始出现赤字，规模逐年增大，其中国家的预算赤字扩大、内外负债上升，已成为老挝可持续发展的负面因素。因为国内生产制造水平较低，老挝的贸易和国际收支经常出现大额逆差，导致国内外汇储备也经常处于较低的水平，只能覆盖几个月的进口需求。同时，老挝的外债规模比较大，虽然其短期外债的比例较高，风险相对可控，但在一定程度上影响了其财政收支平衡。

近年来，老挝的财政部和央行通过贷款，发行债券等手段来维持其资金流动，应对预算支出的刚性需求，但问题是其国家发展中的预算支出需求，高于

---

① https：//mp. weixin. qq. com/s/WrD7Tx2qydlKRCWUaR-naQ.

② https：//mp. weixin. qq. com/s/Y2jWODC05awA1pZU3ymc6A.

国家的财政收入能力。因此，为增加财政收入，老挝的财政部也考虑提高土地、道路等使用方面的税率，并采用电子支付系统等新兴手段，来提升税收工作的效率，提高可控税源收入。

2. 主权信用评级处于较低水平

中国中信保在 2016 年对老挝的国家主权信用风险评级为 CCC 级，法国评级机构科法斯（Coface）2017 年对老挝的风险评级和商业环境评级均为 D，也即风险最高的级别。另外，2017 年世界银行对老挝营商环境的排名，在全球 190 个国家和地区中从 2016 年的第 136 位下降至 2017 年的 139 位。世界经济论坛对老挝的国际竞争力排名为第 93 位，在全部 138 个国家中也处于较落后水平。

因为老挝的经济竞争力排名、国家风险、营商环境的国际排名较低，因此，在老挝投资的企业，即使想通过所在国的对外出口、对外投资担保，或通过世界银行多边投资担保机构提供投资担保，也将面临较复杂的程序和较高的保险费率。

3. 基础设施建设不完善

老挝是一个内陆国，基础设施较为落后。虽然近年来，老挝通过大力加强基础建设，使基础设施有了一些改善，如修建了贯通老挝南北全境的公路，老挝中心城市的基础建设也有所改善，修建了与泰国相连接的几座湄公河大桥，但是老挝至今还没有一条高速公路（由中国投资的万象到万荣的高速公路正在前期实施阶段，2021 年通车），运输主要靠低等级的公路运输，水路也仅有湄公河部分河段具备有限的运输条件。较为薄弱的交通运输条件，制约了老挝的经济发展，影响了物流、能源、材料供应，是外国企业在老挝投资遇到的一大短板。老挝农村地区有将近 53% 农田缺乏相关配套水利设施，导致灌溉能力低下，耕作面积减少，农产品收成大幅下降。基础设施建设不完善影响到老挝农业生产销售的各个环节，直接波及当地农民的收入，也降低了当地农民生产积极性。

4. 农业技术人才缺失

因教育条件所限，老挝农民的受教育程度普遍不高，当地劳动力总体素质普遍较为低下，具备从事专业农产品种植生产的劳动力资源不足。虽然老挝劳动力平均工资较低，劳动力价格相对便宜，但是由于当地严重缺乏专业技术人才和农产品生产加工技能培训方面的指导，因此，在企业发展中要投入较高成本进行就业培训或岗位技能培训。

虽然有 60%～70% 的人口从事农业，但年增长率仅为 3%，农业总产值仅占 GDP 的 23.3%。老挝本地无法提供具有高效率的劳动力，现有的劳动力专业技术差、生产效率较低，可能会对投资造成较大的影响。而如果外国投资者需要从国外引入劳动力，则费用相对较高，而且有相关外国劳动力在老挝投资项目用工比例的限制，这些规定不利于发展劳动密集型的产业。

5. 农业资金投入严重不足

老挝现行体制下的农业资金投入十分有限。在有限的投资中，一旦出现资金链断裂，整个地区的农业生产便会遭受巨大影响，甚至面临某种程度上的危机。除此之外，老挝本国的银行存款相当有限，缺乏发放贷款的能力。

6. 农业产业结构的制约

一方面，由于老挝当地资源的硬性限制，当地农业经营结构普遍呈现出规模小、抵御外来冲击能力弱等缺点，这些劣势因素都强烈依赖资金的投入。而农村经济结构的单一性，无法吸引优秀的国内外企业或者相关金融机构提供资金支持，从而导致老挝农村经济发展受到规模限制。

另一方面，老挝国内大部分农业经营模式为传统形式的自给自足农业，部分地区刚开始普及有机种植技术。有机农产品的价格虽高，但种植技术要求高，需要付出多倍的额外劳动，当地多数农民不愿意转向有机种植的生产模式。

（四）社会环境

老挝民风淳朴，社会治安总体良好，但也有治安案件发生，不能放松警惕。老挝法律规定，符合条件的个人经批准可以持有枪支。

从老挝民众的角度看，对外国援助项目的评价总体是相当积极的，对于惠及当地百姓民生项目的援助评价比较高。但是，也不乏对援助的批评声音，当地一些非政府组织表达了他们的关切。归纳起来，主要有 3 个方面的问题：第一，基础设施援助项目和部分企业的投资项目涉及土地使用和动（拆）迁安置，以及环境保护问题。第二，除去无偿援助外，外国提供的无息贷款，特别是大量的优惠贷款引发了关于老挝"债务可持续性"问题的讨论和担忧。第三，当地民众和非政府组织对外国援助透明度的了解和参与有限，基层民众对援助的受益程度有待提升①。

（五）自然环境

老挝是位于中南半岛北部的内陆国家，国土面积 23.68 万千米²，云南是中国唯一与老挝接壤的省份，中国与老挝边境线长 710 千米。老挝被认为是中南半岛的中心腹地——其北部与中国云南的滇西高原接壤，南部和柬埔寨相接，东部老、越交界于长山山脉构成的高原，西北部与缅甸毗邻，西南部毗连

---

① https：//mp. weixin. qq. com/s/cDnJriObmRQwxGmQJ5jzdA.

泰国，老、泰之间大部分国界线沿湄公河而行。湄公河在老挝境内流经 1 900 多千米，从首都万象市北上可达琅勃拉邦，南下可至沙湾拿吉。老挝地势北高南低，南北长东西窄，西北向东南倾斜，全国自北向南分为上寮（北部）、中寮（中部）和下寮（南部）三部分，上寮地势最高，中寮地势次之，下寮地区较为平坦。

老挝属热带、亚热带季风型气候，终年常热，季节性温差变化不大，全年只有雨旱两个季节。每年 5—10 月为雨季，气候炎热湿润，其中又以 7—8 月降水量最多。11 月至次年 4 月为旱季。老挝全境的年平均气温在 20～26℃，受地形影响较大，山区高原地区偶尔会出现霜冻、结冰或降雪现象，而湄公河谷地等地区则常年高温。老挝年降水量为 1 250～3 750 毫米，各地相对湿度较大，年平均为 75%～85%，8 月和 9 月最高，3 月最低。

交通运输方面，老挝无出海口，也没有铁路（正在修建中老铁路，预计 2021 年 12 月通车），国内交通主要靠公路和内河运输。云南与老挝对接的口岸为磨憨磨丁口岸，从磨憨到老挝首都万象市目前只有陆路，距离约为 1 521 千米。

老挝拥有丰富的农业资源，这是内陆国家所无法比拟的，特殊的自然气候滋润了老挝，使本国人民可以在土地上种植各种农作物。此外，老挝拥有充沛的水量、适宜的温度，为树木等的生长提供了适宜的条件，因此其林木资源异常丰富。老挝地形比较复杂，有山地、平原、丘陵等；境内的水资源较为丰富，如湄公河、南桑河等河流穿流而过，滋润了大地上的万物。需要强调的是老挝的土壤资源也是较为特殊，常见的有腐质土、红壤土、潜育土等，此类土壤较为肥沃，富含矿物质，对于农作物的生长起到了积极的作用。老挝地处东南亚，相邻国家均属于沿海国家，虽然其未临海，但是也较为明显地受到了海洋气候的影响。具体来讲，该国的气候属于明显的热带季风气候，干湿两季分外分明；除境内高山地域外，各地的气温没有太大差异，整年都是湿热状态，雨水多、较为潮湿。此种气候对于绿色植被如树木、青草以及农作物的生长都是极为有利的。老挝拥有大量的平原和盆地，如巴色、万象省、查尔平原，据统计，该国平原的面积为 431 万公顷；平原土地平整，易于耕作。

老挝极易受气候变化和自然灾害的影响，特别是旱涝灾害，该国的农业生产因此受到严重影响。尽管农业近年来对 GDP 的贡献逐步下降，但其将继续在老挝的经济发展中扮演主要角色。沙湾拿吉省的坎鹏赛村及其附近的农地均靠近河岸，容易受洪水侵犯。自 1992 年以来，村民已经经历了 4 次重大洪灾。每年有近 400 公顷农田有可能受到洪灾侵犯，而且每次水位可能连续几个月居高不下。联合国粮农组织和欧洲联盟与老挝农业与林业部及老挝省政府当局合作，向坎鹏赛村提供"灾害风险减少和管理"培训，以提高农民对灾害的抵御能力，并提高生计多样性[①]。

五、企业在老挝投资农业产业的主要法律风险

（一）企业设立阶段的主要法律风险

1. 农业项目投资环境风险

老挝于 1988 年实行改革开放，近 30 年来政局稳定，社会安定，国民经济得到了较快发展。目前老挝经济处于相对稳定的发展阶段，但同时老挝市场也面临着较大的通胀压力。近年来，老挝政府采取了一系列发展经济的政策和措施，投资环境逐步得到改善。特别是老挝政府 2016 年修改了《投资促进法》，提出了一系列对外商投资的优惠政策，也进一步加强了对外商投资合法权益的法律保护措施。

但老挝目前的法律制度尚不完善，比如，涉及公私合作伙伴关系（以下简称 PPP 项目）的相关立法尚未形成体系。既然是不断摸索与实践，那么很多事项都是无明确指引或者标准的，例如社会资本参与 PPP 项目的主体资质并未明确。在老挝 PPP 条例草稿最新版中列明自然人或者法人均可以作为 PPP 项目投资主体，然而在现实操作中，大多数农业类项目都是劳动力、技术、资本密集型，对资金需求巨大、对劳动力需求量大、对技术标准要求高，这样的项目自然人是很难胜任的。所以，在主体资质要求这一点上，PPP 条例还会不断修改完善，直至其符合现实操作要求。这样一来，对拟投资老挝 PPP 项目的社会资本而言，投资环境缺乏稳定性，标准不明确，这些风险就会比较突出。

除了投资主体要求不明之外，具体 PPP 项目操作流程也尚不明确，可行性报告和环境评估报告等要求也不明确。此外，招投标过程也尚无具体指引，还在适用《政府采购条例》，明显缺乏对 PPP 项目独有的政府和社会资本合作的采购方式，也缺乏对政府履行 PPP 项目义务的有效监督。

由于上述一系列 PPP 项目重要法律要素均无明确定义，所以出现政府违约或中途以法律/情势变更为由要求终止或变更 PPP 项目特许经营协议（间接征收）的风险就会比一般政府违约情形的风险大很多。尽管老挝政治稳定、宏观投资环境较佳，出现外汇风险、政府违约的可能性较低，但是这一点是当前投资老挝 PPP 项目尤其值得注意的。

2. 投资架构的法律风险

依据《投资促进法》，外国投资者可以在老挝设立一人公司，有限责任公

---

① http://www.fao.org/in-action/building-resilience-to-climate-change-in-laos/zh/

司和公众公司。若该投资不涉及 PPP 项目，那么在投资架构方面的风险可控。若该投资涉及 PPP 项目，依据《PPP 项目条例（意见稿）》，PPP 项目公司的组织形式可以是一人公司、有限责任公司、公众公司或者依据老挝法律成立的集团公司。对于老挝境外投资者而言，是先在老挝投资设立独资的有限责任公司，然后再和老挝政府合作成立 PPP 项目公司，还是直接和老挝政府签订特许经营协议，共同出资设立 PPP 项目公司——这些投资架构的选择是一种法律风险，而这类投资架构搭建不好的话，带来的后果就可能出现税负增加、额外投资成本增加。例如，PPP 项目通常是一种特许经营项目（concession），而投资者和政府在签订特许经营合同前都会经过多轮谈判来获得税收优惠及其他政策优惠。这样的优惠肯定只会给到具体实施 PPP 项目的项目公司，而外国投资者如果先自行在老挝境内成立有限责任公司，再利用该有限责任公司和老挝政府共同设立 PPP 项目公司，那么就有可能出现依据该特许经营协议所获得的各种优惠政策只给到具体实施 PPP 项目的项目公司，而不包括投资者自行设立的有限责任公司。

3. 融资架构的法律风险

若该投资涉及 PPP，通常都对资金需求比较大，所以项目本身也可以看作是一种政府向社会融资的项目。对于投资者而言，因为资金需求量巨大，同样也需要考虑融资，所以该融资结构的设置也就成为 PPP 项目成败的关键因素。另一方面，担保也是 PPP 项目的一个重要环节，依据老挝《政府采购条例》和《PPP 项目条例（意见稿）》，从投资者进行项目投标开始，以及中标后和政府接洽签订谅解备忘录（MOU），到后来的合同签订和履行、项目竣工验收等阶段，老挝政府都会要求投资者提供担保（包括立约担保、履约担保、质量担保等）。另外，贷款方也会要求投资者提供一定形式的项目保险及有限追索权等。这一系列的融资担保架构在搭建时都不得不考虑多层次、全方位的担保，既要考虑项目当事双方的利益，也要考虑贷款方的利益，否则就会出现资金链断裂，融资不到位，或者出现项目运营管理不当、贷款方临时抽贷，以及其他项目运营过程中的不可抗力导致融资无法完成的风险。还需注意的是，老挝动产的担保文件有效期仅为 5 年，到期需重新登记一次，若未及时登记，该担保就会失效。

4. 环保及征地移民风险

2013 年老挝政府颁布了最新的《环境保护法》，老挝政府也要求对环境可能产生影响的项目必须进行环境评估，并提交初步环境数据检验报告（IEE）以及环境影响评估报告（EIA），获得主管的自然资源和环境部的审批同意。涉及水电项目的，其开发及施工等环节还要符合 2008 年通过的《森林法》中的各项保护条款。在获取项目土地使用权方面，除了依据老挝的《投资促进法》和《土地法（2003）》《土地法实施条例（2008）》外，还应遵守《国家土地租赁和特许经营（2009）》，如果需要向当地居民征地、移民的项目，投资者还需要严格按照2005年老挝政府颁发的《项目开发移民和补偿条例》来执行。这些法律和条例都有明确的规定，但是外国投资企业还需多方了解项目选址与当地文化等细节情况，避免可能因此导致的项目实施不顺或者发生当地居民抵制的风险。

（二）企业经营阶段的主要法律风险

1. 合同效力及履行的风险

若投资项目涉及 PPP 项目内容的话，一个完整的 PPP 项目合同体系，大约由 10 个合同构成，包括在开始阶段签订的谅解备忘录、项目开发协议、关税谅解备忘录，也包括项目确定之后的股东协议和正式签订的特许经营协议、EPC 协议，以及作为担保措施的购电协议、政府股权贷款协议、公司贷款协议和运营管理协议。这一系列合同中，虽然特许经营协议可能会由老挝国会授权而突破其《合同与侵权法》的管辖，但是其他各个合同都必然要受到老挝国内合同法的约束。所以，投资者应该注意，无论是合同成立的形式还是内容，都必须满足老挝合同法对于合同成立与生效的规定。特别需要注意的是合同无效的情形，尤其是老挝合同法与其他国家合同法规定不一样的地方。比如老挝合同法第 20 条规定："绝对无效的合同包括：1. 违反国家或公共利益的合同；2. 法人订立的违反公司章程的合同；3. 隐瞒的合同；4. 违反法定的合同形式的合同。"第 2 项"法人订立的违反公司章程的公司"无效情形就是老挝合同法特有的。一般别的国家不会将违反公司章程的合同确定为无效的合同。但是在老挝却发生过真实案例，而且导致项目合同最终无效。这一类风险必须引起境外投资者高度注意。另外，合同的履行涉及 PPP 项目的运营与管理。鉴于PPP 项目周期过长，项目运营与管理的技术、质量标准约定如果过于笼统，缺乏明确的话，那么项目稳定性就会受到影响，变数难以预测。尤其是老挝政府给予的补贴、优惠等措施，在时间跨度比较长的合作过程中，政府更迭或国家经济情况变化等因素也会成为影响项目稳定运营的风险。

2. 用工方面的法律风险

在老挝投资农业领域，对劳动用工有较大的需求，但老挝的人口基数较少，目前全国人口仅约 680 万人左右，而且在经济快速增长的过程中，老挝劳动力短缺与经济发展的矛盾逐渐突出。虽然老挝劳动者的工资水平较低（老挝政府规定的最低工资标准，现约每月 120 万基普，约 960 元人民币，一般的劳动用工成本月工资为 1 300 元人民币左右），老挝国内劳动力成本低也是吸引外国投资者前往老挝投资的重要优势之一，但是老挝国内劳动力资源市场和劳动法执行情况都不乐观。

一方面，外国投资者公认的情况是老挝的劳动者技术熟练程度较低，工作技能较差，参加现代企业工作的意识较低，不能很好地适应外国投资者对于工作的要求，工作的随意性较大。另一方面，老挝大多数的劳动力也并没有得到法律的充分保护，工作条件不规范、工作场所不安全的情况比比皆是，劳动者往往缺乏维护合法权益的能力。这两方面的矛盾，常常导致企业不能很好地理顺劳动关系，建立长效的用人和人才培养机制。

依据《投资促进法》，外国投资者可以使用部分本国技术人员及劳务人员，但是如果超过《劳动法（2013）》第五章"引进外国劳动力"所规定的时限或其他条件，则需要向政府申请。同时适用的法律还包括1999年老挝社会福利部出台的《关于输入和使用外国劳务的管理规定》。这些劳动方面繁多的法律规章，若项目时限过长，就不可避免会出现劳动用工及福利保障制度的不断变化，投资者如果不能及时了解并遵守劳动用工法律制度，就可能出现违规用工遭受处罚的风险。

另外，由于相关法律的规定，不可能全部依靠投资者本国技术及劳务，而且老挝《劳动法》也规定了必须优先考虑雇佣当地劳动力，项目运营必然少不了老挝员工的重要参与。考虑到老挝劳动力技术素质低下，对他们进行业务培训就成为必修课程，但是也不是所有员工都能达到培训预期，尤其是在对业务技术要求较高的农业技术工作岗位人员。所以投资者所引进的技术人员就需要额外承担一些业务上的监督辅导工作，对老挝员工工作质量需要严格把关，避免出现因员工技术不达标而造成项目经营失败的风险。

特别提醒的是，若用工者违反规章的，会受到相应处罚。处罚可以概括为五档，一是用工者超过外籍劳工工作许可证期限仍继续使用劳工的，按超过期限的天数对每人处以相当于5美元的罚款。二是用工者未按外国劳务审批程序进行登记的，将按照每人每日相当于10美元的罚款。三是在未经主管机构批准的区域使用外籍劳工的，处以相当于200美元的罚款，若再次发现违规使用的情况，将取消用工者使用外国劳务的资格。四是对未经老挝劳动司或地方各级社会福利厅审批而擅自使用外国劳务的用工者，处以相当于每人250美元的罚款，还将负担遣送外籍劳工回国的一切费用。五是用工者未经有关劳动协议许可而擅自开办外国劳务的中介服务机构的，按查获的劳务人数对用工者处以每人相当于300美元的罚款，还将追究其刑事责任。

3. 自然灾害或者突发性社会事件

自然灾害或者突发性社会事件等因素也是项目建设过程中可能会遇到的风险。在项目建设期内，山洪暴雨、泥石流或者其他不可抗力自然灾害的发生通常是难免的，一旦发生就会导致工程建设无法按时完成，或者遇到罢工、动乱等社会事件，也会导致工程暂停或延期。虽然此类不可预见、无法克服、不可避免的风险因素都可以使得合同当事各方暂停或免除相应的合同义务，但是对于工程建设完工的影响却是无法排除的，投资者利益受损自然也无法排除。

4. 合同出现违约时救济措施方面的风险

对于境外投资者而言，大多数都比较担心合同履行过程中出现纠纷，如何解决纠纷以及出现损失如何获得赔偿。这也是境外资本在老挝开展农业项目所担心的执行风险。结合老挝《投资促进法》规定：解决有关投资的纠纷，可以采取协商方式解决、行政手段解决、经济纠纷解决委员会解决或者向法院起诉，合同当事各方可以共同约定适用法律、管辖法院等。同时老挝 2010 年《经济纠纷解决法》第 4 条也规定了经济纠纷解决方式：通过调解或仲裁的方式和平解决经济纠纷，个人、法人或团体（国内或国外）有权依法选择经济纠纷解决方案。纠纷解决的方式可以由当事各方共同约定，可以选择老挝法院进行管辖，适用的法律也可以选择第三国。老挝不是 1971 年《承认和执行外国民商事判决的 HCCH 公约》（《海牙外国判决公约》）的缔约国。但是，《老挝民事诉讼法》规定，在达到以下条件时，老挝法院将承认外国法院作出的判决：①被翻译成老挝语（该翻译经由老挝法庭认证）。②来自一个与老挝就同一条约均为签署方或缔约方的国家（该法律没有具体说明是哪一条约）。③不违反老挝法律、民事诉讼程序或关于安全与社会秩序的规定和条例。④不会对老挝的主权产生不利影响。

在以下情况下，老挝法院可以决定不承认外国法院的判决：①如果该外国判决仍在诉讼或上诉过程中且并不是最终裁决。②如果外国判决中的败诉方没有参与诉讼程序，且该判决的作出有瑕疵。③如果外国法院所判决的问题恰好在老挝法院的管辖范围内。④如果该判决与老挝宪法或法律冲突。⑤如果其他与外国判决有关的非特定问题被提请由老挝法院注意。

鉴于这些限制，在条约没有相反规定的情况下，外国法院的判决只有在经过全部重审或对主要问题进行重审后才可能在老挝执行，就目前的司法实践来看，外国法院的判决几乎不大可能在老挝得到执行。就国际仲裁裁决的有关问题，老挝是《纽约公约》的缔约方。《经济争端解决法》规定，老挝承认并执行外国或国际经济争端解决组织的仲裁裁决，并对纽约公约作特定参考。根据《经济争端解决法》，外国仲裁裁决在老挝可以执行，该法指示老挝人民法院在满足以下要求时将考虑对这些裁决进行确认：①当事方均拥有《纽约公约》缔约国国籍。②仲裁裁决与国家安全、社会秩序和环境方面的宪法与法律法规不冲突。③被执行仲裁裁决的当事人在老挝境内拥有经营活动、股份、储蓄账户或其他资产。④一旦该裁决得到老挝人民法院的确认和认证，仲裁裁决将根据《判决执行法》执行。外国仲裁裁决在老挝申请执行存在周期过长、程序复杂的情况。目前老挝还没有执行外国判决或仲裁的成功案例。从这个角度来看，进行老挝司法研究以及投资法律服务，要特别注意相应投资合同设计的可操作性。

（三）企业退出阶段的主要法律风险

1. 政府违约风险

政府违约风险是所有海外投资都无法避免的一种政治风险，尤其是对于投资期限跨度比较长的大中型项目。老挝农业投资项目也不例外。简单而言，这种风险主要是指在项目履行期间政府通过增加税收、改变外汇政策（比如改变汇率或者增加汇兑限制）、调整项目产品价格等规定，或者违反特许经营权协议项目的承诺优惠政策，征收额外税种或使用费，或者违反双边（BIT）或多边（MIT）投资协定，或者 WTO 组织的《与贸易有关的投资措施协定》（TRIMS），擅自加入当地成分或数量要求，即从项目所在地购买原材料或出口与当地销售成比例等措施，对项目的设计、建设、运营及销售横加干预，迫使投资者暂停或中止项目运营，形成间接征收的后果。虽说当前老挝国内投资环境优良，国内政治也比较稳定，政策延续性比较好，经过国会批准的特许经营协议在可预见的年限内发生变更的可能性微乎其微，但是在这些方面也有不可忽略的因素存在。

2. 外汇风险

2015 年以来，随着经济复苏，美国逐步退出量化宽松货币政策并随之进入加息周期，而欧洲中央银行和日本货币政策仍处于宽松状态。为防范经济危机，"一带一路"沿线国家更依赖于宽松的货币政策。老挝采用类似爬行钉住汇率制，这样的汇率机制僵化，缺乏灵活性，使得外国企业对老挝的直接投资面临较大的货币贬值与汇率风险[①]。

老挝有关投资收益汇出的规定见于《投资促进法》第 71 条，外国投资人有将资金、财产和收入汇至老挝境外的权利。外国投资人根据老挝法律法规的规定向政府履行完税务及其他手续费缴纳义务后，有权将自己的收入，尤其是自己或企业所拥有的投资收益等，通过老挝银行或相关政府机构带到国外。

老挝国内金融业的监管部门是老挝中央银行。就外汇管理而言，老挝的金融环境可以说相对宽松，且近年来外汇管制逐年放宽。根据老挝外汇管理的相关规定，老挝的法定货币为基普，并可以有条件地自由兑换。在老挝货币市场上，基普、美元、泰铢能够相互兑换和使用。在老挝注册的外国企业，可以在

---

① 陈继勇，李知睿，2018. 中国对"一带一路"沿线国家直接投资的风险及其防范 [J]. 经济地理，38 (12)：10－15，24.

老挝银行开设外汇账户，进行进出口的结算，但外汇进出老挝需要申报。

因为老挝的金融业整体不发达，金融管理水平较低，因此对于在老挝投资的外国企业，存在投资汇兑风险。例如，虽然根据老挝相关规定，外国投资者可以汇出利润，但在实际操作中，很多企业仍然反映有很多障碍。投资者将利润汇出老挝境外，需事先得到老挝国家银行的批准，但这一审批程序的周期较长，还会遇到一些不透明和不确定性的问题。虽然老挝政府为改善对外投资环境设立了一站式的窗口服务，但投资项目的审批程序仍然非常繁琐。

六、农业投资法律风险防范建议

（一）企业设立阶段的主要法律风险防范

1. 农业项目投资环境风险防范

针对投资环境风险，因老挝缺乏相关立法，所以建议在具体项目合同中明确适用的是哪一部或几部法律法规，严格依据该法律法规指引来完成项目的各个环节操作。只有在项目合同的效力和履行得到确保的前提下，才能进一步探讨和发挥政府和社会资本合作的本质优势。再者，老挝和中国已签订有双方投资条约，这个保护性的框架也可以在项目合同中约定，至少可以最低限度地降低投资者在老挝开展项目无具体法律可依的一些风险。

另外，关于项目本身是否会因涉及"国防安全和公共安全"而被否，最佳防范措施应该是在做项目前期准备之前先自行进行预评估，了解项目性质及老挝官方态度，然后再根据预评估结构来开展准备工作，同时也应该咨询老挝的投资委员会，获得肯定答复后即可开展准备工作，如果不能获得肯定答复，则应该谨慎开展或者暂停前期的准备工作。涉及 PPP 项目的，特别需要采取的措施是在特许经营协议中务必增加特定条款，明确规定如果老挝政府通过 PPP 相关法律法规后，也不得以法律/情势变更为由终止、暂停或变更特许协议，或者明确规定上述情况下终止、暂停或变更合同则应对投资者进行损失补偿加违约赔偿。同时，还应向海外投资保险机构投保此类间接征收险。

企业应加强可行性研究，提高投资成功率。首先应该对老挝进行周密调查，然后撰写可行性报告，并进行可行性论证，以此来提高对老挝投资的成功率。例如：了解老挝政府对国外投资制定的政策，由此决定对老挝的直接投资方向；在投资过程中应该注意规避贸易壁垒，以降低投资成本，提高投资收益；在对老挝进行直接投资时，应该不断站在为老挝切身利益考虑的角度，这样在推动老挝经济发展的同时也能够促进企业的投资收益。

2. 投资架构的法律风险防范

（1）选择合适的投资主体。以外汇管理为例。中国现行《个人外汇管理办法实施细则》第 2 条规定："对个人结汇和境内个人购汇实行年度总额管理。年度总额分别为每人每年等值 5 万美元。国家外汇管理局可根据国际收支状况，对年度总额进行调整。"

老挝现行《投资促进法》第 53 条规定：①投资于一般经营的外国投资人，自获得投资之日起 90 日内至少引进注册资金总额 30％的资金，其余部分按《老挝企业法》和其他有关法律执行。②根据有关法律规定，资金进入可以是现金或是实物，必须有老挝央行的进入证明。

综上，若公司注册资金的 30％超过 5 万美元（等值），中国境内自然人投资者依照老挝法律将很难在公司注册成立后 90 日内履行出资义务。

相对于境内自然人的境外投资而言，中国对境内企业的境外投资已经颁布了相关的法律法规。虽外汇管理制度比较严格，但只要投资项目符合法律规定，投资程序遵循操作规则，中国政府还是非常鼓励境外投资。

确定投资项目后，中国境内的投资许可程序如下：

根据中国 2018 年 3 月 1 日起实施的《企业境外投资管理办法》，企业要想获得境外投资证书，中央企业需要在商务部备案，地方企业需要在地方商务委备案，备案需要提交的材料有：《境外投资备案表》，营业执照复印件，对外投资设立企业或并购相关章程（或合同、协议），相关董事会决议或出资决议，最新经审计的财务报表（全套），前期工作落实情况说明（包括尽职调查、可研报告、投资资金来源情况的说明、投资环境分析评价等），境外投资真实性承诺书，属于并购类对外投资的，还需在线提交《境外并购事项前期报告表》，获得投资许可后即可向中国境内银行报备登记，外汇管理局资金放行。

实践中，只要投资者的投资资金获批汇出中国，老挝国内的银行方面并没有相关的限制，投资者可以自由选择在老挝本地任何一家银行开设银行账户。投资者在获得银行的资金汇入凭证后，才能向老挝中央银行申请办理资金汇入证明，此证明在投资过程具有很重要的作用。

另外，涉及 PPP 项目的，在特许经营协议谈判过程中一定要和老挝政府协商清楚投资者拟采取的投资架构，并要求特许经营协议中所给予的各种优惠政策均要给到投资者所针对该 PPP 项目所设立的投资架构中的各类主体。这样的要求可以称为"目的及行为综合标准"，即以实际投资目的及行为做判断标准，来承担 PPP 项目的权利和义务，而不应采取"惟形式标准"，即仅以公司或法人形式做判断标准。另外，也可以采用当前老挝 IPP 电力工程项目普遍运用的特殊目的的公司模式，即境外投资者专门设立一个特殊目的的公司（Special Purpose Company，简称 SPC）来和老挝政府签署特许经营协议，并同时利用特殊目的的公司税收中性的特征来免除双重税负，使得投资者能够正常获得特许经营协议所给予的优惠。

（2）谨慎选择交易对手。除了新设公司外，很多投资者会考虑通过并购当地的企业，在并购时需注意以下风险：

一是避免项目产权结构不清晰。如果并购时项目产权结构不清晰，比如出让方代表在交易前未获得其他股东一致同意便开始股权转让，会导致转让价格多次反复波动且在书面价格确认后又反悔的现象。若出让方抬高股权价格，会使得交割价格超出受让方价格最高限价，最终不能形成市场均衡价格，不能完成股权交割。

二是制定合理并购对价。在项目评估报告中，不能仅按已发生的投资进行测算投资收益情况，应考虑其他各项费用，如海外投资保险、融资利息及并购前期费用等。并购项目测算时应计算出其上限和下限，以确保收购过程的价格在合理区间，不突破并购底线。

三是考虑决策周期。一般地，由于并购项目牵扯到如汇率损失的资产保值增值，股价波动的固定资产流失等问题，国有企业在兼并项目时必须走一定的决策流程，从收集市场信息、项目立项到决策审批需要的周期较长。对于快速变化的并购项目市场行情来讲，国有企业难以适应并及时做出调整决策。即使为了项目匆忙决策，也需要项目备案后审计审查其是否满足合规性，一般国有企业不愿意冒风险匆忙决策。因此，在对外投资时，需充分考虑投资主体的特殊性，预留决策时间。

3. 融资架构的法律风险防范

针对项目融资、担保的风险，为了避免出现资金链断裂，融资不能顺利完成，或者出现抽贷等恶劣情况，在防范此类风险的措施上，除了从法律角度严密把关，搭建好融资及担保架构，还应将贷款人纳入利益共同体这个概念，尽量让其多参与项目谈判、合同订立等环节。在特许经营协议谈判过程中，还应将贷款人利益考虑在内，最大程度为其争取相关税收（主要是利息税）及外汇优惠，并在协议中列明各类贷款担保的支持性条款。此外，所有担保的形式和内容都要严格按照老挝《担保交易法》来实施，该审批的要审批，该登记的要登记，到期需重新登记，以避免因形式或内容与法不符而导致担保无效的情形。

另外，担保条款中的担保范围及时限一定要明确，以免出现各类担保重叠生效，导致投资者担保义务过重，资金利用率低下的风险。

4. 环保及征地移民风险防范

针对项目环保及征地移民的风险，投资者首先需要对相关法律法规条例等多加熟悉，严格按照法律法规条例的要求实施项目开发。比如应严格遵守《老挝环境保护法》，对环境可能产生影响的项目必须进行环境评估，并提交初步环境数据检验报告（IEE）以及环境影响评估报告（EIA），获得主管的自然资源和环境部的审批同意。涉及水电项目的，其开发及施工等环节还要符合《老挝森林法》中各项保护性条款。

投资者应谨慎对待项目选址，尽量避免发生大规模征地、移民。如果征地移民不可避免，投资者需要严格按照 2005 年老挝政府颁发的《项目开发移民和补偿条例》来执行。这些法律和条例都有明确的规定，但是企业还需多方了解项目选址与当地文化等细节情况，避免可能因此导致的项目实施不顺或者发生当地居民抵制的风险。

建议投资者尽量和老挝政府协商，在 PPP 项目协议中约定由当地政府方面来负责完成征地事项，这样可以将文化冲突等附带风险降到最低。同时，还需谨慎注意，老挝《合同与侵权法》中约定了合同无效事由之一是违反公司章程。所以，如果征地移民补偿是由老挝方负责，则老挝方因此成立的公司一定要将征地移民补偿等事项写到公司章程中去，否则可能会导致补偿事项于法无据，最终使得项目协议无效。

（二）企业经营阶段的主要法律风险防范

1. 合同效力及履行的风险防范

针对合同效力及履行的风险，投资者首先应该对老挝投资项目流程熟悉掌握，对所涉及的老挝《合同与侵权法》应该有初步的认识，并且必须聘请对老挝法律精通的律师（可以是当地老挝律师，也可以是当地国际律所或者当地中资律所的律师）对项目全套合同进行仔细审核，出具法律意见书。

投资者应该注意，无论是合同成立的形式还是内容，都必须满足老挝合同法对于合同成立与生效的规定。特别需要注意的是合同无效的情形，尤其是老挝合同法与其他国家合同法规定不一样的地方。比如《老挝合同法》第 20 条规定：

"绝对无效的合同包括：1. 违反国家或公共利益的合同；2. 法人订立的违反公司章程的合同；3. 隐瞒的合同；4. 违反法定的合同形式的合同。"

第 2 项"法人订立的违反公司章程的公司"无效情形就是《老挝合同法》特有的。一般别的国家不会将违反公司章程的合同确定为无效的合同。但是在老挝却发生过真实案例，而且导致项目合同最终无效。这一类风险必须引起境外投资者高度注意。另外，如果项目周期过长，项目运营与管理的技术、质量标准约定如果过于笼统，缺乏明确的话，那么项目稳定性就会受到影响，变数难以预测。应该尽量将运营与管理合同细化，明确技术与质量标准，尤其是老挝政府给予的补贴、优惠等措施，在时间跨度比较长的合作过程中，政府更迭或国家经济情况变化等因素也会成为影响项目稳定运营的风险，因此我们建议投资者在合同谈判时，要求老挝方面对项目提供安慰函或承诺书等担保优惠政策延续性，在降低变数的同时提高项目稳定性。

针对合同风险还有一个比较重要的点，就是项目投资者是否能够获得特定时间和地区范围内的垄断经营权，也就是说该项目在特定时间和地区范围内是否唯一。建议在项目谈判阶段，应该明确要求老挝政府承诺项目垄断经营权，并在特许经营协议中明确下来。

2. 用工方面的法律风险防范

企业赴老挝投资经营，要提前考虑劳动用工的切实情况，调查清楚老挝劳动用工法律规定和执行情况，建立科学有效的劳动法律风险防范制度。在老挝投资的企业，可以从以下方面开展防范劳动法律风险的工作：

第一，在对外投资前，对老挝的用工制度，根据所在的行业和地区，以及开展投资用工的具体情况，进行专项的法律调查，对老挝的劳动用工法律体系、企业将面临的用工环境、具体的用工风险等形成较为全面和充分的认识。

第二，根据企业的用工需求和劳动资源的配置，科学合理地设计企业用工的法律框架。明确了解通过劳动力市场招聘本地的员工或劳务工作人员，应当通过什么渠道，是否可以和劳动力派遣和代理机构合作，以及提前确定合作的法律框架。

第三，如果需要从国内派遣人员到老挝工作的，应提前了解和办理相关的审批手续，以及签证事务的有关规定。

第四，对于老挝本地劳动力素质问题，必须依据工作性质及岗位要求，为其提供必要的培训。部分劳动力缺乏文化基础，可能培训成本较高，而且培训后效果也不一定理想，因此可以在招聘时有必要列明工作岗位所需要的条件，并说明如果培训不合格则不得上岗。员工到岗后对其开展培训，并把培训成绩和个人绩效考核挂钩，明确个人及团队分工和责任。同时还要制定现场安全管理制度和日常例会制度，做到有事及时报，而且一事一报，追踪处理；明确人员工作职责、程序和内容；建立安全事故预防和处置预案。

3. 自然灾害或突发事件的防范

对于自然灾害或突发事件等不可抗力因素风险，投资者应该采取向保险公司投保的方式予以规避。自从 2012 年入世以来，老挝保险业务对外开放大大提高，现在老挝境内的外资保险公司众多，很多世界知名保险企业都在老挝设有子公司、分支机构、代表处或者合资公司，商业险种的承保已经发展得非常全面，甚至连再保险业务也在老挝《保险法》有了完善的规定。此外，投资者还应当在项目管理机制中加入突发事件应急处置机制，以提高自身管理素质来应对突发事件，减少自身损失。

4. 合同出现违约时救济措施方面的风险防范

针对项目合同违约风险，虽然老挝法律允许合同当事方选择适用的法律和管辖的法院，但是鉴于他国法院判决在老挝申请强制执行有巨大风险，所以投资者最好考虑在合同中约定第三国或地区（推荐新加坡仲裁委员会）仲裁的方式为纠纷解决最终方式。因为老挝也是《纽约公约》缔约国，并且老挝《经济纠纷解决法》第 52 条也规定了外国仲裁可以在老挝申请认可和执行，虽然可能面对认可和执行的效率低下，且不一定及时获得保全，但是在面对政府违约等纠纷时至少是一条有法可依的稳妥方式。另外，对于执行风险的防范措施，也可以考虑约定向中国出口信用保险公司或者多边投资担保机构（MIGA）进行投保，因为老挝与中国签订有双边投资协议，并且老挝加入了 MIGA 组织，所以如果是涉及执行风险或征收的政府违约，以及其他政治风险、战争风险和外汇风险，那么这两个保险机构可以首先对投资者进行赔付。

（三）企业退出阶段的主要法律风险防范

1. 政府违约或间接征收的风险防范

针对政府违约或间接征收的风险，投资者首先应当采取的防范措施是向世界银行多边投资担保机构（MIGA）进行相应险种的投保，或者向中国出口信用保险公司投保政治险种。此外，对于特许经营协议本身，投资者也应该在条款上加上多重预防和保护措施。比如，在协议中明确由老挝政府确保项目稳定性，承诺即使法律变更也不擅自修改特许经营协议，尤其是涉及税收优惠、外汇管制等影响 BOT 项目的政策条件。如果要修改，必须得到协议当事各方的同意，否则加大违约赔偿力度。同时也应该在协议中约定发生其他政府违约或间接征收等事由时，对投资者赔偿应该要合理、及时、充分，不仅仅是补偿损失。还有，鉴于中国与老挝在 1993 年就签订了双边投资协定（BIT），中国投资者在遇到老挝政府违约等情形时也可以依据投资协定向老挝政府主张相应权益。

2. 外汇风险防范

投资者所获利润，可以依法通过老挝商业银行汇回国内或汇到其他第三国。如果是汇回投资所得利润、分红、借款本金和借款利息至本国或到第三国，依据老挝国家银行颁布的《外汇及贵金属管理条例实施细则》第 23 条，须具有以下资料：汇款申请书，商业银行的存款证明，央行出具的进口资本证明书，央行出具的借款许可证（汇借款本金和借款利息），董事会或股东的股利分配证明。

如果是投资期满或部分投资要终止，汇回投资资本，则需要以下资料：汇款至本国或第三国的汇款申请书，央行出具的进口资本证明书，计划投资部出具的不允许继续投资或停止部分投资通知决议，在汇款人将资料准备齐全完整后，商业银行有义务迅速汇款。

结合实际操作经验，只要满足以下两个条件，便可将投资收益汇至中国：资金进入老挝时按规定办理《资金入境证明》，按时缴纳税费，履行完投资者义务。

虽然老挝政府于 2008 年颁布了《外汇与贵金属管理条例》禁止国内业务使用外汇结算，但是执行上仍然很难管控。目前老挝境内流通性比较高的货币是老挝基普、泰铢和美元。有的项目融资结构一般比较复杂，涉及多方，特别是电力项目，涉及老挝国家电力公司出口电力至泰国可能用泰铢结算，而老挝国家电力公司向项目公司购电却可能是美元结算。只要项目融资的货币与电费支付的货币不匹配，这样货币汇兑就会出现损失，特别是在汇率波动比较大的期间，必然会给项目参与方带来隐性损失。另外，由于中老银行之间没有业务往来，因此在双边贸易中不开信用证、不用定金等支付方式，主要通过现金交易，在现金交易中应注意规避汇率风险和信用风险等。

在结算方面，建议在协议中明确规定结算货币。虽然人民币加入特别提款权之后增强了国际流通性，但是从当前国际市场货币流通性来看，美元仍然是相对稳定且受国际市场欢迎的货币。所以建议在老挝投资项目时结算货币优先考虑美元。

七、农业投资合作典型案例评析

（一）企业用工风险管理

1. 基本案情

老挝云橡有限责任公司（以下简称"老挝云橡"）于 2015 年 11 月成立，重整云南农垦集团在老挝北方产业布局，整合当地天然橡胶种植园及加工厂，通过橡胶深加工提高产品的商业附加值。作为境外替代种植企业，云南农垦集团从 2006 年 2 月开始与老挝合作发展橡胶种植产业。目前，云南农垦已在老挝北部 4 省 9 县建立了 18 个橡胶种植示范基地，累计完成投资 5 亿多元，提供 6 000 多个就业岗位，短期劳务用工达 10 万多人次，发放劳务费 8 600 万元。老挝百姓在务工期间每月可以稳定获得 800～1 500 元的收入，相比原来 100 多元的收入，翻了数倍。南塔制胶厂自 2009 年年底投产以来，累计支付老挝村民橡胶原料收购款 3 亿多元，当地百姓收入大幅增长，生活状况明显改善[①]。

2. 法理分析

橡胶产业属于劳动密集型产业，针对老挝本地劳动力素质的现状，老挝云

---

① https：//mp. weixin. qq. com/s/-t0qP8oKJ-osNnHRRF _ Vhw.

橡依据工作性质及岗位要求，为其提供必要的培训，并在招聘时就列明了工作岗位所需要的条件，且告知劳动者如果培训不合格则不得上岗。另外，老挝云橡还定期组织橡胶生产技术培训，采取理论与实践操作相结合的方式进行，围绕橡胶树的生长习性、病虫害防治以及割胶技术等方面进行了专业指导。

3. 企业用工风险管理建议

第一，在对外投资前，对老挝的用工制度，根据所在的行业和地区，以及开展投资用工的具体情况，进行专项的法律调查，对老挝的劳动用工法律体系、企业将面临的用工环境、具体的用工风险等形成较为全面和充分的认识。

第二，根据企业的用工需求和劳动资源的配置，科学合理地设计企业用工的法律框架。明确了解通过劳动力市场招聘本地的员工或劳务工作人员，应当通过什么渠道？是否可以和劳动力派遣和代理机构合作，以及提前确定合作的法律框架。

第三，如果需要从国内派遣人员到老挝工作的，应提前了解和办理相关的审批手续，以及签证事务的有关规定。我国许多农业海外投资企业都有派遣本单位员工或者在国内招募员工前往其位于境外的公司从事劳务活动的现象。根据我国 2012 年《对外劳务合作管理条例》规定，任何单位和个人不得以商务、旅游、留学等名义组织劳务人员赴国外工作。从事对外劳务合作，应当按照省、自治区、直辖市人民政府的规定，经省级或者设区的市级人民政府商务主管部门批准，取得对外劳务合作经营资格。申请对外劳务合作经营资格，应当具备下列条件：符合企业法人条件，实缴注册资本不低于 600 万元，有 3 名以上熟悉对外劳务合作业务的管理人员，有健全的内部管理制度和突发事件应急处置制度，法定代表人没有故意犯罪记录。

另外，商务部于 2013 年 10 月 15 日，发布《关于加强对外投资合作在外人员分类管理工作的通知》，进一步对我国从事对外投资、承包工程、劳务合作等各类在外人员实施分类管理，以便依法保障这些员工的合法权益。通知规定，对外投资合作企业的派出人员统称对外投资合作在外人员，包括劳务人员、对外承包工程外派人员和对外投资外派人员。劳务人员是指根据《对外劳务合作管理条例》由对外劳务合作企业组织赴其他国家或者地区为国外的企业或者机构（以下称国外雇主）工作的人员。对外劳务合作企业必须直接或通过经县级以上人民政府批准的对外劳务合作服务平台（以下称"服务平台"）招收劳务人员，并与其签订符合规定的合同，不得允许其他任何单位和个人"借牌经营"以及委托其他任何单位和个人招收劳务人员。国外雇主不得直接在中国境内招收劳务人员，必须由对外劳务合作企业向其派遣。任何不具备对外劳务合作经营资格的企业、单位或个人不得组织劳务人员为国外雇主工作。国外雇主包括在国外依法注册的中资企业或机构。对外投资企业和对外承包工程企业在境外设立的企业作为国外雇主与对外劳务合作企业签订《劳务合作合同》，由对外劳务合作企业向其派出劳务人员，属对外劳务合作，人员招收和境外管理由对外劳务合作企业负责，对外投资企业和对外承包工程企业应按照对外投资合作有关规定要求其境外企业承担相应的雇主责任。对外劳务合作企业应当核实国外雇主的合法性和项目的真实性，不得组织劳务人员为国外自然人雇主或未经所在国政府批准可以引进外籍劳务的国外法人雇主工作。通过商务、旅游、留学等签证出境的公民只能在当地从事与签证相符的活动。任何单位和个人通过办理上述签证变相组织人员出境工作属非法外派劳务行为。对外投资外派人员是指对外投资企业向其境外企业派出的人员。对外投资企业可向其境外企业派出已经与其签订《劳动合同》的自有员工，并为外派员工办理符合派驻地法律规定的工作手续。对外投资企业直接为其境外投资项目招收和外派人员，必须取得对外承包工程或对外劳务合作经营资格。对外投资合作企业从国内派出人员时，应按驻在国政府有关规定取得用工指标；在外人员必须取得工作许可，禁止持旅游、商务签证在外工作；人员数量应符合当地用工比例规定。对外投资合作企业应当遵守国内外有关劳动用工的法律规定，落实外派人员的劳动关系。要按规定组织外派人员培训和行前教育，明确告知外派人员的权利义务以及遇到问题时的投诉渠道。对外投资合作企业或其境外企业应当及时向商务部有关驻外经商机构书面报备在外人员情况。违反对外投资合作在外人员管理规定的，将按照《对外劳务合作管理条例》《对外承包工程管理条例》和对外投资合作相关管理规定给予相应处罚。因此，国内母公司派遣公司员工或者招募中国籍员工前往海外子公司工作的，应履行相应行政审批手续、签订书面合同、购买保险以及劳务人员培训等。

第四，对于老挝本地劳动力素质问题，必须依据工作性质及岗位要求，为其提供必要的培训。部分劳动力缺乏文化基础，可能培训成本较高，而且培训后效果也不一定理想，因此可以在招聘时有必要列明工作岗位所需要的条件，并说明如果培训不合格则不得上岗。员工到岗后对其开展培训，并把培训成绩和个人绩效考核挂钩，明确个人及团队分工和责任。同时还要制定现场安全管理制度和日常例会制度，做到有事及时报，而且一事一报，追踪处理，明确人员工作职责、程序和内容，建立安全事故预防和处置预案。

（二）合同风险管理

1. 基本案情

炫烨（老挝）有限公司成立于2014年10月，该公司设立了老挝大米输华的质量标准，畅通了老挝大米出口中国的路径，初步形成了从育种、种植、加工、存储、物流、交易的产业链。2018年12月4日，老挝农业与林业部种植司、炫烨（老挝）有限公司、湖南省林业调查规划设计院成功签署《战略合作框架协议》，合作建立老挝"全国土壤环境监测体系及农产品质量检测系统"。同时，炫烨开始在万象省打造新型农业产业园，力图与在建的中老铁路同步，建设一个集农产品育种加工、仓储物流、交易展示、科研培训于一体的大型生态农业产业项目。炫烨（老挝）有限公司帮助老挝大米出口、筹建产业园、促进中老农业研究、创新生物有机肥、开创烟叶出口和土壤环境监测体系及农产品质量检测系统等项目中所付出的努力，为中老两国经贸合作做出了重大贡献。老挝炫烨一改过往中国农企投资小、生产装备陈旧、技术与管理水平低和基本不用当地人等特点，提出项目既要有利于提升当地农业生产标准与水平、保护当地土壤与环境，也要推动当地人就业。因此，受到当地政府的欢迎。

2. 法理分析

农业投资涉及多个部门，包括农产品运输、储存、加工、销售、农业生产资料、农药、化肥、农机具等生产部门。农业产业链越长，农产品的增值空间越大，也同时促进了农业前后产业部门的发展。而这样的发展无疑对带动东道国经济的全面提升具有重要意义。老挝炫烨并不局限于发展大米种植，而是构建全产业链发展。这一方面容易赢得老挝政府和民众的欢迎，减少政治风险和社会风险发生的概率。另一方面也延伸了其农业发展的产业，不仅有助于本企业的发展，也为东道国投资环境的改善贡献力量。

老挝炫烨从整个项目开始及执行的各个阶段，无论从土地利用和产业规划方面，还是农业全链条的整体安排方面，以及农业劳动力的解决与培养、农业环境保护、农业知识产权的创造等方面，都是在缜密研究中国鼓励农业投资的政策和老挝欢迎外资投资农业产业以及大力发展农业生产的大背景下完成的。老挝炫烨同时注重了解并研究老挝法律制度的规定和要求，在企业管理的各方面均严格遵守老挝法律制度的规定行事，避免了大量法律纠纷的产生。

3. 合同风险管理建议

农业投资很大程度上是农业土地投资。此项投资首先涉及投资者、东道国政府和土地所在地的地方政府（社区）、土地所有权人及其他与土地使用密切相关的其他权利人和第三人；涉及对所租赁土地的评估，如土地的可用性、适合性情况，以及土地之上的水、电、道路、基础设施等各方面的配套情况以及土地开发对人权、环境、社会或经济方面的潜在影响；以及农业用地租赁合同或相关协议的履行是否可以避免或减轻这些潜在影响。由此，农业投资的复杂程度远高于一般项目的海外投资。加上土地涉及国家的基础资源，农业又关系国计民生、粮食安全。因此，对东道国而言，农业引进外资往往备受瞩目，容易成为各方关注的焦点。

农业投资不仅需要稳定的政治环境，东道国稳定的法律制度环境同样十分重要。为确保在东道国长期、稳定投资的顺利开展，投资者不仅必须熟悉东道国国家和地方政府的各项法律规定，更需要重视农业土地租赁合同的签订和履行。

农业土地租赁合同几乎是农业企业开展农业投资活动的基础和起点。它是土地出租方在一定时期内提供土地给承租方使用，由承租方支付土地租金，待合同期满，土地使用者归还土地给土地出租方的合同。用于国际农业投资的土地租赁合同往往比国内土地租赁合同具有更加复杂的主体、法律制度框架和更为严格的法律义务要求。

为此，农业投资至少在涉及农业用地租赁合同的前期准备阶段，投资者就需要考虑投资方向和影响投资的各方面因素，并在合同谈判、签订和实施等各环节制定符合项目发展的中、长期战略规划和管理制度。

在农业土地租赁合同中应该考虑如下因素：合同的法律框架；当事人、合同安排、尽职调查和调查形式；合同各方的权利和义务；合同不履行和补救措施；土地权利转移和归还；争议解决等。农业投资者尤其需要考虑不同法律制度和背景下可能产生的各类问题，并提出可持续投资的方式、解决这些问题的方案，以避免或减少投资的负面影响。

在具体合同条款内容的设计上，还应考虑以下因素：

①土地使用权方面，应明确土地的位置和状况、合同期限、使用权和控制、资源和设备以及任何保留权，获政府批准的任何相关权利，包括公用设施使用、基础设施使用及建造以及进口、出口、运输及市场生产所需的其他权利。

②项目投资的指标情况，包括项目目标、时间、业绩指标和奖励办法，以及续期条款、土地使用监测与定期审查、不可抗力情况和土地权利的转让和归还。

③投资所涉及的社会和经济问题，包括投资创造的价值、对社会任何形式的贡献度和任何资本需求，就业和劳动力的质量、劳工标准和工作条件、当地要求的满足和进程安排、订单农业及其供应链情况。

④投资中的环境，应考虑农地投资在环境保护方面的作用、环境影响评估的结果以及如何通过合同规定来应对这些影响，污染的预防和土壤退化的治理，水和生态系统的保护和减缓气候变化，环境监测等的实施。

⑤关于投资保护和项目管理，考虑投资所在地国家的法律和任何适用的国际投资协定与农业用地投资合同的关系，政府没收投资的情况及应对。

⑥项目的监测和执行方面，应有监测对象和执行监测的安排，以促进各方和利害攸关者之间保持信息公开和广泛交流，合同中应明确谁有权监测农业土地投资合同或有关协定的各项义务的履行以及监测的方法和标准。投资者是否

有报告义务以及报告的形式和要求等。

当投资无法实现合同目的，或者未履行合同或者法律的特定义务的情况下，合同应该为这些特殊情况规定补救措施和程序。在内容上应包括采取的步骤和补救措施是相称的并促进各方的合作，同时符合监测义务和申诉和解决争端机制。

合同权利的转让和返还是确保项目成为负责任的和可持续的投资的重要举措。合同中应当明确土地租赁权转让的条件、程序，转让的限制条件和披露转让的要求等。关于返还，应明确归还的资产、公有财产和私有财产的区别，以及如何处理土地、树木、庄稼、建筑物和基础设施、设备和其他技术，返还成本及其负担和时间安排等。

投资者必须明确东道国基于主权原则，对土地争端等享有专属管辖权。投资者应在合同中约定争端解决后的执行办法或方法，以确保合同能够为投资提供真正的补救措施。

农业土地租赁合同的签订和履行都必须符合东道国、国际抑或超国家的强制性规定。国家强制性规则是各国自主颁布的规则（如立法或司法判决），而国际或超国家的强制性规则则源自国际公约（如人权公约）、习惯和各国公认的一般法律原则。此外，国内规则中涉及公共政策的内容，如禁止腐败、保护人的尊严、禁止性别、种族或宗教歧视等。若投资者不遵守这些规则，可能无法正确履行合同，从而破坏农业投资。由于农业投资的长期性和敏感性，企业从事各项活动时，不能仅追求经济利益最大化，应重视农业土地投资的复杂性和违约后果的严重性，强调负责任的农业投资。从粮食安全和营养、保护合法权属权利人利益、人权和环境等多方面因素加强保障措施、减少投资风险。由此，农业投资者应充分评估东道国法律制度、任何习惯法规则、对所涉当事方有关的国际条约、双边条约和国内、国际相关司法判决情况。评估现有的法律框架中的强制性法律规则是否与既定的投资项目相符，是否存在差距，是否可以通过合同条款弥补这些差距或者法律空白，若无法弥补，项目是否应该放弃。

从农业土地租赁合同的缔结过程看，合同谈判和形成过程应当符合正当性和程序性要求。除需保密的情形外，应尽可能以公开、透明的方式磋商项目，以确保所有利益者有表达意愿的机会和途径。我国很多企业会在协商不充分、透明度不高或问责制不明确的情形下签订农地租赁合同。这容易导致合同在谈判和缔结中未能充分考虑并解决农业土地投资中的社会、环境或经济等方面的问题；未能照顾到除土地权利人利益以外的所有相关方和利益相关者的权利公平，由此导致合同履行中存在违约纠纷或者发生意外事件。

同时，农业项目的投资者必须认识到农业投资和土地所有权之间的问题是复杂的，不仅在法律上而且在社会和政治层面上都是如此。例如，东道国可能实施的任何形式的征收或者国有化行为等。单纯依靠农业土地租赁合同条款并不一定能够填补法律适用框架中的一些空白。为此，企业应考虑通过投资母国海外投资保险机制或者其他转移风险的方式，以增强对上述问题和风险的应对能力。

企业在对老挝进行直接投资时，应严格遵守当地法律，并履行其社会责任与义务，尤其在投资老挝自然资源，能源等行业时，不能为了谋取巨大利益而破坏当地的治安法律，影响老挝人民的正常生活，要充分考虑当地人民的切身利益，保护当地生态环境，并且注重改善自身在老挝的公众形象，爱护老挝的社会与环境以及人民。

参 考 文 献

白俊杰，2015. 中国-老挝农业合作面临的挑战及政策建议 [J]. 中国农垦 (4)：43 - 44.

陈继勇，李知睿，2018. 中国对"一带一路"沿线国家直接投资的风险及其防范 [J]. 经济地理 38 (12)：10 - 15，24.

董向诗杰，2015. 老挝农业及经济社会发展情况 [J]. 当代经济 (17)：114 - 115.

方芸，2005. 老挝农业发展现状及前景 [J]. 东南亚 (1)：39 - 43.

江丽，2016. 老挝农业发展的现实困境与农业经济可持续发展战略 [J]. 世界农业 (2)：166 - 169.

金龙 （PHAILAVANH KHAMPHAY），2018. 老挝森林保护政策研究 [D]. 北京：中国地质大学.

康宝，2016. 中国对老挝直接投资的现状研究 [J]. 商 (34)：126 - 127.

刘妍，赵帮宏，张亮，2017. 中国投资老挝农业的环境、方向与战略预判 [J]. 世界农业 (1)：198 - 203.

汪骞，陶婧，袁艺，等，2017. 老挝蔬菜产业概况与发展前景 [J]. 安徽农业科学 (7)：201 - 204.

王栋，2018. 老挝农业发展的困境与对策：兼论当前中老农业合作的现状与展望 [J]. 安徽农业科学，46 (7)：190 - 192.

文瀚，林卫东，陈玉保，等，2017. 老挝农业发展现状、问题剖析及对策研究 [J]. 云南科技管理，30 (2)：53 - 55.

张毅，张玉，2014. 境外农业投资企业社会责任问题研究：以中国对老挝农业投资企业为例 [J]. 经济研究导刊 (1)：15 - 17.

郑国富，2018. 老挝农产品贸易发展特征及前景 [J]. 农业展望 14 (4)：68 - 71.

缅　甸

一、缅甸农业投资宏观政策及发展规划

(一) 宏观市场准入政策

缅甸是一个农业国家，土地肥沃，水资源丰富。缅甸不仅可以种植多年生植物，还可以种植水稻、豆类、水果和蔬菜等作物。素有"亚洲粮仓""稻米之国"美誉的缅甸，发展农业具有得天独厚的优势。根据联合国粮食及农业组织统计，农业总产值占缅甸国内生产总值的 37.8％，占出口总收入的25％～30％，除了对 GDP 做出重要贡献，农业和畜牧业还为缅甸 61％的劳动力提供了就业和生计。

缅甸投资委员会（MIC）于 2017 年公布了十大优先投资领域①：农业及相关服务、农产品增值行业，畜牧、水产养殖业，促进出口的制造业，替代进口的制造业，电力行业，物流行业，教育业，卫生服务业，建设廉价住房，建设工业园区。

从上述内容可知，缅甸政府为了实现将缅甸大部分传统农业经济转变为生产性和可持续的农业经济的目标，鼓励民众及外资投资农业，将农业及相关服务、农产品增值行业，畜牧、水产养殖业列为优先投资之首。同时，由于与农业配套的生产资料，如化肥、农用机械等均依靠进口，因此缅甸政府鼓励投资替代进口的制造业，比如鼓励建设化肥生产厂和农机制造厂等。

2016 年 10 月 10 日，缅甸颁布《缅甸投资法》（适用于缅甸国民及外国投资者），第 43 条规定：经政府批准，投资委员会应当向公众发布通知，划定鼓励类投资项目。2017 年 4 月 1 日，缅甸投资委员会（MIC）依据《投资法》的规定发布了第 13 号通知（缅甸投资委员会〔2017〕13 号文），以列表的方式划定了 20 类鼓励投资项目，具体为：农业及其相关服务（烟草种植和生产除外），森林种植和保护以及其他与森林有关的业务，畜牧业生产、养殖、渔业产品生产及其相关服务，制造业（香烟、酒类和其他对健康有害的产品的制造除外），工业区的建立，新城区建设，城市发展活动，路桥铁路施工，海港、河港、无水港建设，机场的管理、运营和维护，飞机维修，物流服务，发电、输电和配电，可再生能源生产，电信业务，教育服务，卫生服务，信息技术服务，酒店和旅游业，科研开发业务。

缅甸投资委员会〔2017〕13 号文以法律明文规定的方式鼓励农林牧渔业的投资和发展。根据《缅甸投资法》（2016 年）第 75 条的规定，被投资委员会划定为鼓励类投资领域的可享受所得税及进出口等相关税收优惠。

---

① www.dica.gov.mm.

综上可知，缅甸政府对农业的投资政策给予极大鼓励，为了将鼓励落到实处，缅甸政府及相关部门出台了详细的法律规定并辅之以税收优惠等有关措施。当然，缅甸政府在农业领域对外资的开放并不彻底和完全，外商投资上述领域虽然受到法律鼓励和支持，但缅甸政府对外资进入上述领域设置了条件，某些是只允许缅甸国民投资的，部分是外资须与缅甸国民合资的，还有部分是需要取得农业部许可后方可投资的。因此，缅甸在农业领域对外资的态度是有限开放，投资者应严格对照法律规定及投资委员会划定的鼓励、限制投资清单开展投资活动。

（二）农林牧渔业发展的宏观政策

缅甸新政府执政后，着手进行经济改革，实行国家宏观调控的市场经济政策，强化农业发展的重要性。2011 年 8 月 19 日，缅甸国家经济发展改革研讨会在内比都国际会展中心举行，吴登盛总统指出，缅甸经济发展战略要从"以农业为基础全面发展其他产业的经济政策"向"进一步发展农业，建设现代化的工业国家，全面发展其他经济领域"的方向转变。2012 年 9 月，吴登盛再次提出要推进新一轮经济改革，减少军队对经济的影响，加大一些关键行业的私有化进程，在 5 年内让缅甸经济总量翻 3 番。

如上所述，缅甸将农业及相关服务、农产品增值行业列为十大优先投资之首，将畜牧、水产养殖业列为十大优先投资的第二位。至于林业，虽未在十大优先投资之列，但缅甸政府通过投资法律规定，将森林种植和保护以及其他与森林有关的业务纳入鼓励投资的范围。

缅甸政府在农业宏观政策的要求下，为了发展农业，努力改善投资环境，积极吸引外资，为促进投资，出台了保障投资者权益的投资法，为了提高工作效率，重新组建了投资委员会，以快捷的一站式服务方式，在短期内办结外资审批。此外还调整了汇率制度，努力稳定汇率，降低投资者的外汇风险。

（三）最新农业发展规划

农业、畜牧和灌溉部（以下简称农业部）制定了为期 30 年（2000—2030年）的农业发展总体规划，致力于将 1 000 英亩*荒地改良为"农业产业化用地"[1]。农业部于 2017 年 1 月发布了 5 年短期规划或目标[2]，具体如下：

---

* 英亩为非法定计量单位，1 英亩≈4 047 米^2。——编者注

[1] 凯文·武子，2015. 缅甸农业领域的外资［M］. 昆明：云南大学出版社.

[2] https：//www. moali. gov. mm/en/content/about-ministry.

2016 年缅甸农业政策的愿景是：建立一个兼具包容性、竞争性、粮食和营养安全、可持续的农业体系及促进农民和农村人民社会经济福祉的制度，进一步发展国民经济。

2016 年农业政策的使命是：使农村人口和农业综合企业能够利用创新和可持续的生产、加工、包装、物流和营销技术，从多样化、安全和有营养的食品和农产品的生产和贸易中获利，以满足日益增长的国内和全球需求。

农业部的发展总目标如下：

（1）改善食品安全及人们的营养状况。

（2）根据不断变化的市场和当前农业气候条件，加强农业多样化。

（3）满足农、畜、渔业产品市场的规定质量和标准。

（4）改进市场和价格信息的传播。

（5）实施卫生措施，制定和采取良好的农业实践，良好畜牧业实践和良好水产养殖规范。

（6）为了维持农业领域的发展而联合种植、畜牧和渔业生产群体和合作社。

（7）发展种子产业，发展优质动物品种和鱼类物种、保护本地物种。

（8）发展和加强以农业为基础的工业、小规模工业，传统编织、手工艺行业，职业教育以及农村基础设施。

（9）改进和加强研究和推广服务。

农业部的具体目标如下：①确保食品营养和食品安全。②保障农民的权利，提高农民的福利和生活。③通过组织农民协会和合作社，包括小农户和维持生计的农民，促进和提升农业部门的重要性。④通过改善农村基础设施、进入市场、建立小型企业和设计参与性土地利用计划和管理，实现农村可持续发展，改善农村人民和农民的社会经济条件。⑤寻求技术援助，调动地方和国际机构的财政资源，支持农业部门的作物、牲畜、渔业和农村发展。⑥促进国内外农业直接投资。⑦促进出口商品综合体的竞争力和增值生产。⑧鼓励发展以农业为基础的工业、小规模企业、乡村工业，以及包括 10 类手工艺在内的其他创收生产活动。⑨通过发展合作企业和合作制度，提高农村人民的生活水平和收入水平。⑩在农产品价值链上建立生产、贸易、加工、服务和消费环节的有效联系；改进政府间机构的协调机制，促进公私伙伴关系，并在所有利益攸关方（包括公共机构、学术农场主协会、民间社会和私营部门）之间建立协作和联系，以期加强农村发展与扶贫。

缅甸的农业政策旨在改善所有人民的粮食和营养安全以及食品安全，使小农能够通过提高生产力和多样化生产来满足市场需求，并通过国际贸易促进出口。

本政策将为农业部门的消费者、生产者和企业提供支持性的法律和监管环境，以及必要的公共投资、基础设施和服务，以及国内和外国投资。以包容性、竞争性、高效性、安全性和可持续性的方式开发和利用土地、水和其他自然资源。具体可分为3类：土地、水和其他自然资源的治理，获得生产投入和技术，增值加工、营销和出口。

农业政策包括以下内容：土地使用和管理政策，水资源使用和管理政策，农业融资政策，农业机械化和农资投入部门政策，农村基础设施发展政策，研究、开发和推广政策，市场营销、增值加工和出口政策，治理、制度和人力资源发展政策，环境保护和气候变化恢复政策。

土地使用和管理政策：①根据现行土地法，所有种植农作物、养殖牲畜和鱼类的农民都可以获得土地，并且可以转让、出售、抵押、出借、交换、赠送、继承他们的耕地和使用权。②依法在淡水和咸水中系统地捕捞和生产鱼类。③建立农、畜、渔业生产特区，提高生产水平。④安排农民自由选择在允许耕种和使用的农田内，依照经济上可行的法律（农业、畜牧业和渔业部门）从事任何农业活动。⑤鼓励和支持农民、牲畜饲养者、渔民等农民群体的形成，建立土地整理和土地利用管理体制，实现大规模生产改造。⑥将向那些对农业活动感兴趣的人提供援助，特别是那些没有土地、财政资源极为有限、有权通过清理/开发新的农田来耕种的小农户和农场工人。⑦根据国家土地利用政策，开发新的农田。

水资源使用和管理政策：①采取必要的行动和措施，确保每座已建成的灌溉大坝、水渠、抽水站的整个灌溉系统全面投入运行，在水管理系统中采用用水户参与的方式，最大限度地提高灌溉效率。②提高用水效率，为不同地区的农民实施可能（最有可能）的供水项目。③探讨在不对自然环境和水资源造成不利影响的情况下，开采地下水用于农业/畜牧业/渔业和相关活动的可能性。④在易受洪水影响的地区挖掘排水管道。⑤确保灌溉水可供使用，并在农民需要农作物用水时有效利用。⑥在各区域和国家建立用水户小组，确保有效和有效地利用灌溉用水。⑦农村饮用水项目将根据该地区的主要水资源实施。

农业融资政策：①协助农民获得财政支持、贷款、信贷、资本投资和投入，开展农业、畜牧业、渔业和合作社活动。②支持建立以人民为中心的循环基金、小额信贷、集体补助等金融设施，提高农村人口的生活水平和收入。③对缅甸农业发展银行进行重组和现代化建设，使其充分发挥作用，除季节性贷款外，还可提供长期和短期贷款，并可提前从国家预算中获得贷款，以便收回和利用。④吸引外商直接投资，不仅获得农业、畜牧业和渔业活动的投资，而且获得技术援助，并打入国际市场。

农业机械化和农资投入部门政策：①帮助支持提高适配优质机械的使用，努力实现现代农业机械化体系。②支持传统农作体制向机械化农作体制转变的进程，引进增值的农畜生产机械设备，以提高优质产品的生产。③支持农业产业在生产技术和使用现代机械设备方面的能力建设，以加强出口的增值加工。④制定和执行法律、程序、指示，保障化肥、农药、除草剂和其他与农业、畜牧业有关的公用物资、药品、疫苗的安全、系统使用。⑤支持基础设施发展和升级举措，以生产高质量的农牧产品，以进入国际市场并确保食品安全。⑥支持收购和使用优质农作物种子、优良动物品种和鱼种，提高农业、畜牧业和渔业产品的产量和质量。

农村基础设施发展政策：①支持农村公路的可持续发展，包括面向农村居民社会经济生活的农产品运输道路。②支持在国家电网以外地区提供农村照明倡议，以提高农村居民的生活水平和生计。③以公共为中心，支持社会基础设施建设。

研究、开发和推广政策：①鼓励私营部门参与先进技术方案的研究、开发和推广。②与国际组织建立合作与协作，以在农业、畜牧业和渔业领域交流现代技术。③支持种质资源保护；发展耐气候、病虫害的不同作物品种；鱼类资源保护；发展优良的畜禽品种和耐气候、抗病的鱼类品种。④与有关部门和组织合作，支持遗传资源保护和维护。⑤在有关政府部门、非政府组织和民间社会组织的积极参与下，加强和改进现行的农民、牲畜饲养者和渔民提高认识方案。⑥在国家一级建立涵盖农业、畜牧业和渔业部门的研究体系，并加强各部门的研究和发展方案。

市场营销、增值加工和出口政策：①配合制定、规范质量标准，收集、发布价格、行业信息，开发、改善农、畜、渔业产品市场。②支持从原材料进口到增值产品生产和出口的整个产业链，以增加收入并减轻生产者（农业、畜牧业和渔业）的收获后损失。③鼓励政府贸易伙伴之间达成共识；内部和外部市场信息检索和传播；利用先进信息技术颁发相关证书。

治理、制度和人力资源发展政策：①在有关部门之间、与工会和区域/国家一级的私营部门组织合作和协调下进行政策的规划和实施。②新的组织将形成；已建立的组织将被重组；战略推动力和绩效能力将得到提升，以有效和成功地实施农业、畜牧业和渔业政策。③加强学历教育、职业教育和岗前培训和在职培训，进一步发展人力资源。④重点发展和形成旨在提高行政人员的绩效和服务，提供良好治理。⑤培养具有行业专业水平的技术人员，具体有效地开展相关服务和工作。

环境保护和气候变化恢复政策：①与内外部需要的技术合作，建设基础设施，提高有关部门和组织的能力，以减轻自然灾害造成的损失和损害，开展有弹性的农业、畜牧业和渔业活动。②支持农民、牲畜饲养者和渔民在面临气候变化和自然灾害时更好地恢复社会经济条件。③保护自然生态系统，提高利用率，减轻土地退化，保护生物多样性，改善土壤肥力。

1. 土地使用和管理战略推力

（1）根据现行法律、法规和规章，协助解决稻田和其他征地问题。

（2）重点把空置、休耕、荒地发展成为新的耕地和牲畜产区，切实有效地利用现有的牲畜和划拨的土地。

（3）在没收土地的前提下，协助农民依法取得补助费、补偿费或者退耕还地。

（4）在一些有可能成为生产性的地区，将新开发的土地分配给无地农民和务工人员，这些农民和务工人员耕种土地并居住在村庄，但缺乏财政资金的支持，因而也将提供资金，以确保土地所有权。

（5）如果新划拨的有土地使用权的耕地（由空地、休耕地和荒地开发而成）未能如预期那样使用，国家将根据现行法律收回这些耕地。

（6）如果稻田在没有合理理由的情况下仍然休耕（未使用），那么将根据现有法律采取措施。

（7）帮助农民在土壤分级中种植任何有利可图的季节性作物。

（8）对那些尚未调查但具有盈利潜力的土地，将进行调查和记录。

（9）建立丘陵地区轮作耕作制度档案，重视和尊重不同民族传统和文化上的土地使用权，支持高原耕作的发展和坡地农业技术的引进。

（10）农业的作物、牲畜、渔业和农产品加工公司等生产群体间通过合同开展技术合作。鼓励和支持小农户享有平等的土地所有权、技术和市场准入权，促进可持续的农业生产活动。从事淡水和咸水渔业的渔船、捕捞方法、渔具和渔场，应当依照渔业法进行管理和监督。

2. 用水和管理战略推力

（1）对现有大坝、抽水灌溉工程、地下水钻探工程、配水系统、灌溉系统进行现代化改造，减少浪费，提高用水效率。

（2）支持所在村的水坝、池塘、灌溉和排水系统的建设和维护，为农民修建堤坝。

（3）开发地下水，在需要的地方引入滴灌和喷灌系统，确保对自然环境和水资源的影响最小。

（4）水堤（淡水保护）和海堤（咸水保护）的建设、维护和排水管道的建设将根据优先地区的预算可用性进行，水塘将根据可用的水资源和区域的必要性进行建设和维护。

（5）为农业和牲畜活动、家庭用水（包括饮用水）和区域绿化活动提供水源。

（6）为了保证灌溉用水的有效利用，将组建"用水集团"，通过培训提高用水集团的能力。

（7）农村实行清洁饮用水收购办法，提升相关意识。

3. 农业融资战略推力

（1）在农业、畜牧业、渔业、合作、农村发展等领域，寻求地方和外部的赠款、贷款、有效利用的投资。

（2）支持获得技术和财政援助，发展农业产业、小型企业、生活和增加家庭创收活动。

（3）通过与有关部门、组织、团体、银行、合作社、公司的联系，为农业现代化、畜牧业和渔业活动采购机器设备提供便利，实行租购交易制度。

（4）提供所需服务并协助接收贷款和有效使用。协助办理部分农、畜、渔业生产成本之贷款，并鼓励开发银行或商业银行发展现金借贷制度，购置农机设备。

（5）与有关部门和组织合作制订农作物保险计划、信用担保和仓库财务担保计划。

（6）支持建立以人民为中心的循环基金、小额信贷、集体补助等金融设施，提高农村人口的生活水平和家庭收入，启动开展社会活动的基础设施建设。

4. 农业机械化与农资投入战略推力

（1）发展农业机械化事业，建立学历教育和职业教育培训中心，对完成的相关课程颁发正式证书。

（2）鼓励和支持农业、畜牧业和渔业生产活动中使用的机器、机械和工具的标准化建设。

（3）支持小农户、养殖业者在农业、畜牧业、渔业生产活动中，大规模生产和广泛使用小型机器、机械和设备，逐步发展农业机械化体系，促进农业生产经营。

（4）协调采购优质投入品，如种子、化肥、农药、除草剂、饲料、药品和其他投入品，使农民和畜牧业者以较低的价格获得优质商品。

（5）配合有关部门和组织，加强对掺假行为的宣传、定期检查、通报和处罚，确保市场上无假货（化肥、农药、除草剂、种子、雏鸡、饲料、药品等）。

（6）提供技术支持，使农民可以自己生产自己使用的天然肥料。

（7）与政府部门、私营机构合作，发展种子生产场和优质种子区、农民示范区、畜牧区、渔业区，充分供应地方适应性种子，推广成熟技术。

5. 合作社和合作发展政策推力

（1）按照合作企业成功发展的基本原则、理念、伦理、价值观提供支持。

（2）支持合作社的形成，依照合作社法律和程序进行监督和评价。支持已经形成的合作社取得进一步发展。

（3）向基层群众提供小额资本贷款，促进群众创收活动。

（4）租购制度下，协助农民购买用于农业、畜牧业和渔业活动的机械和投入物。

（5）会同有关部门对农民开发土地提供财政支持，为传统农业向农机化转变铺平道路。

（6）提高合作社高效生产、贸易和服务的能力。

（7）对各级合作部门和合作社的工作人员进行能力建设培训，了解合作伦理和基本原则，指导合作社遵守现行合作法和章程。

6. 农村基础设施发展战略推力

（1）到 2030 年，全村至少有一条主干道四季通行，制定和实施农村交通道路、桥梁发展战略规划。

（2）农村照明计划将根据国家电气计划在电网以外的地区实施。

（3）与私营企业合作农村照明项目。

（4）制定和实施小电网发展和实施的必要规章制度。

（5）为受灾和失地的村民建设农村住房和厕所。

（6）以公众为中心，支持基本社会基础设施发展计划。

7. 研究、开发和推广战略推力

（1）加强农业、畜牧业、渔业和农村基础设施建设，建设先进实验室，配备现代化实验仪器设备。

（2）为发展研究活动、技术和人力资源，将根据短期和长期计划对专家进行培训。

（3）加强在农业、畜牧业、渔业推广服务中采用先进的信息技术传播方法。

（4）提高农民正确使用登记的农药、除草剂、动物药物/药品/供应品和化肥的意识，在农业、畜牧业和渔业生产部门推行良好操作规范，检查和防止水土资源的进一步破坏。

（5）在有助于有效利用土壤和水资源的同时，为作物、牲畜和渔业部门开发气候变化适应技术方案。

（6）实施育种方案，发展适应性、优质、高产的农作物品种，适合市场和当地的土壤、水和条件。此外，该计划还将开发气候适应性和抗虫、抗病作物品种、优良和纯动物品种。

（7）开发切实可行的采后技术，以减轻采后损失、损害，保持采后质量。

（8）建立国际公认的农业、畜牧业、渔业研究院和国家农业研究和推广体系，全力开展研究，使政府组织、专家、民间社会组织、非政府组织、私营公司等充分参与。

（9）开发适应现代农业、畜牧业和渔业生产的各种机器、机械和设备，制订研究和推广方案。

8. 市场营销、增值加工和出口战略推力

（1）利用农业、畜牧业和渔业的初级产品发展增值加工产品，并找到办法在国际市场上成功竞争。

（2）支持技术推广和获取资金，促进增值加工业的兴起。更新国内外贸易的供求状况、价格波动等市场信息。

（3）农业、畜牧业、渔业等出口项目严格执行进口国有关卫生、动植物检疫、质量检验和监督的法规和程序。

（4）将向当地和外部利益攸关方提供与上述活动有关的信息，以支持按照进口国的规则和条例生产农业、牲畜和渔业产品。

（5）以新技术为基础，支持发展完善的动物保健和均衡的营养体系，促进优质动物副产品的生产。

（6）在整个农业企业价值链中，将设计和采用涉及政府、私营公司和生产者的公私合作购买力平价机制，以保证利润分享的公平性。

（7）支持有利环境的活动，确保政府组织、私营公司和生产者在整个农业企业价值链中充分参与，并向该部门调动地方和外部投资基金。

（8）协助发展批发市场和商品交易中心，以确保农产品价格稳定可靠，并尽可能降低物流成本。

（9）支持参加在国内外举办的贸易展览会、研讨会和讲习班等重要活动，以期获得良好的农业、牲畜和渔业产品市场。

（10）与国际组织合作，交流农业、畜牧业和渔业生产的先进技术。

9. 治理、制度和人力资源发展政策推力

（1）电子政务系统将用于管理包括农业、畜牧业和渔业在内的整个行业，而公共关系将作为一站式服务处理。

（2）种子业要进一步发展，保护新发行种子品种的产权。改善和保护本地动物和鱼类物种，以加强动物繁殖计划，为此制定必要的法律。

（3）支持联邦和国家、区域各级官员、私营部门、民间社会组织和非政府组织在执行核准政策和战略推动方面的顺利合作与协作。

（4）确保有关部门批准政策和战略推进的顺利实施；部门组织机构的调整

和服务绩效的提升。

（5）具有与各部门联系紧密的工作特性，协助私营部门组织的服务进一步提高绩效。

（6）将编制系统培训计划，培训和培养学科专家，以提高部门技术和人力资源，包括土壤和水的使用和管理，向农业机械化转型，以及建立现代标志。

（7）学历教育、职业教育等项目将加强职前和在职培训，进一步开发人力资源。

10. 环境保护和气候变化恢复战略推力

（1）在生态系统和自然环境保护领域开展合作，开展可持续农业、畜牧业和渔业活动。

（2）将与技术委员会、有关部门、专家合作和协调遗传资源保护和利用方案。

（3）实施农村基础设施发展方案应充分尊重环境和社会管理框架。

（4）配合有关部门，做好丘陵、坡地、流域土壤退化保护和治理工作。通过采用水土保持耕作方法、良好的农业做法和有效的集水和利用，减轻干旱地区因水和风造成的水土流失。

（5）发布有时间限制的天气信息，支持农业、畜牧业和渔业部门的活动。

（6）实施气候适应性良好做法，如推广保护性农业、有机农业、良好农业做法、高抗优良品种（耐热、耐盐、耐旱、耐深水）、良好畜牧业做法、良好的水产养殖土地利用管理、环保的水管理。

（7）加强病虫害综合治理、水土保持、农业耕作、轮作和作物多样化的实施。

另外，农业部下设的十余个部门中，灌溉和水利部门公布的目标是：减轻自然灾害（特别是洪水），减少因气候变化引起的灌溉和饮用水缺水；通过实施与水相关的基础设施来管理水资源，以实现未来的可持续性。渔业部门是唯一一个公布了具体目标的部门，其目标是旨在提高 2016/2017 财年至 2020/2021 财年期间——第二阶段五年短期计划期间平均总产值的 1.3％。

（四）农业支持政策、措施

1. 法律及配套措施

正如前文"宏观市场准入政策"部分所述，缅甸政府除对外资进入部分农业细分领域有限制外，总体上对农业投资是支持和鼓励的，而且这种支持和鼓励是为《投资法》及相关配套法律明文规定的。

为了实施投资法的相关规定，缅甸投资委员会设立了"一站式"服务模式，即在投资委员会中联合商务部、工业部、税务部门等集中办公，极大地方便投资者办理各种手续。

2. 对外资的支持

《缅甸外国投资法》（2012 年颁布，现已失效）出台以前，外国人在缅甸投资存在的一个主要障碍就是土地。根据《不动产转让登记法》及相关规定，外国人不得以任何方式（包括但不限于买卖和租赁）持有缅甸土地，这一限制导致很多投资者望而却步，或者以缅甸人名义买或租的高风险方式开展投资。2012 年新政府上台，为吸引外资，就土地使用问题在《缅甸外国投资法》中进行了改革，即允许外国投资者通过租赁的方式使用土地，且可至少申请 50 年的使用期限。对于基于土地开展投资的农业领域来说，这一改进无疑是对外资进入农业的最大支持。

此外，缅甸商务部于 2017 年 5 月发布了 2017 年第 36 号文件，从 6 月 12 日起外资企业可从事化肥、农药、种子、医疗设备和建材等商品的贸易。该规定不仅能够促进缅甸本土农业从业者或企业发展，对外资来说除了农业直接投资外，还可涉足农业领域的贸易，虽然开放有限，但仍然是一片市场。

3. 改善基础设施促进投资

据缅甸投资与公司管理局（DICA）2016 年统计，2016 年 1—9 月，外资未进入油气和农业领域。而外资在缅各领域的投资中，以电信领域投资最多。农业专家吴丁突分析称，国家目前尚不能满足基础设施的需求。由于交通困难、电力缺乏等不足，阻碍了外资进入农业领域。2013/2014 财年，外国在缅农业领域的投资额约为 2 000 万美元；2014/2015 财年约为 4 000 万美元；2015/2016 财年约为 700 万美元；而本财年 4 月至 12 月，则没有外资在农业领域投资①。

为了改善基础设施，缅甸在道路交通方面的投入逐年增加，且据建设部部长吴汉佐接受采访时说，到 2030 年缅甸 42 000 千米公路将达到东盟 Class Ⅲ标准，并升级至宽度 18 英尺*的柏油路或混凝土路；全国桥梁将升级至宽度 24 英尺的两车道大桥；全国 330 座城市将城市化，对全国 90％的农村道路进行升级，使各省邦桥梁公路平衡发展，缩减交通运输成本和时间②。虽然很多时候缅甸的规划执行得并不到位，但仍然值得期待，届时对外国投资者来说也是一种福音。

4. 农业综合服务中心项目助力缅甸农业发展

2017 年 7 月 21 日，缅甸大米协会副总裁索吞博士、缅甸农业公营公司总

---

* 英尺为非法定计量单位，1 英尺＝30.48 厘米。——编者注

① www. mmgpmedia. com/local/19735 - 2016 - 12 - 26 - 10 - 23 - 43 .

② www. mmgpmedia. com.

经理吴耶敏昂与中信建设农业开发部总经理李国祯在缅甸首都内比都市签署了缅甸农业综合服务中心项目的三方合作备忘录。

缅甸农业综合服务中心项目预计总投资约 4 亿美元，将在缅甸全境 9 个省、邦和行政区划中的 33 个镇实施，包括相关的种业、烘干、加工、仓储、农技培训、农机服务等。缅甸农业综合服务中心项目的实施对缅甸有力推进在提升水稻品质和扩大国际出口方面具有深远意义[①]。

5. 缅甸农业培训有助农业发展

为促进有机蔬果种植业发展，缅甸水果、花卉与蔬菜出口业协会自 2016 年与相关组织合作，对农民进行有机农作物种植培训。其中，接受有机西瓜与黄瓜栽种培训的农民有 9 000 余人，接受有机杧果栽种培训的农民有 2 000 余人[②]。农业培训不仅培养了农业技术人才，也普及推广了先进的生产技术，增加了农业产量。

6. 补贴政策

目前，缅甸对农业的补贴政策多以税收优惠的方式体现。无论是《缅甸投资法》等相关法律规定，还是《缅甸手工业促进法》等部门规定，都规定了税收优惠，农业作为鼓励投资的行业，自然适用其中关于税收优惠的规定。《缅甸手工业促进法》等部门规定只是笼统地规定了经营者享有税收优惠的权利，但并没有关于优惠税种、方式、期限等的规定。《缅甸投资法》等相关规定则比较具体，比如规定在经济发达地区、欠发达地区、不发达地区投资鼓励类领域的，分别享有 3 年、5 年、7 年所得税减免的优惠，取得投资许可的投资项目，还享有进口原料、设备等的关税减免优惠。

二、缅甸农业法律制度

法律制度是指一个国家或地区的所有法律原则和规则的总称。缅甸联邦巩固与发展党执政时期，第一届联邦议会运作期间共出台了 196 项法律，第二届联邦议会运作的两年期间共出台了 60 项左右的法律，这些均构成了缅甸的法律制度。

缅甸农业法律制度指缅甸所有涉农法律原则和规则的总称。广义的缅甸农业法律制度包括与农业法律关系有关的公司法、合同法、刑法等基本法，以及以农业部门为主颁布的部门规章、通知、解释等。另外，由于缅甸系英国的殖民地，普通法（也称"英美法系"或"判例法系"，是西方国家中与大陆法系

---

① www. construction. citic（中信建设集团官网）.
② 缅甸金凤凰中文周刊 . 2019 年 8 月 22 日刊 .

并列的历史悠久和影响较大的法系，注重法典的延续性，以传统、判例和习惯为判案依据）成为主宰缅甸的法律，因此缅甸具有较深远的普通法传统，如今缅甸的很多法律还可以找到殖民时代的影子，如实施了100多年的公司法（2018年出台了新公司法）。英国对缅甸进行殖民统治以后，尚保留了一部分对其统治不构成威胁的佛教法，如有关婚姻和离婚、继承、宗教等方面的法律。这些法律至今仍具有效力。

狭义的农业法律制度仅指围绕农林牧渔业制定的法律和规则的总称。目前，仅缅甸农业部已颁布了24项法律和155项法规，主要包括：种子法、淡水养殖法、渔业养殖法、动物健康与发展法、兽医法等农业法律法规。

（一）缅甸农业投资定义、范围和监管部分

缅甸农业投资的范围极为广泛，本文特指除缅甸农民自给自足的生产投入以外的生产活动。

根据缅甸投资委员会的规定，缅甸农业投资也可分为禁止投资领域、鼓励投资领域、须与缅甸国民或企业合资的投资领域以及须取得相关部门批准的投资领域四大类（具体详见第三部分内容）。

缅甸农业投资监管部门包括但不限于：投资委员会、农业部、投资与公司管理局、商务部等。

缅甸投资委员会（Myanmar Investment Committee）是主管投资的部门。其主要职能是根据《缅甸投资法》的规定，对投资者申报项目的资信情况、项目核算、工业技术等进行审批、核准并颁发项目许可证，在项目实施过程中提供必要帮助、监督和指导，同时也受理许可证规定时限的延长、缩短或变更的申请等。

根据缅甸2017年3月发布的《缅甸投资细则》，以下投资活动须向投资委员会申请许可：由外国投资者在边境或者受冲突影响的区域进行投资的；由外国投资者进行的可能需要跨境、跨州或区域的投资项目；与农业无关的但是占地面积超过100英亩的投资项目。

缅甸投资委员会由相关经济部门领导组成，国家计划财政部下属的投资与公司管理局主管公司设立及变更登记、投资建议分析及报批、对投资项目的监督等日常事务。

为提高外商在缅投资注册效率，投资委员会开设了国内外投资注册等业务的一站式窗口。窗口单位有计划发展部、商务部、税收部门、缅甸央行、海关、移民局、劳工部、工业部、投资与公司管理局、投资委员会等，为获准的国内外企业提供注册、延期及其他服务。

农业、畜牧和灌溉部（Ministry of Agriculture，Livestock and Irrigation，

简称"农业部")是主管农业的业务部门，下设规划部、农业部、农业土地管理和统计部、灌溉用水管理部、农业机械化部、农业研究部、合作部门、小工业部、畜牧兽医部、渔业部、农村发展部以及耶津农业大学、兽医科学大学等。

土地管理和统计部负责监管土地利用、记录作物类别、制定生产目标并预测粮食产量。

灌溉用水管理部门主要负责：新建多功能水力发电等项目，对现有灌溉设施和灌溉管网进行运行维护，承担防洪堤的建设、修复、运行和维护工作，对乡村灌溉工程提供技术援助，对农民进行灌溉技术培训，扩建地下水勘探工程，满足灌溉用水和生活用水需求。

农业机械化部门负责实现农业机械化，促进农业活动中农机设备的利用，与私营部门合作提供所需备件和系统维修，加强农业机械化技术知识的传播，研究和开发活动。

农业研究部门负责开发与农业生态气候条件相适应、高产优质的作物新品种、新杂交种，利用优质种子增产；生物技术和分子技术在母干细胞育种中的应用；管理种子库内的野生类型、地方品种、释放品种、作物保育及育种前准备等多种遗传资源；环境安全的病虫害综合治理研究；会同有关部门建立国家农业科研推广体系；加强自然资源可持续利用、有机农业和保护性农业的研究开发，增加农业生产。

合作部门的职责：进一步发展现有的合作企业，与有关组织合作提高家庭成员的经济、教育、健康和生活水平，与国际合作组织联系，开展生产性合作。

畜牧兽医部门以农业、畜牧业、渔业为基础，旨在为国内消费提供足够的农作物、肉类和渔业产品，重点增加效益较大的出口产品生产和出口；鼓励增加本地和外国对畜牧业的投资；负责协调有关部门联动，分期接受国际和地方组织为建立适应气候变化的农业制度、基础设施建设和部门能力建设等领域提供的援助；有计划地按照国际标准使用畜禽原料、疫苗和药品；对未进行畜牧养殖的土地实行退耕还林、牲畜培训、畜产品市场准入等制度。为此，该部门制定了详细的行动计划，具体可登陆农业部网站 www.moali.gov.mm查看。

渔业部门的职责是执行缅甸海洋渔业法、有关外国渔船捕鱼权的法律、淡水渔业法和水产养殖法等现行法律和法规，其下设行政财务科、水产养殖科、渔政监察科和研发科。

缅甸商务部（Ministry of Commerce）主要负责制定、实施贸易相关法律法规、办理贸易资质及有关证件，缅甸商务部下设贸易司、消费者事务部、贸

易促进部。

（二）农业生产资料法律制度

1. 土地管理法律制度

缅甸颁布的关于土地管理的法律包括：2012 年 3 月颁布的《缅甸农地法》和《缅甸闲置地、休耕地和未垦地管理法》《缅甸经济特区法》（2012 年）、《缅甸投资法》（2016 年）以及少数民族地区的习惯法。

《缅甸农地法》及实施细则主要规定了农地管理机构的组成及职责、农地使用权的取得、使用权人的权利（使用、转让、交换、租赁和抵押）及义务、土地争议解决、处罚等内容。农地取得方式：向农地管理机构申请取得；继承取得；买卖或受赠取得。农地使用权人的义务：依法经营农地，不得闲置农地（超过 6 个月未使用农地的，将被没收农地），不得改变农地用途，依法缴纳土地转让、继承等而产生的税。土地争议：由土地所在地管理机构审查、听证、调查后作出决定，当事人对决定不服的，可以在 30 天内按规定向上一级土地管理机构提出上诉，对上诉决定不服的，可在此上诉至省邦一级的土地管理机构，省邦农地管理机构作出的决定为最终决定。简言之，土地争议最多可历经 4 级土地管理机构的审理。规定农业土地使用权人未经国家政府批准而将全部或部分农业土地使用权出售、抵押、租赁、交换或赠送给任何外国人或外国公司的，情节严重的，将被处以 1～3 年监禁，并处不低于 100 万缅币的罚金，没收涉案土地。按照该规定，缅甸向外国人或公司出售土地是违法的，因此其所谓的"卖"，严格讲是"出租"使用。建议投资者在"买卖"土地时清楚交易的实质。

《缅甸闲置地、休耕地和未垦地管理法》规定空地、闲地及荒地由组建的中央委员会管理和批准使用许可。投资者可在办理投资许可时向空地、闲地及荒地中央委员会申请使用许可证。对于种植业及养殖业的具体项目情况，申请者可获得不同面积和年限的土地使用权，使用年限原则上不超过 30 年，但可在到期后再次获得使用许可。联邦议会 2018 年 9 月 11 日通过了《空地、休耕地、荒地管理法修正案》。修正案规定，在空地、休耕地、荒地从业者，须在修正案颁布之日起的 6 个月内，向相关管理委员会提出土地使用申请书。违者将依法被判处监禁和罚款。依照规定，在空地、休耕地、荒地运营的民众须于 2019 年 3 月 11 日前提出使用申请。

为了更好地吸引外商投资农业加工、资源开发等领域，《缅甸经济特区法》和《缅甸投资法》分别规定外商可以获得最长 75 年和 70 年土地使用权。

在许多少数民族地区，农民长期按传统习惯使用土地，并形成规范地权的习惯法。在克钦邦、克伦邦等地，克伦民族联盟、克钦独立组织曾按照当地传统的地权习惯，制定土地政策或管理制度①。

投资缅甸农业不可避免地涉及土地使用，如上所述，农民的土地使用权利存在各种问题，这给投资者带来一定的风险，但从土地使用权人分类可以确定，军队和政府部门的土地权属相对明确。

军队控制的土地。这部分土地是军政府当政时期从各种所有者，更多的是从老百姓手里没收的。军队控制的土地在仰光的分布一般都是非常好的地段和位置，面积都比较大和集中，一般采取建设-经营-转让（Build - Operate - Transfer，简称 BOT）的形式，租赁期 50 年，然后延长两次，每次 10 年，到期后地上建筑物归土地所有者。这种形式的合作要交租金，每英亩 200 万美元以上，而且要支付数量可观的福利费和中介费。军方土地的租赁最麻烦的是可能存在土地纠纷，老百姓一闹，民主政府以老百姓不同意、不满意这个唯一理由就可能让投资者停止实施投资项目且损失巨大。

政府部门控制的土地。缅甸政府各部门都或多或少掌握着一些土地资源，像仰光市发展委员会、矿业部门、农业部门和林业部门等。这些部门控制的土地相对于军方的土地来说，从来源和潜在纠纷来看，有问题的少，这部分的土地使用形式有 BOT 和合作开发两种。

私人土地。所谓私人土地，是归属于某个私人的，是可以作为财产转移和继承的各种用途的土地，这种土地在仰光土地中占比不到 5%，属于稀缺资源，土地主一般要价很高。私人土地的来源，据了解，有祖传继承获得、从私人、政府部门、军政府等手中购买等多种途径，在实际合作中一定要弄清楚土地来源方面的背景资料。因为在缅甸因为土地性质、属性出现的纠纷非常多，给中国投资者造成严重损失。普通老百姓拥有的私人土地一般面积小且零散分散，一般适宜投资的土地是缅甸华人企业家持有的土地，面积相对合适，权属也相对清晰一些。

2. 草原管理与保护法律制度

美国国际开发署将缅甸划分为三大农业生态区：中部干旱区适宜发展畜牧业和蔬菜种植，伊洛瓦底江三角洲地区适宜水稻种植和渔业，少数民族聚居的山区与半山区适宜灌溉水稻生产和刀耕火种农业，其中刀耕火种土地占缅甸耕地面积的 30%～40%。缅甸目前没有关于草原管理与保护的专门法律规定，对于适宜发展畜牧业的中部土地（含草原），统一适用上述关于土地的法律。

3. 水（海）域管理、使用和保护法律制度

缅甸现有水域使用的主要法律包括《缅甸水产养殖法》（1989 年）、《缅甸淡水渔业法》（1991 年）、《缅甸海水渔业法》（1993 年）。

---

① 数据来源于云南省财政厅。

《缅甸水产养殖法》规定：任何人如欲进行水产养殖，须向农业部下设的渔业部门申请租赁养殖用地、渔业水域或预留渔业水域并取得渔业养殖执照。

任何人不得进行以下活动：未经许可而繁殖鱼类，妨碍水的流动和船只的航行，或污染渔业水域内的水，或教唆他人实施该行为；未经渔政署事先准许，不得对鱼塘进行改建；未经许可而将活鱼输入该国，并将活鱼输出该国；被禁止的鱼类繁殖。

《缅甸淡水渔业法》及《缅甸海水渔业法》均规定对可供养殖的水域，采取公开（招标、拍卖等）竞价的方式对外出租，取得租赁证的个人或企业，可在法律规定情形（不可抗力、政府终止租约等比较严苛的条件）出现时申请退租。

4. 农业投入品管理法律制度

缅甸关于农业投入品如种子、农药、化肥、农机等的法律规定并不全面。现有的法律有《缅甸种子法》（缅甸和平与发展委员会 2011 年 1 月 7 日颁布，于 2015 年 2 月 18 日修订）、《缅甸种子相关的委员会成立通知》（2015 年10 月 5 日）、《缅甸种子质量检测组成立通知》（2017 年 2 月 23 日）、《缅甸种子专业委员会成立通知》（2018 年 4 月 3 日）、《缅甸农药法》（1990 年）、《缅甸农药法相关程序》（1991 年）、《缅甸国内禁用农药名录通知》（2018 年 8 月 9 日）、《缅甸限定农药名录颁布通知》（2018 年 8 月 9 日）、《缅甸肥料法》（2002 年10 月 1 日颁布，2015 年 3 月 23 日修订）等。

种子相关法律主要规定了种子专业委员会的设立及职责、种子质量检测的成立条件或要求、检测流程与标准、植物新品种认定等内容。按照法律规定，"种子从业者"须获得种子专业委员会的许可方可按许可面积及种子类型进行种植和培育，种植后须提交有资质的种子质量检测室检测种子质量，检测结果达标的种子在获得销售许可后方可推广。简言之，"种子从业者"为了商业目的，须至少取得种植和销售两类许可，而为了取得销售许可，种子质量检测是必经程序。因为申请销售许可时除了须提交公司营业执照和种子样本外，还需提交种子质量证明。种子质量检测由种子技术委员会下放至有资质的种子质量检测结构。开设种子质量检测室须具备一定数量的相关专业技术人员及农业部颁发的种子质量检测技术培训课程结业证，具备固定的办公场所和必要的检测仪器。

缅甸对农药登记，生产，销售和使用建立了基本的管理体系。1990 年出台的《缅甸农药法》对产品登记，生产等经营活动的许可提出了基本要求。1991 年农业部以部门规章的形式出台了《缅甸农药法相关程序》，对产品登记、行政许可、企业义务和职权实施出台了更有操作性的规定。此外，缅甸农药管理部门还出台了系列指南：农药生物效力试验方案制定指南；农药制剂，分装和存储安全指南；农药标签指南。

向缅甸进出口农药之前，需要在农药登记委员会取得农药登记。登记委员会由缅甸政府农业、卫生和贸易等部门的人员组成。这些跨部门的技术专家组成的技术委员会向登记委员会提供技术意见，以供其在定期召开的登记委员会会议上对所有类型的登记申请作出决定。委员会常驻办公地点设在在农业部植物保护部。

农药登记流程：登记申请人向委员会秘书填写并提交一份申请表原件和4 份复印件，并附样品和以下资料后，即可启动登记申请：生产商知情书（1 份原件，4 份复印件），技术支持文件（1 份英文原件，2 份复印件），以缅文翻译的标签样张（3 份），产品样品和其他材料（每种有效成分提供 1 克两份分析标准品，如果申请临时登记和正式登记需要原药相关杂质和副产物的分析标准品，25 克原药，25 克气相色谱填料，推荐 2 根高效液相色谱柱作品控和残留检测用途，以及制剂 1 升或者 1 千克）。

委员会秘书在对申请资料进行完整性检查后，会将其分配给相应的技术成员，农药分析实验室将会对收到的样品进行检测，以确认产品有效成分浓度是否达标。如果是有效成分首次登记的产品，会要求对所登记的作物和对象组合进行部分药效试验，比如一个新农药登记用于 10 个作物上的 10 个防治对象，仅会要求对其中 2~3 个作物或对象组合进行药效试验。每种组合需在不同环境条件的不同地点进行 2 季多场所试验（主要作物或病害 6~8 个点，小宗作物 2~6 个点）。根据分析检验结果和技术资料的审核结论，会组织召开外部会议进行进一步评审，评审结果提交登记委员会，供其最终决定。如果委员会通过登记申请，委员会秘书会向申请人发放缴费通知书，费用缴清后会发放登记证书。

登记证书有效期分为 1 年、2 年、5 年、10 年，具体类别如表 3-1[①]：

表 3-1　新农药登记证书表

登记类型	有效期	研发上市阶段
试验登记	2 年	在获取临时登记之前，还需要进行详细研究的，授予试验登记，只能在一定区域内用于特定用途
临时登记	5 年	在农药法颁布之前，已经上市的农药需要进行进一步药效和毒理评估的，可以授予临时登记，可以上市使用
正式登记	10 年	如果官方满意临时登记期间进行的研究结果，会授予正式登记
特殊使用许可	1 年	防控意料之外的病害暴发的紧急用途

① 来源于 Myanmar Max Agro Service Co.，Ltd.

缅甸对登记资料要求进行了明确的规定，但并未对人类，消费者和环境的影响出台过相应的评估标准和指南。并且也未对数据保护作出明确的规定，在一定程度上也造成了部分产品质量不达标。

委员会成员每年举行1～2次会议，截至2016年，已经举办过26次会议。每次会议会对约500个登记申请进行评审，其中200个会被否决或者因数据不足（主要是分析数据）延迟登记。禁用农药和（或）用途会被直接否决，其他申请会批准为不同类型的登记，总共有29个有效成分被禁用，7个有效成分被限制使用。截至目前，共有2 748个有效成分获得了登记，包括309个有效成分①。

《缅甸肥料法》规定的肥料包括：化学肥料（化肥）、生物肥料、天然肥料。肥料经营是指生产、配制、混合、重新包装、储存、销售。商业用肥料的进出口，肥料经营者须依法向农业部的肥料委员会申请注册或取得相应牌照后方可开展业务。肥料包装应标注：肥料名称、重量、养分及比例、配料、使用方法、质量保证等内容。《缅甸肥料法》及修正案规定，农业部应监督肥料经营情况，必要时对肥料进行检测或化验以确认其质量是否合格、是否含有毒有害物质，并检查肥料是否流入农业以外的领域等。如发现肥料不合格或经营者违法，则有权对经营者做出暂停营业、吊销执照等决定，对于无证经营者，有权视情况给予3年以下监禁。

缅甸没有关于农机方面的专门法律。缅甸农机主要依靠进口，农业部拟与私营企业共同合作，向农民以3年分期付款的方式，出售农耕机械与收割机。

据农业部称，农用机械的首付为10%，剩余的以每6个月支付1次15%的余款，共支付3年。农业机械司表示，想要购买机械的农民，可以用相关单位或村长的证明文件，向当地农业机械司申请所需的机械种类。

目前，政府已经与Sonalika、New Holland、Kubota、Daedong等农业机械公司建立了合作意向，除了农耕机、收割机、烘干机以外，农民也可以订购所需其他农用机械②。

5. 农田水利等基础设施开发管理法律制度

缅甸目前没有关于农田水利等基础设施开发管理的法律规定，缅甸政府欲进行水利建设，通常采取招标的方式选择建设方，并为中标建设企业办理相应的建设许可。

---

① Agrochemical Regulatory News&Database.

② www.mmgpmedia.com.

（三）生产经营法律制度

1. 农业生产经营主体相关政策及法律制度

缅甸关于市场主体的法律有《缅甸公司法》(2017)、《缅甸合伙法》(1932年，新合伙法草案已公布)、《缅甸特别公司法》(1950年)、《缅甸国有经济企业法》(1989年)。

根据 2017 年《缅甸公司法》和 1950 年《缅甸特殊公司法》，公司或实体可在缅甸投资与公司管理局注册的主体类型如下：私人股份有限公司（股东人数在 50 人以下，且不得向公众发出任何认购股份或其他证券的邀请，并且可以在其章程中对股份转让作出限制）；股份有限公司（股东人数超过 50 人）；担保有限公司（公司名称以 "Limited by Guarantee" 或 "Ltd Gty" 作为其名称中最后一个字，股东的责任限于担保金额，股东保证金额通常会在公司章程中写明）；无限公司（公司名称以 "Unlimited" 作为最后一个字，股东承担无限责任）；海外公司（不得在缅甸开展业务）；公众公司（可以邀请公众购买公司股份并可以拥有其希望的尽可能多的股东，类似于我国上市公司）。

以上为按注册进行的分类，除此以外，缅甸公司法还规定了"外国公司"和"小型公司"。若超过 35% 的公司股份系由外国股东直接或间接拥有，则该公司将被归为"外国公司"。外国公司系一种仅基于所有权的分类，并不享受公司法下的其他特权或受到限制。外国公司应与公司法下的其他公司遵守相同的法律合规要求。若公司变为外国公司或停止作为一间外国公司存续，则应通知 DICA。外资公司亦应在每次年度申报中申明其作为外国公司的状态。

出于帮助减轻中小型公司合规负担之目的，公司法规定了对"小型公司"（如下文中定义）特殊的豁免政策。"小型公司"并非公众公司或公众公司子公司的公司，并且应始终满足以下 2 个条件：其本身及其子公司总计拥有不超过 30 名员工；上一财年其本身及子公司总计取得的年收入少于 5 000 万缅币。

小型公司享受公司法规定的 2 项特殊豁免：①小型公司豁免举行年度股东大会（AGM）。小型公司可以书面董事会决议的方式替代召集和举行年度股东大会。②小型公司豁免每年准备和提交经审计的财务报告。但缅甸投资与公司管理局出于监管要求、公司股东或公司章程要求审计的，小型公司须依法提交审计报告。

此外，根据《缅甸合伙法》的规定，农业生产主体之间可通过合伙协议投资农业。但合伙法对合伙协议的规定与中国法律区别很大，其中规定合伙人依据所签订的协议，具有的权利和义务是：①在从事企业的经营活动中，不应得到工资。②平等地分到合伙企业的利润，平等分担合伙企业的损失。③在其投入的资金上有权得到利息，但该利息只能从利润中拨付。④因企业的某项事务，投入比同意投入额更多的资金，有权从多出或预付部分中获得6%的年息。鉴于该规定并不十分合理，建议企业在以协议方式合伙经营时，在协议中注明适用的法律和争议管辖，以排除适用缅甸的法律。

有限责任公司系常用的投资主体或注册类型，但需要注意的是缅甸公司法下的董事职权与我国公司法规定有很大区别，建议投资者一定要根据实际情况在公司章程中排除董事的部分权力。缅甸公司法允许董事在开展业务过程中，行使其在公司中的一切权力。该权力包括以公司名义借款、发行股份、签订合同、进行法律诉讼、雇佣员工及就公司财产设定担保等。董事可通过董事决议（亦通常被称作董事会决议）的方式行使其权力。公司法规定诸如发行公司新股份，决定向股东支付股息红利的金额或批准股份转让（若公司章程要求）等事项均需要作出董事决议。

公司注册。注册部门：DICA（自2018年起可登陆WWW.DICA.GOV.MM进行在线注册）。注册材料及程序：向DICA领取申请文件→拟注册公司名称核准→填写申请书，并向DICA提交登记声明、注册场所说明、法律声明、授权委托书及被授权人情况、被授权人护照、注册经营范围、公司董事会决议、公司股东、董事名单及身份信息、申请公司的章程（英、缅文）；如果是法人股东，还需要提交法人股东近两年财务或审计报告等。部分文件需经过翻译公证和中缅领事馆双认证→缴纳印花税及注册费→经DICA审查同意注册的，领取临时执照。提交开户申请并将注册资本通过转账方式汇入银行→提交验资证明。领取正式执照及许可证。

公司注册期限。自完整的申请注册资料提交至DICA后10～15个工作日内取得临时营业执照，在完成验资后5个工作日内取得正式营业执照。

自新公司法出台后，DICA取消了最低注册资本的要求，因此缴纳注册资本金及验资环节可省略，这使公司注册越加快捷简单。

公司治理结构。股东大会是有限公司的最高权力机关，每年至少召开一次股东大会。有限公司应当在其章程中规定进行会议的法定人数和规则。股东人数1～50人（自2018年8月1日起可注册一人有限责任公司）。

可设董事或董事会，除一人有限公司外，公司董事会人数2～10人，且须任命一名缅甸籍董事或至少在缅居留180天以上的人员。其中设董事长或执行董事一名。需设总经理一人。可不设立监事会。其余部门的设立法律无强制要求。

2. 农业技术科研与推广法律制度

缅甸没有系统的农业技术推广或科研的法律制度，但在实践中，缅甸农业部会协同有关组织对农民开展种植技术等培训。为促进有机蔬果种植业发展，缅甸水果、花卉与蔬菜出口业协会2016年起与相关组织合作对农民进行有机农作物种植培训。其中，接受有机西瓜与黄瓜栽种培训的农民有9 000余人，接受有机枇果栽种培训的农民有2 000余人[①]。

缅甸目前尚未出台商标法、专利法等知识产权法律，更没有关于农业技术发明相关的法律规定。

根据《缅甸注册法》的规定，商标所有人可以通过向缅甸注册局发布所有权声明的形式进行注册，这个声明必须包括名称、注册个人的签名等。商标所有人的所有权声明是单方面的事实陈述，通常要求地方官员、公证员或司法官员的认证。所有权声明并不是商标专用权的最终凭证，但却是初步证据，在刑事诉讼或民事诉讼过程中，当事人出具这种注册证书，将会对诉讼起到很大的帮助作用。

在注册过程中，商标所有人应当保证：正在以销售为目的在制造或销售的商品上使用商标，该商标是由其自己创造出来的，该商标没有对他人商标的假冒或模仿，据申请人所知的情况，到申请为止，没有人在类似商品上使用该商标。

注册商标所有权声明的程序是：①呈报商标所有人身份。②外国的商标所有人若在缅甸申请商标注册时，必须委托律师，并赋予所委托的律师具有在公证人前执行签署呈报文件的权利。有关文件必须在邻近的大使馆签署执行。③当地执法机构将有关的商标所有人的注册申请登记于契约及保证记录上，并将颁发临时的注册号码给予申请者，而真正的批准程序则需2～3个星期。④商标所有人有权在获得注册批准后，选择是否在当地报纸上进行公告，以避免有关商标受到侵犯。

缅甸的法律对商标的注册做了限制性规定，以下商标不得进行注册：违反道德和法律的商标，有损宗教感情的商标，含有淫秽内容的商标，含有欺诈性内容的商标，含有国家领导人头像的商标，其他违反法律法规的商标。

商标注册之后，商标所有人有权根据法律起诉任何仿冒或伪造其注册商标的行为。商标权的注册保护期限为3年，期满可以续展，每次3年。

缅甸于2016年1月20日出台了《缅甸植物新品种保护法》，该法规定：新品种培育者可依法申请植物新品种保护。申请保护须具备以下条件：①所申请植物的种子或其他可繁育部分未在缅甸存在超过1年，国外存在不超过4年，如果是长生植物和藤蔓植物种植不得超过6年。②所申请的植物使用其产品进行再生产的权益未批准。③所申请的植物与其他公众认可的植物有明显的区别。④所申请的植物除受环境因素之外，还需阐述其他特征。⑤阐述所申

---

① 金凤凰中文周刊. 2019年8月22日刊.

请植物繁育阶段的特征。⑥新物种命名需遵照相关法律的规定。⑦所申请的新物种不破坏环境及生物多样性。

取得植物新品种认证的培育者可享有以下权利：

（1）新品种保护期限：常年生植物及藤蔓植物自批准日起的 25 年，其他植物为 20 年。

（2）无论何人，除第 28、29 条规定的豁免权之外，因下属事宜要使用获准的新植物，需要征得植物培育者的同意。①生产或是再次培育。②繁殖。③出售。④国内外市场出售。⑤国外进口。⑥针对上述用途进行存储。

（3）权利限制：强制许可规定（第 28 条）。植物培育者有以下情况，新物种保护权益不得不豁免：①非经济利益种植。②为科学实验。③按法律允许的量，农民之间相互交换。④为获其他品种进行培育。

（4）权利被取消（第 36 条）。有以下情况者，委员会收回培育者的拥有权：①没有按规定进行长期保护。②未按规定时期向委员会提交新品种持续的信息和资料。③未缴纳相关税、费。

由于优良新品种的推出需要经过多年的反复选育与试验，投入大量的科研经费和育种人员的辛勤劳动，亟须对培育者提供有力的法律保障。《缅甸植物新品种保护法》的出台有力地保护了育种者的合法权益，激发了育种工作者的积极性和创造性，促进了科研育种的快速发展，农作物优良新品种不断推出，大大加快了育种工作的步伐，使育种工作步入良性循环的轨道。

3. 农产品市场流通法律制度

《缅甸商品销售法》通过对货物销售合同的规定，调整买卖双方货物销售关系。该法共有七章 65 条，规定了货物销售合同的订立、效力、履行、未收到货款的卖方对货物的权利、违反合同的救济途径等内容。

货物销售合同的定义：同英美法系国家的法律规定一样，缅甸的《商品销售法》对货物销售合同和货物销售协议做了区分。前者是指卖方以某一价格将货物的所有权转让或同意转让，并在合同订立时就交付的；后者则是将货物所有权的转让附有条件或者期限，而不是在订立合同时就交付的。然而，当所附期限届满或为转让货物所有权的条件已经完成，则销售协议就转化为销售合同。

销售合同和销售协议的当事人包括买方和卖方。买方是指购买货物或者同意购买货物的人；卖方是指出售或者同意出售货物的人。

销售合同和销售协议的标的是货物，包括现货和期货。现货是指买方根据合同可提取的处于"可交付状态"的货物；期货是指签订合同后，卖方要制造、生产或要取得的货物。能够作为销售合同和协议的货物主要是各种动产，除此之外，还包括股票、股份、青苗、青草，以及出售前或按销售合同的约定附属于土地上、能够采取的物品。

（1）合同的成立。

①合同的订立。买方或卖方购买或销售货物的要约被接受时便订立了销售合同。合同可以约定当即交货或付款，也可约定分期交货或付款。订立销售合同可以采取全部书面的形式或口头的形式，也可采取部分书面形式或口头形式，还可以由买卖双方的行为默示。

②合同的价款。销售合同的价格可以在合同中确定，也可以在合同订立以后确定，还可以由买卖双方在现场交易过程中确定。如果未按这几种方式确定买卖货物的价格，买方则应向卖方支付合理的价款，什么是合理取决于每一次具体销售活动的时间、地点和市场行情等因素。

③合同附条件。销售合同中与货物有关的规定可以附条件或保证。条件是指事关合同主旨必不可少的规定，违反该规定则可以解除合同；保证是指与合同的主旨间接有关的规定，违反了该规定只能要求赔偿损失，不能拒绝履行或解除合同。合同规定的是条件还是保证不是看某一规定本身是条件或保证，而是取决于规定的事项在合同中的性质。

如果合同的履行有待于某项条件出现时，买方可以放弃该条件，或视为是违反保证的规定，而不将因违反条件规定而解除合同。如果是不能分开履行的合同，而买方已经全部或部分接受了货物，或销售的是特定物，那么货物所有权转移给买方，而卖方有待履行的条件只能按照违反保证处理，买方不能将此作为解除合同的理由，除非合同中做了明确或暗示的规定。

④质量的约定。买卖双方可以在合同中就货物的质量和适应性作出约定，如果没有约定，不存在对保证与条件的默示。但下列情况除外：一是如果买方以明示或暗示的方式使卖方了解对货物的特殊要求，以表明买方对卖方能力或判断力的信任，而且所供应的货物与货物说明一致，就合情合理地存在货物符合所要求的默示条件。二是在以经营凭样说明的货物的情况下，卖方无论是货物的制造者或生产者，如果其是以该样品说明购进货物的情况下，那么就可以认定该货物符合可以交易的默示条件。三是根据商业惯例对特殊要求货物的质量和适应性确认符合默示的保证和条件。

（2）合同的履行。根据销售合同的约定，卖方应当履行的合同义务是交货，买方的合同义务是付款。除非买卖双方另有约定，交货与付款互为条件，如果买方未交付货款，卖方有权利留置或拒交货物。买卖双方可以在合同中约定是买方在卖方处提货还是卖方向买方处送货。如果合同中没有履行地点的约定，那就分别不同情况：销售的是现货，就在货物销售地点履行交货义务；销售的是协议有待销售的货物，则在协议的地点交货；销售当时尚未有货时，则在货物的生产地或制造地交货。买卖双方可以在合同中约定交货的时间。除非合同有明确规定，否则买方提出交货要求之前，卖方没有交货义务；如果卖方根据销售合同有义务向买方送货，如果双方没有约定交货时间，卖方有义务在合理时间内向买方交送货物；除非另有协议，买方可不接受卖方分期交货。卖方向买方交货的数量应与合同或协议的约定一致。如果卖方交货少于合同约定，买方可以拒收，但如果买方接受了货物，就应当按照接受的数量付款；如果卖方交货多于合同约定，买方可以接受合同约定的部分而拒收其余部分，如果买方接受了全部货物，则应按照合同约定的价款付款；如果卖方交货时混入了合同没有约定的货物，买方可以接受合同约定的货物而拒收其余货物或全部拒收。而上述规则的适用以遵从商业惯例、特殊协议和双方的交易程序。

（3）合同争议的起诉。根据销售合同，如果货物所有权已经移交买方，而买方不按照合同约定支付货款，卖方可以就货款起诉买方；如果根据销售合同买方应先付货款，而买方无理由不付或拒付，那么卖方无论是否向买方交货，也可就货款起诉买方；如果买方对于卖方的交货不予理会或拒绝接受，卖方可以买方不接受货物而起诉买方。

根据销售合同，如果卖方无理由不交货或拒绝交货，买方可以起诉卖方要求其赔偿；如果合同对卖方交付的货物有特殊的要求，但卖方履行合同不符合合同的约定，那么，法院可以根据原告的请求，作出其认为公正合理的，由卖方支付赔偿金、返还货款或采取其他办法的判决。

如果卖方违反保证或买方将卖方违反条件视为违反保证时，买方就不能以违反保证为由拒收货物，但可以起诉卖方要求卖方承担减免货款、支付赔偿金等责任。

（四）涉农保护制度

1. 涉农环境保护与生态补偿法律制度

缅甸关于环境保护的法律有《宪法》（2008 年）、《环境保护法》（2012 年）及《环境保护法实施细则》（2014 年）、与环境及环境保护有关的标准等。

缅甸宪法第 45 条规定联邦应保护自然环境；第 390 条规定，每个公民都有义务保护文化遗产、保护环境等。这是缅甸对环境管理的最高规定与承诺。

《环境保护法》《环境保护法实施细则》均对缅甸国内外投资者具有影响。

《环境保护法》第 7 条规定了环境保护和林业部（MOECAF）的职责和权力，包括：规定排放、废水、固体废物、生产程序、工艺和产品的环境质量标准，促进环境纠纷的解决，明确工业、农业、矿产生产、卫生等活动中使用的化学品或者其他有害物质的生产和使用所产生的危险废物的种类和类别，规定可能对环境产生重大影响的危险物质的种类，订明工业区、建筑物及其他场所的污水处理及机器、车辆及机械装置的排放的条款及条件，制定和实施环境影响评价（EIA）和社会影响评价（SIA）体系，加强污染者对环境影响的补偿，向受益于自然生态系统的组织筹集资金，向勘探、贸易和使用自然资源的企业筹集收入，以支持环境保护工作。

《环境保护法》第十章"事先许可"规定，经批准，MOECAF 可规定造成环境影响的企业、工作场所、工厂或车间需要"事先许可"。

目前已经对能源、基础设施和制造业进行了全面的环境影响评估及"事先许可"要求。"事先许可"包括环境检查（IEE）和环境影响评估（EIA）。初始环境检查（IEE）是研究项目、业务或活动的潜在影响是否重大，以及是否有必要进行环境影响评估，或准备和提交其他规定的初始过程；环境影响评价（EIA）是指对拟议项目、业务、服务或活动进行的系统评估，以确定其是否会对自然环境和生态系统、人类和其他生物（包括对健康或社会经济的负面影响）产生重大影响，并确定项目是否会对环境、生态系统、人类和其他生物产生影响，以及业务、服务或活动是否允许。环境影响评价通常由投资者委托取得环保部授予业务资质的中介机构作出。

2016 年，缅甸通过了新的环境质量标准（EQ）、环境影响评价（EIA）程序。现有投资可能会附加新的条件，以便符合缅甸不断变化的环境法规。《环境影响评价程序》（EIA，2016 年）由经济合作部在亚洲开发银行核心环境项目的技术援助下制定，由世界银行与世界银行和日本国际协力机构（JICA）等合作伙伴提供专业知识。《环境质量标准》（EQS，2016 年）是指为保护环境和人体健康应遵守的环境质量标准参数，是控制噪音和振动、空气排放和液体排放以防止或减少污染的基础。

环境管理计划是根据环境保护和林业部（MOECAF）的要求和指导编制的项目文件，旨在避免、保护、减轻和监测设计、施工、实施、运行造成的不利影响。环境管理计划应包括管理和实施计划，并监控环境的变化。环境管理计划旨在支持环境保护，包括处理环境紧急情况的措施，以及避免、保护或减轻项目、业务或活动或其任何相关部分造成的环境影响。环境管理计划通常由投资者委托具有资质的环境服务中介编制并实施环境监测、环境改善，以帮助企业获得环境部门颁发的环境合格证书。

环境审计（Environmental Audit）（这个系统还没有到位，但将来会出现。本说明作为准备投资者的参考）① 是一种定期、系统的记录和客观评估，以确定以下内容：

①项目、业务或活动是否符合环境保护的监管要求。

---

① www.dica.gov.mm.

②项目、业务或活动是否使用环境管理系统。

③项目、业务或活动的建筑物、地块和场所可能面临的各种环境风险。

2012 年 3 月通过的《环境保护法》主要是针对制造业或工业（如农产品加工）环境管理和调控，特别是危险废物的处理，其中仅有模糊的可持续发展表述。农业方面的环境保护条款主要散见于《缅甸森林法》《森林采伐实施细则》《缅甸水资源与河流保护法》《缅甸野生动物植物和自然区域保护法》等法律法规。根据这些法律规定，缅甸政府可在保护水土、旱带森林、生物差异等目标下对林地实施规划，森林开发（采伐、运输等）方面则规定了严格的批准权限。

为了维护生态平衡及可持续发展，缅甸于 2006 年颁布了《水资源与河流保护法》。国际野生动植物组织（FFI）缅甸海洋水域保护计划负责人吴佐伦表示，属于丹荖群岛的 LaNgan、DonPearlAw、linlun 等 3 个村庄被确定为首个海洋水域保护村。据悉，丹荖群岛的珊瑚礁、海草、红林等，因过度捕捞、近岸海域竹舟停靠频繁、爆破捕鱼等原因遭到破坏。另外，因鱼类资源减少，加之捕鱼船只的增多，导致以渔业为生的当地渔民受到了影响。为了将海洋水域作为水产业的长期发展项目，包括幼鱼栖息地被视为禁捕区的珊瑚礁在内，将会制定多个保护区块。划分水域保护区不仅可以保护多种类的珊瑚礁、保护重要鱼种和螃蟹栖息地，还可以增加当地居民的就业机会，提供当地渔民的收入来源等[①]。

《缅甸野生动物植物和自然区域保护法》规定，未经林业部批准，捕猎、杀害、饲养、保管、销售、运输、出口濒危野生动物，将按情节不同处以一定金额的罚款和相应期限的监禁。

2. 乡村治理与宗教文化法律制度

如上所述，缅甸具有"普通法"传统，少数民族地区形成的习惯法仍然对投资者具有约束力。当然，习惯法更多的是在缅甸少数民族婚姻家庭等方面发挥作用，投资者只需要尊重这些习俗即可。

三、缅甸农业市场准入及农产品贸易制度

（一）农业领域外资管理法律制度及政策体系

1. 外国投资者准入制度

2016 年 10 月颁布的《缅甸投资法》及 2017 年 3 月发布的《缅甸投资法实施细则》对在缅投资有关事宜做出了规定。

《缅甸投资法》禁止对以下项目进行投资：

---

① www.mmgpmedia.com.

①可能带入或导致危险或有毒废弃物进入联邦的投资项目。

②除以研发为目的的投资外，可能带入境外处于试验阶段或未取得使用、种植和培育批准的技术、药物和动植物的投资项目。

③可能影响国内民族地方传统文化和习俗的投资项目。

④可能危及公众的投资项目。

⑤可能对自然环境和生态系统带来重大影响的投资项目。

⑥现行法律禁止的产品制造或相关服务项目。

其中与农业投资最密切的是第⑤项，但"可能"二字和"重大影响"比较模糊，目前并没有相关标准予以明确，不过在办理投资许可时，缅甸投资委员会将联合环保部门一并对投资项目出具相关意见，因此，"可能对自然环境和生态系统带来重大影响的投资项目"全凭窗口政府官员自由裁量或判断。

根据《缅甸投资法》有关规定，缅甸投资委员会将制定并及时修订限制投资的行业。2017年4月发布的限制投资行业分为4类：只允许国营的行业、禁止外商经营的行业、外商只能与本地企业合资经营的行业、必须经相关部门批准才能经营的行业。

只允许国营的行业包括：天然林和林业区域的管理（工业代码：CPC 7221/72212）、航空管理、导航、电力系统管理、电力项目监管等9项。

禁止外商投资的行业包括：淡水渔业及相关服务、建立动物进出口检疫站（畜牧兽医部门负责动物检查和发放许可证）、宠物护理、林区和政府管理的天然林区域的林木产品生产（工业代码：ISIC 0220，0230）、小型超市和便利店［占地面积小于1万平方英尺（100英尺×100英尺）或929米²］等12项。

外商只能与本地企业合资经营的行业共有22项，其中涉农领域包括：渔业码头及渔业市场建设，与渔业相关的调查活动，兽医诊所，农业种植及销售和出口（工业代码：ISIC 011/0111，0112，4631，46312，4759，47593），饼干、威化饼及各种面条、粉丝等谷类食品的生产及销售，除牛奶和乳制品外的其他食品生产、保存、罐装、加工和国内销售，糖果、可可、巧克力等各种糕点甜点的生产和国内销售。

必须经相关部门批准的行业共有10类，其中需经农业部批准的一类共有18项，包括：与渔业资源及鱼种类相关的投资，海洋捕捞，兽用生物制品的生产和销售，兽药的生产和销售，商业养殖，养殖场和孵化场（家禽），动物物种的遗传学研究、基因保护和分配，动物品种（繁殖动物、冷冻精液、胚胎）的进口、生产和销售，动物饲料和动物产品安全的实验室服务，动物疾病诊断实验室服务，动物卫生研究和监控服务，种子的进口、生产、国内销售和再出口，各种植物品种的引进、生产和销售，农药、化肥、激素等的生产、储存、销售和出口，杂交种子的生产和出口，农业实验室服务，农业及农产品研究，季节性作物的生产。

须经自然资源与环保部批准的一类投资共有 15 项，其中涉农的包括以下几项：林地和森林覆盖的政府管理区域内树木的开发利用，长期租赁林地（保护森林和受保护的公共森林）从事林地生产活动，木材工业及相关行业（限制必须建立森林种植园），转基因生物及转基因活性生物的进口、增值和销售，基因优良珍稀物种的种子、繁殖体、组织的生产培育研究和商业活动，林业相关的高新技术发展、研究与人力资源，商业目的的进口、出口、繁殖和生产野生动植物物种，珍珠养殖生产。其中，涉及进出口的投资还应当符合商务部的相关政策。

以上投资项目均有相应的工业代码进行限制，但部分投资项目范围仍然不是很清楚和明确，建议投资者以窗口意见为准。

根据《缅甸投资法》第 47 条、第 48 条的规定，对于外国投资者，应依本法给予不低于缅甸国民投资者的待遇（国民待遇原则）；给予不低于其他国家投资者的待遇（最惠国待遇或无歧视待遇）。

目前，缅甸没有关于反垄断、国家利益审查方面的法律规定。商务部部长吴丹敏表示，商务部目前正在起草新的贸易法，以保护当地生产者，同时促进国内生产的商品出口。由于缺乏投资和技术，缅甸生产商面临着来自区域内同行的激烈竞争，区域内的业内商家能够以更快的速度和更低的成本，来生产出更高质量的产品。因此，与世界银行和德国发展机构 GIZ 合作起草的法律，将包括一项新的"增加进口和反倾销与反补贴法保障法"。这些法律旨在保护国内制造商免受廉价进口商品冲击，与支持对本地产品的需求。与此同时，政府在国家出口战略（National Export Strategy，以下简称 NES）中，还将增加新的优先出口领域，致力于通过出口促进经济增长。

根据商务部的说法，宝石和珠宝，数字经济，水果和蔬菜，农产食品和工业艺术产品已被添加到 NES 2020—2025 中，直接取代了之前的 NES 2014—2019[①]。在新的规定制定出台之前，投资项目是否可能威胁国家利益，是否会对某一行业造成垄断，从而损害国民经济全凭投资委员会主观判断，因此，投资许可办理十分重要。

2. 市场准入程序——投资许可种类、流程、期限

根据《缅甸投资法》《缅甸投资法实施细则》等相关法律规定，已有投资和新投资应当办理投资许可或投资认可。

MIC 在其发布的《如何取得投资许可》中载明："所有希望直接投资于缅甸的外国投资者都必须获得 MIC 许可证。对于希望在缅甸境内提供服务的外国公司，不需要任何许可证；这些公司可以根据缅甸公司法成立后开始经营其

---

① 缅甸金凤凰中文周刊，2019 年 3 月刊.

业务。"

其后，缅甸投资委员会又提到：虽然大多数项目不再需要缅甸投资委员会（MIC）的批准，但符合某些标准的项目将继续这样做。需要 MIC 许可证的项目包括对国家具有战略意义的企业、投资规模较大、对环境和当地社区具有巨大潜在影响的项目、涉及国有土地或政府认为需要许可证的项目。

从缅甸官方要求看，需要办理投资许可的项目仍然不是很清楚和明确，但唯一可以确定的是，除以提供服务为经营范围的投资者，可以在注册公司后即可开展经营外，其他所有外国投资者想在缅甸合法投资，须前往投资委员会窗口咨询或征求意见，是否需要办理投资许可（Investment Permit）或认可（Investment Endorsement）。

投资许可或认可部门：缅甸投资委员会或省邦投资委员会。

办理流程：窗口咨询—购买表格并准备资料—提交投资申请及配套资料—DICA 审查并组织评估会议（通常每月两次会议）—就评估会议提出的疑问进行答疑或补充资料—投资委员会作出审查结果（是否颁发投资许可证或投资认证）。

办理期限：投资法规定是 90 天，但通常都需要更长时间，有时候会长达一年。

投资许可办理的同时或取得投资许可后需要注册公司。公司注册条件、流程、期限等详见第二部分第（三）项内容。

3. 农业用土地及房屋买卖和租赁制度及政策

根据缅甸法律规定，外国人和外国投资者不能取得缅甸土地的所有权，但可以通过租赁方式使用土地。

根据《缅甸投资法》的规定，投资者可向缅甸政府、企业、个人租赁土地及建筑物。租赁期限首期最长为 50 年，期限届满后，经投资委员会批准，投资者可以续租 10 年，并在前述续租期届满后可再次续租 10 年。也就是说投资者可通过租赁方式使用土地最长达 70 年。

根据《缅甸经济特区法》的规定，申请进入特区的投资者，可租赁经济特区土地及建筑物的使用期限为 50 年，期限届满可申请延长 25 年。

简言之，在经济特区的投资者可通过租赁特区土地和建筑物的方式使用土地和建筑物 75 年，特区以外的土地和建筑物，投资者可通过租赁方式使用 70 年。

另外，根据《缅甸投资法》和登记法（Registration Act），投资者应向文契登记办公室（Office of Registry of Deeds）登记租赁协议。

4. 涉农投资的税收制度及政策

（1）税收体系。缅甸财政税收体系包括对国内产品和公共消费征税、对收入和所有权征税、关税、对国有财产使用权征税4个主要项目下的15种税费。以上税收由不同部门管理，其中89%以上的政府各项税收由缅甸国家税务局管理。

缅甸的财政税收由5个部所属的6个局管理（图3-1）[①]。

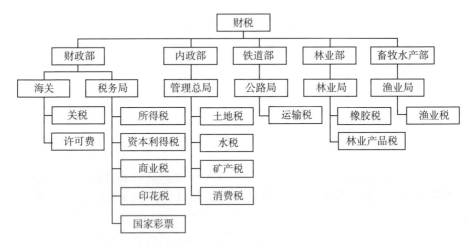

图3-1　缅甸税收管理部门图

缅甸纳税实行属地税制，企业每月按照财税要求纳税。

缅甸政府与外资直接相关的税收法律包括：《缅甸特殊商品税法》（2016年）、《缅甸联邦税收法》（2018年）、《缅甸投资法》（2016年）、《缅甸商业税法修正案》（2014年）、《缅甸所得税条例》（2012年）、《缅甸所得税细则》（2012年）、《缅甸所得税法》（2011年）、《缅甸商业税法》（1990年）、《缅甸关税法》（1992年）、《缅甸仰光市政发展法》（1990年）等。

（2）主要税种及税率。

①商业税。缅甸政府对境内交易及进口的商品和服务的营业额征收商业税（Commercial Tax），商业税的税率根据商品的种类而定。大多数行业包括农业在内适用的商业税税率为5%，航空运输业、建筑业等少数几个行业，须以经营收益为基础缴纳3%的商业税。

海关，港口清关服务、货物运输服务（汽车、船、飞行器、重型机械运输服务，管道运输除外）免征商业税。

公司在投资过程中采购的物流车辆等也需缴纳商业税。但如果所采购的物流车辆属于须进口的生产设备或物资的，可以在办理投资许可时依法申请免税

---

① 缅甸商务厅《投资国别指南》。

待遇。

私营企业，若其销售额或者经营收益不超过以下规定的数额，免征商业税：

须缴纳商业税的国内商品产销：一个财年中销售额不超过 5 000 万缅元。

须缴纳商业税的服务行业：一个财年中经营收益不超过 5 000 万缅元。

贸易行为：一个财年中销售额不超过 5 000 万缅元。

②企业所得税。税率为 25%。

③个人所得税（主要是薪水、分红）税率实行累进税制，由企业代扣代缴，具体税率如表 3-2 所示。

表 3-2　个人所得税税率表

序号	所得区间（缅币/年）	税率（扣除 480 万缅币/年后计征）
（1）	1~2 000 000	0%
（2）	2 000 001~5 000 000	5%
（3）	5 000 001~10 000 000	10%
（4）	10 000 001~20 000 000	15%
（5）	20 000 001~30 000 000	20%
（6）	30 000 001 以上	25%

④印花税。税率一般为 0.5%~1%。

以上税种和税率的内容建议结合财税机构的专业意见进行审慎判断及采纳。

⑤资本利得税。在缅甸，通过销售、交换及转移资产所获得的收益应缴纳资本利得税（Capital Gain Tax）。资产不仅包含土地、房屋、车辆，也包括股票、债券及契约等。除了在缅甸石油和天然气领域投资经营的公司，其他资本利得者，须缴纳 10% 的所得税。

⑥关税。缅甸《关税法》共 4 章，将商品按统一代码（H.S）分为 6 062 个税目。进口税由 24 个税率组成，税率范围为 0~40%，特许税部分免税或者税率最高为 10%，出口商品一般不计出口税，大米及其制品每吨收 100 缅元，豆类及其他作物、油籽饼、生皮和皮税率为 5%，竹税率为 5%，边境出口税为 0~15%。

(3) 税收优惠。 与税收优惠有关的规定主要见于《缅甸投资法》《投资法实施细则》《缅甸经济特区法》《经济特区法实施细则》及投资委员会的相关通知。

关于投资法规定及投资认可或许可的税收优惠主要包括：

根据《缅甸经济特区法》及《经济特区法实施细则》的规定，投资者向经济特区管委会申请同意入驻特区的，可享受以下税收优惠：

①前5年免征所得税。

②5年后，利润作为下一个5年投资储备金的，减免50%的所得税。

③前5年，免征关税和其他有关生产机械和更换部件的税收；以及建造工厂、仓库和办公室等企业自有设施的建筑材料的税收。

④生产机械和更换部件、建造工厂、仓库和办公室等企业自有设施的建筑材料在下一个5年内的关税和有关税减免50%。

⑤经济特区法律规定的有关减免期间免征商业税和增值税。

取得投资认可税收优惠与特区税收优惠可以并用，但优惠期限不能累加。

(4) 纳税申报。缅甸的纳税年度为当年4月1日至次年3月31日。缅甸没有集团合并纳税的规定，实践中，集团公司进行合并纳税者居多。按照规定，公司在纳税年度结束后3个月内，即每年6月30日前须完成上一年度纳税申报。公司还须根据年预计收入按月或季度预缴税款，预缴税款可在汇算清缴税款中扣除，超额预缴部分可退换或抵扣当年应纳税款。退税通常需要6~9个月的时间。商业税纳税申报按季度提交，分别是4月30日、7月31日、10月31日、1月31日，税款应在次月7日前缴纳。

5. 涉农领域投、融资制度及政策

在缅甸，融资的方式非常有限。缅甸中小企业及大部分外资企业很少从缅甸银行获得贷款，缅籍企业一般通过民间高利贷融资，外资企业多数从境外金融机构或母公司等获得贷款。

缅甸大米协会消息，2017年雨季稻谷种植成本贷款额已达到每英亩5万缅币[①]。农业部给予农民每英亩5万缅币金额的贷款，由缅甸农业发展银行发放，当局虽然时常为农民增加种植贷款额，但蔬果农民还未享有此种待遇。

目前农民贷款是每英亩10万缅元。农民普遍贫穷，多数农村区域农民依赖高利贷生活，某些地方月息高达5%，农民没有钱对农资进行投入，从而导致恶性循环，产量难以提高。农民贷款年利率经过3次下调，从17%下调至13%，据《缅甸新光报》报道，缅甸农业发展银行从2019年4月1日起对农民贷款利息下调至8.5%。

依据《外汇管理法》，凡是在缅甸投资委员会和投资与公司局办理注册的国内公司以及外资公司，在事先取得缅甸央行的审核和批准后才能向外国相关银行或金融机构贷款。

根据规定，向外国银行贷款的国外公司，须向缅甸银行至少转至50万美

---

① www.mmgpmedia.com.

元。缅甸央行对申请向外国银行贷款的外资公司进行调查：是否对规定投资金额 50 万美元转到缅甸，是否有外汇利润，是否具有防抗外汇汇率波动的能力，该外资公司是否按照规定带来 80% 的 MIC 批准的投资金额，是否有偿还贷款的能力等。对相关事情详细了解后，准许外资公司向外国银行贷款。

6. 外汇管理制度及政策

(1) 外汇管理制度。 根据《缅甸中央银行法》（2013 年）、《外汇管理法》（2012 年）的规定，缅甸的外汇管理主要由中央银行、外汇管理部负责。中央银行负责制定实施金融政策，决定实施外汇兑换率的政策，就外汇兑换率制度事宜向政府提出建议，保管国家的专项外汇，担任国内货币的唯一发行者和管理者。外汇管理委员会负责分配外汇。

2013 年 3 月 20 日，缅甸联邦会议通过取消外汇券的议案，取消实施 20 年的外汇券。缅甸于 2012 年 4 月废除多重汇率政策，采用与特别提款权（SDR）挂钩的浮动汇率制度。缅甸央行每天规定汇率指导价。美元纸币换汇时各银行会根据纸币新旧实行不同汇率，100 美元、50 美元、20 美元、10 美元换汇的汇率也有区别，面额越大，纸币越新，银行给的汇率相对较好。

缅甸尚未完全解除外汇管制，但随着对外开放力度的加大，外汇汇进汇出与前几年相比自由度增加，外国企业可通过银行将美金汇进缅甸，中国工商银行也可协助企业与缅甸外贸银行协商，将投资资本金汇入。

(2) 缅甸外汇账户的开立。 根据《外汇管理法》的规定，外国人或外资公司可以在有关部门授权下开立外汇账户。

根据 DICA 的要求，外资公司注册取得临时营业执照后，需向缅甸经济计划与财政部申请开立外汇账户。开立外汇账户须提交以下资料：申请书、公司临时营业执照复印件，申请资料递交至 DICA 后 2 个工作日内可获准开立外汇账户。

公司注册资本金及外币收入须存入该外汇账户。注册资本金汇入缅甸公司的外汇账户中后，可持银行证明到中央银行办理验资手续。

(3) 中国境内办理外汇的程序。 根据国家外汇管理局 2015 年 2 月 28 日发布的《国家外汇管理局关于进一步简化和改进直接投资外汇管理政策的通知》（简称“《外汇通知》”），自 2015 年 6 月 1 日起，境内企业境外直接投资的外汇登记核准之行政审批取消，改为“银行办理、外管监督”的模式。据此，改革之后，将主要由银行代替国家外汇管理部门通过外汇局资本项目信息系统（简称“外汇系统”）办理和完成企业境外直接投资的相关外汇登记手续，而国家外汇管理部门的职能将逐步变为事后监管与控制。根据《外汇通知》，自 2015 年 6 月 1 日起，境内机构可自行选择注册地银行办理直接投资外汇登记及账户开立、资金汇兑等业务。根据《外汇通知》中所附银行《直接投资外汇业务操作指引》梳理部分可在银行直接办理的登记业务程序（表 3-3）。

表 3-3　外汇业务办理程序表

前期费用汇出办理原则	1. 境内机构（含境内企业、银行及非银行金融机构，下同）汇出境外的前期费用，累计汇出额原则上不超过 300 万美元且不超过中方投资总额的 15%。 2. 境内机构汇出境外的前期费用，可列入其境外直接投资总额。 3. 银行通过外汇局资本项目信息系统为境内机构办理前期费用登记手续后，境内机构凭业务登记凭证直接到银行办理后续资金购付汇手续。 4. 境内投资者在汇出前期费用之日起 6 个月内仍未设立境外投资项目或购买境外房产的，应向注册地外汇局报告其前期费用使用情况并将剩余资金退回。如确有客观原因，开户主体可提交说明函向原登记银行申请延期，经银行同意，6 个月期限可适当延长，但最长不得超过 12 个月。 5. 如确有客观原因，前期费用累计汇出额超过 300 万美元或超过中方投资总额 15% 的，境内投资者需提交说明函至注册地外汇局申请（外汇局按个案业务集体审议制度处理）办理。
前期费用汇出审核材料	1.《境外直接投资外汇登记业务申请表》。 2. 营业执照和组织机构代码证。 3. 境内机构为其境外分支、代表机构等非独立核算机构购买境外房产的，需提交以下材料： ①《境外直接投资外汇登记业务申请表》； ②境外设立分支、代表等非独立核算机构的批准/备案文件或注册证明文件； ③境外购房合同或协议； ④其他按照要求需要提交的资料。

（4）投资利润汇出。根据《缅甸投资法》（2016 年）第 15 章的规定，外国投资者可以将下列与投资有关的资金汇出境外：

①符合缅甸中央银行关于资本账户（capital account）规范的资本。

②收益、财产获益（profit from the asset）、股息、特许权使用费、专利费、授权使用费、技术协助和管理费及其他与本法任何投资有关的利益分享和经常性收益（current income）。

③整体或部分出售投资或其财产，或清算投资所得的资金。

④依合同，包括借款合同、特许权使用、技术协助、管理合同、保险合同等，所获款项支付。

⑤因投资纠纷解决所获款项支付。

⑥因投资或征收所获的补偿和金钱补偿。

⑦在境内依法雇佣的外籍员工所得的酬劳、薪资和报酬。

汇出程序：划转或接受贷款的，应取得缅甸中央银行的批准；划转外籍员工收入的，应持完税证明和工作许可证办理；划转其他资金的，应持完税证明及其他缅甸中央银行要求提交的证明进行办理。

禁止或暂停资金划转情形：

①破产或为保护债权人权益。

②刑事犯罪和没收犯罪所得。

③如需协助执法机关或金融监管单位，就资金划转进行财务通报或记录的情况。

④确保遵循司法或行政机关的判决或命令。

⑤征税。

⑥社会保障、公共退休计划或强制性储蓄机制和雇员的遣散费，在发生严重收支失衡和外部金融困境时，依据《外汇管理法》和其他国际规范，政府可以采取或维持与投资有关的对境外付款和划转限制。

总结：根据中国和缅甸法律规定，外国投资者投资缅甸资金汇进和汇出均可在完成相关程序后顺利办理，但外国投资者在实际操作过程中还须谨慎并严格按照法律规定开展相关经营活动。

7. 涉农劳动法律制度与政策（含境外员工雇佣及签证规定）

缅甸有着完善的法律体系，工会也有较强的法律意识，同时，缅甸劳动法特别注重保护劳工权益。因此，对于到缅甸投资的中国企业来说，需要充分了解当地劳动法规条例，按劳动保护法去合法管理劳工，以期获得更好、更长远的发展。结合缅甸外资企业的发展需求和缅甸目前生效的有关劳动用工方面的法律法规，主要需要重点把握以下几个方面的问题：

（1）国籍比例要求。根据《缅甸投资法》（2016 年）、《缅甸经济特区法》（2014）的相关规定，对于不需要技术或技能的工作岗位，应聘用缅甸籍劳工，且在投资期内对于外籍员工和缅甸籍员工聘用比例也有限制和规定。依照投资法，在缅甸投资或者按照特区法向特区管委会申请在特区开展业务的外资公司，不需要技能的工作岗位，应聘用缅甸籍人员；并应安排能力提升课程，以使国民有能力取代外籍人担任各阶层管理人员、技术和运营专家及顾问。

《缅甸经济特区法》（2014）及实施细则还规定，第 1 年聘用缅甸籍员工的比例不低于 25％、第 2 年不低于 50％、第 3 年不低于 75％。但规定投资者经管委会同意可以不受聘用比例限制。

国内派驻的员工需办理居留许可或暂住证。按照法律规定，公司与员工应签署劳动合同并到所在镇劳动管理部门办理注册或备案，公司还应为员工购买社会保险。

（2）最低工资标准。根据《缅甸最低薪资法》（2013 年），劳动部需每隔两年一次向缅甸政府提交更新过的最低日工资线。2015 年 8 月发布的最低日工资线为每天 3 600 缅币（约 2.5 美元），2018 年 1 月发布的最低工资线为每天 4 800 缅币。法律规定的最低薪资标准中，必须将与本企业员工相关的最低薪资标准通告工人们，并在工作场所醒目位置进行张贴。任何雇主如违反最低工资标准的规定，证据确凿，将判处 6 个月以下监禁、或 30 万缅币以下的罚款，或两罚并处。

《缅甸最低薪资法实施细则》规定，企业应当视情况在实习考察期结束前对实习生进行培训练习，从而达到技能、操作等熟练的程度。依据法律规定，相关的工厂、工场、工作部门在 3 个月时间内，要发放不少于最低薪资 50% 的酬劳、月薪。在实习考察期 3 个月中，要发放最低薪资的 75%。也就是说实习培训期（3 个月）可按照最低工资标准的 50% 支付月薪，在实习考察期（3 个月）可按照最低工资标准的 75% 支付月薪。

事实上，缅甸目前的工人薪资均超过上述标准，流水线作业工人月平均工资在 800 元人民币左右。

（3）社会保险。在缅甸，所有雇主必须依法与员工签订劳动合同并前往企业所在镇（区）劳工委员会办理备案登记。同时，雇主应为员工投保。

根据《缅甸社会福利法》的规定，为满足工人的医疗与社会需求，社会福利基金由雇主、工人和国家三方共同承担。社会福利基金包括：医疗与社会保险基金、无劳动能力保险基金、退休保险基金和遗属保险基金、失业保险基金。

保险金应缴纳至法定退休年龄或虽达到法定退休年龄仍继续参加工作的期间。

投保人获得退休保险时，雇主可从法律规定的基金中获得其缴纳 12 个月及以上保险金的 25% 的补贴及利息。

任何雇主如未按法律规定为员工注册并投保的，情节严重的判处一年以下有期徒刑，或处罚金，或两罪并罚。

（4）外国人在当地工作的规定。目前缅甸尚未出台外籍劳务可就业的岗位、市场需求等方面的规定。缅甸整体劳动力水平较低，缅甸政府鼓励外国在缅投资企业引进管理和技术人员，指导缅甸当地雇员提高技术水平，但同时也要求外资企业尽可能地雇佣缅甸工人。外国人赴缅甸工作主要需解决签证延期及居留许可等方面的问题。另外，缅甸整体医疗条件较弱，来缅甸工作人员应注意饮食卫生，采取措施减少蚊虫叮咬、防范疟疾、登革热等疾病。

签证及居留延期的相关规定及程序如下：

①商务签证。外国人赴缅甸工作，须持有效护照及商务签证进入缅甸或提前准备好相关资料到达缅甸后办理落地签证。缅甸商务签证有效期为 70 天，可办理延期。如外国人在缅甸超期停留 90 天以内者，每超期 1 天需要缴纳罚金 3 美元，90 天以上每天缴纳罚金 5 美元。

②暂住证。外国人连续在缅甸居留 90 天以上者须到移民局办理暂住证。

未办理暂住证的外国人，缅甸政府将不予办理签证延期。所有暂住证有效期到每年的 11 月 30 日自然截止，持证人须在当年的 12 月重新办理。

③签证及居留许可延期。凡属中资企业与缅甸政府部门合作开展的承包工程项目或投资项目项下外派劳务人员，缅甸政府部门通常会协助办理中国劳务人员的签证以及居留许可延期。延期程序：中国驻缅甸大使馆经商处→缅甸移民局。

（5）解雇的相关规定。2015 年 7 月 3 日，缅甸劳工部依据劳资纠纷处理法第 59 条以及职业及技能发展法第 41 条的相关规定，就雇主对其解雇行为应向雇员支付的遣散费，做出以下规定：雇主如要解雇其所雇佣的，并在此前持续为其工作的雇员，则须根据雇员最近一次的薪水（不包含加班费）向雇员支付遣散费。具体规定如下：

①雇员为该雇主工作满 6 个月且不足 1 年的，雇主应向雇员支付 0.5 个月薪水的遣散费。

②雇员为该雇主工作满 1 年且不足 2 年的，雇主应向雇员支付 1 个月薪水的遣散费。

③雇员为该雇主工作满 2 年且不足 3 年的，雇主应向雇员支付 1.5 个月薪水的遣散费。

④雇员为该雇主工作满 3 年且不足 4 年的，雇主应向雇员支付 3 个月薪水的遣散费。

⑤雇员为该雇主工作满 4 年且不足 6 年的，雇主应向雇员支付 4 个月薪水的遣散费。

⑥雇员为该雇主工作满 6 年且不足 8 年的，雇主应向雇员支付 5 个月薪水的遣散费。

⑦雇员为该雇主工作满 8 年且不足 10 年的，雇主应向雇员支付 6 个月薪水的遣散费。

⑧雇员为该雇主工作满 10 年且不足 20 年的，雇主应向雇员支付 8 个月薪水的遣散费。

⑨雇员为该雇主工作满 20 年且不足 25 年的，雇主应向雇员支付 10 个月薪水的遣散费。

⑩雇员为该雇主工作 25 年及以上的，雇主应向雇员支付 13 个月薪水的遣散费。

（6）工伤赔偿。根据《社会福利法》（2012 年）第 47 条的规定，雇主应当为工伤者提供以下权益：

①就医权。

②短暂性伤残补贴。

③永久性伤残补贴。

④因工死亡者遗属补贴。

⑤工伤员工就医可享受医疗保险。

根据第 55、56 条的规定，短暂性伤残补贴仅适用于受伤后在 12 个月内恢复工作能力的情形；此种情形下，应按受伤前 4 个月平均工资水平的 70% 支付自受伤之日起至恢复工作之日止享受短暂性伤残补贴，但赔偿期限不超过 12 个月。

根据第 57～59 条的规定，永久性伤残补贴适用于受伤后在 12 个月内不能恢复工作能力的情形；此种情形下，应按劳动能力丧失程度给予 5 年、7 年、10 年（分别对应丧失劳动能力程度在 20% 以内、20%～70%、超过 70%）的补贴，按受伤前 4 个月平均工资水平的 70% 计算支付。

根据第 62 条的规定，劳动者因工死亡，根据劳动者死亡之前 4 个月的月平均工资情况以及曾缴纳的保险金额度，提名继承人可根据其意愿分期或一次性获得遗属补贴：

①如缴纳 60 个月以下保险金的，可获得月平均工资 30 倍的补贴。

②如缴纳 60～120 个月保险金的，可获得月平均工资 50 倍的补贴。

③如缴纳 120～240 个月保险金的，可获得月平均工资 60 倍的补贴。

④如缴纳 240 个月以上保险金的，可获得月平均工资 80 倍的补贴。

无提名继承人的，由配偶→子女（无配偶时）→父母（无配偶和子女的）享有以上遗属补贴。

8. 农业保险和外商农业投资保险政策

缅甸目前没有专门针对农业的保险制度。从农业部获悉，印度将投资缅甸种植业、农民之间发展缓慢的蔬果保险业，以及降雨量保险业①。农业部负责人表示，"实施因自然灾害对农民造成损失的蔬果保险业务，是一项非常有必要和非常重要的工作。"2016 年年初，新加坡虽然有计划进入缅甸农业领域的蔬果保险业，但因农民并没有积极参与而告终。此次，印度将会在 2016 年 7 月才开始正式投入长期的两项蔬果保险业务与一项降雨量保险业务。根据计划，其首要工作是向农民传播保险项目的相关知识和业务培训。据悉，印度保险业务负责人目前已同缅甸农业部门就以上项目进行了第一轮的会面讨论，但仍未落地。

根据《投资法》第 73 条的规定，投资者应依法向缅甸从事保险业务的保险公司投保规定类型的险种。但没有明文规定投资者具体应投资的险种，建议投资者向投资委员会咨询。另外缅甸目前的保险公司对于规模较大的项目承包

---

① www.mmgpmedia.com.

一般多与境外保险公司办理分保险，分保险人的选择一般由缅甸保险公司决定。

（二）农资、农产品贸易制度

1. 贸易法规体系

现行与贸易管理相关的法律和规定有：《缅甸联邦贸易部关于进出口商必须遵守和了解的有关规定》（1989 年）、《缅甸进出口法》（2012 年）、《缅甸联邦关于边境贸易的规定》（1991 年）、《缅甸联邦进出口贸易实施细则》（1992 年）、《缅甸联邦进出口贸易修正法》（1992 年）、《关税法》及缅甸商务部最新规范性文件（商务部〔2016〕第 74 号和第 86 号通知——2017 年进出口负面清单、商务部〔2017〕第 38 号通知、2017 年缅甸关税等）。

2. 外资市场准入制度

MIC（2017）第 15 号文中表（D）列举了以下需要经过商务部批准的投资活动或领域：零售、批发服务。

表中虽然是以"零售服务"（Retailing Services）、"批发服务"（Wholesale Services）表述，但是以 Industrial Code 进行了限定，即属于 CPC 62 和 CPC 61 分类中的。根据 Central Product Classification（CPC）的分类查询可知，CPC 62 和 CPC 61 均属于"贸易"大类项下的二级分类。因此，从上述分析可知，无论是缅甸国民还是外国人或企业，根据该文规定，可以开展"贸易"经营业务，但须取得缅甸商务部的审批许可。

根据 MIC（2017）第 15 号文的提示：①其他部门规章或规定对投资限制进行规定的，依照本法执行。②进出口的投资应当符合商务部的政策。从特别提示条款可知，农业部对投资限制的规定与投资法及投资委员会规定不符，应按照投资法及投资委员会的规定执行；但如果商务部对进出口的投资有特别规定的，应当优先适用商务部的规定或政策。恰恰商务部对外资开放贸易或进出口业务持保守态度。实践中，MIC 下设部门 DICA 对于外资申请贸易公司注册均予以登记，但是注册贸易公司后并不能取得商务部的贸易或进出口许可。近两年并未见到外资获批经营"贸易"的案例，部分外商为了实现商业目的，通过以缅籍企业（100％缅甸国民持股）名义申请商务部取得贸易许可，但存在很大风险。因此，从这个角度讲，外资拟在缅开展贸易业务理论上具有法律可行性，但是实践中的可行性有待个案操作确定。

民盟政府执政以来，商务部逐步放宽外资公司和合资公司投资营商限制。值得关注的是，2016 年 6 月，商务部批准外资公司可进口化肥、农药、种子、医疗设备和建材等商品，7 月批准合资公司进口 14 种建材，包括水泥、塑料管、木材、瓷石板、室内饰材、水泥砖瓦、钢管、铁丝网、铜管等；2018 年

1月，商务部再次批准进口6种建材：建筑工程用大型原石、石板、油漆、玻璃、钢铁品、铝水缸。也就是说，只要明确贸易商品种类在允许外资进口销售的范围内，外资是可以办理进口许可证的。

缅甸商务部于2017年5月发布了2017年第36号文件，从6月12日起外资企业可从事化肥、农药、种子、医疗设备和建材等商品的贸易。但外资企业必须持有营业执照，并获准在缅甸市场进行批发或零售，同时要依据现行法律和有关部门规定的商品标准开展业务。

3. 贸易主管部门

缅甸贸易主管部门为缅甸商务部，负责办理批准颁发进出口营业执照、签发进出口许可证，管理举办国内外展览会、办理边境贸易许可、研究缅甸对外经济贸易问题、制定和颁布各种法令法规等。下设贸易司和边贸司，边贸司在各边境口岸设有边境贸易办公室，负责办理边境贸易各种事务。缅甸企业从事对外贸易须通过进出口贸易注册办公室领取营业执照，申领进出口许可证，在国家政策许可范围内自由从事对外贸易活动。

4. 贸易管理的相关规定

缅甸对进出口商品进行分类管制，分为禁止进出口、限制进出口两类，除此以外的商品可自由进出口。

缅甸商务部根据WTO要求，禁止下列商品出口。禁止出口的渔业产品：虾壳粉，禁止出口的动物及动物副产品：象牙、野牛、畜牛、大象、马、野生动物，禁止出口的林业产品：木材（不加工木材），禁止出口的农业产品：芝麻油、芥末酱和芥末油、向日葵和向日葵油、生产植物油的残渣。禁止进口的商品有：濒临灭绝的野生物种等。

限制进出口商品以自由进出口负面清单的方式进行了规定，具体可查询缅甸商务部〔2016〕第74号和第86号通知及2017年进出口负面清单。

5. 进出口相关程序

执照和许可证部门：商务部及下属部门贸易司。

进出口许可证办理时须提交：进出口营业执照、估价单或销售合同的原件、用外币支付进口费用的可靠证明等。取得进出口许可证后，每年须办理年检或延期。

海关程序：报关（附申请表、进口/出口许可证、发票、提单或托运单、装箱单等）→缴纳进口/出口关税、商业税等→通关。

6. 进出口商品检验检疫

缅甸进出口检验检疫工作由农业部主管。《缅甸植物检疫对外投资合作国别（地区）指南法》（1993年）规定禁止有害生物通过各种方法进入缅甸，切实有效抵制有害生物，对准备运往国外的植物、植物产品，必要时给予消毒、灭菌处理，并发给植物检疫证书。无论是从国外进口的货物，还是旅客自己携带的物品入境时，都必须接受缅甸农业服务公司的检查、检疫。《缅甸经济特区法》《缅甸经济特区法实施细则》也规定对进出免税区商品必须依法进行检验检疫，对不符合规定的产品应当予以销毁。

商务部贸易司 2019 年 7 月发布通告，提醒进出口公司在规定时间内重新办理进出口许可证。贸易司称，按照新的《缅甸公司法》以在线注册（MyCO）方式完成注册的进出口公司，如继续经营进出口业务，须重新办理进出口许可证，截止日期为 2019 年 9 月 3 日，违者将被废除进出口许可证。

四、影响投资农业领域的其他因素

（一）政治环境

1. 涉农国际条约

缅甸在农业方面的国际协议主要是合作备忘录，且多为两国农业部签署，并非真正的国际条约。如缅甸参与签署东盟成员国同俄罗斯签署的《预防和抗击自然灾害的合作协议》，2017 年 6 月 6 日已获得联邦议会通过。根据协议，东盟成员国和俄罗斯之间将共同预测紧急情况和后续的检查、共享紧急情况和信息、共享因灾害遇难的伤亡数据、技术交流、互相帮助实施救援等。社会福利救济与安置部长温敏埃博士表示，协议签署后，缅甸将同东盟成员国一起进行抗击自然灾害和参与搜救的工作，可以在减低自然灾害的实践中开展技术交流，在东盟成员国和俄罗斯之间为自然灾害采取紧急措施时可以参与其中等①。

缅甸已签署的真正意义上的关于投资和贸易的国际条约如下：《缅甸与中国自由贸易协定》（2010 年 1 月 1 日），《缅甸与韩国自由贸易协定》（2010 年 1 月 1 日），《缅甸与澳大利亚/新西兰自由贸易协定》（2010 年 1 月 1 日），《缅甸与印度自由贸易协定》（2010 年 1 月 1 日），《缅甸与以色列关于相互促进和保护投资的协定》（2014 年），《缅甸与韩国关于相互促进和保护投资的协定》（2014 年），《缅甸与美国之间投资激励协议》（2013 年），《缅甸与印度尼西亚关于贸易和投资的框架协定》（2013 年），《缅甸与日本关于投资自由化、促进和保护的协定》（2013 年），《缅甸与印度关于相互促进和保护投资的协定》（2008 年），《缅甸与泰国关于相互促进和保护投资的协定》（2008 年），《缅甸与科威特关于鼓励和相互保护投资的协定》（2008 年），

---

① www.mmgpmedia.com.

《缅甸与老挝关于相互促进和保护投资的协定》（2003 年），《缅甸与中国关于相互促进和保护投资的协定》（2001 年），《缅甸与越南关于相互促进和保护投资的协定》（2000 年），《缅甸与菲律宾关于相互促进和保护投资的协定》（1998 年）。

缅甸在东盟（ASEAN）范围内还签订了一项重要的区域性多边（MITs）投资协定——东盟综合投资协定（ASEAN Comprehensive Investment Agreement），协定包括了通常投资协定具备的保护投资者的措施，来自东盟国家的投资者可以利用这项协定项目下的保障措施。

2. 中缅涉农协定

为了遏制中缅两国走私问题及加强农产品贸易质量监管，中缅两国将签署农产品及水产品交流机制谅解备忘录（MOU）①。

此外，中缅涉农协定主要包含在《中缅关于鼓励促进和保护投资协定》内，该协定为在缅甸的中国投资者提供了广泛的保护，包括：

①全面的保护和安全。这要求缅甸政府尽职尽责地向来自中国的投资提供基本水平的保护。

②公平和公正待遇。该保护非常广泛，通常保护投资者免受来自法院、仲裁庭、行政机关违反正当程序或存在偏见、欺诈、不诚实、不公正的裁决和决定，也保护投资者免受任意武断的对待和因东道国重大的法律和商业环境改变而造成的不利影响。如果缅甸政府撤销了投资者的经营执照或者投资者认为缅甸政府对投资将被给予不一样的待遇，则中国投资者可以寻求该条款的保护。

③防止遭受不合理或歧视性措施。

④对投资进行征收或国有化而未给予充分补偿的赔偿。

⑤赔偿损失。当投资由于战争、国家紧急状态、暴乱、动荡或类似情况而受到损失时，该协定也向中国投资者提供与缅甸本国投资者或其他第三国投资者相同的要求赔偿的权利。

⑥资本和收益的汇回。协定保证中国投资者向中国转移投资收益的权利，包括利润、红利、利息和其他法定的收益、出售或清算全部或部分投资获得的收益以及有关知识产权的特许权使用费等。

在适用投资协定保护投资合法权益时，需要区分争议类型，一类是关于投资协定的解释、适用的争议，该类争议只能通过外交途径解决；另一类是投资争议，既可以是投资协议各方之间发生的争议，也可以是投资者与缅甸政府之间发生的争议（比如关于许可申请不受理、许可被撤销等）。该类争

---

① 缅甸金凤凰中文周刊，2019 年 1 月 14 日刊。

议只能进行"属地原则"解决，即向缅甸国内有管辖权的部门提起诉讼、复议等。

虽然这些投资保护协定规定得比较全面，但实施效果取决于两国外交关系以及政府对境外投资的支持力度。想要获得投资保护协定的保护，需要中国政府的积极争取。

3. 涉农国际援助

涉农国际援助主要体现在农业基础设施建设，尤其是水利工程建设的援助，且多为国际贷款。

缅甸计划与经济发展部发布的数据显示，缅甸在本届政府任期的 5 年内（2011 年 3 月至 2016 年 3 月）共获得 1 270 个关于减贫及地区发展的国际资金和技术援助项目，援助总金额超过了 38 亿美元。报道说，向缅甸提供援助的国家及组织共有 160 个，其中包括 24 个捐助国、5 家国际金融机构、20 个联合国下属机构、106 家国际非政府组织（INGO）及其他 5 个组织①。

缅甸整体上还是希望发展经济，因此，只要做好风险防范，缅甸具备的自然资源优势对农业投资吸引力仍然巨大。

（二）法治环境

法治环境逐步改善，但整体来看人为因素干扰依然较强，司法独立性薄弱，法律法规健全性、透明度较低。

1. 法律不健全，立法空白较多，现有部分法律已不适应经济发展需要

依照规定，任何法案在颁布之日起的 90 天内须制定完成实施条例。现在法案颁布已有 3 年的时间，实施条例却没有任何音讯。实施条例颁布时间的拖延，致使广大民众失去法律的保护和应得的利益。另外，虽颁布了法案，但因没有实施条例，相关政府部门无法执行相关任务，同时也不能向民众传授相应的法律知识。委员会还发现，已颁布的相关法案实施条例中，一些实施条例规定并不符合原本的法案条款。因此委员会向联邦议会建议的应制定执行的 48 项法案中，与农业有关的包括：《商标法》《版权法》《专利法》《反倾销法》《农村发展法》《补贴法》《信息与技术法》《植物与昆虫控制法》《养殖法》。换言之，农业法律至少还存在以上立法空白且亟须完善。

2. 法律信息公开度低，执法偏差大，司法亟待改善

整体而言，缅甸各个方面的法律法规既不健全，法律政策透明度也比较低，司法与执法环境差，行政机构对法令的执行比较模糊，人为操作余地大，中央与地方经常出现政令不统一的情况，地域性法律法规也存在冲突。尤其是

---

① 《缅甸十一新闻》2016 年 3 月 21 日刊。

贸易投资法令在执行过程中的变化很大（对外资开放贸易的政策朝令夕改），常随着司法官员的变迁而改变，不可预见因素较多。

人民院司法与法律事务委员会 2017 年度工作报告显示，缅甸司法领域仍未见变化，工作没有任何改进。在日前举行的人民院会议上，司法与法律事务委员会向人民院提交周年工作报告。报告称，立法和行政领域的运作缓慢，但这两个领域都有一定程度的改进。在司法领域中，相关部门的合作进一步密切，但大部分没有得到改进。报告指出，全国各地法庭法官对案件当事人的服务也像之前一样，没有得到当事人的满意。另外，发现有些法官在庭审中看杂志和报纸；去法庭外面接电话；在不必要的情况下多次开庭审理；故意拖延案件。报告还说，有些法官在没有深入分析研究的情况下对案件进行判决[①]。

对于外商而言，缅甸的司法效率及公正性对投资争议的解决极为不利，建议在争议解决方式上尽可能约定国际商事仲裁。不过虽然可避开缅甸司法审判的弊端，但又面临强制执行的问题，目前尚未见到法院按照 2016 年颁布的缅甸仲裁法承认和执行国际商事仲裁裁决的案例，建议投资者在签署协议时关注最新动态以选择有利的争议解决方式。

（三）营商环境

1. 基础设施落后

长期以来，缅甸政府对基础设施投资少，不仅现有基础设施存量低，而且落后。电力方面，2013 年缅甸人均电力消费 156 千瓦时，居东盟国家末位，电气化率仅为 31%，供电不足严重影响了企业生产，据 2014 年世界银行调查，缅甸是亚洲断电、企业自备发电设备最普遍的国家之一，94% 的企业经历过断电，76% 的企业需要自备发电设备。近年来缅甸加大了在电力方面的投入，但随着缅甸经济发展，用电需求逐年增加，电力供应不足的问题并没有明显改善。交通运输方面，受投资规模低和投资效率差等因素影响，缅甸的交通设施严重滞后于东南亚国家，目前仍有一半以上的农村人口无法满足正常的通行需求。缅甸用于道路的维护支出不足正常水平的 1/3，60% 以上的公路网路况非常差，急需维修。缅甸急需建设大量的高速公路和村级道路，其道路密度不足邻国泰国的 1/3，仅有 20% 的公路铺设了路面。通信方面，缅甸由于长期政局动荡，国内经济萧条，电信产业起步较晚，缅甸的通信普及率非常低。2011 年缅甸政府推出了"五年通讯发展规划"，但收效甚微，2013 年缅甸仅 33% 的人拥有移动电话，4.8% 的人拥有座机，3.5% 的人拥有

---

① www.mmgpmedia.com.

电脑。

2. 政府效率低下，行贿寻租现象普遍

缅甸新政府对外商投资持积极态度，对外商投资的吸引力不断增强，但投资环境仍存在诸多问题。一是政策不稳定，管理复杂。投资申请批准程序复杂、时间长、成本高。缅甸投资委员会主管国内投资，具有较大权限，投资项目是否合法，是否可以减免税，是否可以追加或扩大投资，均由该委员会决定。新政府推出的改革政策和优惠措施朝令夕改，政策之间存在交叉管理。2017 年，缅甸投资与公司局宣布，按照《缅甸公司法》，无论期满或尚未期满，若继续经营业务，全部在缅注册的公司需重新注册。除了《外国直接投资法》外，外国对缅投资根据投资对象和领域不同适用的法律不同，在某些领域投资要遵守《缅甸公司法》，与国有企业合资要遵守《特殊公司法》。二是政府行政效率低，2011—2013 年世界银行世界治理指数中，缅甸在质量管理、政府效率方面得分均没有超过 6 分（满分 100 分）。在 2015 年世界银行营商便利指数中，缅甸在合同执行方面在 189 个经济体中排名第 185 位。三是腐败问题严重。2011 年国际清廉指数排名中，缅甸在 182 个国家中列倒数第 3 位，联合国经济合作与发展组织和缅甸商会联合会对 3 000 多家企业的调查显示，约 20% 的企业认为腐败非常严重，阻碍了它们的经营，60% 的企业称在注册、取得执照或许可证时不得不行贿。

3. 劳工政策优先本地公民

缅甸整体劳动力水平较低，政府鼓励外国在缅投资企业引进管理和技术人员，指导缅甸当地雇员提高技术水平，但同时也要求外资企业尽可能地雇佣缅甸工人。新《外国投资法》规定，外资企业应优先录用缅甸公民，在需聘请专业技术人员的领域，外资企业在开始运营的头两年雇佣缅甸员工比例应不低于 25%，随后两年不低于 50%，第五年和第六年不低于 75%。

4. 法律保障下外资遭受国有化的风险较低，但搁置风险依然突出

《缅甸投资法》第 52 条的规定避免了项目被缅甸国有化的风险，但也面临着缅方以所谓"充足的理由"来搁置项目的风险，此前由我国投资的密松水电项目曾因缅甸民间反对而遭受项目搁置并造成巨额损失。

5. 汇率波动较大

2012 年 4 月，缅甸结束了维持 35 年的本币币值严重高估的固定汇率制度，引入以市场为基础并加以调控的浮动汇率制度。2011/2012 财年至 2013/2014 财年之间，缅币对美元汇率从 5.6∶1 贬值到 964∶1。进入 2015/2016 财年后，由于缅甸政府卫生及教育预算及行政支出增加、公务员加薪、政策性调整工人最低工资标准、国际贸易逆差加大、缅北战争，加之大选年诸多不确定因素，使得外商投资新项目审批处于停滞状态，外资进入一定程度上受到抑

制，导致缅币开始大幅贬值。缅甸政府采取了多重办法以控制缅币贬值，要求缅甸国内的所有交易都必须使用缅币，限制以美元为主的外币流通，同时直接面向进口商销售美元，取消中间环节，以减少中间商抬高美元汇率的方式控制汇率，但缅币汇率波动仍未稳定。2018 年也发生了一次短短几天内缅币大幅贬值的情况。

（四）社会环境

《缅甸投资法》规定了"最惠国待遇"原则，也就是说对中资和新加坡等国投资者给予同等待遇，不存在歧视。但事实上，缅甸社会对中资企业仍然存在各种偏见，造成这一问题的原因可能包括：一是部分投资者与中国工人对当地的价值观念和风俗习惯了解不够，尊重不够，与当地社会的融合程度还较低，不重视企业社会责任建设。二是部分中国投资者偏好于通过与所在国政府交往来处理各种事务，"拉关系""走后门"等陋习也"走出去"了。在企业方面，中国企业拨付的征地补偿费更多习惯于直接支付给当地政府，当地老百姓对于谈判进程的参与程度低，致使他们对合同条款不透明及补偿不合理等有很多怨言。

但近两年有所改善，中资企业多数比较尊重当地社会价值观和风俗习惯，在社会公益活动和环境保护等方面予以更多关注和投入，缅甸福建商会、浙江商会等组织也常常对遭受自然灾害的灾民赠送各种物资，得到缅甸老百姓的认可。

（五）自然环境

2017/2018 财年缅甸发生大小自然灾害 2 500 多起，直接经济损失达 9 亿缅元。因自然灾害频发，国家和人民经济受损。为降低灾后损失，当局将根据有序的计划、政策进行重建工作，为此 2018 年缅甸也出台了《自然灾害管理法》及其实施条例。

根据该法案，国家自然灾害管理委员会实施自然灾害管理工作时，将根据该法进行。委员会将在各省（邦）、县（区）和镇（区）组织灾害管理组，积极推动减灾工作。此外，委员会还将全面推进灾害预防工作，其中包括建设抗风暴建筑、多功能避难所，以及补充移动救灾设备装置等。

缅甸消防局数据显示，2018 年全国自然灾害和意外事故发生 1 856 起，其中暴风、水灾位列自然灾害数量之首。每年遭遇自然灾害给缅甸带来的损害，受灾最直接的就是农业生产。自然灾害致 60 多万英亩农作物受损，40 多万英亩雨季稻谷受损。国家为了及时种植替代品，恢复被水淹没的农田，正在准备数十亿缅元的肥料和种植经费。

拟投资缅甸农业的企业应注重自然灾害预防与管理工作，通过投保相应保险转嫁灾害风险。

五、投资缅甸农业的主要法律风险

（一）企业设立阶段的主要法律风险

企业在设立阶段的常见风险主要集中于注册资本方面，但缅甸目前对最低注册资本没有要求，因此设立公司可以说没有资金门槛，一般不会发生虚假出资等风险。

1. 股权架构设置风险

除了常见的公司或股东僵局、控制权失衡等股权架构风险外，此处主要关注外商投资股权比例要求。国家为了安全、国民经济等因素通常会对某些投资领域设置一些限制，其中一种方式是对外商持股比例的限制，缅甸投资法及相关规定对此也做了明确规定。缅甸投资委员会 2017 第 15 号文规定了 12 类仅国民可投资的项目和 22 类须与缅甸国民合资方可开展的项目；投资者在成立公司时需要考虑所投资的领域，如涉及上述禁止和限制外商投资的领域，则不可以成立外商独资公司进行经营，须按照缅甸投资委员会及公司管理局要求成立合资公司。

2. 代持股风险

如上所述，部分领域禁止或限制外商投资，很多投资者为了完全控制公司，避免缅方股东干预管理等，常常用"代持股"的方式实现投资目的。按照缅甸法律规定，代持股协议或这类法律文书是无效的，如果代持者或登记股东想要侵占股权，实际股东通过司法途径维权基本是徒劳的。建议投资者尽可能避免以"代持股"方式进入禁止或限制外商投资的领域。

（二）企业经营阶段的主要法律风险

1.《缅甸公司法》项下的经营风险

根据《缅甸公司法》的规定，公司成立后如发生名称、股东、董事、章程、经营地址等变更的，应在规定时间内办理变更备案，否则将面临被处罚款的风险。另外，公司应于其成立之日起的 2 个月内并且在之后每年一次（不迟于其设立周年之日起的 1 个月），向 DICA 提交年度申报。于年度申报到期之日，公司将收到 DICA 发出的电子提示。若于到期之日仍未能提交年度申报，公司的登记可能会被暂停。若公司登记被暂停超过 6 个月，公司的名称可能会被从 DICA 的登记簿上划销。建议投资者在经营过程中严格按照公司法规定办理各种登记并按时提交年报。

2. 政治风险及防范

政治风险主要有国家干预风险、政策变动风险、民族主义风险、恐怖主义风险等。缅北战争给投资带来的风险，属于政治风险中的一种，对于政治风险，可知而极不可控，但仍然可以采取一定的防范措施。

缅北带来的政治风险可通过中信保投保进行防范。中信保为投资者及金融机构因投资所在国发生的征收、汇兑限制、战争及政治暴乱、违约等政治风险造成的经济损失提供风险保障，承保业务的保险期限不超过 20 年。具体承保范围如表 3 - 4 所示。

表 3 - 4　政治风险投保情况表

承保风险	征收	东道国采取国有化、没收、征用等方式，剥夺投资项目的所有权和经营权，或投资项目资金、资产的使用权和控制权
	汇兑限制	东道国阻碍、限制投资者换汇自由，或抬高换汇成本，以及阻止货币汇出该国
	战争及政治暴乱	东道国发生革命、骚乱、政变、内乱、叛乱、恐怖活动以及其他类似战争的行为，导致投资企业资产损失或永久无法经营
	违约	东道国政府或经保险人认可的其他主体违反或不履行与投资项目有关的协议，且拒绝赔偿
损失赔偿比例		赔偿比例最高不超过95%

3. 汇率风险及防范

汇率风险是任何一个参与国际经济的企业必须面对的。汇率风险主要指由于汇率变动而带来的潜在收益和损失。缅甸 2018 年 8 月中旬发生了一次较大的汇率波动，短短几天汇率从 1 美元兑 1 400 缅币变动至 1 美元兑 1 600 缅币，对于以缅币结算的交易来说，这种波动足以对企业造成很大损失。而缅甸汇率波动一直存在，因此，企业必须给予高度重视，在签署合同时，建议从以下几点防范汇率变动风险：

(1) **尽量以美元计价。** 美元本身价值也有波动，但相对缅币来说汇率波动不大，因此，在合同单价和总价上建议以美元为计价单位，降低汇率变动带来的损失。

(2) **尽量约定货币保值条款。** 常用的有硬货币保值条款和一揽子货币保值条款。常用的是硬货币保值条款。

硬货币保值条款是指在交易合同中订明以硬货币（货币汇率比较稳定，并且有上浮趋势的货币）计价，以软货币（汇率不稳定，且有下浮趋势的货币）支付并载明两种货币当时的汇率。在合同执行过程中，如果支付货币汇率下浮，则合同金额要等比例地进行调整，按照支付的汇率计算，使实收的计价货币价值与签订交易合同时相同。

（3）采用远期外汇交易锁定汇率。

4．**知识产权风险及防范**

（1）缅甸没有知识产权法律。缅甸于 1995 年和 2000 年分别加入世界贸易组织和世界知识产权组织，作为世界贸易组织和世界知识产权组织及东盟成员之一，为了改变保护知识产权的法律体系不完善，知识产权所有人的利益得不到充分保护的现状，缅甸政府正由司法部抓紧起草颁布知识产权方面的法律法规，以符合《与贸易有关的知识产权协议》和《东盟知识产权合作框架协定》的相关规定。

商标在缅甸是属于普通法概念上的保护。没有针对注册的法律体系，缅甸商标体系实际上是一种登记制度，而不是由某个政府部门授予的专用权。

商标权具有地域性，在中国注册的商标通常只能在中国获得保护，如果想在其他国家获得商标权及相应法律保护，须在其他国家进行注册或进行国际注册。对于商标权的保护，缅甸采用使用主义（只要证明使用在先，即可排除其他人使用或注册该商标），注册纯系为抵制他人仿冒之依据。因此，曾经使用过的特有品牌或标签是否构成商标并不重要，只要被使用过即受到法律的保护。因此，商标权纠纷频发，缅甸企业抢注中国著名商标的案例较多，就连中通快递的商标也被抢注了，给其 2018 年进入缅甸带来较多不便和损失。因为一旦被抢注，意味着企业在缅甸不能再注册一样或相似的商标，如果注册其他商标，而不能用已有商标，则企业通过长期经营取得的商誉将被抢注者"合法"使用，甚至有可能丧失缅甸市场。因此，建议企业在开拓缅甸市场的时候，一定要把商标保护放在首位。商标保护的前提就是在缅甸通过注册取得商标权（商标登记）。

至于专利、著作权、商业秘密保护等，目前缅甸尚处于立法空白。建议企业在核心技术、涉密岗位上坚持雇佣本国员工，企业还应当加强对企业人员的合同约束，与企业员工签订职务发明归属、竞业禁止等协议，明确员工应保守商业机密、技术机密，从而防范内部用工流失给企业造成的知识产权风险。

（2）避免员工泄密或带走企业相关技术。建议采取合同约束防范措施。企业在知识产权风险管理中应积极利用合同的法律效力来防范风险。在采购环节，要求供货商在合同中明确确保所提供的产品不侵犯他人知识产权，一旦侵权，供应商承担相应的侵权责任；自主研发后委托他人制造时，企业与指定厂家签署合同时，应在合同条款中约定对方对未申请保护的知识产权进行保密；对于合作开发的技术，应明确合作中各方对研发成果的所有权、使用权和收益权。另外，一定要在合同中设置严厉的违约责任条款，从而从预防到索赔都有依据可循。

5. 劳动用工风险及防范

缅甸常见的劳动用工风险在于罢工。引起罢工的因素比较多，诸如工资、休假、福利待遇、解聘等。缅甸每3年调整一次最低工资标准，每调整一次，都会引发大量的罢工，如果处理不好的话，罢工持续时间将会很长，而且有可能造成不可估量的后果。因此，企业在缅甸开展经营活动而聘用缅甸员工的，建议企业遵守最低工资标准，遇到最低工资标准调整时，及时与劳动者沟通并提出变更工资的方案，避免罢工，或者避免罢工事件长时间发酵而带来其他的风险。

用工过程中，建议遵守缅甸的劳动用工法律，为劳动者按时购买保险可避免受到相应部门的处罚。在解聘劳动者时，建议依法支付相应的遣散费。

对于派驻的中国籍员工：缅甸社会治安状况总体良好，但由于经济社会深层次矛盾长期存在，一些不安定因素也时而对社会安定构成威胁，对中资企业及人员在缅甸开展投资合作项目带来不利影响。中资企业应建立完善的突发事件应急预案，提高驻外人员自我保护意识，加强安全教育培训，防患于未然。同时，可通过投保将部分风险转嫁出去，以降低企业自身风险。

依照2012年《劳工纠纷解决法》，缅甸全国工厂必须成立工作场所协调委员会，违者依照此法被追究责任。工作场所协调委员会分4个组，即工厂级协调委员会、镇（区）级协调委员会、评判组、评判委员会。如工厂发生劳资纠纷，工厂级委员会须帮助协调。如工厂级委员会的协调无效，镇（区）级委员会须接手处理。如问题还是无法妥善解决，评判组须出面判决。如评判组的判决无果，须由评判委员会做出最终判决。该委员会有助于缩减劳资纠纷，以及工厂存在的其他问题。

（三）企业退出阶段的主要法律风险

根据《缅甸公司法》的规定，公司可通过自愿清算和强制清算的方式注销。自愿清算指股东通过决议清算公司。强制清算指通过法院命令清算，清算过程由法院进行控制和监督。由于缅甸公司法于2018年8月1日起实施，相应配套规定及制度尚未建立或完善，目前缅甸的法院是没有清算的能力的，因此在这种情况下，建议公司在结束经营时避免被法院强制清算而陷入长期不得退出的被动局面。

除了清算注销公司的方式外，通过上市、股权转让及资产出售也可以实现投资退出的目的。通过上市退出投资已为外国投资者采用，但这种方式目前并不适用缅甸的投资。根据缅甸证券交易所统计数据显示，缅甸目前上市企业只有 4 家，4 只股票每天产生的交易量仅有人民币数万元，对于通过上市收回投资进行退出的目的来说，现有民众对缅甸股票市场的关注显然是不够的。当然，至于将来缅甸证券交易活跃后该方式是否可行还需结合具体情况分析。股权转让和资产出售的退出方式各有优劣，采取何种方式税负更低、交易更高效快捷，需结合具体情况进行分析。无论采取何种方式均建议税务筹划，同时注意退出时中缅两国的完税，以免引发税务风险。

六、农业投资法律风险防范建议

（一）增强风险识别和管控能力，做好项目全周期的法律及政策风险应对工作

进入缅甸投资前，应充分了解投资所涉及的相关法律信息，如缅甸的税务体制、劳动法律制度、外汇管制、投资优惠及投资路径等，这种了解须做到实时更新。对投资者而言，重要的是必须确认投资项目中被投资主体的法律资质、存续情况、经营状况、目标资产是否存在产权负担或其他重大瑕疵等信息。由于企业规模及资金的限制，投资者很难利用自己的人力资源对缅甸投资项目进行充分的调查了解，故而常陷入被动局面。若想在短期内做好准备，确保投资安全，除利用好企业自身资源及律师提供的法律服务，还可通过外交资源、咨询公司、投资协会等第三方机构来为自身提供投资信息，并对投资项目所涉及法律环境进行全面调查，从而完成法律风险之预判。

（二）建立投资项目法律风险防范管理体系，提高合同违约风险应对水平

1. 选择合适的投资方式与交易结构

在完成缅甸相关投资项目信息收集后，投资者应针对风险选择恰当的投资方式与交易结构。对缅投资可选择与缅方自然人或公司合作的形式。在缅甸政府管控相对严格的行业不必以绝对股权或控股权为最高目标，代之以合同等法律允许之方式稳定自身经营参与权、收益权等即可，以减少缅甸政府对这些行业管控或进行法律规范调整所带来的法律风险。此外，可视情况选择与泰籍投资者开展合作，凭其在缅甸当地的经验以及人脉将投资法律风险降到最低，或与其他已在缅甸投资的外资企业开展合作，这样不仅可以降低风险，同时也可以学习和借鉴其他国家对外投资的经验。而交易结构的选择指在缅甸投资对融资、支付、税收与会计等方面所做的具体安排。合理的交易结构首先应当坚持符合交易目的原则，其次要在协商、谈判基础上平衡投资各方商业利益，在此

基础之上，进而选择以股权收购、资产收购、承担债务、融资租赁、直接投资、间接控股等方式进行投资。

2. 建立投资项目法律风险防范管理体系

鉴于中国企业海外投资的法律风险，主要是企业不熟悉海外投资过程中的相关法律或忽视法律监管而实施违反法律、法规的行为招致法律制裁的后果，抑或主观上不知道采取何种法律手段对自己的权利或将要遭受的损失进行法律救济所带来经济损失的风险。因此，对于赴缅投资的中国企业而言，有必要对在缅甸投资项目实施法律风险防范管理，建立法律风险的分析、评估预警和处理机制，形成以事前防范为主、事中控制及事后补救为辅的防范体系。法律风险管理要求投资者对企业在缅甸经营的各方面进行充分、深入、系统的认知，并结合缅甸相应的司法环境状况、投资行业特点、自身状况等因素，采取综合、系统的手段，在企业投资的各个领域和环节上采取预防法律风险或抑制法律风险不利后果及负面影响的全方位、全过程的管理行为。法律风险管理体系不仅是对法律风险进行被动的防范，更要从积极角度对在缅甸投资所涉法律风险主动认识和从容应对。建立法律风险管理体系，实际操作中要求将法律事务管理和企业在缅甸的投资经营管理活动合二为一，预防或者抑制法律风险不利后果的发生。对法律风险的管理应始于投资开始前，贯穿整个投资实施过程，且延续到投资结束，并且所有风险已得到有效处理。

（三）建立法务内控制度，防范商业贿赂风险

1. 确立企业法务总监对于反商业贿赂的枢纽地位

法务部门的工作核心是法律风险的管理与控制，而商业贿赂是企业面临法律风险的一个重要原因，因此，法务部门作为负责法律风险防范的主要部门，应充当着枢纽的角色，并将企业各部门整合起来共同发挥商业贿赂风险控制的作用。在此情形下，董事会应确立法务总监对于反商业贿赂合规政策的制订权和对商业贿赂行为的独立调查权与处理权。

2. 制定反商业贿赂的合规文件

企业的反商业贿赂制度，应涉及反商业贿赂政策、员工行为准则、岗位反商业贿赂手册等法律文件。反商业贿赂政策至少应包括反商业贿赂的目标及原则、董事及高级管理人员的责任、商业贿赂管理部门的地位及责任、管理框架及报告路线图等。员工行为准则应当规定企业所有员工必须共同遵守的基本行为准则，并可对董事、监事和高级管理人员提出专门要求。岗位合规手册应当规定各个工作岗位的业务操作程序和规范。

3. 完善反商业贿赂管理体系

一个有效的反商业贿赂管理体系至少应包括 3 个方面的内容：建立健全的

反商业贿赂管理制度，完善的反商业贿赂管理组织架构，明确的商业贿赂的管理责任。只有这样，才能有效识别并积极主动防范化解法律风险，确保公司稳健运营。具体而言，体系的构建可以从以下几方面着手：第一，通过设置商业贿赂管理部门或者岗位，制定和执行反商业贿赂政策。第二，开展反商业贿赂监测和培训等措施。第三，建立预防、识别、评估、报告和应对商业贿赂风险的行为的机制。

（四）充分利用缅甸当地资源，建立双边、多边协定及合作机制

东道国政府对外国投资者的投资有何种限制，其又是如何审查外国投资者的，诸如此类问题，在该东道国所加入世界或区域性条约或与他国签订的双边投资协定中都有所反映。这些协议也在一定程度上体现了一国对外国投资者的保护力度。从国际法上来说，两个国家之间的投资协定、避免双重征税协定以及地区性合作投资协定等国际法渊源，是规范、保护国际投资的重要依据。其中，双边投资协定考虑缔约国双方的实际状况，将双方的权利义务上升到国际法的高度来进行约束，为缔约国双方的投资者预先设立了在国际投资中应当遵循的规则与框架。建议企业充分利用缅甸当地的税务、法律、咨询等机构，并与当地政府机构建立合作关系。中国在缅企业虽未得到国民待遇，但企业可以尝试与缅甸政府签订投资保护协议或合作备忘录以获取优惠待遇。此外，企业还可依托经贸合作区争取最大的权利。

以上风险防范分析相对比较笼统，需要结合具体的投资构想和行为进行分析，因此建议公司在投资落地时具体把握，及时与投资顾问沟通，以形成有效、具体的防范措施和方案。

七、农业投资合作典型案例评析

（一）案例简介

2018年6月，A企业拟在缅甸投资建设一个年产10万吨的饲料厂，首笔投资金额为50万美元。由于初涉缅甸市场，为了稳妥起见，A企业计划先通过进口原材料后在缅甸拌料包装销售，然后逐步扩大规模实现投资目的。经初步考察，A企业将厂址选在仰光勃固，并与缅方B达成土地租赁协议。2018年7月，A企业向缅甸投资委员会及DICA递交投资许可及公司注册申请资料。缅甸投资委员会受理后发现，A企业租赁的用于建设厂房的土地权属不清，经进一步调查发现，该土地系缅方B的家庭财产，土地租赁需取得缅方B的哥哥及其配偶的同意。因缅方B与其哥哥发生冲突至今未能取得书面同意。

至今，A企业仍在与各方斡旋中，投资许可也因为土地权属问题至今未办理下来，A企业的投资计划也受到重创。

（二）问题及原因分析

1. 投资计划脱离缅甸法律

A企业计划先通过进口原材料到缅甸拌料包装销售饲料存在法律上的障碍，即如上文关于贸易法律法规梳理部分所述，缅甸对外资从事贸易并非持开放态度，对外资有限开放的贸易产品种类中并没有任何饲料原材料。投资审批环节并不确定缅甸投资委员会是否会对这种简单包装模式给予原材料进口及税收优惠的许可。因此，A企业在进口原料的环节就面临不能获得进口许可证的障碍，其"市场试水"阶段的投资计划错误完全系其不了解缅甸法律所致。

2. 缺乏必要的尽职调查

A企业在签署土地租赁协议前，未对土地进行全面的了解和权属调查，而是一味地相信缅甸的房屋中介。殊不知缅甸的房屋中介参差不齐，也没有法律对中介进行规范，很多中介根本没有核实房屋权属情况，只是提供一个带领看房看地的服务，价格上也常常不能为承租人取得多少让价，而中介费却从出租人和承租人处收两份，事实上出租人的中介费已转嫁到租金中了。A企业付出了较高成本的中介费却在土地租赁上使投资未始即终。事实上，无论是资产还是合作方，都可以通过尽职调查发现问题并避免部分风险。

尽职调查亦译"审慎调查"，常常用于股权并购或资产收购中，目的是使买方尽可能地发现有关他们要购买的股份或资产的全部情况。从买方的角度来说，尽职调查也就是风险管理。一旦通过尽职调查明确了存在哪些风险和法律问题，买卖双方便可以就相关风险和义务应由哪方承担进行谈判，同时买方可以决定在何种条件下继续进行交易。该案例中，A企业完全可以通过调查土地的权属发现权利人并非B个人，还包括其哥哥及配偶。发现这个问题或风险后，其可以在交易前要求B取得其哥哥的授权签署租赁合同，或者另行要求中介为其寻找合适的土地。实践中，股权交易收购往往比土地租赁复杂得多。股权收购具有快速打开缅甸市场的优势，但收购存在各种风险，需要考虑股权是否为本人所有或控制、股权是否存在质押、查封等权利限制、目标公司是否存在未披露的债务、纠纷等。在缅甸，股权代持是比较常见的，投资者如果考虑通过收购公司开拓缅甸市场的话，建议一定要弄清楚股权实际权利人及代持人，同时通过尽职调查找出风险点，调查出来的风险点或问题即可作为砍价的利器，也可提前安排交易条款，避免风险发生时造成较大损失。

（三）建议

1. 充分了解投资法律法规

投资者在做投资规划前建议了解缅甸的法律法规，尤其是市场准入条件、程序、流程以及经营所需的各种证照，合理、合法布局与规划。在此过程中，还建议重点关注投资税收问题，采取优化或节税的投资路径及架构。通过对法律的了解及熟悉，做到合法合规经营的基本要求，而后运用法律保障企业利益。

2. 交易前对交易标的及对象进行必要的调查

投资须谨慎，境外投资更应该谨慎对待。交易前的尽职调查是非常有必要的，通过对交易标的的权属、权利状态、交易对象的征信或信誉、责任能力、资产及负债、经营情况等进行调查，发现交易标的及交易对象的风险及法律问题，以评估交易是否继续及交易中权责利的划分。

3. 适当寻求专业机构的帮助

境外投资涉及东道国的政治、经济、文化、法律法规、国际税收、外汇、劳动用工、知识产权、市场及预期收益等问题及复杂因素，需予以审慎、全面的综合考量，而对于投资者来说，商业因素的考量可能信手拈来或游刃有余，但其他的因素及问题可能并不在其知识和经验范围之内，此时需要借助专业机构的辅助加以分析和判断。所谓专业的事交给专业的人完成，境外投资寻求专业机构的帮助是很有必要的。

参 考 文 献

杜婉，2018，新《缅甸投资法》对中国企业在缅甸投资的影响与建议 ［J］. 天津商务职业学院学报（6）.

范宏伟，2008. 缅甸工业化及其政策初探 ［J］. 亚太经济（5）.

葛丽丽，2012. "水土不服"：人民币跨境贸易结算政策在缅甸推广所遇到的问题 ［J］. 中国有色金属（24）.

谷昌军，2018. 缅甸农业土地综合适宜性评价 ［J］. Journal of Resources and Ecology（9）.

李彬，2010. 浅析国际商事仲裁中当事人的风险与防范 ［J］. 北京联合大学学报（1）.

李辉，2019. 缅甸农药登记政策的变化 ［J］. 中国农药（4）.

林婷婷，2014. 中国和缅甸外资立法对比之研究 ［J］. 法制与社会（25）.

刘宝祥，2011. 缅甸渔业现状 ［J］. 渔业信息与战略（5）.

欧阳爱辉，2010. 缅甸的森林保护法律制度 ［J］. 世界环境（5）.

潘星容，2015. 中国—东盟自贸区争端解决的机制研究 ［D］. 广州：暨南大学.

沈安波，2006. 缅甸联邦经济贸易法律选编 ［M］. 北京：中国法制出版社.

宋建丹，王国梁，2017. 缅甸投资环境风险分析 ［J］. 城市地理（227）.

孙周亮，2018. 澜沧江—湄公河流域水资源利用现状与需求分析［J］. 水资源与水工程学报（29）.

王静，2018. 浅析缅甸自然资源开发中存在的问题及对策［J］. 纳税（12）.

王晟峰，2014. 缅甸外国投资法研究［M］. 重庆：西南政法大学出版社.

王闻暄，2017. 缅北的那团乱麻：缅甸12个特区由来与现状［J］. 报刊荟萃（70）.

翁艳，2018. 缅甸联邦共和国公司法［J］. 南洋资料译丛（212）.

吴奕盈，2017. 缅甸仲裁制度新发展评述［J］. 东南亚司法评论.

熊殷泉，张宇，2019.“一带一路”倡议背景下云南企业在缅甸、越南、老挝面临的法律问题及对策［J］. 法制与社会（2）.

徐晶，杨甜，2017. 缅甸金融业的发展历程（1949年至今）［J］. 时代金融（1）.

杨美娜，吴明柳，2019. 缅甸劳工法律制度研究［J］. 南宁职业技术学院学报（4）.

杨玉梅，2012. 东南亚国家商务法律制度概论［M］. 北京：法律出版社.

曾文革，2014. 中国—东盟自由贸易区农业贸易法律问题研究［M］. 厦门：厦门大学出版社.

张树新，2015. 东南亚法律制度概论［M］. 北京：中国人民大学出版社.

赵永胜，2018. 冲突与调适：缅甸土地改革与土地政策［J］. 亚太经济（208）.

中国国际贸易促进委员会法律事务部、中国经济信息社，2018.“一带一路”国别法律研究（缅甸）［M］. 北京：新华出版社.

周传猛，2019. 缅甸国家种子政策中农民权保护简述［J］. 中国种业（289）.

邹忠全，谢涛，2016. 东南亚经济与贸易［M］. 大连：东北财经大学出版社.

泰　国

一、泰国农业投资宏观政策及发展规划

（一）宏观市场准入政策

泰国与外商投资准入政策有关的法律法规主要是 1999 年施行、2007 年修订过的《泰王国外商经营企业法》[The Kingdom of Thailand Foreign Business Act B. E. 2542 (1999)，以下简称《外商经营企业法》]，该法禁止或限制外资进入一些特定的行业，具体如下：

1.《外商经营企业法》对"外国人"的界定

《外商经营企业法》限制外国人在泰国从事某些业务活动的权利。投资者计划在泰国开展业务之前必须仔细考虑《外商经营企业法》。外国人可以在泰国全资拥有企业，但是不得从事《外商经营企业法》限制的某些特定的业务活动或其他法律禁止的活动。

《外商经营企业法》将"外国人"定义为：①非泰籍的自然人。②未在泰国境内登记注册的法人。③在泰国注册登记并具如下情况的法人：①或②项规定的外国人在该法人公司的股份投资占比达到 50% 以上的。或者，由①项规定的外国人担任总经理的。

因此，在泰国成立但 51% 的股份由外国人或外国公司持有的公司，将被《外商经营企业法》视为"外国"或"外籍"公司，将受到《外商经营企业法》对行业准入的限制。反之，如果意图规避外资准入的限制，外国投资者可通过雇佣泰国公民担任总经理、降低持股比例等方法排除《外商经营企业法》的适用。

2. 禁止和限制的商业领域

如果未能规避"外国人"的身份，则将在行业准入上受到一定的限制。《外商经营企业法》列明了三类禁止或限制外商投资经营业务的目录：

第一类是由于"特殊原因"，《外商经营企业法》禁止外国人进入的特殊行业。这些行业具体包括：报纸、广播电台、电视台、种稻、旱地种植、果园种植，牧业、林业、原木加工，在泰国领海、泰国经济特区内捕鱼，泰国药材炮制，涉及泰国古董或具有历史价值的文物的经营和拍卖，佛像、钵盂制作或铸造，土地交易。

第二类是涉及国家安全稳定或对艺术文化、风俗习惯、民间手工业、自然资源、生态环境造成不良影响的投资业务，又可以分为 3 组。

（1）第一组是涉及国家安全稳定的投资业务，包括：①生产、销售、修理：枪械、子弹、火药、爆炸物，枪械、子弹、爆炸物有关配件，武器、军用船、飞机、车辆，一切军用设备的机件设备或有关配件。②国内陆上、水上、

空中等运输业，包括国内航空业。

（2）第二组是对艺术文化、风俗习惯、民间手工业、自然资料、生态环境造成不良影响的投资业务，包括：①涉及泰国传统工艺品的古董、艺术品买卖。②木雕制造。③养蚕、泰丝生产、泰绸制造、泰绸花纹印制。④泰国民族乐器制造。⑤金器、银器、乌银镶嵌器、镶石金器、漆器制造。⑥涉及泰国传统工艺的盘器、碗器、陶器制造。

（3）第三组是对自然资源、生态环境造成不良影响的投资业务，包括：①蔗糖生产。②海盐生产、矿盐生产。③食盐生产。④采矿业、石头爆破或碎石加工。⑤家具、用品制作、木材加工。

第三类是泰国认为尚未做好准备而无法与外国人平等竞争的业务，具体包括：

（1）碾米业、米粉和其他植物粉加工。

（2）水产养殖业。

（3）营造林木的开发与经营。

（4）胶合板、饰面板、刨木板、硬木板制造。

（5）石灰生产。

（6）会计服务业。

（7）法律服务业。

（8）建筑服务业。

（9）工程服务业。

（10）工程建设，但不包括：①外国人投入的最低资本在5亿泰铢以上的公共基本设施建设、运用新型机械设备、特种技术和专业管理的公共设施、交通设施建设等。②部会级法规规定的其他工程建设。

（11）中介代理业务，但不包括：①证券交易中介或代理、农产品期货交易、有价证券买卖服务。②为联营企业的生产、服务需要提供买卖、采购、寻求服务的中介或代理业务。③为外国人投入最低资本1亿泰铢以上的营销国内产品或进口产品的国际贸易企业提供买卖、采购、推销、寻求国内外市场的中介或代理业务。

（12）拍卖业，但不包括：①国际性拍卖业，其拍卖标的对象不涉及具有泰国传统工艺、考古或历史价值的古董、古物、艺术品之拍卖。②部级法规规定的其他拍卖。

（13）法律未有明文禁止涉及地方特产或农产品的国际贸易。

（14）最低资本总额少于1亿泰铢的百货零售业、最低资本少于2 500万泰铢的商店。

（15）最低资本少于100万泰铢的商品批发业。

（16）宣传广告业。

（17）旅店业，不含旅店管理。

（18）旅游业。

（19）餐饮业。

（20）植物新品种开发和品种改良。

（21）除部会级法规规定的服务业以外的其他服务业。

外商经营企业委员会对上述列明的业务至少每年审查一次，并向商业部提出必要的修改建议。

3. 禁止或限制类行业的豁免

上述三类业务领域中，第一类是专门为泰籍自然人或法人保留的项目，绝对禁止外籍法人进入。因此，如果外国资本想要进入第一类业务领域，必须设法变更自身"外籍法人"的身份，例如外籍股东降低持股比例并由泰籍自然人担任公司总经理。第二类业务属于限制经营的业务，如果能够得到商业部部长的同意并提请内阁审批后，即使是外籍法人也能获得许可证书，从事上述业务。第三类业务也属于限制经营的行业，外籍法人欲从事第三类业务，应事先取得投资促进委员会和商业发展厅厅长的许可。

4. 申请经营执照

（1）申请经营执照的期限。内阁（针对第二类业务）或商业发展厅厅长（针对第三类业务）必须自接到外商申请经营执照之日起的 60 日内完成审议。若内阁不能在该期限内完成审议，必要时可以延长该时间，但延长时间不能超过 60 日。商业部部长或商业发展厅厅长（根据具体情况）必须自内阁决议之日或商业发展厅厅长核准之日起的 15 日内颁发外商经营执照。

（2）外商经营执照的附加条件。泰国商业部部长或商业发展厅厅长可以对外商经营执照附加特定条件。商业部部长可根据内阁决议或部级法规规章对第二类业务的申请者设定附加条件，商业发展厅厅长可根据部级法规规章对第三类业务的申请者设定附加条件。

根据外商经营企业委员会的建议，商业部部长有权发布部级法规附加下列任一条件：①特定的债务股本比。②必须在泰王国内居住的外籍董事最低人数要求。③最低资金要求及该资金保留在泰王国内的最低时间要求。④必需的技术或资产投入。⑤其他必须的条件。

5. 违法处罚

泰国或外国公民违反《外商经营企业法》［Foreign Business Act B. E. 2542（1999）］条款，违法情形亦包括以代理人形式规避法律，将被处以三年以下监禁或处以 10 万～100 万泰铢的罚款，或两者并处。泰国法院还可以命令违法公司主体停止经营。任何违反法院命令的行为将被处以每日 1 万～5 万泰铢的罚款。

（二）农、林、牧、渔业发展的宏观政策情况

1. 泰国农业发展的政策

泰国在历史上是一个以农业为主要经济来源的国家，由于得天独厚的自然条件，泰国的土地和气候非常适合发展农业。据统计，泰国有将近一半的土地属于农业用地。2017 年，泰国 GDP 中有将近 1/10 的收入来自农业，泰国农业家庭年收入约为 31 万泰铢（1 美元约合 31 泰铢）[①]。虽然政治更迭频繁，但是泰国政府的历届领导人都非常重视农业在国计民生中的基础地位，因此各项政策保持了较好的延续性，例如"智慧农业""一村一品"及农村基金项目等政策都得到了较好的推广和发展。从宏观上看，泰国农业的发展走向及政策主要可以归纳为以下几点：

（1）向有机农业转型。泰国政府历来颇为重视传统农业与现代科技的结合，并设有专门的政府部门负责管理和推广先进的农业生产技术与理念。近年来，政府试图改变传统农业的生产方式，在各大农场大力推广有机农业的种植模式。泰国政府为有机农作物的生产流程和产品质量制定了专门的规范和标准，并且有专门的政府部门负责对有机农产品进行认证。政府还对采用有机种植模式的农场进行指导，并在税收和融资方面给予一定的支持。

（2）价格保护措施。泰国政府极为关注农户的切身利益。由于农产品价格具有明显的周期性，而且受自然事件的影响较大，政府会根据不断变化的市场行情对部分农作物采取价格保护措施，以免农户的利益受到严重影响。这种价格保护措施可能表现为政府直接规定特定农产品的最低价格，也可能表现为定向贷款或定向补贴。

（3）信贷支持政策。泰国政府对农业的保护还体现在金融领域。例如，泰国法律强制要求商业银行放贷给农户或农业企业的贷款在其全部贷款总额中的比例不得低于某一数值；农业合作社和农业银行的贷款利息不得高于其获得资金的平均成本。另外，自 2007 年起泰国政府便在各个村庄设立农村基金，为符合条件的农户提供无息贷款，农村基金的资金流向了农业生产的各个环节。

（4）开拓国外市场，保护国内市场。一方面，根据泰国现行《外商经营企业法》[Foreign Business Act B. E. 2542（1999）]，部分农业领域目前仍禁止外国投资者进入，或者对外国投资者的持股比例有限制性规定。另一方面，泰

---

① 孙广勇，2018. 泰国力争农业成为经济增长新引擎 [EB/OL]，数据来源：http：//world. people. com. cn/n1/2018/0509/c1002 - 29974585. html。

国政府正积极开拓国际市场，通过降低关税或退税的手段促进本国企业向国外出口农产品及农业加工产品。

2. 泰国林业发展的政策情况

泰国林业在过去的大半个世纪以来经历了两个完全不同的发展阶段。在20世纪50年代至70年代中期，泰国政府通过促进珍贵木材的出口推动国民经济的飞速发展。在此期间，滥砍滥伐的情况十分普遍，导致泰国森林面积锐减。据相关数据显示，泰国的森林覆盖率在70年代末仅为27%，而在20世纪初曾高达75%[①]。以牺牲环境为代价的发展模式对泰国经济的可持续发展造成了严重的负面影响，同时森林资源的流失引起了泰国政府的高度重视。自1989年开始，泰国政府在全国范围内实行采伐限制，并且推行"科教兴林"的林业政策。

第一，泰国政府改变了人才的培养模式，大力扶持卡色萨大学林学院，并以此为基点，通过增设各种涉林学科，促进林业与周边专业的交叉融合，培养了一大批林业及林业互补专业型的人才。此外，从泰国社会环境来讲，较为尊重人才，这从客观上缓解了泰国社会人才流失的问题。

第二，泰国政府利用泰国皇室及国际组织提供的资金和技术大力发展林业示范区，其中级别最高的是皇家山地项目。该项目主要建立在"金三角"地区，其核心政策主要包括以下3点：一是，禁止山民种植罂粟等毒品原料，鼓励并指导山民种植各种花卉或荔枝、腰果等经济作物。二是，通过增加木材的出口税及降低木材的进口税以达到遏制滥砍滥伐的效果。三是，对耗用木材较多的行业，例如造纸、火柴等行业，强制要求造林。皇家山地项目不仅保护了森林资源，而且改变了山民的经济来源，还在一定程度上解决了毒品泛滥的问题。

第三，泰国政府建立了大量的国家公园、森林公园、生态保护区，并分批对外开放，大力发展森林旅游业。在保护森林的同时，促进经济增长，实现了资源价值的可持续发展。

3. 泰国畜牧业发展的政策情况

泰国作为一个传统农业大国，农业是基础，畜牧业是核心。政府极其重视畜牧业的发展，力图通过牧业带动经济进一步增长。为此，泰国政府大力发展出口型畜牧业，积极拓展海外市场。以养鸡业为例，泰国根据国际主要市场消费者的不同偏好及消费能力，将鸡的不同部位销往不同的国家，以实现利益的最大化。在打开欧洲市场时，各个政府部门合力准备资料以应对欧盟的审查，

---

① 中国木材网，泰国林业概况［EB/OL］，来源：http://www.chinatimber.org/news/13888.html，最后访问时间：2019年7月22日.

而相关生产企业也在生产中提高了程序标准，以适应欧盟的标准与审查。在进出口管制领域，泰国政府为出口企业办理退税，但禁止企业从国外进口或转口销售各种肉类，除非得到泰国畜牧兽医厅的批准。此种措施一是有助于开辟海外市场，二是有助于保护国内市场。同时，泰国政府积极从各国引进高质量的动物品种和生产技术，建立起高度现代化的饲料生产体系，并培养了一大批从事畜牧业养殖的高级技术人员，以确保泰国的畜牧业产品在国际市场上具备足够的竞争力。此外，可持续发展的理念也贯穿泰国畜牧业生产的全过程，以提高资源利用率、长远发展的路径替代了过去牺牲资源环境的发展模式。

4. 泰国渔业发展的政策情况

泰国渔业自 1950 年以来获得了爆发式增长，渔业产量从 1950 年的 18.4 万吨飙升至 2004 年的 409.9 万吨[①]。过去的粗放式发展导致海洋资源逐渐走向衰竭，伴随而来的是泰国渔业产量自 2004 年达到峰值之后持续走低，2015 年的渔业产量仅有 259 万吨，减产了 37%。2016 年后泰国渔业每年的年产量稳定在约 300 万～400 万吨[②]。由于各种环境保护制度的完善以及养殖技术的进步，同时也为应对海洋资源衰退的局面，泰国渔业的产业格局在过去十几年里发生了较大的转变，即从以海洋捕捞为主转变为海洋捕捞与水产养殖并重。泰国渔业厅是主管泰国渔业发展的政府机构，《泰王国渔业法案》（The Kingdom of Thailand Fisheries Act，以下简称《渔业法案》）规定渔业厅有权开展渔业资源研究调查、渔业产品质量分析、水生环境监测和水产养殖研究。水产品质量安全与可持续发展近些年成为泰国渔业重点关注的领域，例如泰国政府制定了《优质对虾生产行为守则》及《良好水产养殖操作行为守则》，确保可持续地养殖出高质量的对虾产品。另外，泰国高度国际化的养殖水平为关键控制点检测项目的引入创造了条件，进一步完善了水产养殖各个环节的质量把控。

（三）最新农业（含林、牧、渔业）发展规划

1. 近期农业（含林、牧、渔业）发展规划

2016 年 12 月，泰国正式颁布第十二个国家发展规划（2017—2021）。与此同时，为改变泰国自亚洲经济危机以来就一蹶不振的传统制造业，引导国家

---

① 宿鑫，蔡晓丹，马卓君，林明辉，张丹丹，颜曦，魏泰莉，2019. 泰国渔业发展状况及中泰渔业合作潜力探讨［J］，载于《淡水渔业》2019 年 1 月刊。

② 中国农业信息网，泰国海洋渔业面临发展瓶颈［EB/OL］. https：//news. cnhnb. com/rdzx/detail/338083/，最后访问时间 2019 年 9 月 20 日。

走出"中等收入陷阱",巴育政府进一步提出"泰国 4.0"战略方针。

泰国将侧重让国家摆脱中等收入国家陷阱、维持经济稳定增长、减少贫穷和缩小社会贫富差距,同时继续大力推动国家交通和物流体系建设。

同时,政府将与民间资本共同投资(PPP),政府项目对民间开放投资,利用民间资本和生产力,迅速建设经济特区基础设施,农业、工业、运输、港口和公共服务设施等。在此基础上招商引资,打造新经济增长引擎。发展传统优势产业和未来产业,促使泰国产业科技升级和改造。传统优势产业涉及农业的包括:生物科技和农业高端种植、食品深加工。未来产业涉及农业的包括:生物化工和生物能源产业、农业数字化产业等[①]。

2. 中长期农业(含林、牧、渔业)发展规划

2018 年 1 月 8 日,泰国竞争力提升策略委员会向经济社会发展委员会提出 20 年国家竞争力提升五大战略,定位为将泰国打造成为东盟的农业、工业和新型服务业、旅游、物流中枢,其中第一条就是发展农业。同时,泰国制定了 20 年农业发展规划(2017—2036 年),这一长期发展规划是国家 20 年发展战略的一部分,坚持"农民稳定、农业富余、农业资源可持续发展"理念。泰国农业经济办公室秘书长威纳洛曾表示,将按照泰国 4.0 战略,培养智慧农民,把新发明和现代科技运用于农业,包括信息研究、确定种植计划,以及在整个供应链有效管理农产品等方面[②]。

该规划的愿景目标为推动国内务农人口至少要达到 2 500 万人、收入水平提高和具有可持续性发展的农业。

其主要任务是以技术创新带动价值增长,通过引入现代生物科技和各种现代技术增加农产品的附加价值,生产高品质的农产品,努力实现农业的可持续发展,并让农民阶层走向高收入群体。

其重点发展领域为食品安全农业、生物化学农业、地方特色农业、智能农业和先进的农业加工产业,其旨在利用包括基因工程在内的现代科技并结合各地的自然条件发展各式各样的特色农业。以食品安全农业为例,泰国政府大力推广有机种植,力图在农业生产中不使用任何化学物质。

泰国作为农业大国,在经济模式上以农业为主,虽然政府提出了工业化的发展道路,但是从历史发展路径以及现有条件来看,农业在中长期内仍是泰国经济增长的核心与基础。泰国未来中长期发展规划预计如下:

(1)进一步巩固农业基础地位。虽然泰国目前之政治局面较为动荡,主要

---

① 常翔,张锡镇,2017. 泰国东部经济走廊发展规划 [J]. 东南亚纵横 (4):14 - 20.

② 人民网,泰国力争农业成为经济增长新引擎 [EB/OL]. http://www.sohu.com/a/230957558 _ 630337,最后访问时间:2019 年 11 月 13 日.

的国家领导人以及相应的领导成员变动较为频繁，各方政治势力在政治理念上存在一定的分歧，但是以农业为核心的理念却达成了较为一致的共识，具体表现在泰国的农业政策具有较高的一致性与延续性。政府与社会各界均将农业视为国家经济中的基础产业。考虑到泰国以农业为中心的社会文化传统，即便将来工业化程度不断提高，但农业的基础地位亦不会发生较大变化。相反，以农业资源促进工业发展反而会进一步加强农业的基础地位。

（2）大力发展机械化农业。泰国政府近年来致力于改进传统农业的生产方式，提高农业生产效率，目前泰国农业的主要方向是机械化发展。预计在未来中长期内，泰国政府会制定一系列配套政策支持农业机械化发展，扩大农业机械的普及程度及技术水平。具体政策可能包括加大农业机械的研发投入，对农业机械生产企业给予一定的补贴或税收优惠，制定具体标准以规范农业机械产品的生产，为农民购买农用机械提供融资服务，普及对农业机械的操作培训等。

（3）不断创新政策，支持农业发展。泰国政府近年来制定了一系列新政策支持农业发展，尤其是在农业融资领域出台了很多惠农政策，例如延长农业贷款的回收期限、符合特定条件的农户可以申请减少甚至免除贷款利息。预计未来一段时间内，泰国政府还将继续进行政策创新，以降低农户负担，提升农户的生产水平，推广更多更好的农产品品种。尤其是在农产品加工业领域，因为泰国农业 20 年发展规划的核心要旨是增加农产品的价值，所以农产品加工业预计将成为泰国政府重点扶持的产业。

（4）进一步加强泰国农产品的国际竞争力。农业是泰国国民经济的基础，预计泰国政府和社会各界在加强农业基础地位的同时，将会在国际市场中寻求更大的市场机遇。为此，泰国政府将结合自身的自然资源优势，将资源优势最大化。同时，将通过科学技术与农业相结合，生产出品质更优的农产品及农业加工产品。另外可以预见的是，为了引进更先进的生产技术和管理理念，泰国政府很可能会进一步放宽农业领域的投资限制，出台更优惠的投资政策，以完善其营商环境、开放其国内市场，从而促使国内资源与国外技术、资本融合，大力提升泰国农产品在国际市场的竞争能力。

（四）重点产业、产业链环节支持政策、措施

泰国投资促进委员会是直属于泰国国务院的政府招商引资机构，其主要职责是负责制定投资鼓励优惠政策并为投资者提供协助服务。根据现行有效的《泰王国投资促进法》（The Kingdom of Thailand Foreign Investment Promotion Act，以下简称《投资促进法》），投资人可以享受的投资优惠权益如表 4 - 1 所示。

表4-1 投资人优惠权益

税收优惠	非税收优惠
免/减机器进口税（第28/29条） 减免所需原料或者物料进口税（第30条） 免征用于研发的进口物品进口税（第30/1条） 免征企业所得税和红利税（第31条和34条） 享受企业所得税减半［第35条（1）］ 双倍扣除运输费、电费和自来水费［第35条（2）］ 增加扣除用于便利设施安装和建设费用的25%［第35条（3）］ 免征生产出口产品所需原料或者物料进口税（第36条）	允许外籍人入境了解投资环境和政策（第24条） 允许引进外国熟练技术人员或者专业人员在享受投资优惠权益的项目中工作（第25和26条） 允许拥有土地所有权（第27条） 允许汇出外币（第37条）

上述投资优惠权益可以分为：按行业类别而给予的基本优惠权益、按项目的价值而给予额外的优惠权益以及其他特殊政策和条例给予的优惠权益。申请享受上述投资优惠权益的项目除满足《外商经营企业法》中规定的外商持股比例要求之外，还应当满足一些其他条件，例如产品的附加值不低于销售收入的20%或10%；必须拥有先进的生产工艺；必须使用新机器等。

1. 按行业类别给予的基本优惠权益

泰国投资促进委员会将享受基本优惠权益的行业划分为A1、A2、A3、A4、B1、B2、辅助目标核心技术的行业、第八类等八大类别，不同行业类别的基本优惠权益不同，具体如表4-2所示。

表4-2 行业优惠措施

免企业所得税	免机器进口税	免征用于研发的物品进口税	免出口产品的原材料进口税	非税收方面的优惠权益	行业类别
8年（无上限）	√	仅限于7.11及7.12.1~7.12.4的行业类别	√	√	A1
8年	√	—	√	√	A2
5年	√	—	√	√	A3
3年	√	—	√	√	A4
*	√	—	√	√	B1
*	—	—	√	√	B2
10年（无上限）	—	仅限于7.11	√	√	辅助目标核心技术的行业
10年（无上限）	√	—	√	√	第八类

＊B1、B2类行业若符合下列情况，可享受免企业所得税3年。

①若在项目中使用自动化系统或机器人，即可享受免企业所得税限额为投资资金的 50％（不包括土地资金和流动资金）的优惠权益。

②若在项目中所使用的机器与国内生产自动化机械相关联或有辅助之用，且该机器占项目所有机器价值不少于 30％的情况下，即可享受免企业所得税限额为投资资金的 100％（不包括土地资金和流动资金）的优惠权益。

③必须在 2020 年 12 月 30 日前递交申请。

上述八大行业类别中：

A1，是指知识型产业，以增强国家竞争力的设计和研发行业为主。

A2，是指发展国家基础设施的行业，具有高附加值的高科技行业，并在泰国投资较少或者尚未有投资的行业。

A3，是指对国家发展具有重要意义，并且在国内仍然投资较少的高科技行业。

A4，是指技术不如 A1、A3 先进，但能增加国内原材料价值以及加强产业链发展的业务。

B1、B2，是指没有使用高科技但对产业链发展仍具重要性的辅助产业。

辅助目标核心技术的行业，是指辅助目标技术发展并且符合合作条款的行业类别，分别为 5.6，7.11，7.13，7.14，7.15 和 7.19。

第八类，是指发展科技与创新，包括发展目标技术的产业，例如：生物技术、纳米技术、先进材料技术和数字技术。

泰国投资促进委员会对农业及农产品加工业的具体分类情况如表 4-3 所示：

表 4-3　农业及农产品加工业分类

行业类别	条件	优惠权益
1.1生产生物肥料、有机肥料、有机纳米化肥、预防和消灭植物害虫的有机成分	1. 生产生物肥料、有机肥料、有机纳米化肥必须向农业专业局办理注册手续以及取得生产销售产品许可证。 2. 生产预防和消灭植物害虫的有机成分必须向农业专业局办理注册手续以及生产许可证。 3. 必须使用酵母或者有学术文件支持的创新技术	A3
1.2动物或植物品种的培育改良（不归属生物技术行业部分）	1. 项目必须具备研发环节。 2. 涉及农业合作部政策中的敏感植物品种改良业务，泰籍人的持股比例不少于注册资金51％。	A3

（续）

行业类别	条件	优惠权益
1.2 动物或植物品种的培育改良（不归属生物技术行业部分）	3. 植物品种改良后的栽培繁殖所得收入，被视为享受投资优惠权益的所得收入，但此项不包含木薯品种的繁殖栽培。 4. 如项目设于投资被认可的地区或科技园区内，可在其享受企业所得税减免优惠权益结束后继续享受企业净利润所得税 5 年减半的优惠权益。 5. 项目的研发人员每年薪资不少于 150 万泰铢	A3
1.3 经济树木的种植业务（桉树种植除外）	1. 种植地区周围面积总计不少于 300 莱（1 莱＝1 600 米²），连接成片土地不得少于 50 莱。 2. 项目必须具备研发业务。 3. 必须获得自然资源和环境部的认可	A1
1.4 植物烘焙和仓储业务	—	B1
1.5 动物品种的繁殖或养殖	—	—
1.5.1 牲畜或者水产动物的繁殖	1. 必须使用先进技术，如：使用封闭式透气度好的饲养圈，使圈内空气保持适宜状态。具备自动给水和给料系统，具备预防疾病进入养殖场的系统和措施，具备计算动物数量的传感器等。 2. 必须具备追溯检查的系统。 3. 仅有孵化环节而无饲养父母种鸡的项目，不符合申请投资优惠权益项目的要求	A4
1.5.2 牲畜或水产动物养殖（养虾除外）	1. 项目本身必须具备动物繁殖环节。 2. 必须使用先进技术，如：使用封闭式透气度好的饲养圈，使圈内空气保持适宜状态。具备自动给水和给饲料系统，具备预防疾病进入养殖场的系统和措施，具备计算动物数量的传感器以及有效预防对环境造成影响的系统等。 3. 必须具备追溯检查的系统	A4
1.6 动物屠宰业	1. 必须有先进的加工环节，如：使动物昏迷的系统，动物挂架，冷冻房，降温系统，肉类质量检验以及杂物检测系统等。 2. 必须具备追溯检查的系统	A4

（续）

行业类别	条件	优惠权益
1.7 深水捕鱼业	1. 拖网捕捞渔船规模必须在毛重 500 吨以上。 2. 延绳钓鱼船规模必须在毛重 150 吨以上。 3. 必须具备助航设备，寻找鱼群设备以及追踪渔船定位装置	A3
1.8 筛选、包装和保存农作物、蔬菜、水果或者鲜花	1. 使用高端技术，如：使用传感器检测水果肉质，使用无线电波消灭虫害，使用核磁共振技术等	A2
	2. 使用先进技术，如：使用机械进行植物种子颜色分类，使用蒸汽消灭苍蝇卵，植物种子表面涂层等。 3. 大米质量筛选必须使用高端技术	A3
1.9 生产改性淀粉或者特别用途的植物淀粉	—	A3
1.10 生产油类或者从植物或动物中提炼脂肪（不包括用黄豆生产食用油）	1. 从植物中提取原油或者半成品油，必须从农产品加工环节开始。 2. 从植物中提取纯油产品，必须从农产品加工环节或者原油加工开始	A3
1.11 从天然原料中提取成分或者从天然原料中提取成分进行产品加工（药物、肥皂、洗发液、牙膏和化妆品除外）		A4
1.12 从天然原料中提取有效成分	必须具备有效成分和有害成分的专业研究支持	A2
1.13 动物皮制革或者皮革装饰	1. 必须使用环保技术，如：减少使用化学原料或者使用酵素或者生物催化剂代替化学原料。 2. 制革业工厂必须设在享受投资优惠权益的工业区或者工业村内	A3
1.14 天然橡胶制品（橡胶带，气球和胶圈除外）	—	
1.14.1 天然橡胶初加工	—	A4
1.14.2 生产天然橡胶制品	—	A2

（续）

行业类别	条件	优惠权益
1.15 农产品余料或者副产品的加工（生产环节不复杂的除外，例如：烘干，晒干等）	—	A4
1.16 使用农产品加工成为燃料，包括废料或者垃圾或者农产品废料	—	
1.16.1 使用农产品加工成为燃料	—	A2
1.16.2 适用废料或者垃圾或者农产品废料生产燃料（例如：生物油，污水生物沼气）	—	A2
1.16.3 用生物压缩物质生产燃料	—	A3
1.17 使用先进技术进行食品、饮料、食品添加剂或者调味品的加工或者保鲜（饮用水、冰淇淋、糖果、巧克力、口香糖、食糖、汽水、酒精类饮料、含咖啡因饮料、植物淀粉、面包、方便面、鸡精饮品和燕窝除外）	1. 只进行混合或者稀释的项目，不能申请享受投资优惠权益。 2. 对于有发酵过程的项目，生产过程中必须使用已经通过研发的酵母。 3. 对于饮料项目，只有植物、蔬菜和水果制成的饮料才可获得投资促进优惠	A3
1.18 生产医疗食品或者营养补品	1. 生产医疗食品必须取得食品及药物办公厅或者其他国际标准机构的注册，确定属医疗食品。 2. 营养补品必须取得食品及药物办公厅或者其他国际标准机构的注册，确定属营养补品；并且必须有提取有效成分的环节	A2
1.19 冷藏库业务或者冷藏库及冷藏集装箱运输	—	B1
1.20 农产品贸易中心	1. 占地面积必须不少于 50 莱。 2. 用于农产品贸易和服务的面积，不少于总面积的 60%，必须设立展示厅及农产品购销场地，拍卖中心，冷藏库和仓库。 3. 必须提供质量筛选，检查和有害残留物的检验服务	A3
1.22 生产动物饲料或者动物饲料的成分	—	B1

（续）

行业类别	条件	优惠权益
1.23 生产现代农业系统或提供现代农业系统的服务，例如：各种检查或跟踪生长情况的系统，控制生长环境因子相关资源如水、肥料、生长素等，以及智能种植大棚等	必须具有用于资源管理的系统和软件的设计，并且该系统和软件应有集成化性质，可作收集数据、解读数据和分析数据之用	A3（无免税上限）

2. 按项目的价值而给予额外的优惠权益

（1）为提高竞争力而给予额外的优惠权益。这可分为两种优惠政策，第一是增加企业所得税的免税限额，例如使用泰国国内研发的技术所支付的费用，可以按实际开支的 200％免税。第二是增加企业所得税的免税年限，例如投资资金不少于 6 亿泰铢的企业可增加 3 年的免税年限。具体的优惠条件和优惠力度如表 4-4、表 4-5 所示。

表 4-4　提高竞争力之优惠条件与免税力度

优惠条件	增加免企业所得税额度（投资资金/实际开支）
技术研发：企业内部自我研发、外包给泰国其他机构进行研发或与国外研发机构共同研发的项目	300％
向泰国国内技术及人力资源发展基金和科研学术机构、特定专业培训中心、政府科学研究机构投资，其方案必须得到投资委的认可	100％
使用泰国国内研发的技术所支付的费用	200％
先进技术的培训	200％
为泰国人持股不少于 51％的当地供应商提供先进技术培训以及技术援助	200％
产品及包装制品设计，企业自我设计或者外包给在泰国的企业设计，并且得到投资委的认可	200％

表 4-5　提高竞争力之优惠条件与免税年限

优惠条件	增加免企业所得税年限（增加免税上限）
投资资金/开支相当于头 3 年销售额的 1％或不少于 2 亿泰铢，取决于其中哪一个值更低	1 年

优惠条件	增加免企业所得税年限 （增加免税上限）
投资资金/开支相当于头 3 年销售额的 2% 或不少于 4 亿泰铢，取决于其中哪一个值更低	2 年
投资资金/开支相当于头 3 年销售额的 3% 或不少于 6 亿泰铢，取决于其中哪一个值更低	3 年

（2）为带动地方繁荣而给予额外的优惠权益。若在以下 20 个人均收入较低的府设厂，包括加拉信、猜也奔、那空帕农、难、汶甘、武里喃、帕、马哈沙拉堪、莫拉限、夜丰颂、益梭通、黎逸、四色菊、沙功那空、沙缴、素可泰、素辇、廊磨南蒲、乌汶以及安纳乍能，则可以享受下列额外的投资优惠权益：A1、A2 类的行业可以在 8 年免税期届满后，增加 5 年企业所得税减半的优惠权益。其他类别的行业可以在基本优惠权益的基础上，再增加免企业所得税 3 年；运输费、水电费按照成本的两倍扣除，期限 10 年；公共便利设施的安装或建设费按照投入金额的 25% 在成本中扣除。

（3）为发展工业区而给予额外的优惠权益。设立于享受投资优惠权益的工业园区或工业村内的项目，可以增加免企业所得税期限一年。不过，此项优惠仅限 A3、A4、辅助目标核心技术的行业以及第八类行业可以享受。

3. 其他特殊政策和条例给予的优惠权益

（1）提高生产效率投资促进措施。本措施的申请条件包括以下 3 点：

①投资规模不低于 100 万泰铢，不包括土地资金和流动资金。中小企业投资规模不低于 50 万泰铢，不包括土地资金和流动资金。

②中小企业所有享受投资优惠权益的业务和没有享受优惠权益业务总和，净固定资产或者投资资金不包括土地资金和流动资金不超过 2 亿泰铢，并且泰籍自然人在注册资金中的持股比例不少于 51%。

③必须在 2020 年 12 月 30 日前递交申请，并且必须在取得投资促进证后 3 年内完成。

对于农业投资，申请者必须提交符合国际标准的相关资料，如良好农业规范（Good Agriculture Practices：GAP），森林管理委员会（Forest Stewardship Council：FSC），森林认证体系认可计划（Program for the Endorsement of Forest Certification Scheme：PEFCs），食品安全管理体系（ISO 22000），可持续森林管理系统（Sustainable Forest Management System：SFM，ISO 14061）或其

他等效的国际标准的农业产业升级投资计划。必须按照计划进行投资，且必须在获得投资促进证书后 3 年内取得上述国际标准的认可。

符合上述条件的农业投资申请人在基本优惠权益之外，可以享受以下额外优惠权益：

①免机器进口税。

②从原先经营项目中免征企业所得税 3 年，免税额度为所投入的投资资金的 50%（不包括土地和流动资金）。

③免企业所得税的期限从投资促进证颁发后的产生收入之日起计算。

(2) 发展泰国南部边境地区工业投资促进政策以及"稳定、繁荣、可持续三角发展"模范城市项目的投资促进政策。设立于泰国南部边境地区或者模范城市的原有项目或者新项目，满足特定条件的可以享受一些额外的优惠权益。南部边境地区是指陶公府、北大年府、也拉府、沙敦府、宋卡府的 4 个县（占那县、纳他维县、萨巴唷县和特帕县）。模范城市是指北大年府的农集县（作为农业产业示范城市），也拉府的勿洞县（作为可持续发展示范城市），以及陶公府的素埃沟禄县。优惠权益及优惠条件如表 4-6 所示。

表 4-6 特殊区域优惠措施

发展泰国南部边境地区工业投资促进措施	"稳定、繁荣、可持续三角发展"模范城市项目的投资促进措施	
原有项目优惠条件	1. 每个项目的投资资金必须不少于 50 万泰铢（不包括土地资金和流动资金）。 2. 允许申请享受投资优惠的项目使用价值不超过 1 000 万泰铢的国内旧机器，并且所投入新机器的总金额不少于机器总金额的 1/4。 3. 必须在 2020 年 12 月 30 日之前递交申请	
原有项目的优惠权益	免企业所得税 3 年。 免税额度为新投资项目的投资金额	免企业所得税 5 年。 免税额度为新投资项目的投资金额
	其他优惠权益等同于新投资项目时所享受的权益	
新投资项目优惠条件	1. 每个项目的投资资金必须不少于 50 万泰铢（不包括土地资金和流动资金）。 2. 允许申请享受投资优惠的项目使用价值不超过 1 000 万泰铢的国内旧机器，并且所投入新机器的总金额不少于旧机器总金额的 1/4。 3. 原有项目的优惠申请，应在新项目安装机器完毕并且可正式营业之时递交。 4. 新项目的投资优惠申请必须在 2020 年 12 月 30 日之前，与原有项目投资确认书一并递交	

（续）

新投资项目优 惠权益	免企业所得税 8 年，无免税上限	
	再享受企业所得税 5 年减半	
	双倍扣除水电费和运输费，期限为 15 年	双倍扣除水电费和运输费，期限为 20 年
	可扣除用于公共便利设施安装和建设费用的 25%	
	免机器进口税	
	生产内销产品所需进口的原料或者物 料进口税 90%，期限为 5 年	生产内销产品所需进口的原料或者物 料进口税 90%，期限为 10 年
	生产出口产品所需原料或者物料免进 口税，期限为 5 年	生产出口产品所需原料或者物料免进 口税，期限为 10 年
	允许在享受投资优惠的项目中聘用非技术外籍劳工	

二、泰国农业法律制度

（一）农业投资定义、范围和监管部门

1. 概述

泰国作为一个农业国，自第 1 号国家经济和社会发展计划（The National Economic and Social Development Plan No. 1）制定以来，作为一个发展中国家，泰国的经济和社会正在不断进步。工业和服务业是推动经济增长的最重要因素。与此同时，农业部门仍然在国家经济体系中发挥着重要作用，因为它不仅增加收入和出口创汇，而且也使泰国成为了世界上许多重要农产品的主要出口国。由于泰国一半以上的人口从事农业相关领域，因此泰国制定了完善的农业法律，政策和法规。

泰国虽然没有农业投资法，但为促进泰国的农业发展，颁布了《泰王国农业经济法》［The Kingdom of Thailand Agricultural Economics Act，B. E. 2522 (1979)，以下简称《农业经济法》］，农业投资是农业经济增长的关键因素之一。

关于农业还有其他法律，分为以下几个方面（部分列举）：

（1）关于植物的法律。泰王国橡胶控制法案（The Kingdom of Thailand Rubber Control Act，B. E. 2542），泰王国植物品种保护法［The Kingdom of Thailand Plant Varieties Protection Act，B. E. 2542 (1999)］。

（2）关于动物的法律。泰王国奶牛养殖和乳制品法案（The Kingdom of Thailand Dairy Farming and Dairy Product Act，B. E. 2551），泰王国动物饲料

质量控制法案 (The Kingdom of Thailand Animal Feed Quality Control Act, B. E. 2558)。

(3) 关于水的法律。泰王国渔业法案 (The Kingdom of Thailand Fisheries Act, B. E. 2490, 以下简称《渔业法案》), 泰王国堤防和沟渠法案 [The Kingdom of Thailand Field Dyke and Ditch Act, B. E. 2505 (1962)], 泰王国治理泰国渔业水域捕捞权的法案 (The Kingdom of Thailand Act Governing the Right to Fish in Thai Fishery Waters, B. E. 2482)。

(4) 关于生产要素的法律。泰王国有害物质法案 (The Kingdom of Thailand Hazardous Substance Act, B. E. 2535), 泰王国肥料法 (The Kingdom of Thailand Fertilizers Act, B. E. 2518)。

(5) 关于土地的法律。泰王国土地租赁农业法案 (The Kingdom of Thailand Land Lease for Agriculture Act B. E. 2524), 泰王国土地开发法案 (The Kingdom of Thailand Land Development Act, B. E. 2551, 以下简称《土地开发法案》), 泰王国农业土地改革法案 (The Kingdom of Thailand Agricultural Land Reform Act B. E. 2518), 泰王国生活土地分配法 (The Kingdom of Thailand Allotment of Land for Living Act, B. E. 2511)。

(6) 有关经济和农民机构的法律。泰王国农业经济法案 (The Kingdom of Thailand Agricultural Economics Act of B. E. 2522), 泰王国货物进出口法 [The Kingdom of Thailand Export and Import of Goods Act, B. E. 2522 (1979)], 泰王国农民福利基金法 (The Kingdom of Thailand Farmer Welfare Fund Act B. E. 2554), 泰王国农业标准法 (The Kingdom of Thailand Agricultural Standards Act, B. E. 2551)。

(7) 其他法律。泰王国外国商业法 [The Kingdom of Thailand Foreign Business Act B. E. 2542 (1999)]。

这里需要注意的是，上述法律和法案只是泰国庞大的农业法律体系中的一部分。因为泰国一半以上的人口从事农业相关领域，因此泰国政府建立了各种农业法律，以保护农民的利益和农业经济的增长。上述列举仅针对从农业投资角度来看，对我国农业投资产生规制效果的相关法律法规。

2. 农业投资定义

经梳理，未发现泰国现行法律中有对农业投资进行直接定义之内容。关于外资投资之相关内容，参见本报告"一、泰国农业投资宏观政策及发展规划"之"（一）宏观市场准入政策"。

有关农业的其他定义见《泰王国农业经济法案》[The Kingdom of Thailand Agricultural Economics Act of B. E. 2522 (1979)] 第 3 节内容，包括："'农业发展'是指加大农业生产力度，增加投资，生产和销售条件以及农产品价格，农民收入，营养和其他农民福利活动等"。"'农业政策'是指具有明确目标，目标和经营时期的农业发展方向等"。

3. 农业投资范围

（1）投资范围限制——负面清单。 经相关检索，在泰国农业法律法规中并未有对泰国农业投资范围的明确规定抑或正面清单。《泰王国外籍人经商法》[The Kingdom of Thailand Alien Business Act（1999），以下简称《外籍人经商法》] 及《外商经营企业法》，对于投资和业务展开的行业限制性规定如下：

①因特殊理由禁止外国人投资的业务。报业、广播电台、电视台；种稻、旱地种植、果园种植；牧业；林业、原木加工；在泰领海、泰经济特区的捕鱼；泰药材炮制；涉及泰国古董或具有历史价值之文物的经营和拍卖；佛像、钵盂制作或铸造；土地交易等。

②涉及国家安全稳定或对艺术文化、风俗习惯、民间手工业、自然资源、生态环境造成不良影响的投资业务。须经商业部部长根据内阁的决定批准后外国投资者方可从事的行业：生产、销售、修理军用设备及装备；国内陆上、水上、空中等运输业，包括国内航空业；涉及泰国传统工艺品的古董、艺术品买卖；木雕制造；养蚕、泰丝生产、泰绸织造、泰绸花纹印制；泰国民族乐器制造；金器、银器、乌银镶嵌器、镶石金器、漆器制造；蔗糖生产；海盐、矿盐生产；石盐生产；采矿业、石头爆破或碎石加工。

外籍法人符合以下两个条件，可以从事以上规定中的行业：一是泰籍人或按照本法规定的非外国法人所持的股份不少于外国法人公司资本的 40%（除非有适当原因，商业部部长根据内阁的决议可以放宽上述持股比例，但最低不得低于 25%）；二是泰国人所占的董事职位不少于 2/5。

③本国人对外国人未具竞争能力的投资业务。须经商业部商业注册厅厅长根据外籍人经商营业委员会决定批准后可以从事的行业：碾米业、米粉和其他植物粉加工；水产养殖业；营造林木的开发与经营；胶合板、饰面板、刨木板、硬木板制造；石灰生产；会计、法律、建筑、工程服务业；宣传广告业；旅店业；旅游业；植物新品种开发和品种改良等。

（2）农业投资的严格限制。 在泰国严格禁止外资进入农业投资领域，不允许外资获得农业耕地所有权和承包经营权。同时，在泰国严格禁止外资进入林业投资领域，不允许外资获得林业耕地所有权和承包经营权。

根据《外商企业经营法》的规定，外国人在一些部门可以获得的所有的最大比例为 49%，这些部门包括农业部门。根据泰国投资促进委员会（BOI）现在的政策，外国股东要满足如下标准：

①对于农业、畜牧业、渔业、矿产开发等在《外国商业法》中规定的行业，外国人的股份不得多于 49%；

②《外国商业法》规定了农业、渔业、矿业、中介、餐饮等行业需要泰国资本达到一半以上，根据该法，有的行业也可以在外国公司取得外商营业执照后对该外国公司开放；

③《泰王国电信法》[The Kingdom of Thailand Telecommunications Business Law（Act No. 6602），以下简称《电信法》]、《泰王国保险法》（The Kingdom of Thailand Life Insurance Law，The Kingdom of Thailand Non-Life Insurance Law，The Kingdom of Thailand Insurance Commission Act，The Kingdom of Thailand Motor Insurance Law 之合称，以下简称《保险法》）、《泰王国金融机构法》（The Kingdom of Thailand Financial Institution Business Act B. E. 2551，以下简称《金融机构法》）、《泰王国导游法》[The Kingdom of Thailand Tourism Business and Guide Act，B. E. 2551（2008），以下简称《导游法》]以及《泰王国私立学校法》[The Kingdom of Thailand Private School Act B. E. 2550（2007），以下简称《私立学校法》]都对外资公司做出了特别规定。

（3）农产品关税限制。 根据世界贸易组织（WTO）《农业协定》，泰国对 24 种农产品实行关税配额管理，分别是桂圆、椰肉、牛奶、马铃薯、洋葱、大蒜、椰子、咖啡、茶、干辣椒、玉米、大米、大豆、洋葱籽、大豆油、椰子油、速溶咖啡、土烟丝等。这些产品在配额内实行低关税，在配额外实行高关税。如大蒜进口配额仅 64.6 吨，配额内关税为 27%，配额外关税则高达 57%。

4. 农业投资监管部门

泰国主管投资促进的部门是泰国投资促进委员会（BOI），负责根据 1977 年颁布的《投资促进法》及 1991 年第二次修正和 2001 年第三次修正的版本制定投资政策。投资促进委员会办公室具体负责审核和批准享受泰国投资优惠政策的项目、提供投资咨询和服务等。

外籍人对泰国开展投资经营活动的方式可分为以下两类：一是按照泰国法律在泰国注册为某种法人实体，具体形式有独资企业、合伙企业、私人有限公司和大众有限公司等；二是成立合资公司（Joint Venture），通常指一些自然人或法人根据协议为从事某项商业活动而组建的实体。根据泰国《泰王国民商法典》（The Kingdom of Thailand Civil and Commercial Code，以下简称《民商法典》），合资公司不是法人实体，但是根据《税法典》，合资公司在缴纳企业所得税时被视为单一实体。

在上市方面，泰国法律规定，只有大众有限公司才有资格申请登记加入证券交易市场。根据 1992 年颁布的《泰王国大众有限公司法》（The Kingdom of Thailand Public Limited Company Act，以下简称《大众有限公司法》）的有关规定，有限公司可以转为大众有限公司。泰国没有关于外资公司在泰国上市的特殊限制，在泰国注册成立的大众有限公司，符合泰国证券交易委员会

（SEC）和股票交易所（SET）的有关规定，即可申请上市。

（二）农业生产资料法律制度

1. 与农业生产、加工、仓储、物流等相关的土地管理法律制度

在土地政策方面，泰国土地利用、规划和开发有关的法案主要是 1983 年的《土地开发法案》和 2001 年的《泰王国土地法典》［The Kingdom of Thailand Act Promulgating the Land Code B. E. 2497（1954）］。在《渔业法案》中有少量涉及为水产养殖而利用土地和水域的政策。自然资源与环境部 1992 年实施的《提高和保全自然环境质量法案》也涉及土地和水域的使用权问题，规定建立环境保护区和污染控制区，在这些区域，可通过部分条例就土地的利用做出规定，以保全这类区域的自然条件或预防自然生态系统受到消极影响。

泰国关于土地和房产法律主要基于大陆法系的法律体系而制订，主要内容都参照大陆法系国家的相关法律。《泰王国土地法》（The Kingdom of Thailand Land Code Promulgating Act B. E. 2497，以下简称《土地法》）由泰国内务部颁布，自 1954 年 12 月 10 日起实施。土地法包括土地分配、土地所有权的授予和界定、相关文件的发布等内容，明确了对于宗教用地、外国人用地、部分行业法人用地的限制条件，并对土地调查、土地交易和费用及处罚条例都作了明确规定。该法首次对个人持有土地的上限做出了规定。

此后，内务部又于 1999 年和 2008 年颁布了对《土地法》的三条修订案，分别对外国人用地、土地相关费用及处罚条款进行了调整。除 1954 年《土地法》之外，《泰王国工商不动产租赁法》《泰国工业区法》等法律都有涉及外国人在泰国用地的规定。

1954 年《土地法》对外国人拥有土地做出规定："外国人可根据双边条约关于允许拥有房地产权的规定，并在本土地法管辖下拥有土地。"根据该法，外国人及外籍法人根据内务部法规，经内务部部长批准可拥有土地，以作为居住和从事商业、工业、农业、坟场、慈善、宗教等活动需要之用。并针对不同用途对外国人最多可持有的土地面积作了规定。

根据《泰王国土地发展法案》［The Kingdom of Thailand The Land Development Act，B. E. 2543（2000），以下简称《土地发展法案》］规定："在土地开发商和开发土地的购买者之间出售已开发土地的协议应符合中央土地开发委员会规定的格式。第一款所述协议的任何部分，如果不符合中央土地开发委员会规定的格式，且不利于已开发土地的购买者，则无效。"[①]

---

① http://library. siam-legal. com/thai-law/land-development-act-agreement-to-sell-sections-34-37/，2019 年 7 月 15 日访问。

　　为了适应经济与社会发展的需要，内务部于 1999 年 5 月 19 日又颁布了《土地法》修订案（Land Code Amendment Act No. 8），对土地法有关外国人及外籍法人产业问题做了修改，允许外国人及外籍法人在符合某种规定的条件下可以拥有土地产业。其规定主要内容包括："凡需在泰持有土地的外国人，必须按内务部规定从国外携入不少于 4 000 万泰铢，并经内务部部长批准，可以拥有不超过 1 莱（泰国面积单位，1 莱＝1 600 米²）的土地，作为其居住用地。"且"上述外国人还必须满足以下条件：（1）其在泰国投资必须是有益于泰国本国经济社会发展或满足泰国投资促进委员会（BOI）规定可予以投资促进的项目；（2）投资持续时间不少于三年；（3）持有的土地应在曼谷市区、芭提雅或其他《城市规划法》规定的居住用地范围内。"

　　《泰国投资促进法》第 27 条规定："在获得董事会批准的情况下，投资人可拥有超出其他法律规定范围的土地用于进行投资活动；在投资人是外籍人的情况下，若其在泰投资活动停止或将土地转让给他人，土地局有权收回土地。"

　　《泰国工业园管理局法》第 44 条规定："在获得董事会批准的情况下，工业经营者可在工业园区内拥有超出其他法律规定范围的土地用于工业活动。在投资人是外籍人的情况下，若其在泰国商业活动停止或转让给他人，须将其所拥有土地退还给泰国工业园管理局或转让给其企业受让者。"

　　因此，目前按照泰国法律规定，只允许外国人在符合上述条件情况下拥有用于居住的土地，或满足条件的外国企业有限制地拥有用于企业经营之用的土地。外国企业不得自由开展对泰国土地的投资业务。此外，即便泰国人占多数（按股权人和股权计算）的合资企业，泰国政府也出台了有关条例防范以此为名义从事土地经营的行为。

2. 与农业生产相关草原管理与保护法律制度

　　泰国负责环境保护的政府部门是自然资源和环境部（Ministry of Natural Resource and Environment，简称 MNRE），其主要职责是制定政策和规划，提出自然资源和环境管理的措施并协调实施，下设有水资源厅、地下水资源厅、海洋与沿海资源厅、矿产资源厅、皇家森林厅、国家公园野生动物和植被保护厅、自然资源和环境政策规划办公室、污染控制厅、环境质量促进厅等部门。

　　经梳理，泰国没有明确的专门针对草原的法律制度。有关与农业生产相关草原管理与保护可以参考相关环境保护法律制度。此处对与草原管理与保护的相关环境评估与评价法律制度做简要介绍：

　　（1）环保评估的相关规定。泰国关于环境影响评估的强制要求详见 1992 年《国家环境质量促进和保护法》第 46 条。在泰国自然与环境委员会的批准下，自然资源与环境部有权规定必须进行环境评价的项目规模和类型。可能对自然环境造成影响的大型项目，必须向自然资源和环境政策规划办公室提交环评报告并接受审核和修改。环评报告必须由在自然资源和环境政策规划办公室注册认可的咨询公司出具。针对特定投资或工程项目的环评报告如具有普遍性，经自然环境委员会批准，自然资源与环境部部长可将其作为范本在政府报刊上予以公示，其他类似的投资或工程项目在同此范本内容基础上，可免除提交环评报告。

（2）**环境评估与评价管理**。根据上述法律规定，需提交环评报告的投资或工程项目，如由政府部门、国有企业实施或者前两者与民营企业联合实施并须报内阁最终批准的，政府部门或国有企业须在项目可研究阶段准备环评报告，并征得国家环境委员会同意后报内阁审批。如有必要，内阁可请有关专家或专业机构参与项目评审。

（3）**环境评估与评价流程**。如投资或工程项目根据有关法律规定须于建设或实施前准备环评报告的，负责人须将该报告同时提交给相关的项目审批机构和环境政策和计划办公室。提交的报告可以采用标准范本的形式。项目审批机构须待环境政策和计划办公室审批同意后方可发放投资或项目实施许可。如环境政策和计划办公室发现提交的环评报告不符合相关要求或材料有缺失，须于收到报告15日内反馈提交方。如各方面材料齐备并符合有关要求，应于收到报告30日内出具初步意见并转专家委员会进行进一步审核。专家委员会应自收到报告起45日内出具审核结果，如规定时间内未能出具审核意见，则视为审核通过。

（4）**环评机构资格**。经国家环境委员会批准，自然资源与环境部部长可就环评报告编制人的资格条件提出具体要求，根据此项要求，编制人应为该项领域的专家并获得相关的资质认证。资质证书的申请及发放、成为专家的资格条件和证书换发、暂停、吊销以及有关费用标准等，均须按自然资源与环境部制定的有关规章执行。

3. 与农业生产相关的水（海）域管理、使用和保护法律制度

泰国对于水源的水质有相关的质量标准以使其能够达到多种用途的目的。泰国对于废水源也有规定标准，比如工厂和工业园区建筑的种类和规模、土地的挑选和分配、加油站、位于水源边的饮畜池、某些规模的养猪场、渔船码头以及打鱼的竹筏等，主要是为了控制废水和废弃物的排放。同时，泰国还对水域和问题严重的地域进行管理，如湄南河流域、他钦河流域以及有毒废弃物排放区。此外，泰国还制定了废水管控机制，比如规定废水源头的负责人必须对废水进行处理，使排放的废水符合标准。同时泰国在处理废水时还采用经济手段，比如收废水处理费，颁布征收污水税的相关法律等。

泰国关于水源的法律法规主要包括，《泰王国国家环境促进和保护条例》〔The Kingdom of Thailand Enhancement and Conservation of National Environmental and

Quality Act，B. E. 2535（A. D. 1992）]、《泰王国建筑物管理条例》（The Kingdom of Thailand Building Control Amendment Act B. E. 2522）、《泰王国工厂条例》（The Kingdom of Thailand Factories Act B. E. 2512.）和《泰王国公共卫生条例》[The Kingdom of Thailand Public Health Act，B. E. 2535（1992）.]、《泰王国公共水利条例》[The Kingdom of Thailand WATER RESOURCES ACT，B. E. 2561（2018）]、《泰王国渔业条例》[The Kingdom of Thailand Royal Ordinance on Fisheries，B. E. 2558（2015）]、《泰王国矿业条例》[The Kingdom of Thailand Minerals Act，B. E. 2560（2017）]、《泰王国水域行船条例（第 14 版）》[The Kingdom of Thailand Navigation In The Thai Waters Act，B. E. 2456（1913）]、《泰王国国家卫生秩序保持条例》（The Kingdom of Thailand National Health Order Maintenance Regulations），这些条例所列明的规制事项均处于各部委的职权范围下，如自然资源与环境部、工业部和公共卫生部。

泰国对于水源的相关标准及参数如下：

（1）环境标准（Ambient Standards）。

①对五类水域共规定 28 个参数。

②把全国 26 条河流划分归属哪一个区域，属于哪一个水质。

（2）排放标准（Emission Standards）。

①对于工厂和工业区的废水排放有 12 个参数。

②对某些工业的废水排放制定了参数和生化需氧量。

③其他废水排放标准。

a. 排放到地下的废水有 16 个参数。

b. 某些类型建筑物以及规模建筑物的废水控制排放标准。即，五类建筑规模（根据规模分为 1～5 类）和 10 个类型建筑的 6 个参数。

c. 所分配土地废水排放的 8 个参数。

d. 养猪场污水排放控制标准的 5 个参数，同时根据规模把其分为中型（适用 1 类标准）和大型（适用 2 类标准）。

e. 燃油及燃料补给站污水排放控制标准的 4 个参数。

f. 取得工厂运营许可的经营者必须履行以下义务，明确工厂的种类和排放标准，要有专人负责管控，同时要有具备资质的人操作防止环境污染的机械系统。

4. 农业投入品（种子、农药、化肥、农机等）管理法律制度

（1）种子管理制度。

①水稻种子。泰国主要蔬菜和农作物的种子，包括由私营公司开发的水稻种子，仅根据质量标准进行管理。种子公司可以根据实际需要，根据植物品种法案（PVP）注册相应品种以进行保护，这种注册是自愿的，相关市场主体可

根据实际情况进行注册。而对于生产所用的水稻种子的管理，主要由泰国政府农业和合作社部的稻米部门负责，包括开发种子品种等。生产所用的水稻种子受种子质量法规和产品质量法规的双重管制。

水稻部门开发的水稻种子：水稻部门在泰国开发的水稻种子的管理方式不同于其他作物的种子，包括私营部门开发的水稻品种的种子。这是由于多种原因，包括政府确保粮食安全和保护水稻的政策。因此，泰国政府是泰国水稻品种的主要开发商和生产者，控制和管理着所有栽培品种的95%以上。这种市场控制，实质上是垄断，拒绝提供有利于私营部门竞争和品种发展的市场环境。泰国没有水稻杂交种可供种植。水稻品种可以进口，可用于杂交种和新近交系品种的开发。但是，进口的种子在泰国不能扩大生产。如果育种者需要额外的水稻种子用于育种计划，则必须进口新种子。未完成的进口水稻种子在育种计划完成后不能保存，必须予以销毁。水稻种子不能从泰国出口。

新水稻品种的开发：泰国新水稻品种的开发需要5～10年，具体取决于品种类型。在开发新品种时，应考虑市场数据，包括种植方法、活力、产量、抗病性和食用品质。在正式发布新的水稻品种之前，水稻部门将仔细考虑新品种对现有品种的实际效益，此外还要对新品种进行描述，这些新品种必须清楚地概述其优于现有品种的优势，同时注意到所需的任何特殊的栽培方法以最大化其生产潜力。

水稻品种的分类：泰国有4种水稻品种；（a）优质（包括茉莉香米在内的优质品种），（b）野生稻，（c）有色米和（d）糯米。

泰国的稻米生态系统：泰国有4种官方稻米"生态系统"：（a）每年灌溉2～3种作物，（b）雨水灌溉（每年一种作物），（c）地下水（每年最多2～3次）和（d）旱地（每年一次）。

水稻种子登记：所有在泰国商业销售的水稻品种必须在农业和合作社部注册。种子质量详情包含在注册文件中，必须等于或高于《植物法》规定的标准。品种也必须具有独特的名称。

水稻种子认证：泰国的水稻品种由农业和合作社部总干事使用水稻部门提供的品种描述证明，其中包括植物习性，叶片描述，种子描述，昆虫和抗病性，光敏性，产量等表型特征和其他定义其独特性的细节。同时，通过媒体和其他信息服务正式宣布认证品种。经认证的种子描述应包括重要的种植方法、抗病性等，同时传达给农业部门，该部门直接向农民提供支持服务。证书的有效期为无限期，或直至农业和合作社部根据有关部门的建议进行修改。

水稻种子标准的执行：农业和合作社部有一个随机种子取样过程，种子从种子商店、种子经销商、种子公司的加工厂或种子生产者那里取样。对取样的种子进行分析，以确认它们是否符合该水稻品种认证标准的要求。此外，农业和合作社部的水稻检查员会在现场检查水稻和水稻作物，以确保该种子符合该水稻品种的认证描述。水稻部门不对其品种的种子质量和表型纯度负责。不遵守认证质量标准可能导致罚款和（或）暂停或取消该组织的种子销售许可。

转基因水稻：转基因大米不能在泰国进行商业运作。泰国转基因水稻的研究正在进行。

②其他主要农作物种子。希望在泰国销售、进口、出口和生产（包括收集和运输中）种子的个人或公司必须首先获得许可。泰国的种子受多项法案的管制，例如植物类法案，其中包括许可、种子登记和质量标准，其中涵盖了种子包衣的《有害物质法》、PVP 的《植物品种保护法》。而《林业和自然保护法》则涵盖了林业物种和国家敏感作物品种的出口。同时，《植物检疫法》则主要规制了进口种子植物检疫标准。根据国际保护协定，即 CITES（濒危野生动植物种国际贸易公约），物种可被宣布为"濒危或受保护"，从而规制其使用和出口。

与主要农作物种子相关的法案均许可农业和合作社部部长根据法案的规定，制定相关的管理种子的标准和其他要求。

种子标准：与种子相关的质量标准包括萌发、纯度、水分、惰性物质、其他作物种及杂草种子等。根据《植物法》的规定，只有 37 种植物物种在泰国受到管制。主要包括最常见的蔬菜和大田作物，包括甘蔗和油棕。有时根据需要和优先级将植物物种添加到管制清单中。尽管一个物种可能被列入监管清单，但相关法规可能没有标准。

种子注册：希望在泰国商业销售种子的个人或企业需要取得相关注册。就注册来说，必须首先向农业和合作社部注册该种类（种子）。这个过程可以在线上进行或在泰国各地的农业和合作社部的一些办公室线下进行。在注册种子品种时，农业和合作社部授权实验室颁发的种子证书必须包含在注册文件中。如果种子符合《植物法》规定的种子种类标准并具有唯一名称，则种子登记申请将通过。如果提供了所有必要的信息并支付了必要的费用，则此注册过程最多需要一个月。注册有效期最长为 5 年，可以续订且不需要再次试验（VCU）。

种子标准的执行：农业和合作社部有一个随机种子取样过程，种子从种子商店，种子经销商和种子公司的加工厂取样。对取样的种子进行分析，以确认它们符合《植物法》要求的标准，并与种子登记一起提供种子质量证书。不遵守种子质量标准可能导致罚款和/或暂停或取消该组织销售种子的许可。种子公司负责其供应和销售链中种子的质量标准，包括在种子商店展出时。

植物品种保护（PVP）：种子公司和拥有植物品种的组织可以根据《植物品种保护法（PVP）》进行登记注册，且该注册是自愿的。大多数蔬菜品种、大田作物、果树、林业树木和花卉都可以注册 PVP。泰国的 PVP 基于 UPOV

公约的原则，其目的是提供和促进有效的植物品种保护系统，同时鼓励开发新的植物品种，造福社会。PVP 通过授予新植物品种的育种者知识产权来促进植物育种。与越南不同，泰国不是 UPOV 的成员，因为其法案不符合 UPOV 关于育种者权利和育种者豁免的要求。此外，育种者还必须具有泰国国籍。泰国 PVP 法案下的品种认证除了均一性和遗传稳定性（DUS）外，还要求市场上其他品种的独特性①。

（2）化肥制度。根据泰国的《泰王国化肥法案》［The Kingdom of Thailand Fertilizer Act B. E. 2518 Amended by Fertilizer Act（No. 2）B. E. 2550，以下简称《化肥法案》］的定义，"肥料"是指促进植物生长的有机材料，合成有机材料，无机或微生物，无论其是天然形成或加工，通过任何生产方法用作植物营养素，或导致土壤条件的任何化学，物理或生物变化对促进植物生长具有价值的物质。而"化肥"是指从无机或合成有机物料中提取的肥料，包括单一肥料，混合肥料，复合肥料和有机化肥②。

同时，根据该法的规定，化肥的管理机构为泰国农业和合作社部下属的肥料委员会（Fertilizer Committee），其中由农业和合作社部部长常任秘书长担任主席，同时，该委员会包含商务部代表、土地开发部代表、科学服务部代表、农业推广部代表、泰国工业标准研究所代表、农业经济学代表等③。

在泰国，对化肥的贸易、销售、进口、出口或运输制造均需获得肥料委员会的许可（Fertilizer Committee），且具体许可标准与执行程序亦由该机关进行制定。该法同时明确，化肥的经营者、贸易商以及其他有关的参与方均需将该许可以适当的方式展现给交易方抑或其他社会公众。

对于化肥贸易而言，相关市场主体在持有许可证的基础上，所有肥料跨国交易都必须在提交肥料相关材料后，向肥料委员会就肥料的品种、功效等必要信息在肥料委员会申请注册，且在收到其颁发的注册证明后才可开展相关的肥料进出口贸易④。

（3）农药制度。泰国相较于其他东南亚国家，较为重视对于农药的管理。其在 1967 年就颁布了《泰王国危险物质法案》［The Kingdom of Thailand

---

① 《泰国，中国和印度法律中与种子相关法律的摘要（2016 年）》［Summary of Seed Related Laws in Thailand，China and India（2016）（Posted on July 4，2017）］. http：//agconasia. com/projects/seed-law-2/，访问时间：2019 年 7 月 6 日。

② 《化肥法案》第一章第三条（定义部分）。

③ 《化肥法案》第一章第五条（定义部分）。

④ 《化肥法案》第五章第三十五条（关于废料的通知、注册与推广）. 上述肥料材料具体包括：生物肥料的种类；生物肥料载体；微生物类型和微生物保证量；包装和容器或包装的净重或尺寸；生产者名称和生物肥料制造地点；分析方法等。

Hazardous Substance Act，B. E. 2535（1967），以下简称《危险物质法案》]，1992 年泰国政府对上述法案进行了一定的修改与完善，1995 年正式实施。经2008 年 8 月的修改后，现最新版本为 Hazardous Substance Act B. E. 2551。

①管理机关。根据该法的规定，泰国的农药管理部门为农业和合作社部农业司毒性物质处。该处下设 4 个科室，包括：

A. 农药登记科：负责全国农药的登记管理工作。

B. 残留科：负责农药施用后在环境中的残留检测工作。

C. 制剂科：负责流通领域的农药质量监控，农药制剂的开发、研究，私有化检验机构的管理工作。

D. 农药毒性办公科：负责农药施用中对人体的危害研究，指导安全用药。

此外，还成立了毒性物质委员会，负责制定毒性物质管理政策，协调各部门共同合作，执行法规。为了加强对有毒物质的有效控制，毒性管理各部门可根据系统内的具体情况发布管理通知。

②农药登记与许可。与化肥一样，所有在泰国市场进行交易抑或使用的农药均应在农业和合作社部农业司毒性物质处之农药登记科进行登记，在登记以后，农药登记科会对相关申请主体颁发登记与许可证。登记证的种类有如下4 种：

A. 进口制剂登记（Imported）：即登记持有人从国外直接进口成品制剂，包括大包装与小包装。

B. 本地加工制剂登记（formulated）：即登记持有人在泰国本地的加工厂，自行复配制剂；在这类登记项下，申请人需要明确原药来源。同时未来仅可从登记的原药来源购买原药。

C. 分装登记（repacking）：即登记持有人，利用已完成的进口制剂登记，在泰国当地的分装厂对大包装制剂进行分装的登记类别。

D. 原药进口许可（technical imported）：这不是独立的登记类别，指的是持有本地加工制剂登记的企业，申请登记项下的特定来源原药进口的许可登记。

同时，根据登记证，泰国相关部门会颁发三大类的许可：

A. 生产许可：要求厂家提供生产地点、厂址、设备及设施、安全防护以及有毒废弃物的处理等资料，由工业部发给生产许可证书。

B. 进口/出口许可：要求提供有毒物质种类、数量、进口国家、包装、标签、储存地点、含量、杂质、中毒急救措施以及对工人、接触人员及环境的影响等资料，由农业司毒性物质处发给证书。

C. 拥有（包括销售、储藏、运输、服务）许可：要求具有储藏地点、储藏方法、运输、服务及农药的应用管理措施。零售店的销售人员要经过当地农技推广部门培训，取得证书后，向地方农业推广部门提出申请，经地方政府批准，报农业司毒性物质处统一审核发经营许可证，许可证有效期为一年，到期后在地方政府办理续展。

③登记程序、审批时间与提交资料。主要登记程序、审批时间与提交资料分为下列 3 个阶段：

第一阶段：田间药效和残留实验申请阶段（Trials Clearance，Phase I），审批时间一般为半年到一年不等。如果没有对申请产品的不利评价，会在半年内完结，并准许开展田间药效和残留试验。提交的资料包括：A. 制剂的自由销售证明（必须是一致的剂型，原药的不需要提供）；B. 五批次全分析报告：需要符合 GLP 标准，例如：需要有方法验证，需要标样的质检单，实验室出具 GLP 声明等；C. 原药和制剂的 6 项急性毒性报告：要求 GLP 实验室出具，实验规程符合 OECD 的标准规程，同时需要有实验室出具 GLP 声明，以及实验室自身的 GLP 资质证书；D. 原药的物化性质总述：不需要提交报告，可以利用网上信息；E. 制剂性状总述，包括表观状态、含量、物化性质、可燃性；F. 环境毒性概述：水生生物、鸟类、蜜蜂毒性，不需要报告，仅需要提供综述并提供出处；G. 原药和制剂的分析方法：一般摘录 CIPAC 即可；H. 授权书。

第二阶段：临时登记阶段（Provisional Clearance，Phase II），审批时间为一年，即田间药效和残留试验之时间。除非该申请的产品在泰国使用超过 10 年，可豁免本阶段试验。本阶段一般不需要提供额外的数据资料。但是可能会根据泰国农业和合作社部的要求补充下列信息：A. 亚慢性毒性实验数据；B. 慢性毒性实验数据；C. 三致实验数据；D. 神经毒性数据；E. 残留实验数据（在本国的 MRL 或在本国的实验数据）。

以上数据无须提供报告，综述注明出处可被接受。以上信息在第三阶段也是需要提供的。

第三阶段：正式登记阶段（Full Registration，Phase III），审批时间一般为半年到一年之间。如果田间药效和残留试验的试验数据没有问题，则一般农业和合作社部会在半年到一年之间核准登记并颁发登记证。提交的资料包括：A. 田间试验结果和残留实验结果；B. 如果在第二阶段开展了小区示范实验，也可以提交；C. 制剂的完整物化性质；D. 原药和制剂的全套毒性资料除了急性 6 项以外，都不需要提供报告，仅需提供综述；E. 残留分析方法；F. 环境中的 MRL 信息；G. 包装信息；H. 当地文字的标签；I. MSDS。

如果是在泰国已登记超过 10 年的专利过期产品，申请人在通过第一阶段登记后，在数据齐备的前提下，可直接申请第三阶段的正式登记。

（4）农用机械制度。

①农用机械管理制度。泰国政府专设了农业机械化委员会，负责制定详细

的农机化政策和措施，这些政策包括改善农业机械的研究开发政策、产品标准化政策、农机销售价格政策、农机培训使用管理政策、农机出租维修政策等。

②农用机械的金融支持。政府要求金融机构扩大农业长期贷款业务，支持农民购买农业机械。1975 年，泰国银行颁布了《商业银行农业信贷条例》，规定商业银行的农业信贷放款额必须以 2% 的比率逐年递增。1983 年又实施了"面向农业和农村信贷政策"，规定无论本国或外国商业银行，每年投入的农业贷款不得低于上年存款额的 20%，其中的 13% 必须直接贷给农户和地方农业企业。80 年代末 90 年代初，针对东北部农业的自然条件较差的情况，泰国政府提出了绿化东北计划。计划的内容包括因地制宜，发展集约型农业；发放农业低息贷款，降低或免收进入东北地区的农业机械设备的人口税等。

③农机化发展与推广。泰国农业科研工作的主要力量是政府部门的研究机构。主管农业科技工作的是农业和合作社部的农业科技厅，厅下有 6 个直属研究所、园艺研究所、橡胶研究所、蚕业研究所、农业工程研究所。研究机构的成果主要由农业发展厅负责向农户推广，并通过举办培训班，有计划地培训农民，同时启动了"农机作业委托服务"。

泰国政府大力推广农机作业委托（或称农机作业服务）。农机作业委托，泛指委托人（农户）把农业生产环节的部分作业委托给农机户或农机服务组织用农业机械来完成，它对推进农业生产机械化发挥了重要作用。农机作业委托在 20 多年前起源于泰国中部平原地区，当时主要是小型拖拉机进行耕整地，后来发展到大型拖拉机的复式作业，现在发展到耕整地、植保、联合收割等农业生产全过程一条龙机械化作业服务[①]。

(5) 农田水利等基础设施开发管理法律制度。泰国于 2007 年制定了《泰国水资源法》（Thai Water Resources ACT），该法针对水资源的所有权、使用权、开发权、管理权、与水资源有关的环境保护、相关主体的权利和义务及洪涝灾害的预防等做出了明确规定。

依据《泰国水资源法》的规定，泰国水资源利用分为三类。第一类用水是指将公共水源地水资源用于家庭日常生活用水、农作物浇灌、牲畜饮水和家庭作坊工业用水及部级法规中规定的其他耗水量较少的用水。第二类用水是指将公共水源地水资源用于农业灌溉或商业养殖、工业、旅游、发电、自来水及部级法规中规定的其他用水项目。此类水资源的利用应根据部级法规规定的原则和办法向该公共水源所在地的流域委员会提出申请。第三类用水是指将公共水源地水资源用于耗水量巨大项目或被部级法规列为可能会对跨流域或周边大幅地区造成影响的用水项目，此类水资源的使用应根据部级法规规定的原则、办

① 龙吉泽，2015. 泰国农业合作社及农业业机械化［J］. 时代农机，42（3）：168-169.

法或条件向国家水资源管理委员会提出申请。

该法同时规定，国家根据需要，可设立专用水资源，即规定某一特定水资源为国家专用，国家对专用水资源进行特殊管理以使之专门用于国家特定需要，这个制度成为专用水资源制度。对水利专用水资源的寻找、开发、管理、回复和保护按照国家水利法之规定执行。在依据国家水利法将某公共水源列为水利专用水资源之前，应先听取该水源地民众和利益关联者的意见。关于水利专用水的配置和取水许可审批，按照国家相关法律规定，由水资源管理部门负责人按照既定计划或原则和规定对水利资源覆盖地区流域委员会或支流流域委员会提出的水利专用水分配和缺水申请进行审批。如果上述水资源配置和取水许可涉及跨流域，那么由相关责任人按照国家水资源管理委员会制定的计划或规定执行①。

依据《泰国水资源法》的规定，泰国设立各级专门机构对水资源进行管理。国家水资源管理委员会是国家最高的水资源管理机构，同时设立流域委员会、支流域委员会对流域进行专属管理，流域委员会和支流域委员会直接由国家水资源管理委员会领导，不隶属于流域所经过的任何地方政府。在地方，则由各府设立水资源厅负责本地方的水资源管理。水资源用户还有权成立水用户协会以维护自己的权益。

（三）生产经营法律制度

1. 农业生产经营主体相关政策及法律制度

泰国关于农业生产经营主体相关政策及法律制度主要有：

①生产监管方面：对于泰国农产品检验管理体制，由泰国保健省食品医药品局与泰国国家农产品及食品标准委员会实行双重监管。《食品法》[Food Act (1979)]由保健省食品医药品局发布。该法主要规定设置食品工厂、进口食品许可、生产、标示、销售、广告许可等涉及食品卫生相关的内容。同时，2008年8月，经泰国农业和合作社部提议，泰国国家农产品及食品标准委员会审批，将新增25项农产品及相关检测标准，自2008年起生效。25项新标准包括泰国香米、大蒜头、红葱、鲜香菇、鲜木耳、虾米等8项商品标准；海虾繁殖及生产、肉类及水产品包装等8项农产品生产体系标准；化学残留量、水产品品质、禽流感病菌检验及农作物卫生标准等9项常规检查标准②。

②生产机构方面：《泰国合作社法案》[Thai land Cooperatives Act (1999)]

---

① 米良，2014. 泰国水资源管理及其法律制度探析 [J]. 江西社会科学 (6).
② 山东省商务厅，泰国新增 25 项农产品及相关检测标准 [EB/OL]. https://www. shandongbusiness. gov. cn，最后访问时间：2019 年 11 月 14 日。

主要规定了泰国农业合作社的生产、运营与管理，详见本报告"二、泰国农业法律制度"之"（四）涉农保护制度"的"1. 农业合作社制度及相应金融支持"。

③生产要素方面：关于农业生产中的土地、化肥、农药、水利等管理制度，请参考本报告"二、泰国农业法律制度"中相关章节。

2. 农业科研与推广法律制度

大学和政府部门的研究机构是泰国国内的主要科研力量。研究机构的成果主要由农业发展厅负责向农户推广，并通过相关培训班，有计划地培训农民。泰国有泰王国国家科技研究院（Thailand Institute of Science and Technology Research，TISTR）、泰王国国家研究理事会（National Research Council of Thailand，NRCT）、泰王国国家科技发展局（National Science and Technology Development Agency，NSTDA）等 3 个主要公共科研部门；泰王国农业科技厅（Department of Agricultural Science and Technology）隶属于泰国农业和合作社部，主管泰国农业科技工作，包括泰王国农业科技厅蚕业研究所（Institute of Sericulture Research，ISR）、泰王国农业科技厅园艺研究所（Institute of Horticultural Technology，IHT）、泰王国农业科技厅橡胶研究所（Institute Rubber Technology Research，IRTR）和泰王国农业科技厅农业工程研究所（Institute of Agricultural Engineering，IAE）等，主要负责调查、研究与农作物有关的科学，重点对土壤等农业生产投入要素开展咨询、分析和检疫工作。

泰国的科研投入中，政府投入约占 60%，大学、企业和非政府部门投入约占 40%。泰国政府对生物技术研究和开发较为重视，在农业生物技术和医学生物技术领域有较高的研究水平。对外科技合作均由外交部统一管理，具体工作由总理府技术经济合作厅负责协调执行。

泰国农业科技管理推广工作已遍布全国，农业技术推广分支机构也设立在泰国的各个府和县。另外，大学设有农业研究中心，全国各地都设有科研机构，这些机构主要致力于培养青年专业人才研究水稻，并经常组织开展国内外学术交流活动。泰国政府还积极推动互联网在农村的发展，运用网络对农民进行技术培训，来自政府部门和科研机构的 20 多名专家定期通过农村网提供农业相关信息并回答农民提出的问题，农业部利用农村网这一平台及时有效便捷地为农民普及农业实用技术和农业科学知识，传播农业相关信息，让农民能够及时准确地获得有关农产品和相关生产资料的供求信息，合理安排生产，增加农民收入[①]。

3. 农产品市场流通法律制度

泰国关于农产品市场流通法律主要有《泰王国农产品规格法》（The Kingdom

---

① 王禹，李哲敏，雍熙，王恩涛，李干琼，2017. 泰国农业发展现状及展望［J］. 农学学报，7（11）：95－100.

of Thailand Agricultural Standards Act)，该法于 2008 年发布，主要对农产品规格、标志进行规范，有强制标准和推荐标准，进口指定的品类需要获得农业协同组合省农产品规格委员会的许可。

泰国负责商品质量监督、检验和标准认证的管理部门主要是卫生部下属的食品与药品监督管理局（Food and Drug Administration，简称 FDA）及农业和合作社部下属的国家农业食品和食品标准局（National Bureau of Agriculture Commodity and Food Standards，简称 ACFS）。FDA 行使职责依据的国内法规和国际协议主要有：泰国 1967 年《泰王国药品法》（The Kingdom of Thailand Drug Act B. E. 2510）、1975 年《泰王国精神类物质法》[The Kingdom of Thailand Psychotropic Substances Act B. E. 2518（1975）]、1979 年《泰王国食品法》[The Kingdom of Thailand Food Act of B. E. 2522（1979）]、1979 年《泰王国麻醉品法》[The Kingdom of Thailand Narcotics Act B. E. 2522（1979）]、1988 年《泰王国医疗器械法》[The Kingdom of Thailand Medical Device Act，B. E. 2531（1988）]、1990 年《泰王国防止滥用挥发性物质法》[The Kingdom of Thailand Emergency Decree on Prevention of Abuse of Volatile Substances，B. E. 2533（1990）]、1992 年《泰王国化妆品法》[The Kingdom of Thailand Cosmetic Act B. E. 2535（1992）]、1992 年《危险物质法》、1971 年《关于精神类物质的国际公约》（Convention on Psychotropic Substances，1971）和 1988 年联合国《关于反对非法买卖麻醉品和精神类物质的协定》（Convention Against Illicit Traffic in Narcotic Drugs and Psychotropic Substances，1988）等。FDA 根据相关法律法规对商品的市场准入进行控制，审核发放各类商品相应的卫生证明、GMP 证明、HACCP 证明和自由销售证明等。进口商必须申请进口许可证后才能进口食品，指定的食品储藏室必须经 FDA 检验后才能使用，进口许可证要每 3 年更新 1 次；对于特别控制的食品，进口商必须到 FDA 注册，获得批准才能进口。

ACFS 的主要职责是制定初级农产品、食品和加工农产品的标准，发放许可证明，对有关产品的认证机构及企业进行认证等。此外，还协助和参与技术问题、非关税措施及国际标准等方面的对外谈判，其主要工作目标是发展泰国农产品和食品标准体系，使其适应国际标准，以扩大泰国农产品和食品的出口额。ACFS 自成立以来，共制定公布了 22 项植物食品标准、10 项动物产品标准、3 项鱼类食品标准和 20 项其他标准。

（四）涉农保护与支持制度

1. 农业合作社制度及相应金融支持制度

为保护泰国农民的经济权益，自 1916 年起，泰国实施开展了"农业合作社制度"，距今已有 100 多年的历史。

泰国的合作社可分为 7 种类型，分别是农业合作社、土地转让合作社、渔业合作社、储蓄与信贷合作社、消费者合作社、服务合作社和信用合作社。本书重点关注农业合作社。农业合作社是所有合作社中数量和成员最多的一类，现有 4 480 个，成员超过 639 万名。这类合作社为其成员生产的农产品提供集中销售渠道，为成员开展培训等，以提升农产品质量、改善农民生活水平①。

泰国的第一部合作社法律是 1916 年的《泰国协会修正法案》，这个法案只登记管理为发展稻谷生产而成立的农民协会。1928 年，该法案被允许成立各种类型的合作社的修正法案所取代；1999 年，调整所有类型合作社关系的《泰国合作社法案》正式出台。该法案共 10 章、138 条，其中有重要里程碑意义的条款主要有：一是定义"合作社"为"建立在自助或互助基础之上，为了共同的经济社会利益并且依本法登记的共同行事的多人组织"。二是授权农业和合作社部制定相关实施细则。三是成立"合作社发展基金"为合作社发展提供金融支持。四是成立泰国国家合作社发展委员会。五是授权登记官控制合作社之间和合作社对其社员进行存贷款以及提供的相关担保服务。六是免除合作社登记费。七是控制合作社的净利润分配，规定：每年提取不少于净利润的 10% 作为储备金；不超过 5% 上交泰国合作社联合会；不超过 10% 作为红利分配给社员或管理人员。八是授权登记官组织合作社的审计、质询，以及清算发生时的一些活动②。

（1）合作社组织架构。 泰国农业合作社体系由三个垂直层级组成：地区内的初级合作社、省一级的合作社联盟、国家一级的合作社联合会。初级合作社是由个人会员组成的，同时也作为会员加入省一级的合作社联盟和国家一级的合作社联合会。5 个以上的同类型初级合作社就可以组建省一级的合作社联盟。作为国家一级的合作社就是泰国农业合作社联盟（ACFT），所有的省级农业合作社联盟都是其会员，一些国家级的专业合作社联盟也是其会员，如泰国甘蔗种植者合作社联盟、泰国猪养殖者合作社联盟、泰国奶制品合作社联盟等③。

（2）经营范围与绩效。 为了最大限度地实现会员的经济和社会利益，农业合作社的经营范围主要集中在：①借贷业务，以合理的利率向会员提供生产和消费借贷，借贷时间从 2 个月到 5 年不等；②存款业务，鼓励会员存款，会员

① 许灿光，安全，张曦，梁晶晶，张越，2017. 泰国农业合作社现状及其对开展农产品对外贸易的研究［J］. 世界农业（10）：182-185.
② 汤汇，2007. 泰国农业合作社现状及其对我国的启示［J］. 安徽农学通报（21）：7-9-13.
③ 米良，2014. 泰国水资源管理及其法律制度探析［J］. 江西社会科学（6）.

可以向合作社开设存款账号、特别存款账号或固定存款账号；③营销业务，通过合作社统一营销会员的农产品，保证会员收益的提高；④集中采购业务，以合理的价格向会员提供拖拉机等农机装备和农用油料，以及肥料、种子等农业生产资料，价格比市场上优惠不少。

（3）农业合作社的管理和控制。会员大会是合作社的最高权力机构，负责选举合作社董事会和董事长，董事长任命总经理负责合作社的经营管理。每年至少召开一次会员大会，另外还要选举产生内部审计员负责监督合作社运营预算及会计账目情况。董事会主要负责制定总体政策、发展方案和选择发展项目，并且作为合作社运营管理的监督者①。

（4）金融支持系统。泰国农业合作社的建设与发展，得到了各级政府在技术、经济等方面的大力支持。国家成立了合作社注册办公室、合作社促进部（CPD）、合作社审计部（CAD）3 个负责机构。农业合作社的金融支持系统主要包括：①国家财政预算的合作社发展基金。②合作社之间的融资，利率和期限根据各合作社内部规定议定。③农业和农业合作社银行专门为农业合作社和农民提供的低息贷款。④减免部分税费，合作社为非营利机构，所得税免除。

泰国农业合作社的资金来源主要是会员股份、会员存款、合作社赢利盈余、外部借贷和外部补贴及资助。农业合作社的借贷和补贴主要来源于如下几个途径：

一是合作社发展基金。合作社发展基金是根据《合作社法案》成立的，主要目的是促进合作社发展。部分官员和各种类型的合作社代表组成合作社发展基金执行委员会，负责基金的管理工作。该基金的资金来源主要是国家财政预算，2005 年，它向 1 318 个合作社提供了 20 亿泰铢的贷款，平均每个合作社的贷款规模为 150 万泰铢，贷款年利率根据合作社的资信状况从 1％到 6％不等（同期商业银行的贷款利率约为 11％）。

二是农业和农业合作社银行（BAAC）。农业和农业合作社银行成立于 1966 年，专门为农业合作社和农民提供贷款，是隶属于财政部的国有银行。成立两年以上、会员 100 人以上的农业合作社都可以申请贷款。2004 年，该行向 844 个农业合作社提供了 286 亿泰铢的贷款，年利率也是根据合作社的资信等级在 5.5％至 10.5％。

三是合作社之间的融资。农业合作社之间也可以互相融资，利率和期限根据各合作社内部规定议定②。

---

① 龙吉泽，2015. 泰国农业合作社及农业业机械化［J］. 时代农机，42（03）：168－169.

② 山东省商务厅. 泰国新增 25 项农产品及相关检测标准［EB/OL］. https：//www. shandongbusiness. gov. cn，最后访问时间：2019 年 11 月 14 日.

对农业合作社的保险等具体的支持措施，请参考本报告"三、泰国农业市场准入及农产品贸易制度"中"（一）农业领域外资管理法律制度及政策体系"。

2. 农业金融支持制度

为了更好地保护本国农民权益，在农业合作社的基础上，泰国政府还根据实际情况，为农民及其他农业从业者提供一定的金融支持。较为突出的，便是政策性银行对农业的支持。

泰国农业政策性银行（简称泰农行）经营管理的法律依据是 1966 年制定的《农业和农业合作社银行法》，该法经过 1976 年、1982 年和 1999 年 3 次修改，更趋完善。为了加大对农业的扶持力度，防止农村资金大量外流，泰国对信贷支持农业都有严格的规定。要求各金融机构在农村组织存款的 60％必须用于农村。

泰国规定各商业银行要将吸收存款的一定比例用于农业信贷，最高时达 20％，其中 14％用于农业，6％用于农村工商业。规定如果达不到所要求的比例，就必须将差额部分转存到农业政策性银行，或购买其债券。当差额过大时，转存款利率甚至低于筹资成本作为处罚。泰国虽于 1998 年取消了这一规定，但同时允许泰农行设立大量分支机构吸收储蓄存款。目前泰农行吸收存款已占资金来源的 80％以上，其中储蓄存款占 70％。

泰国央行对农业政策性银行的资金需要提供强有力保证，且利率很低。泰国央行对泰农行核定的再贷款额度为每年 30 亿泰铢。政府还通过提供担保、鼓励发行债券、向外国政府或国际金融机构借款等提供支持。具体措施有以下几点：

一是充实资本金。政府补充资本金，是增强银行实力，降低经营成本的主要形式。泰农行在建行之初资本金只有 40 亿泰铢，现在是 326 亿泰铢，主要是通过财政预算注资，每年补充 10 亿～20 亿泰铢。

二是免税政策。通过税收优惠手段，支持政策性银行发展，是泰国对农业政策性金融的重要支持手段。泰国政府对泰农行免征营业税和所得税，其利润用于充实两行的农贷基金。

三是外部监管政策。对农业政策性银行实行区别于商业银行的外部监管。泰农行分别接受泰国央行和财政部的监管。泰农行接受财政部国有企业司的绩效考评，有一套标准化的评价指标体系，包括利润率、资产回报率、不良贷款率等，然后提出每年要达到的目标①。

---

① 南海政协，印度、泰国农业政策性金融如何支农 [EB/OL]. http：//zhengxie. nanhai. gov. cn/cms/html/4 957/2013/20130426095004483197266/20130426095004483197266 _ 1. html，最后访问时间：2019 年 6 月 28 日。

2012 年，泰国农业和农业合作社银行提供超过 100 亿泰铢的创新农民信贷，以培养年轻一代职业农民，帮助农民年均收入不低于 18 万泰铢（折合 3.44 万元人民币），达到与本科毕业生收入相当的水准，吸引更多的年轻人从事农业职业。

3. 涉农环境保护与生态补偿法律制度

（1）环境保护概述。泰国关于环保的基本法律是 1992 年颁布的《国家环境质量促进和保护法（Enhancement and Conservation of the National Environmental Quality Act）。此外，泰国自然资源与环境部还发布了一系列关于大气、水、土壤等方面污染控制和保护的公告。

泰国有关环保法律法规对于空气和噪音污染、水污染、土壤污染、废弃物和危险物质排放等标准都有明确的规定，对于违法违规行为有相应的处罚，有关各项标准的详细规定请参照泰国自然资源与环境部环境质量促进厅网站有关公告。在具体操作上主要分为三个部分，即对废水、废气和固体废弃物的管理。

对于废水的管理，请参考本报告"二、泰国农业法律制度"中"（二）农业生产资料法律制度"之"3. 与农业生产相关的水（海）域管理、使用和保护法律制度"。

（2）空气污染治理制度。《国家环境促进及保护条例》（B. E. 2535）是泰国空气污染管控的主要法律，该项法律规定了空气污染物标准和各工业废气排放标准。《工厂条例》（B. E. 2535）规定了工厂运营中产生的对环境有影响的有毒及其他废弃物的标准和管控方法。《陆路交通条例》（B. E. 2522）规定了汽车尾气排放标准和检测方法。其他相关法律有，泰国自然资源与环境部发布的《关于各工业排放废气控制标准的规定》，工业部根据《工厂法》发布的《关于工厂有毒物质标准的公告》，陆路运输厅根据《陆路运输法》（B. E. 2541）发布的《关于车辆排放废气检测方法和标准的规定》。

泰国环境空气质量标准（Ambient Air Quality Standards）主要规定了空气中一氧化碳（CO）、二氧化氮（NO$_2$）、臭氧（O$_3$）、二氧化硫（SO$_2$）、铅以及各类浮尘不同时段的浓度。与农业相关的，便是关于交通运输工具的排放：

工业产品办公室和污染控制厅共同使用的是欧洲汽车废气排放标准（EURO），该标准对如下排放物标准进行了规定，一氧化碳（Carbon Monoxide）、碳氢化合物（Hydro Carbon）、氧化氮（Nitrogen Oxide）、灰尘。该规定还规定了燃料标准，即烷类、硫、苯、烯烃（Olefins）和铅。目前泰国宣布使用欧洲汽车废气排放三号标准（EURO3），该标准根据发动机和车辆的种类以及车辆的年限规定排放标准。

（3）固体废物和危险废弃物。《公共卫生条例》（B. E. 2535）是处理固体垃圾的主要法律依据。自然资源与环境部和公共卫生部作为主要负责部门，负责制定处理固体垃圾的规章、标准和措施，地方政府负责本地方固体垃圾的处理。

泰国在《2555—2559 年国家经济社会发展规划》①制定了国家级的垃圾处理政策，力求能够按照卫生保健工作的标准处理垃圾，以提高循环率、垃圾搜集效率和地方政府收集垃圾的效率。当前，泰国的固体垃圾管理政策强调建立循环社会，从源头减少垃圾并进行分类，促进集中处理，鼓励私人投资大型垃圾处理中心，采用复合技术转变为能源。

对于危险废弃物的处理分为两类：

①对于工业危险废弃物处理的主要法律依据是《危险物品条例》(B. E. 2535)，针对工厂产生、运送以及处理危险物提出了管控要求。

②对于社区产生的危险废弃物，泰国正在制定关于处理废弃电器电子以及其他产品报废件的法律，该法律将适用生产者责任延伸原则（Extended Producer Responsibility)，在具体工作中履行《控制危险废弃物越境转移及其处置巴塞尔公约》中关于处置危险废弃物的义务。

（4）环境评价。根据泰国《国家环境质量促进和保护法》的有关规定，为保护和提高环境质量，经自然环境委员会批准，自然资源与环境部应对自然环境可能产生影响并需提交环评报告的由政府部门、国有企业和个人进行的投资或工程项目的类型和规模进行分类，并由部长签发后在政府报刊上进行公布。公布的内容还应包括所需提交的其他相关材料。针对特定投资或工程项目的环评报告如具有普遍性，经自然环境委员会批准，自然资源与环境部部长可将其作为范本在政府报刊上予以公示，其他类似的投资或工程项目在同此范本内容基础上，可免除提交环评报告。

根据上述法律规定，需提交环评报告的投资或工程项目，如由政府部门、国有企业实施或者前两者与民营企业联合实施并须报内阁最终批准的，政府部门或国有企业须在项目可研究阶段准备环评报告，并征得国家环境委员会同意后报内阁审批。如有必要，内阁可请有关专家或专业机构参与项目评审。

经国家环境委员会批准，自然资源与环境部部长可就环评报告编制人的资格条件提出具体要求，根据此项要求，编制人应为该项领域的专家并获得相关的资质认证。资质证书的申请及发放、成为专家的资格条件和证书换发、暂停、吊销以及有关费用标准等，均须按自然资源与环境部制定的有关规章执行。

目前，泰国设有很多从事环评咨询和服务工作的专业事务所，可为企业提

---

① 这里的年份指佛教历法年份，即佛历。本书中所提"B. E."亦为佛历纪年。

供有关服务①。

4. 乡村治理与宗教文化法律制度

泰国第一大民族为泰族，其他民族还有华族、马来族、高棉族、克伦族、苗族等。泰族人曾称"暹罗人"，属汉藏语系壮傣语族民族，和中国的傣族、壮族族源相近，在全国都有分布，占总人口的75%，主要信仰佛教。

华人在人数上仅次于泰族，占总人口的14%左右。华人大批移民泰国是在19世纪下半叶到20世纪30年代这段时间。泰国华人多数居住在首都和外府城市。据估计，首都曼谷的居民中华人占40%。华人华裔在泰国政治、工商、金融、旅游业、传媒业中有着举足轻重的重要位置和影响。

马来族大多信仰伊斯兰教，主要分布在泰国南部半岛；高棉族主要分布在与老挝和柬埔寨接壤的泰国东北部和东南几个府；克伦族主要分布在西北部的泰缅边境山区；苗族分布在北部和东北部泰老、泰缅边境地带的山区。

泰国的宗教主要有佛教、伊斯兰教、天主教和印度教等。

三、泰国农业市场准入及农产品贸易制度

（一）农业领域外资管理法律制度及政策体系

1. 外资管理概述

泰国对外资投资进行管理的主要负责部门为泰国投资促进委员会（BOI）。其直属于泰国总理府（国务院），是依据泰国2001年第三次修订的《投资促进法》开展投资促进相关工作。其定位为泰国政府负责制定投资奖励优惠政策并为投资者提供协助服务的组织。它分为两个等级：投资促进委员会及投资促进委会员办公厅。投资促进委员会由总理任主席，工业部部长任副主席，各经济部部长及政府高级官员，民间重要机构的代表、学者、专家任委员或顾问。

BOI办公厅总部设在曼谷，全国有6个分支机构，海外有14个办事处，中国办事处分别设在北京、上海、广州。提供的服务主要有：协助企业的建立，提供投资的桥梁服务，投资机会及信息，进行吸引外资的宣传活动，申请奖励投资的咨询服务等。

泰国投资促进委员会（BOI）对泰国和外国投资者提供税收以及非税收方面的鼓励政策，《促进投资法1977》构成鼓励投资条款的法律基础。许多投资

---

① 中华人民共和国驻泰国经商参处，泰国环境管理概况［EB/OL］．http：//th. mofcom. gov. cn/article/ddfg/qita/201804/20180 402733261. shtml. 最后访问时间：2019 年 7 月 5 日。

行为都得到该法的鼓励和优惠①。

（1）针对外资的直接性优惠与限制。 针对外资的投资的一般性直接性优惠与限制，详见本部分"一、泰国农业投资宏观政策及发展规划"之"（一）宏观市场准入政策"。

（2）针对外资的间接性优惠与限制。 虽然泰国在经济结构上，贸易占国内生产总值的比率比较高，但是，在农业与农产品领域，其仍然不能被视为自由投资与贸易国家。泰国的农业市场受到法律法规之复杂措施和限制的高度保护。由于泰国国内的政治压力，其不能放开大豆，棕榈油，橡胶，大米和糖的农产品进口。

除了传统的关税和配额外，政府还对非关税工具等进出口实施了巨大的控制和限制措施，并允许政府官员高度自由裁量。进口管制包括进口禁令、严格的许可安排、当地内容规则和进口特殊个案批准的要求。具体来说，有以下间接限制措施：

①农场级别的农业政策和措施（Agricultural policy and measures at the farm level）：价格支持和价格保证（Price support and price guarantee），缓冲储备（Buffer stock）。

上述措施集中在泰国大米的管控领域，泰国政府曾先后出台仓储政策、大米价格支持政策、大米缓冲储备等支持政策，起到了稳定大米产量增长与价格并实现种粮农民收入增长以及稳定物价水平的目的。但从另一角度来说，上述措施不利于大米市场化，客观上造成了泰国大米出口受阻以及设置了外资投资大米出口与精加工的行业壁垒。

②国内消费水平的措施（Measures at domestic consumption level）：定量进口控制（Quantitative import control），进口关税措施（Import tariff measures），储备要求措施（Reserve requirement measures）。

上述措施集中于保护国内基础产业，定量进口控制与进口关税措施主要针对农业产品（包括小麦、大豆等）。储备要求措施主要针对本国出口农产品（主要针对大米与部分橡胶等工业材料型农产品）。这三种措施，对外资投资农产品加工业造成了一定的限制，即外资方无法绕过该等限制措施进行自由贸易。

③出口层面的营销措施（Marketing measures at the export level）：出口税（Export taxes），定量出口管制（Quantitative export control）。

泰国目前受定量出口管制的产品有 45 种，其中征收出口税的有大米、皮

---

① 广州走出去信息科技有限公司，外商投资泰国前必须了解的 7 大问题［EB/OL］. https：// zhuanlan. zhihu. com/p/35819561，最后访问时间：2019 年 11 月 13 日。

毛皮革、柚木与其他木材、橡胶、钢渣或铁渣、动物皮革等。上述限制措施在被限制之产品领域客观上造成了较为严重的限制措施，且外资无法通过在泰国设立合资公司或设立代理人类型的泰资子公司进行规避。

④对农业投入的补贴（Subsidies on agricultural inputs）：肥料（Fertilizers），灌溉设备（Irrigation equipment），农业机械（Farm machinery），农药（Pesticides），种子（Seeds）。

上述农业投入补贴的具体措施与影响，详见本部分的"二、泰国农业法律制度"之"（二）农业生产资料法律制度"。

此外，泰国政府还会采用差别化的关税税率政策。保护关税税率往往会发生变化：在某一年中，它们甚至可能因商品种类不同而不同，它们也可能随时间而不同。

2. 外国投资者准入制度

外国人在泰国开始商业经营的最低投资额不得少于 200 万泰铢（约合 38 万元人民币），当涉及经批准方可从事的行业时，最低投资额不得少于 300 万泰铢（约合 58 万元人民币）。泰国没有专门针对外资并购及外国国有企业投资并购进行安全审查方面的法律规定。

泰国的《外籍人经商法》（Alien Business Act）是有关泰国外商准入行业的主要法律，其中规定了非常具体的外国投资者行业准入制度。详情请参见本部分的"二、泰国农业法律制度"之"（一）该国农业投资定义、范围和监管部门"的"3. 投资范围"。

3. 农业用土地及房屋买卖和租赁制度及政策

（1）泰国《土地法》的主要内容。泰国关于土地和房产的法律主要基于大陆法系的法律体系而制订，主要内容都参照大陆法系国家的相关法律。《泰国土地法》（Land Code Promulgating Act B. E. 2 497）由泰国内务部颁布，自1954 年 12 月 10 日起实施。土地法包括土地分配、土地所有权的授予和界定、相关文件的发布等内容，明确了对于宗教用地、外国人用地、部分行业法人用地的限制条件，并对土地调查、土地交易和费用及处罚条款都作了明确规定。该法首次对个人持有土地的上限作出了规定。

此后，内务部又于 1999 年和 2008 年颁布了对《土地法》三条的修订案，分别对外国人用地、土地相关费用及处罚条款进行了调整。

除 1954 年的《土地法》之外，《泰国工商不动产租赁法》《泰国工业区法》等法律都有涉及外国人在泰国用地的规定。

（2）外资企业获得土地的规定。1954 年的《土地法》对外国人拥有土地作出规定："外国人可根据双边条约关于允许拥有房地产权的规定，并在本土地法管辖下拥有土地。"根据该法，外国人及外籍法人根据内务部法规，经内务部部长批准可拥有土地，以作为居住和从事商业、工业、农业、坟场、慈善、宗教等活动需要之用。并针对不同用途对外国人最多可持有的土地面积做了规定。

相关具体规定，请参考本部分的"二、泰国农业法律制度"中"二、泰国农业法律制度"之"1. 与农业生产、加工、仓储、物流等相关的土地管理法律制度"。

（3）外资参与当地农业投资合作的规定。在泰国严格禁止外资进入农业投资领域，不允许外资获得农业耕地所有权和承包经营权。

（4）外资参与当地林业投资合作的规定。在泰国严格禁止外资进入林业投资领域，不允许外资获得林业耕地所有权和承包经营权。

4. 涉农投资的税收制度及政策

（1）税收体系和制度。泰国关于税收的根本法律是 1938 年颁布的《税法典》，财政部有权修改《税法典》条款，税务厅负责依法实施征税和管理职能。外国公司和外国人与泰国公司和泰国人一样同等纳税。泰国对于所得税申报采取自评估的方法，对于纳税人故意漏税或者伪造虚假信息逃税的行为将处以严厉的惩罚。目前泰国的直接税有 3 种，分别为个人所得税、企业所得税和石油天然气企业所得税；间接税和其他税种有特别营业税、增值税、预扣所得税、印花税、关税、社会保险税、消费税、房地产税等，泰国并未征收资本利得税、遗产税和赠与税。

（2）主要税赋和税率。

①企业所得税。在泰国具有法人资格的公司都须依法纳税，纳税比例为净利润的 30％，每半年缴纳一次。基金、联合会和协会等则缴纳净收入的 2％～10％，国际运输公司和航空业的税收则为净收入的 3％。未注册的外国公司或未在泰国注册的公司只需按在泰国的收入纳税。正常的业务开销和贬值补贴，按 5％～100％不等的比例从净利润中扣除。对外国贷款的利息支付不用征收公司的所得税。企业间所得的红利免征 50％的税。对于拥有其他公司的股权和在泰国证券交易所上市的公司，所得红利全部免税，但要求持股人在接受红利之前或之后至少持股 3 个月以上。企业研发成本可以作双倍扣除，职业培训成本可以作 1.5 倍扣除。注册资本低于 500 万泰铢的小公司，净利润低于 100 万泰铢的，按 20％计算缴纳所得税；净利润在 100 万～300 万泰铢的，按 25％计算缴纳。在泰国证券交易所登记的公司净利润低于 3 亿泰铢的，按 25％计算缴纳。设在曼谷的国际金融机构和区域经营总部按合法收入利润的 10％计算缴纳。国外来泰投资的公司如果注册为泰国公司，可以享受多种税收优惠。

②个人所得税。个人所得税纳税年度为公历年度。泰国居民或非居民在泰

国取得的合法收入（商务、商业、农业、工业、运输或任何其他活动），均须缴纳个人所得税。税基为所有应税收入减去相关费用后的余额，按从 5%～37%的五级超额累进税率征收。按照泰国有关税法，部分个人所得可以在税前根据相关标准进行扣除，如租赁收入可根据财产出租的类别，扣除 10%～30%不等；专业收费中的医疗收入可扣除 60%，其他 30%，著作权收入、雇佣或服务收入可扣除 40%，承包人收入可扣除 70%。

③增值税。泰国增值税的普通税率为 7%。任何年营业额超过 120 万泰铢的个人或单位，只要在泰国销售应税货物或提供应税劳务，都应在泰国缴纳增值税。进口商无论是否在泰国登记，都应缴纳增值税，由海关厅在货物进口时代征。免征增值税的情况包括年营业额不足 120 万泰铢的小企业；销售或进口未加工的农产品、牲畜以及农用原料，如化肥、种子及化学品等；销售或进口报纸、杂志及教科书；审计、法律服务、健康服务及其他专业服务；文化及宗教服务；实行零税率的货物或应税劳务包括出口货物、泰国提供的但用于国外的劳务、国际运输航空器或船舶、援外项目下政府机构或国企提供的货物或劳务、向联合国机构或外交机构提供的货物或劳务、保税库或出口加工区之间提供货物或劳务。当每个月的进项税大于销项税时，纳税人可以申请退税，在下个月可返还现金或抵税。对零税率货物来说，纳税人总是享受退税待遇。与招待费有关的进项税不得抵扣，但可在计算企业所得税时作为可扣除费用。

④关税。泰国海关对进口商品采用六级关税系统，具体包括：

对绝大多数工业原材料和必需品，如医疗设备等物品征收零关税，对一些原材料、电子零配件以及用于国际运输的交通工具征收 1%的关税，对比较初级的物品征收 5%的关税，对加工中间产品征收 10%的关税，对加工成品征收 20%的关税；对需要保护的特殊商品征收 30%以上的关税。

虽然分为 6 个级别，但是适用最多的还是第五和第六个级别——泰国海关对大量进口商品征收 20%和超过 30%的关税，比如摩托车进口的关税就为 60%，大米是 52%，奶制品更是达到了 216%。泰国海关目前对出口征收关税的只有大米（10%）、铁块（50%）等极少数商品，出口关税占泰国政府财政收入的比例几乎可以忽略不计。在进口实务操作中，贸易商除要缴纳关税外，海关还可能向其征收特别关税、附加费用、消费税、内部税（通常为 10%）和增值税（通常为 7%）等其他税款。在不考虑附加费用的前提下，计算公式如下：消费税=消费税率×[成交价格+进口关税]/[1-1.1×消费税率]，内部税=消费税×内部税率，增值税=完税后的最终价格×增值税率。比如 A公司以 200 万美元的到岸价格（CIF）向泰国出口一批香烟，假定进口关税为 15%，特别关税为 20%，消费税为 30%，那么 A 公司最终需要向泰国海关缴纳关税和其他税款的总额就是 167 万美元。关于税费缴纳，泰国海关提倡网上支付，以提高效率。

根据泰国海关法第 19 条的有关规定，出口退税是泰国政府根据税法的有关规定，对已报关离境的出口货物，将其在出口前生产和流通各环节已经缴纳的国内增值税或消费税等间接税税款退还给出口企业，使出口商品以不含税价格进入国际市场，从而促进本国商品对外出口。泰国海关出口退税的原则是：海关退税适用于为生产出口产品而进口国外原材料所征的税款，其中包括进口关税、国内税、市政建设税和特别费。这些税费已由进口商在货物进口时交纳；或已提供了进口担保。进口原材料在进行加工、混合、组装或重新包装，并复出口后，由海关根据生产程序计算退税税额退税。出口退税必须以原材料进口之日起 1 年内加工复出口为条件，退税方法根据出口商向海关提供的进口担保的方式而定，如现金、银行担保等。出口退税的申领程序主要包括：申请审批、提交生产程序资料、出口申报、递交退税申请表或开设相关银行账户、计算退税税额、复核退税资料、实施退税等环节。出口商必须在货物实际出口6 个月以内提出退税申请。

⑤经济特区的税收政策。为了更好地连接邻国经济，迎接东盟经济共同体，投资委颁布了投资委第 4/2557 公告，以促进在经济特区特别是边境地区的投资，既可以是工业园区内也可以是工业园区外投资，所给予的优惠权益具体规定如表 4-7 所示。

表 4-7　行业优惠措施

泰国投资委投资行业类别	13 个目标产业
免征 3 年企业所得税，但最高不超过 8 年	免企业所得税最高达 8 年
如为 A1 或 A2 类项目，即已获免 8 年企业所得税减免项目，可再获得 5 年企业所得税减半的优惠权益	再获 5 年企业所得税减半
运输费、水电费按照成本的两倍扣除，为期 10 年；除了正常扣除折旧费以外，公共便利设施建设费按照投资金额的 25% 在成本中扣除；免机器进口税；免出口产品原材料进口税；允许使用外籍劳工；其他非税务方面的优惠权益，如：持有土地所有权、引进外国技术工人等	运输费、水电费按照成本的两倍扣除，为期 10 年；除了正常扣除折旧费以外，公共便利设施建设费按照投资金额的 25% 在成本中扣除；免机器进口税；免出口产品原材料进口税；允许使用外籍劳工；其他非税务方面的优惠权益，如：持有土地所有权、引进外国技术工人等

经济发展特区政策委员会规定的经济发展特区具体如下：

　　a. 达府经济特区位于达府与边境接壤的 3 个县的 14 个镇；

　　b. 莫拉限府经济特区位于莫拉限府 3 个县中与边境接壤的 11 个镇；

　　c. 沙缴府经济特区位于沙缴府 2 个县中与边境接壤的 4 个镇；

　　d. 哒叻府经济特区位于哒叻府空艾县与边境接壤的 3 个镇；

　　e. 宋卡府经济特区位于沙岛县与边境接壤的 4 个镇；

　　f. 清莱府经济特区位于 3 个县的 21 个镇：湄赛县、清盛县、清孔县；

　　g. 廊开府经济特区位于廊开府 2 个县的 13 个镇：廊开县、沙开县；

　　h. 纳空帕侬府经济特区位于那空帕侬府 2 个县的 13 个镇：纳空帕侬县和塔武亭县；

　　i. 北碧府经济特区位于北碧府的 2 个县的 2 个镇：北碧县的甘良镇和伴高镇；

　　j. 陶公府经济特区位于陶公府的 5 个县的 5 个镇：陶公县、达拜县、易奥县、温县和素埃沟-禄县。

　　投资经济特的普通行业享受的额外企业所得税减免优惠权益如表 4-8 所示。

表 4-8　经济区优惠权益

投资经济区项目享受的优惠权益	A1	A2	A3	A4	A5	A6
根据行业类别享受免企业所得税	8 年（无上限）	8 年	5 年	3 年	不适用	不适用
享受额外免企业所得税	不适用	不适用	3 年	3 年	3 年	3 年
总共年限	8 年	8 年	8 年	6 年	3 年	3 年
减企业所得税 50%，期限为 5 年	√	√	—	—		

　　经济特区政策委员会制定的经济特区中的 13 个目标行业如表 4-9 所示。

表 4-9　经济区之目标行业优惠措施

投资经济特区目标行业	A1	A2	A3	A4	A5	A6
目标行业享受的免企业所得税	8 年（无上限）	8 年	8 年	8 年	8 年	8 年
减企业所得税 50%，期限为 5 年	√	√	√	√	√	√

　　⑥企业报税相关手续。泰国财政部是泰国负责财政和税收管理的主管部门，下辖财政政策办公室、总审计长厅、财政厅、海关厅、国货税厅、税务厅、国债管理办公室等 8 个厅和政府彩票办公室、烟草专卖局、住房银行、泰

国进出口银行、扑克牌厂、资产管理公司等 16 个国有企业。其中负责税收征收管理的主要是税务厅、国货税厅，以及负责关税征收的海关厅。

税务厅主要负责征收所得税、增值税、特种行业税以及印花税；国货税厅负责征收特定商品消费税；海关厅负责进出口关税的征收；地方政府负责财产税以及地方税的征收。

泰国税务厅为负责税收征管的最高管理机关，主要征收和管理以下税种：个人所得税、法人所得税、增值税、特别营业税、印花税和石油所得税。税务厅实行厅长负责制，并设 4 个副厅长。税务厅的组织机构在全国分为两个部分，即中央税收管理和各府税收管理机构。各府的税收管理包括府税务办公室和曼谷以外的区税务办公室。府以下的税务管理机构由府尹或区行政长官直接管理。

公司所得税款征收期以半年为基准，第一次在年度会计期间的前半期，法人应从当年会计年度前半期截止日起 2 个月内填写报表申报纳税；第二次在当年会计年度后半期终了日起 150 天内填写报表申报纳税。雇主须从其雇员薪金中扣除个人所得税。除新成立公司外，会计年度一般定为 12 个月。报税单必须和公司财务报表一并提交给有关部门。

公司纳税人在会计年度的第八个月月底前缴付 50% 的预估年税。纳税人没有按期缴付或者少缴超过 25% 者将被罚款，罚款额一般为少缴税款的 20%。个人所得税须在获取收入第二年的 3 月底之前进行申报，并缴纳及返还。

泰国政府对于报税方式和渠道无硬性规定。但是，泰国的公司所得税申报比较复杂，计算比较繁琐，因此公司一般都聘请专业的会计师事务所来准备申报材料，帮助企业处理申报工作。

企业在申报期限之内自行或委托有资格的会计师填写报税表格，准备所需相关材料，然后呈递至当地（府、县）税务部门，缴纳税金。

公司报税所需文件有：填写申报税务表格；经过有资格的审计师确认的公司的账簿（收支明细表）、损益表、资产负债表以及其他一些要求出具的相关文件。

5. 涉农领域投、融资制度及政策

作为极具吸引力的外商投资目的地，泰国的投资政策专注于开放并推动自由贸易。泰国积极鼓励外商投资，尤其是技能、科技、创新以及可持续发展方面的投资。《外商经营法》是监管外商投资以及界定外商所有权的主要法律。《外商经营法》限制了部分业务（如交通、零售批发以及服务业），因为这些业务涉及国家安全稳定、泰国传统文化，对外国人未具竞争能力。

外国法人实体指未在泰国境外注册登记的实体，或在泰国境内注册但外商出资额占全部注册资本 50% 以上者。由非泰籍人士担任主管合伙人或总经理

的有限合伙企业或普通合伙企业通常视为外国法律实体。外籍人士目前不得通过提名持有多数控制权，如违反此项规定则应受到相应处罚。值得注意的是，外商独资企业可在泰国开展业务，但不得从事《外商经营法》中三类项目规定的43项受限制业务。

泰国部分自由贸易协议和法律（如《投资促进法》和《工业园机构条例》）放宽了《外商经营法》对所有权的限制。泰国投资促进委员会是泰国政府负责鼓励投资的主要机构，通常依据泰国总理的指令行事。如外商已获得必备的营业许可，则其投资活动无须获得投资促进委员会的批准。投资者应自行权衡投资促进委员会提供的激励措施与各类限制因素。

泰国投资促进委员会（BOI）依据投资活动所属行业类别，向投资者提供各类税收与非税收（即特别服务、担保与批准等）优惠权益。根据七年投资促进战略（2015—2021），投资促进委员会已采取措施增强中小型企业能力，助力其更有效地参与国际化竞争，并促进其投资活动。根据规定，中小型企业开展特定业务活动可享受税收优惠权益，如免企业所得税3～8年（视行业类型而定）以及免进口税。中小型企业可申请享受基于价值的优惠权益，还可享受其他优惠权益。

如果中小型企业投资在20个人均收入较低的省份、目标行业或适用基于项目价值的激励措施（如果适用），将可以获得额外优惠。

希望获得优惠权益的中小型企业须在2019年12月30日之前提出申请，同时须保证每个项目最低投资额达50万泰铢（不包括土地成本与营运资本），泰籍股东至少持有51%的注册资本，负债权益比不超过3∶1，且所有促投与非促投活动的净固定资产或投资规模（不包括土地与营运资本）不超过2亿泰铢。国内使用过的设备机器可以投资于项目中，但价值不可超过1 000万泰铢，且新设备机器投资价值占总设备价值的50%。

其他具体的涉农领域投、融资制度及政策，请参考本报告"一、泰国农业投资宏观政策及发展规划"之"（四）重点产业、产业链环节支持政策、措施"。

关于融资鼓励政策，泰国政府采取多种方式解决资金来源，其具有多样化的特点：

①依靠政府供给资金。泰国政府通过购买银行股票来对农业政策性金融机构提供财政资金援助；

②向中央银行等机构借入资金。例如，泰国农业政策性金融机构均向中央银行借款来扩充自身资本实力；

③组织境外筹资；

④发行债券筹资成为一种普遍方式。由于农业政策性金融机构发行的债券有政府担保，信用较高，因此有较强的筹资能力。

6. 外汇管理制度及政策

泰国财政部授权泰国央行负责泰国的外汇管制工作。《外汇管理法》及其规定提出了外汇管制相关指导原则。

泰国及跨国公司可在泰国设立资金中心，从而为其集团公司管理外币。申请者至少需满足以下条件：①在泰国、越南或泰国周边国家设有三家关联机构或子公司；或②在泰国设有两家关联机构或子公司，并在至少其他两个国家设有关联机构或分支机构，从事国际贸易进出口业务或非金融领域国际服务业务。

符合资格的资金中心可以开展以下活动：①与国际贸易和集团公司服务相关的外币收支；②与海外交易伙伴进行外币收入或收支的净额清算；③为集团公司购买、出售或兑换外币，包括开展汇率风险管理，以及外币流动性管理。

根据《洗钱控制法》，如交易涉及现金 200 万以上泰铢或 500 万泰铢以上资产，或存在洗钱嫌疑（无论是否满足上述要求），金融机构均须在 7 天内向反洗钱办公室汇报。同时，须第一时间汇报其他相关事宜或信息。如发现虚假汇报或对反洗钱办公室隐瞒实情，则将面临不超过两年的监禁或处以 5 万～50 万泰铢的罚款，或两者皆有。商业银行必须限制其向个人、控股公司及房地产公司发放贷款。

泰国对非居民在泰利息收入征收 15％的预提税。商业银行可办理外汇贷款偿还业务，且不受任何限制，但如汇入的贷款金额超过 5 万美元或相当金额，则应提供汇入证明。商业银行还可办理股票汇出业务，且不受任何限制。可不受限制地汇入资金，但须于交易之日起 360 日内收到外汇，并交予一家授权金融机构或在收到汇款后立即存入外汇账户。除了商业银行借款限制以外，外国企业或个人向泰国汇入泰铢或其他外币款项（或流通票据）均不受任何限制。

汇回款不得以泰铢汇出，而应以外币汇出。但如转移资金用于投资越南或泰国周边国家的商业实体，则另当别论，此类资金转移可以泰铢和/或外币进行。

授权银行可批准泰籍人士每年向居住于国外的亲戚汇出 100 万美元或相当金额（按市场汇率）的汇款。个人可存入或提取 2 万美元以上或相当金额的外币，但须向海关官员申报。可携带 200 万泰珠出境前往越南、中国（仅限云南省）等周边国家，可携带 5 万泰铢出境前往其他国家且无须获得任何许可。携带 45 万以上泰珠出境前往前往越南、中国（仅限云南省）等周边国家时，须向海关申报。

外币可以自由汇入泰国境内，但必须在收到外币现钞之日起 360 日内将外币出售或存入外币账户。

7. 涉农劳动法律制度与政策

(1) 劳工（动）法的核心内容。 泰国目前实施的《劳动保护法》〔Labour Protection Act（1998）〕，其中明确了雇主和雇员的权利及义务，建立了关于一般劳动、雇佣女工和童工、工资报酬、解除雇佣关系和雇员救济基金等方面的最低标准。同时，《劳动保护法》也赋予了政府干预管理的权利以确保雇主和雇员双方关系的公平、健康发展。此外，相关立法还有《劳动关系法》〔labor Relation Act（1975）〕、《工会法》〔Act on Establishment of Labor Courts and Labor Courts Procedures（1979）〕、《社会保险法》〔Social Security Act（1990）〕和《工人抚恤金法》〔Workmen's Compensation Act（1994）〕等。

上述法律法规的主要内容有：

①最低工资。泰国按照地区的不同规定了不同的最低工资水平。2018年，全国最低日工资标准是308泰铢（约合9.3美元）；罗勇、春武里地区为最高，达330泰铢（约合10.1美元）。

②工作时间和请假。工作时间标准为每日不超过8小时，每周不超过48小时，特殊行业每日工作时间可能延长，但是每周工作总时长不得超过48小时。对于有害雇员健康的工作和危险工作，每日不得超过7小时，每周不得超过42小时。雇员每周至少应休假一天，雇主不得要求雇员加班，除非雇员同意，且超过最高工作时间必须付给雇员补偿金，补偿金为正常工作时间工资的1.5～3倍。雇员每周工作时间不得超过最长工作时间36小时。

雇员请病假没有限制，但是每年带薪休病假的总天数不得超过30个工作日，雇员请3天病假以上，雇主可以要求提供医生证明。为同一雇主连续工作1年以上的雇员，每年在国家13个法定假日之外还可以享受6天的带薪假期。女雇员可以享受包括假日在内共90天的孕产假，但是其中只有45天为带薪假。

③雇员记录。雇佣10人及以上的雇主自雇员达到10人之日起15天内必须制定劳动管理章程并公示，管理章程应在宣布或公示之日起7天内提交给劳工部劳动福利保护厅。雇佣10人及以上的雇主还必须建立雇员记录，包括雇员工资发放、加班和假日工作等情况，上述雇员记录和证明材料在雇员离职后还要保存至少两年。

④女工的使用。同时，该法规定了雇主不得使用女工从事劳动的工作种类，以及雇主不得使用孕妇从事劳动的工作种类。规定雇主不得因女工怀孕而对其解雇。

⑤童工的使用。规定了雇主不得使用童工（15～18岁）从事劳动的工作种类。雇主只允许雇佣15岁以上的童工，且要向劳动检查部门申报雇佣童工的情况。雇主不得使用童工加班或在假日工作，一般也不得使用童工在晚上

10 点至次日 6 点工作。

⑥工人抚恤金。雇主必须向因工作原因或在工作过程中受伤、生病和死亡的雇员提供抚恤，具体可分为抚恤金、医药费、复原费和丧葬费四类。抚恤标准根据事件的严重程度而定，一般情况下雇主必须每月支付给雇员原工资的60％作为抚恤金，但不低于每月 2 000 泰铢或高于每月 9 000 泰铢，对于失去器官、致残或致死的情况，雇主要依法支付抚恤金达到一定时间段。所有雇主都要于每年 1 月 31 日前向社会保险办公室管理的工人抚恤基金缴款，缴款标准由劳工部规定。

⑦社会保险。所有雇主必须依法在雇员每月工资中代扣社保基金，目前规定的社保基金缴纳标准为雇员月工资的 5％（月工资最高基准为 15 000 泰铢），雇主也必须为雇员缴纳同样金额的社保基金。雇主和雇员必须于次月的 15 日前向将社保基金汇给社会保险办公室。在社保基金注册的雇员非因公受伤、患病、残疾或死亡可以申请补偿，还可以享受儿童福利、养老金和失业金。

⑧解除雇佣关系。对于没有时限的雇佣合同，雇主和雇员双方都可以在发薪日当天或之前通知对方，然后在下一个发薪日前解除雇佣关系。雇员出现违法犯罪、因故意或疏忽给雇主带来巨大损失、连续旷工 3 日以上等情况，雇主不需事先通知即可解雇雇员并停发工资。没有任何过错而被解雇的雇员，有权取得离职费，具体金额根据雇员为雇主工作的年限而定。

雇主因为部门和业务调整、设备技术改造等原因裁员，应提前 60 天通知雇员或者支付给雇员 60 天的工资作为离职费。此外，对于为同一雇主连续工作满 6 年的雇员，还需增发离职费，计算方法为自工作的第七年起每增加一年工龄增发 15 天工资，最多不超过 360 天工资。

（2）外国人在当地工作的规定。

①法律依据。《外籍人工作法》是泰国政府管理外籍人在泰国工作的基本法，于 1978 年制订，2008 年修订。劳工部就业厅于 1979 年颁布的《外籍人工作从业限制工种规定》和 2004 年颁布的《外籍人工作申请批准规定》是泰国官方受理、审批外籍人在泰国工作申请的主要依据。泰国劳工部就业厅是外籍人在泰国工作许可的归口管理部门。该厅下属外籍人工作许可证管理局，直接负责外籍人在泰国工作许可申请的受理与审批。此外，劳工部外籍劳工监察局与泰国警察总署下属移民局、旅游警察局共同协调处理非法外籍劳工问题。劳工部劳动稽查管理局负责受理公众对外籍人非法打工的申诉和举报，并进行调查取证和最终的处理。

②外籍人员就业规定。泰国关于外籍人在泰国就业有如下要求：（a）泰国雇主欲雇佣外籍人士在泰国境内工作，均须向泰国劳工管理部门申请工作许可。（b）工作许可有效期限为一年，到期前须及时提出续延申请。（c）劳工证

持有者须随身携带劳工证。（d）在劳工管理部门官员（挂有身份证件）到业主住地履行公务时，向被检查者查验证件时，雇主要予以适当协助。（e）许可证不能异地使用，在申请工作场所时要将总公司、分公司场所分别加以注明。分公司以总公司名义申请时，要在分公司所在地申请。

2017 年 1 月，泰国总理巴育在巡视劳工部时签署了一项总理特赦令，将全面放开在泰国外籍劳工从业工种限制。即在泰国外籍劳工今后将和泰国人享受同等的择业机会，但外籍劳工流动性方面仍未全面放开，须就近选择就业。

③申请工作许可。泰国政府对外国人在泰投资、经商、从教等申请工作许可基本持积极态度，鼓励在泰外国人通过合法程序申请工作许可，但对于一般性劳务到泰国工作持消极态度，并限制外籍人涉足以下 39 类工种：普通劳工，农、林、牧、渔业（农产管理人员除外）工人，制砖、木匠或其他建筑工种，木雕工，驾驶员（航空器飞行员、机械师除外）；固定摊贩；市场传销；会计管理；珠宝加工；理发、美容；手工织布；制席；手工造纸；漆器；泰式乐器；乌银镶嵌器；金银器皿制作；泰式嵌石制品；泰式玩具制作；床单、被褥制作；制钵；手工泰丝制品；佛像制作；刀具制作；纸伞、布伞制作；制鞋；制帽；除国际贸易代理外的其他代理；建筑规划设计（专业技术专家除外）；手工艺品制造、设计、估价；首饰设计；泥制品加工；手工卷烟；导游；流动摊贩；泰文打印；手工抽丝；文秘；法律咨询等。任何外籍人违法打工，将视情节轻重被处以不超过 5 年的监禁，或处以 2 000 至 10 万泰铢的罚款，或两者并罚。

8. 农业保险和外商农业投资保险政策

（1）农业保险概述。泰国自 1970 年代末期即开办农作物保险，借由过去办理农作物保险相关经验，泰国政府于 2011 年推出"稻米保险计划"，其后不断进行制度修正及按年度进行费率调整。为降低农民负担，泰国政府统一补助农民 60% 之保险费，并结合农业贷款制度，农民如有向农业合作银行（BAAC）申请贷款，农业合作银行将提供额外 40% 之保险费补助，农民无需负担任何费用即可获得保障；如非属农业合作银行之客户，农民则需自行负担40% 保险费；在发生农业灾害事故时，由农业推广部官员担任勘损人员，执行勘灾定损作业，农民无需额外支付损失评估费用。

2018 年版之稻米保险方案，有 22 家保险公司参与，保险公司彼此互为共保关系，其中，保险公司自留承担 20% 之风险，80% 之风险移转予国际再保险人承担，保险体制完善。

（2）农业保险的历史沿革。泰国政府于 1970 年代末期开始实施农作物保险计划。首先，由农业和合作社部（MOAC）及其农业推广部（DOME）于1978—1980 年合作推出棉花损害补偿保险，承保事故包含洪水、干旱等自然灾害；同时于1982年起，试办作物增加玉米和大豆，但因收取的保费低于赔偿金额（保费收入约50万泰铢，损失金额高达1 400万泰铢），政府财政负担过重，该保险计划于1984年退场。

此后，于1988—1991年，由3间民营保险公司签约合作推出玉米、高粱和大豆之损害补偿保险，但因保费偏高，农民无投保意愿，最终以失败收场。

2006年，在世界银行的技术支援下，泰国实施玉米气象指数型（降水量）保险方案，并提供技术咨询服务，如行政程序、试点方案监测和国际经验等。接着于2009年，农业合作银行（Bank for Agriculture and Agricultural Cooperatives，BAAC）与日本国际合作银行（Japan Bank for International Cooperation，JBIC）合作制定稻米天气指数型保险方案，以减少自然灾害的影响。该保险方案始于泰国东北部地方，向BAAC贷款的农民可以投保该保险，保险费是根据贷款数额决定，农民必须支付贷款的15%～40%为保险费。试点的结果是使保险方案之设计更适合该国农业生产概况，并建立农民和保险公司间的信任，以销售保险产品。

由于水稻是泰国农民之主要生计来源，泰国政府借由过去办理农业保险经验，于2011年推出国家"稻米保险计划"，与灾害救助制度联结，作为泰国政府针对农民因天灾导致受损之补足支付。举例来说，如发生政府认可之灾损，泰国政府将提供1 113泰铢之救助金额，另稻米保险理赔1 260泰铢，给付金额合计约占稻米生产成本（4 500泰铢）之53%。此种保险设计最主要优点是能够利用政府现有的损失评估机制，将勘损理赔成本保持在最低水平。未来泰国政府规划逐步调降灾害救助金额，并增加保险赔付金额，以弥补农民生产损失，并且以更有效率的方式管控政府预算。

（3）农业保险相关的业务单位。

①财政政策办公室（Fiscal Policy Office，FPO）。FPO隶属于泰国财政部，该单位于1961年10月成立，下面设有13个办公室。FPO主要负责农业保险保单设计与规划事宜。

②保险委员会（Office of Insurance Commission，OIC）。OIC系泰国保险业之监理单位，在泰国财政部部长的监督下运作，负责保险公司设立许可管理事宜，及保险公司之财务业务监理。OIC与FPO协调农业保险之保单设计规划，由OIC拟具保单条款并发行保单。

③农业和合作社部（Ministry of Agriculture and Cooperatives，MOAC）。在保险业务中，其下属农业推广部（Department of Agricultural Extension，DOAE）制定了农民登记制度，通过登记制度，很容易与政府机构协调处理农民事务，如果发生灾难，可以根据这些数据库实施政府的援助，主要负责业务为农户登记及损失勘损公证事宜。而MOAC另一下属部门农业经济办公室

(Office of Agricultural Economics，OAE) 负责研究分析和提供国内外农业经济形势报告、农业资料和资讯服务，为制定国家农业战略之主要组织。

④农业合作银行（Bank for Agriculture and Agricultural Cooperatives，BAAC）。BAAC 成立于 1966 年，为国有银行，99.7%之股份为泰国财政部所有。BAAC 在农作物保险实施上，扮演着一个相当重要的角色。BAAC 为农作物保险主要之销售渠道，同时也是保险开发成本之间接支持者，除了提供保险费补助予其客户，并教育农民以推广保险。BAAC 于泰国有 1 273 个分行，客户数达 611 万人，BAAC 体系庞大，与农民关系密切。

⑤泰国保险公会（Thai General Insurance Association，TGIA）。TGIA 成立于 1967 年，代表当地之产险公司执行业务，主要功能为促进保险业者的自律。在农业保险业务方面，TGIA 邀集产险公司加入"稻米保险计划"，并安排共保及再保事宜。

(4)"稻米保险计划"。泰国政府于试办农业保险初期曾规划立法，采取强制投保的措施，最后以失败收场。现在泰国农业保险并未订有相关法律法规依据，"稻米保险计划"为泰国农业保险的重要试点，运作模式如下：

①承保单位。TGIA 邀请保险公司加入"稻米保险计划"，将欲参与该计划之保险公司名单送交 OIC 审核。OIC 将按年评估保险公司之业务状况以确认其能承受农业保险之业务风险。OIC 同时会针对参与办理农业保险之保险公司给予特别奖励。

②业务流程。a. FPO 核定保险计划后，将计划方案送交 OIC，由 OIC 拟具保单条款并发行保单；b. 农民必须为各种作物办理农户登记，并拥有 BAAC 之银行账户；c. 农业保险透过 BAAC 销售，原则上系自愿性投保，如系向 BAAC 贷款之农民，则农民于贷款同时强制其投保稻米保险。

③保险费。保险费由农民和政府分摊，保险费率则依各地区前一年度之损失经验计算。泰国政府统一补助 60%之保险费。针对有向 BAAC 贷款之农民，BAAC 将再提供 40%之保险费补助，农民无需负担任何费用即可获得保障；如非属 BAAC 之贷款客户，农民需自行负担 40%保险费。目前泰国政府正在研议修改政策为农民仍需自行负担部分提供保险，如何让农民能够接受并继续投保。

④风险共担。参与"稻米保险计划"之保险公司彼此互为共保关系，并由 TGIA 为整个保险计划办理再保险之安排。其中，保险公司自留承担 20%之风险，80%之风险移转给国际再保险人承担。

⑤农业保险与贷款结合系统。BAAC 为国有银行，提供全国最低的贷款利率，农民如欲向 BAAC 申请贷款，首先需加入地区贷款组织（Lending Group），该组织于 1966 年开始出现，类似我国之信用保证机构，现今全泰国

约有 3 000 个地区贷款组织。针对种植稻米之农民，BAAC 提供之最高贷款额度为 20 万泰铢；除稻米外，如农民有种植其他作物需申请贷款，最高可贷款额度为 20 万泰铢，只需另外再提供两位保证人。

泰国农民约有 1 410 万人，其中有超过 50% 之农民种植水稻，又因为稻米价格偏低，农民之生活状态普遍较为穷困。农民向 BAAC 贷款时，BAAC 将要求农民投保稻米保险，主要系考量泰国农民普遍穷困，贷款时无法提供抵押品，如农民加入保险计划，在遭受天然灾害损失时，可将理赔金用以偿还贷款给 BAAC。

(5) 未来泰国农业保险的发展。泰国政府正在规划针对经济价值作物试办农业保险，其中 BAAC 将于 2020 年试办玉米及乳牛保险。FPO 及 OIC 正在分别评估开发木薯保险及龙眼保险之可行性，且民营保险公司已开发榴莲保险商品，于特定省份试办中。

(6) 外资保险的相关政策。泰国主要保险机构多为外资保险公司，主要有 AIA 泰国保险公司，险种有医疗、人寿、房屋、汽车保险等；泰人寿保险公司（Thai Life Insurance），险种有人寿、退休、意外伤害险等；Premier International Healthcare，专营医疗保险；The Navakij Insurance Public，提供汽车、房屋、旅行、事故、健康保险等。目前，没有专门对外资保险业之农业业务进行专门限制，普遍来讲，对于外资进行保险业投资，主要有以下几点限制：

第一，泰国对外国保险公司在泰国建立分公司给予更多的市场准入条件。在泰国的"特定承诺表"上，泰国承诺外国保险公司建立新公司，其外资股份限制在注册资本的 25% 以下。保险公司的成立须经泰国内阁同意，有部长批准的许可证。对与保险相关的辅助服务业，如保险咨询服务，规定外资入股不得超过 49%。

第二，在自然人准入方式下，即外国劳动力流入的问题上，泰国也持谨慎态度。在承诺表上，只允许外国高级管理人员、专家和技术人员入泰国工作，且须经保险委员会批准。

第三，在国民待遇上，泰国对于购买本国公司寿险产品的投保人给予一定的免税优惠，变相对外资保险业产生了不利影响。

（二）农资、农产品贸易制度

在泰国，农产品和食品市场制度分为几个层次：农贸市场、批发市场、零售市场、终端市场以及期货市场。

1. 农资、农产品贸易概述

农产品出口是泰国外汇收入的主要来源之一。近年来泰国农产品出口占总出口的比重不断下降，但农产品出口额不断上升，在国家外汇收入中仍占重要地位。2004—2014 年，泰国农产品贸易额由 158.7 亿美元增至 544 亿美元，年均增长 14.6%。其中，进口额从 38.4 亿美元增至 149 亿美元，年均增长 16%，出口额由 120.3 亿美元增加至 395 亿美元，年均增长 14.2%；贸易顺差由 81.8 亿美元增至 246 亿美元，年均增长 13.7%。2004 年以来，除 2009 年进出口额同比下降，2012 年和 2013 年出口额同比下降以及 2014 年进口额同比下降外，其余年份均保持正增长。

泰国农业属于外向型农业，80%的农副产品出口创汇。其中，天然橡胶和大米等农产品一直是泰国出口创汇的重要来源之一，还有一些罐装金枪鱼、罐装菠萝、冻虾、鸡肉制品、罐装海鲜和罐装水果等加工类的食品也是泰国出口的主要产品。其中，大米是泰国出口农产品中的重中之重，占全球大米贸易量的 25%以上，一直在世界市场上保持第一位。橡胶的出口比重保持平稳，在 17%左右。除此之外，泰国也是仅次于巴西的世界第二大木薯出口国，每年 80%的木薯被加工后出口到国外，因此，木薯也成了泰国出口创汇的重要农产品。

2. 泰国对外贸易监管

泰国主管贸易的政府部门是商业部（Ministry of Commerce），其主要职责分为两部分，对内负责促进企业发展、推动国内商品贸易和服务贸易发展、监管商品价格、维护消费者权益和保护知识产权等；对外负责参与 WTO 和各类多、双边贸易谈判、推动促进国际贸易良性发展等。泰国商业部主管对外业务的部门有贸易谈判厅、国际贸易促进厅和对外贸易厅等，主管国内业务的部门有商业发展厅、国内贸易厅、知识产权厅等。

泰国与贸易相关的主要法律有《出口商品促进法》（1960 年）、《出口和进口商品法》（1979 年）、《部分商品出口管理条例》（1973 年）、《出口商品标准法》（1979 年）、《反倾销和反补贴法》（1999 年）、《海关法》（2000 年）和《进口激增保障措施法》（2007 年）等。

在进出口管理方面，泰国对多数商品实行自由进口政策，任何开具信用证的进口商均可从事进口业务。泰国仅对部分产品实施禁止进口、关税配额和进口许可证等管理措施。禁止进口产品主要涉及公共安全和健康、国家安全等的产品，如摩托车旧发动机、博彩设备等；关税配额产品包括桂圆等 24 种农产品，如大米、糖、椰肉、大蒜、饲料用玉米、棕榈油、椰子油、龙眼、茶叶、大豆和豆饼等，但关税配额措施不适用于从东盟成员国的进口。进口许可分为自动进口许可和非自动进口许可，非自动进口许可产品包括关税配额产品和加工品，如鱼肉、生丝、旧柴油发动机等。自动进口许可产品包括部分服装、凹版打印机和彩色复印机。泰国商业部负责制定受进口许可管理的产品清单。那么在出口管理方面，泰国除通过出口登记、许可证、配额、出口税、出口禁令或其他限制措施加以控制的产品外，大部分产品可以自由出口，受出口管制的产品目前有 45 种，其中征收出口税的有大米、皮毛皮革、柚木与其他木材、橡胶、钢渣或铁渣、动物皮革等。

3. 批发市场、零售市场及终端市场

大多数农民向当地商人销售产品，而这些当地商业也可能是原材料或其他生产要素的卖家抑或服务提供商。目前泰国大多数农业生产系统对农用机械的依赖率不断升高。上述现象的主要原因是泰国本身农村劳动力相比于其农业规模较为稀缺，又由于泰国第三产业不断发展，对于劳动者的需求不断提高，上述两者导致农业劳动力就业率很高。同时，由于大多数农产品主要依赖出口市场，因此某些隐藏、复杂的因素以及垄断价格波动会严重影响农产品的价格。因此，有人尝试通过建立一个面向农民的营销组织或简称为 MOF 的面向农民的营销组织来创建一个农业期货市场。农民和联合农业集团可以带来他们的农产品或从其他农民那里收集农产品在市场上出售，这将减少中间商，鼓励农民和农业合作社自己向市场出售或发送农产品，并建立一个仓库组织来开展农产品和消费品相关的服务业务。

4. 期货市场

农产品的营销需要有其他工具来维持农产品价格的稳定性。因此，泰国通过发布《农业期货交易法》（B. E. 2542）以建立农业期货交易所，允许农民，农产品加工厂经营者和出口商在具有一定期货交易政策和规则的市场开展农产品期货交易。包括创造公平，保护人民和客户利益的经济稳定的期货交易措施，以及有助于降低农产品未来价格波动风险的期货交易措施，并将能够根据市场需求规划生产和贸易。

四、影响企业投资泰国农业产业的其他因素

（一）政治环境

1. 投资目的地国签署的涉农国际条约情况

泰国在农业方面主要加入并签订相关条约的国际组织包括：国际农业发展基金（IFAD）、联合国粮食及农业组织（FAO）、世界贸易组织（WTO）、世界海关组织（WCO）等。具体来讲，有以下几个方面：

（1）国际环境公约。

"拉姆萨尔湿地公约"（Ramsar Convention on Wetlands）：其主张以湿地保护和"明智利用"（wise use）为原则，在不损害湿地生态系统的范围内以期持续利用湿地。其内容主要包括：缔约国有义务将境内至少及 1 个以上的有

国际重要意义的湿地列入湿地名单，并加以保护；缔约国应根据本国的制度对所登记的湿地进行保护和管理，并在其生态学特征发生变化时向秘书处报告，其对于缔约国国家之外商投资（我国也为缔约国之一）无明显影响，主要涉及湿地的开发利用等。

"濒危野生动植物种国际贸易公约（CITES）或华盛顿公约" [The Convention on International Trade in Endangered Species of Wild Fauna and Flora（CITES）or（Washington Convention）]：其主旨在于管制而非完全禁止野生物种的国际贸易，其用物种分级与许可证的方式，以达成野生物种市场的永续利用性。该公约管制国际贸易的物种，可归类成三项附录，附录一的物种为若再进行国际贸易会导致灭绝的动植物，明确规定禁止其国际性的交易；附录二的物种则为目前无灭绝危机，管制其国际贸易的物种，若仍面临贸易压力，族群量继续降低，则将其升级入附录一；附录三是各国视其国内需要，区域性管制国际贸易的物种。我国也为缔约国之一，并已将公约之相关约定列入《中华人民共和国野生动物保护法》，对于我国投资者来讲，在投资动植物相关产业时，应该着重观察泰国国内的相关珍稀物种的保护制度。

"生物多样性公约（CBD）" [Convention on Biological Diversity（CBD）]：发达国家将以赠送或转让的方式向发展中国家提供新的补充资金以补偿它们为保护生物资源而日益增加的费用，应以更实惠的方式向发展中国家转让技术，从而为保护世界上的生物资源提供便利；签约国应为本国境内的植物和野生动物编目造册，制订计划保护濒危的动植物；建立金融机构以帮助发展中国家实施清点和保护动植物的计划；使用另一个国家自然资源的国家要与那个国家分享研究成果、盈利和技术。我国也为该公约的缔约国，对外国投资者而言，其主要影响到与动植物加工业有关的行业领域（由于泰国种植业与养殖业严格限制外国投资者直接进入）。因此，外国投资者在进行相关产业投资时，应着眼于对泰国农业和合作社部及地方行政政策的了解。

"卡塔赫纳生物安全议定书"（Cartagena Protocol on Biological Safety）：其具体侧重点为凭借现代生物技术获得的、可能对生物多样性的保护和可持续利用产生不利影响的任何改性活生物体的越境转移问题，该公约在泰国法规体系中与上述公约共同构成了对于生物制品、药物及活体动植物的跨境转移之国际规制体系，同时对上述产品/货物的进出口产生了一定影响。因此对于我国投资主体来讲，需着重关注特殊动植物的进出口贸易法规之规制，具体规制规则可参考本报告"三、泰国农业市场准入及农产品贸易制度"之相关介绍。

"粮食和农业植物遗传资源国际条约" [International Treaty on Plant Genetic Resources for Food and Agricultural（ITPGR）]：该公约由联合国粮食及农业组织组织签订，其主旨与《生物多样性公约（CBD）》一致，主要影响与农产品（粮食类）有关的进出口贸易，且泰国已将相关公约之内容转化为国内法，对于我国从事粮食贸易（主要涉及我国对于泰国的粮食进口，且集中于水稻领域）的投资主体来讲，应着重关注泰国的粮食出口政策。

"人与生物圈计划（MAB）"（Convention on the Protection of World Cultural and Natural Heritage）：该公约主要涉及环境研究领域，且我国也为缔约国之一，我国投资者可参考我国相关法律中关于国际环境研究合作的行政规章与命令，对于泰国一般意义上的农业产业投资，影响较为有限。

（2）国际化学品管理公约。

"控制危险废料越境转移及其处置巴塞尔公约"（Basel Convention on the Control of Transboundary Movements of Hazardous Wastes and Their Disposal）：其主要禁止发达国家以最终处置为目的向发展中国家出口危险废料，并规定发达国家在 1997 年年底以前停止向发展中国家出口用于回收利用的危险废料。在农业投资领域，主要集中于与泰国的贸易进出口业务，且泰国也已将公约内容转化为其进出口贸易的规制规则当中。

"关于在国际贸易中对某些危险化学品和农药采用事先知情同意程序的鹿特丹公约（PIC）"（Convention on International Prior Informed Consent Procedure for Certain Trade Hazardous Chemicals and Pesticides in International Trade Rotterdam）：其核心是要求各缔约方对某些极危险的化学品和农药的进出口实行一套决策程序，即事先知情同意（PIC）程序，且我国也为缔约国之一。对我国投资者来讲，应着重关注农药领域，具体规制规则请参考本报告"二、泰国农业法律制度"之"（二）农业生产资料法律制度"。

"关于持久性有机污染物的斯德哥尔摩公约"［Stockholm Convention on Persistent Organic Pollutants（POPs）］：其旨在加强化学品的管理，减少化学品尤其是有毒有害化学品引起的危害，就农业投资领域而言，其与巴塞尔公约之影响一致，主要涉及有机农药等领域。

（3）气候和自然资源环境的国际公约。

"联合国防治荒漠化公约"［United Nations Convention to Combat Desertification：（UNCCD）］：公约的核心目标是由各国政府共同制定国家级、次区域级和区域级行动方案，并与捐助方、地方社区和非政府组织合作，以对抗应对荒漠化的挑战，对于外商投资农业领域，主要应关注泰国的相关土地环保制度，可参考本报告"二、泰国农业法律制度"之"（二）农业生产资料法律制度"。

"联合国气候变化框架公约"［United Nations Framework Convention on Climate Change：（UNFCCC）］：其目标是将大气温室气体浓度维持在一个稳定的水平，减少人为活动对气候系统的危害，减缓气候变化，增强生态系统对气候变化的适应性，确保粮食生产和经济可持续发展。对于外商投资者之农业领域投资而言，其主要影响在于废气排放，投资者应着重关注泰国农产品加工业及农业与工业结合的相关产业中与排放相关的规定（该类规定一般由泰国农业和合作社部与地方政府对不同项目的行政获准形式作出）。

"气候变化公约——1997年京都议定书"（Convention of Climate Change：The Kyoto protocol 1997）：该协议为"联合国气候变化框架公约（UNFCCC）"框架下的补充协议，着重于温室气体排放，对于外国投资者而言，与"联合国气候变化框架公约"相近，应着重关注农业与工业的结合产业中气体排放的相关规定。

"关于消耗臭氧层物质的蒙特利尔议定书"（Montreal Protocol on Ozone Depleting Substances 1989）：该协议主要限制氟氯碳化物的使用，在农业投资角度，主要限制于相关农产品加工与农产品运输领域，目前泰国未有直接禁止性规定（该类禁止包括对于生产设备及运输设备的禁止使用、转移等），而更多的限制于相关设备的工业生产领域。

"维也纳公约"（The Vienna Convection）：与"蒙特利尔议定书"之约定类似，主要限制损害臭氧层相关物质的使用，就农业投资而言，目前主要限制于包括冷冻在内的农业生产与运输设备中，外商投资者可着重了解泰国相关设备的国家标准。

（4）国际海洋和沿海环境公约。

"联合国海洋公约"［United Nations Convention on the Sea（UNCLOS）］：该公约主要对内水、领海、临接海域、大陆架、专属经济区等概念作出了界定，对当前全球各处的领海主权争端、海上天然资源管理、污染处理等具有重要的指导和裁决作用。我国与泰国同为公约缔约国，在该公约框架下，就农业投资领域，主要涉及捕捞、养殖等海洋区域划分，泰国可进行渔业工作海域为 94 700 海里^2，且在泰国湾海域，他国（包括越南、柬埔寨等国）渔业船只时常因非法捕捞被泰国管理部门（包括泰国农业和合作社部渔业司与泰国海军）进行驱逐与扣留，因此，对于外国投资者而言，应注意渔业海域问题。

"倾倒废物和其他物质防止海洋污染公约"（Convention on the Prevention of Marine Pollution by Dumping of Wastes and Other Matter 1972）：其旨在保护海洋环境、敦促世界各国共同防止由于倾倒废弃物而造成海洋环境污染，在外商投资领域，主要涉及跨境海上运输与相关海域的水产品养殖与加工，且已根据不同行业之情况设立具体行业标准。

"国际防止污染公约（MARPOL）"（Convention on the Prevention of Marine Pollution by Dumping of Wastes and Other Matter 1972）：其主要基于海洋环

境保护，由国际海事组织制定的有关防止和限制船舶排放油类和其他有害物质污染海洋方面的安全规定，主要涉及跨境农产品的海上运输，未单独对农业投资领域进行直接规制，但外商投资者依然需向泰国海关了解相关入关与出关航运标准。

2. 投资目的地国与我国双边涉农协定情况

对于中国与泰国的涉农协定来说，主要涉及协定、议定书、谅解备忘录、宣言4个方面，具体情况如下。

①协定。

《中华人民共和国政府和泰王国政府关于成立贸易、投资和经济合作联合委员会的协定》（2003.10.18）：主要涉及中泰合作建立贸易、投资和经济合作联合委员会，研究、检查双方签订的农业合作文件，同时对合作过程中所产生的问题进行协助处理。

《中华人民共和国政府与泰王国政府关于在〈中国—东盟全面经济合作框架协议〉"早期收获"方案下加速取消关税的协议》（2003.06.18）：其中主要约定取消《框架协议》"早期收获"方案中《协调制度》第七章、第八章蔬菜、水果产品的关税，并应不迟于2003年10月1日实施。同时对农产品根据"完全获得"原则，实施原产地规则，并在缔约方负责海关监管的部门之间建立密切的合作机制。

《老挝人民民主共和国政府、泰王国政府和越南社会主义共和国政府便利货物及人员跨境运输协定》（1999.11.26）：主要约定农产品的检验检疫应符合世界卫生组织、联合国粮农组织、国际食品卫生法典和世界动物卫生组织的规定和相关的国际协定；同时，简化和便捷农业及农业产品的跨境手续办理（单一窗口检查）。

《中华人民共和国政府和泰王国政府关于植物检疫的协定》（1997.06.24）：明确了农产品（植物产品）的检疫方式，尤其对"有害生物"进行防控，双方同意在植物检疫领域进行合作，包括建立数据库、采用共同的操作规程和程序等。

《中华人民共和国政府和泰王国政府关于互免国际运输收入间接税的协定》（1990.03.28）：主要约定了两国进行海运、空运的企业从事客运、货运或邮政运输业务，互相免除工商统一税、附加税、营业税及相应的地方税。

《中华人民共和国政府和泰王国政府关于对所得避免双重征税和防止偷漏税的协定》（1986.10.27）：其中第六条将农业与林业所得纳入规制范围，即"一、缔约国一方居民取得的不动产所得（包括农业或林业所得），可以在上述财产所在的缔约国征税。"同时约定"在本协定中'不动产'一语应当具有财产所在地的缔约国的法律所规定的含义。该用语在任何情况下应包括附属于不动产的财产，农业和林业所使用的牲畜和设备，有关地产的一般法律规定所适用的权利，不动产的用益权以及由于开采或有权开采矿藏、水源和其他自然资源取得的不固定或固定收入的权利。船舶和飞机不应视为不动产。"

《中·泰（泰王国）税收协定》（1986.10.27）与上述规制规则保持一致。

《中华人民共和国政府和泰王国政府关于促进和保护投资的协定》（1985.12.13）：主要针对包括农业投资在内的协定方给予最惠国待遇。

②议定书。

《中华人民共和国国家质量监督检验检疫总局和泰王国泰国农业和合作社部关于进出口新鲜蔬菜卫生和植物要求议定书》（2005.09.22）：主要约定了块茎、根和丁香类等相关农产品的进出口相关标准。

《中华人民共和国国家质量监督检验检疫总局和泰王国泰国农业和合作社部关于中国和泰国进出口熟制禽肉的检疫卫生要求议定书》（2005.09.22）：主要针对中泰双方进出口熟制禽肉进行了相关约定，主要涉及进出口标准、检验检疫标准、卫生标准等。

③谅解备忘录。

《中华人民共和国国家质量监督检验检疫总局与泰王国泰国农业和合作社部关于加强 SPS 合作的谅解备忘录》（2004.04.12）：主要约定的双方促进农产品检验检疫的标准制定、合作方式等。

《中华人民共和国政府和泰王国政府关于促进贸易、投资和经济合作的谅解备忘录》（2003.10.18）：主要约定了包括农业投资在内的跨国投资之间的合作方式及配套措施的实施方向与实施内容。

④宣言。

《新兴市场国家与发展中国家对话会主席声明》（2017.9.5）：其中约定了"新兴市场国家和发展中国家应加强包括南南合作在内的广泛合作，加强宏观经济政策协调和发展战略对接，努力促进基础设施互联互通、工业化、信息化、城镇化、农业现代化等领域合作，实现联合自强、共同发展。领导人对中国等与会方通过南南合作援助基金支持发展中国家发展表示欢迎。"

《大湄公河次区域合作第十八次部长级会议部长联合声明》（2012.12.12）：其中明确了"将《GMS（大湄公河次区域）支持农业核心计划二期（CASP II）》的执行期延长到 2020 年"，同时"加强 CASP II 框架下的农业合作，改善食品与能源安全"。

《中华人民共和国和泰王国关于建立全面战略合作伙伴关系的联合声明》（2012.4.17）：其中明确约定了"加强农业、科技、海洋和环境领域合作，扩大双边农产品贸易，加强农业科技合作。进一步加强太阳能、风能和生物质能等清洁能源和能效领域的交流与合作。共同推动中泰气候与海洋生态联合实验室的建立和发展。"

《内比都宣言——超越 2012：面向新十年的战略发展伙伴关系》
(2011.12.19)：其中约定了"我们同样支持以 2011 年至 2015 年为时间范围的
核心农业支持计划第二期所反映的全新目标和整体战略，欢迎为进一步扩大次
区域农产品和粮食贸易、提升气候变化适应能力所采取的行动，包括使用气候
友好和反映性别差异的生物能源技术，以保证可持续农业发展和粮食安全。我
们很高兴地注意到通过建立健康和安全食品的无纸化交易平台，GMS 农业信
息服务网正在不断完善"①。

3. 接受国际组织或者主要国家农业援助的情况

自 2002 年起，泰国政府宣布泰国成为非经济受援国，同时成为对外援助
国，其意味着，一般情况下不接受外国援助，紧急状况下除外。2004 年印度
洋地震海啸后，泰国遭受了较大损失，泰国政府接受了来自中国、美国、日
本、德国等国及联合国、世界卫生组织等相关国际组织提供的共计 2 980 万美
元的紧急人道主义援助。2011 年泰国发生大规模洪灾，泰国政府也接受了来
自中国等国的紧急援助。

(二) 法治环境

1. 法律制度概述

泰国属于大陆法系，其法律以成文法即制定法的方式存在，主要的成文法
包括民商法典、刑法典、民事诉讼法、刑事诉讼法、税法及土地法等。其法律
内容源自借鉴建立了法典体系的其他国家的法律以及继承泰国的传统法律。

泰国的最高法律是宪法。其法律规制框架包括法律、皇家法令、部级通
告、其他政府通告以及地方政府规定等。宪法之目的是促进和保护人民的权利
和自由，保证公众参与治理以及监督国家权力的行使，提高国家政治体制的运
作效率和稳定。宪法的措施和原则全部围绕以上目标制定②。而泰国的法律之
条款往往只作比较宽泛的规定，同时授予国家机关发布规章或通告进行细化的
权利。

2. 司法制度概述

司法系统由宪法法院、司法法院、行政法院和军事法院构成，法院在名义
上代表国王行使司法权并向国王负责。

宪法法院主要职能是对部分议员或总理质疑违宪、但已经国会审议的法案

---

① 数据来源：商务部公共商务信息服务平台—全球法律—中外商务条约，http：//policy.
mofcom.gov.cn/pact/pactContent.shtml？id＝814，最后访问时间：2019 年 7 月 2 日。
② 泰华农民研究中心、何威律师事务所、毕马威泰国公司：泰国投资经营手册·下册［M］，广
东旅游出版社，第 1 页。

及政治家涉嫌隐瞒资产等案件进行终审裁定，以简单多数决定裁决结果。由 1 名院长及 14 名法官组成，由上议院院长提名呈国王批准，任期 9 年。

行政法院主要审理与我国类似的行政诉讼，主要包括国家机关、国有企业及地方政府与市场主体间的诉讼。行政法院分为最高行政法院和初级行政法院两级，行政法院中包含最高行政法院院长和 9 名专家组成的行政司法委员会。最高行政法院院长的任命须经行政司法委员会及上议院同意，由总理提名呈国王批准。

军事法院的审理范围与我国相似，主要审理军事犯罪有关的诉讼。

司法法院主要审理不属于宪法法院、行政法院和军事法院审理的其他案件，分初级法院、上诉法院、大理院（最高法院），并设有专门的从政人员刑事庭。另设有司法委员会，由大理院院长和 12 名分别来自三级法院的法官代表组成，负责各级法官任免、晋升、加薪和惩戒等事项。司法法院下设秘书处，负责处理日常行政事务。

初级法院类似我国的基层法院，其审理范围为"除了特别法院的案件"，初级法院对民事及刑事案件一般由两位法官组成的法官审判团参与审理。

上诉法院类似于我国地方的中级人民法院抑或高级人民法院，在其职权范围内，有权在审理初级法院上诉的案件时，最少必须有两位法官组成的法官审判团审理全部案件。

大理院的定位类似我国的最高人民法院，有审理上诉法院上诉的案件的终审权。一般最少必须有两位法官组成的法官审判团审理全部案件。

宪法明文规定，大理院院长类似于我国的最高人民法院院长，是司法机构中的最高领导者。但不同的是，其有权制定立法的规章制度，以指导和协调地方行政官员与法院之间在审理案件时能顺利开展。同时，大理院院长有权在终审判决书上签字。

此外，泰国还设有独立的少年法庭、劳动法庭以及税务法庭。另外还有一些专门的法庭：中央和地方知识产权与国际贸易法庭以及中央破产法庭。上述特别法院都是根据专门的程序在相关法律下建立的。

而泰国之仲裁程序与我国亦相类似。在纠纷各方均认可的情况下，仲裁可作为解决争议的手段之一。根据泰国的仲裁法，以及争议的性质，由法院对纠纷各方提交的仲裁书面协议之效力进行裁定。经协议各方同意，可以选择以仲裁之方式对某些类型的纠纷进行解决。如果一方当事人将争议事项提交法院诉讼，另一方当事人可以根据合同仲裁条款提出反对。在仲裁条款有效之情况下，法院将拒绝受理此案，并责令当事人通过仲裁来解决争议。其仲裁法还规定，如果当事人有权依赖相关国际法的条款，法院可以执行外国仲裁裁决。为执行这一裁决，法院要求申请人提交协议和裁决的正本或核实的原件副本，以及协议和裁决的泰文翻译作为证据。

3. 民事司法审判概述

在起诉阶段，原告应向有管辖权的法院提交起诉状并缴纳相应的诉讼费用。法院立案并受理案件之后，原告可以请求法院传票通知被告。

传票和起诉状一般来说均由法院办公室送达至被告。法院可以在不同案件中适用不同的送达手段，其中包括使用挂号信、报纸公告或邮寄至被告的住所、办公场所等居所。收到传票和起诉状 15 天内，被告需要提交答辩状，答辩状中可以反对原告的诉讼请求、对原告反诉。如果有反诉的，原告需要在接到答辩状后 15 天内对反诉内容作出答辩。反诉成立的，可以请求法院延长诉讼期限。

法院在安排案件进程后会启动听证程序，根据法院案件存量，可能会在决定听证后 6 个月至一年内才进入听证程序。法院也鼓励双方进行和解，和解听证程序在普通听证程序之前进行。

原被告可以向法院申请通过传票传唤人证以及向第三人索要相关文件，原被告只需要证明证人和相关文件现在仍在泰国境内。法院要求双方提供证据清单，一方先提交的，另一方要在证人作证的 7 天之前提交证据清单，在证据交换之后 15 天内可以提交补充证据清单。逾期提交证据的，双方要给出合理解释。证人需要对其证词做出确认。证人作证需要使用泰语或者被翻译成泰语，根据《民商法》规定，不使用泰语的人需要有泰语翻译，翻译自行聘请。现在部分法庭已经使用了境外视频对话作证程序，为在境外不便来泰国作证的证人提供作证机会，也可以使用调查委托书来替代境外证人作证程序。

法庭辩论结束之后双方要做结案陈词，结案陈词包括双方诉求、证据以及法律依据。判决通常以书面形式作出，同时当庭宣读。简易案件可以直接口头宣判。判决书一般记载双方陈述内容、事实、辩论内容以及法庭判决。对案件上诉的，通常一般案件的上诉期为 30 天，劳动案件的上诉期为 15 天。上诉并不代表一审判决中止执行，要在提交上诉状之时或之后向法院提交中止一审判决的文件。

泰国法院也会采取调解的方式结案。泰国《民事仲裁法》规定了法院有权在当事人均同意的情况下主持调解，当事人在调解程序中可以申请律师陪同。同时，法院还可以准许无利益关系的第三人参与调解以促成调解的成功。法院鼓励当事人选择调解的方式结案，但调解不是强制程序。

4. 仲裁裁决

根据泰国《仲裁法》［B. E. 2545（2002）］之规定，从争议的性质出发，由法院或行政法院对将纠纷提交仲裁的书面协议的效力进行裁定。经协议各方同意，可以选择仲裁方式解决某些类型的纠纷。如果一方当事人将争议事项提交法院诉讼，另一方当事人可以根据合同仲裁条款提出反对。在这种情况下，法院将拒绝受理此案，并责令当事人通过仲裁来解决争议。

同时，当事人双方协议按照仲裁法的规定来裁决，当涉及某个国家，如果有相应的法律规定和相关的条例时，应当引用该国相关的和不矛盾的法律条例。此外，依据1987年泰国与东盟六国共同签订的促进和保护投资协定，就投资者与国家之间的投资纠纷详细规定调解和仲裁机构可以是国际投资争端解决中心（ICSID）、联合国国际贸易法委员会（UNCITRAL）、设在曼谷的地区仲裁中心（如亚洲及远东经济委员会商事仲裁中心）或者东盟内的地区仲裁中心、或其他争议双方同意且为了仲裁目的而指定的机构。若双方在协议内容中没有规定裁决适用的法律时，仲裁委员会可根据泰国的法律进行裁决。

根据仲裁法规定，如果当事人有权依赖相关国际法的条款，法院可以执行外国仲裁裁决。为执行这一裁决，法院要求申请人提交协议和裁决的正本或核实的原件副本，以及协议和裁决的泰文翻译作为证据。泰国作为《纽约公约》成员国之一，该条约于1960年3月20日对其生效。

5. 判决执行、民众履行生效判决情况

（1）法院判决执行。 泰国没有和任何国家签署有关互相执行判决的双边或多边协议，也就是说，泰国法院不承认同时也不会执行外国民事判决。希望执行外国判决的当事方需要在泰国提起新诉讼。但是，外国法院作出的判决可以作为当地审判的依据。原告方必须在泰国法院面前证明外国判决是由具有正确管辖权的法院作出的，并且是最终裁判。

我国与泰国于1994年3月16日签订了《中华人民共和国和泰王国关于民商事司法协助和仲裁合作的协定》，双方正式建立了双边司法协助，其中包括民商事司法判决及仲裁的文书送达、调查取证、司法保护、通知等。该协定于1997年7月6日正式生效。综上，就我国来说，只能向泰国申请司法协助，而不能向泰国相关法院直接申请执行我国法院之判决。

（2）仲裁裁决执行。 仲裁裁决的执行，在国外和在泰国并无较大差别，只要是加入了仲裁公约的国家，其仲裁裁决就可以在泰国执行。泰国现在承认纽约公约和日内瓦草案的缔约国仲裁裁决。需要注意的是，国外的仲裁裁决可以在泰国执行但是国外的法院判决无法在泰国执行。

仲裁裁决做出后90天内可以向法院起诉撤销仲裁裁决。根据联合国国际贸易委员会仲裁规则，仲裁裁决只能在裁决做出所在地国家撤销。一旦撤销仲裁裁决，该撤销在国际范围内立即生效。如果双方都不承认仲裁效力，该仲裁裁决只能在法院支持的情况下生效。请求仲裁裁决生效的请求书需要在仲裁裁决作出之日起三年内向法院提出。法院作出的不履行仲裁裁决的决定只在泰国生效，在有管辖权的其他国家依然有效。

根据《仲裁法》第 40 条和第 43 条规定，法院在以下几种情况下不支持仲裁裁决：①仲裁裁决由不适格的主体作出。②仲裁不是根据双方当事人选择国家的法律作出。③仲裁申请人没有得到仲裁庭的事先通知或者被仲裁人缺席仲裁程序的。④仲裁的事项没有在仲裁协议或双方达成的合同中载明，或是超出了约定的仲裁范围，如果仲裁的争议部分超出了所约定的仲裁范围，法院会驳回超出范围的部分，仅认可在仲裁协议范围内的部分。⑤仲裁庭的组成和仲裁程序不符合合同中约定的要求，或双方没有要求但不符合仲裁地法律的要求。⑥仲裁裁决尚未生效、被有管辖权的法院驳回或暂缓仲裁协议的生效日期。除了有管辖权法院驳回或暂缓仲裁协议之外，法院可能会延期审理该案件，申请仲裁的一方提出保全申请，法院可能会对被申请人进行相应的财产保全。⑦在法院发现仲裁裁决不符合法定的仲裁程序或承认、执行仲裁裁决有违国家政策或公序良俗时，法院也有权驳回或裁定不予执行仲裁裁决。

(3) 判决执行的新动态。2015 年 4 月 8 日，修订了《民事诉讼法》[the Civil Procedure code，B. E. 2558（2015）]。该修正案将集体诉讼程序引入泰国法律体系。泰国《民事诉讼法》引入集体诉讼，是对判决将约束原告和所有集体成员这一基本原则的例外。然而，如果每个成员不能执行集体诉讼判决中他/她自己之部分的执行，该类成员可以向司法部法律执行办公室的法律执行官提出偿还判决债务的申请。如果对集体成员的申请提出异议，法律执行官应在作出反对该异议的任何命令之前进行调查听证。可提起的集体诉讼必须涉及不法行为或违约行为，或因特定法律引起的其他形式的损失，包括环境法、消费者保护法、竞争法和劳动法等。

在其他执行判决的民事案件中，一旦判决债务人的财产被扣押，这些财产必须由法律执行官通过公开拍卖出售。公开拍卖所获款项必须在扣除政府费用和开支后交予债权人分配。

（三）营商环境

1. 营商环境概况

根据世界银行集团 2019 年最新数据，泰国营商环境便利指数为 78.45，位于全球第 27 位。经济体跨境贸易便利度分数为 84.59，位于全球排名第 59 位。其中，"开办企业"DB 指数为 92.72，同比上涨 0.38 个百分点，位于全球第 39 位；"跨境贸易"DB 指数为 84.65，同比上涨 0.59 个百分点，位于全球第 59 位；"执行合同"DB 指数为 67.91，位于全球第 35 位①。就其数据而

① 数据来源：世界银行官网，网址：http://chinese.doingbusiness.org/zh/data/exploree-conomies/thailand.

言，泰国的综合营商环境总体向好。

从投资环境吸引力的角度，泰国的竞争优势有 6 个方面：一是社会总体较稳定，对华友好；二是经济增长前景良好；三是市场潜力较大；四是地理位置优越，位处东南亚地理中心；五是工资成本低于发达国家；六是政策透明度较高，贸易自由化程度较高。

中国是泰国最大贸易伙伴，泰国是中国在东盟国家中第三大贸易伙伴。2017 年，双边贸易额 802.9 亿美元，同比增长 6%，其中中国出口 387.1 亿美元，同比增长 4.1%，进口 415.8 亿美元，同比增长 7.9%。2018 年，中泰双边贸易额为 801.4 亿美元，同比增长 8.7%，其中泰国对华出口 301.8 亿美元，增长 2.3%；自华进口 499.6 亿美元，增长 12.9%[①]。

2. 涉及农业投资的基础设施情况

泰国拥有较为完善的基础设施，包括海陆空交通网络、现代化的通信网络以及充足的水电供应，上述基础设施有助于外商企业提高效率、降低成本且能够连续稳定运行。

港口：目前泰国已有 122 个港口码头，包括 8 个国际深水港，分别位于曼谷、东海岸的廉差邦和马达朴以及南海岸的宋卡、沙敦、陶公、普吉和拉农等府，年吞吐量超过 450 万吨标准集装箱。此外，从北部清莱府的清盛港和清孔港，通过湄公河-澜沧江国际航运水道可直达中国云南的景洪港和关累港。主要港口的规划、建设、开发和经营管理由交通部下属的泰国港务局（PAT）负责。

公路：泰国拥有完善的公路网络，公路总长度超过 5 万千米。曼谷与邻府的市内高速公路总长度近 100 千米，环城高速公路长度 165 千米，城际高速公路总长度超过 250 千米，规划中的城际高速公路总长达 4 150 千米。2004 年泰国签署了亚洲公路网协议，使泰国与欧亚 32 个国家的交通运输系统相互连接，泰国境内的亚洲公路全长 5 111 千米。2008 年开通的全长 1 800 多千米的昆曼公路，成为泰国通向中国西南最便捷的通道。泰国的陆路交通系统由交通部陆路交通管理厅、公路厅、高速公路管理局等机构分别负责规划、建设、经营、管理。

铁路：泰国铁路总长度超过 4 400 千米，以曼谷为中心，连接北部、东北部、东部和南部等主要地区。泰国的铁路系统与马来西亚铁路系统相连接并直达新加坡，从廊开府越过湄公河连接老挝首都万象。泰国内阁已批准与中国合作建设 3 条高速铁路，分别是曼谷—廊开线、曼谷—泰马边境线和曼谷—罗勇线，其中前两条是从中国昆明经老挝万象、泰国廊开、曼谷、泰国南部边境直至

---

① 数据来源：中华人民共和国外交部，网址：https：//www.fmprc.gov.cn/web/gjhdq＿676201/gj＿676203/yz＿676205/1206＿676932/sbgx＿676936/.

马来西亚的跨国铁路的组成部分。交通部下属的泰国铁路局负责铁路系统的运营。

水资源：目前泰国水需求量为每年 530 亿米^3，90％供水量分配给农业，6％为日常消费，其余为工业用水。泰国水务管理部门分为两大机构，京都水务局（MWA）负责向曼谷及邻府 2 100 千米^2 区域的 180 万用户提供自来水。地方水务局（PWA）负责向曼谷以外大部分城市供水。居民用自来水费率为 8.5～13.15 泰铢/米^3，工业和商业用自来水费率为 9.5～14.85 泰铢/米^3，费率随使用量递增[①]。

电力：泰国发电局（EGAT）主要负责电力生产和供应，京都电力局（MEA）和地方电力局（PEA）共同负责输送电力到曼谷和各府。目前，其发电能力基本能够满足国内的需求。尤其对于农业方面，无需另外附加投资发电设备。但综合来看，结合泰国现今发展情况，如果泰国保持 4％～5％的经济增长率，则电力需求依然会持续不断增长，不排除供电能力滞后而导致供电不足情况的产生。泰国的民用供电系统为交流电压 220 伏/50 赫兹，工业用电为交流电压 380 伏/50 赫兹，电费采用分时段费率计收。

根据泰国《2015—2022 年交通基础设施战略规划》，预计在公共基础设施领域投资将会达到 800 亿美元。集中于公路、铁路及航空领域。

3. 吸收外资

据联合国贸易和发展会议发布的 2018 年《世界投资报告》显示，2017 年，泰国吸收外国直接投资（FDI）流量为 76.35 亿美元；截至 2017 年年底，泰国吸收外国直接投资（FDI）存量为 2 193.68 亿美元。据泰国 BOI 统计，受政府出台的十大重点产业、产业集群、东部经济走廊等一系列投资促进政策的影响，2017 年泰国共接受外商直接投资优惠申请项目 818 个，同比下降 6.94％；涉及投资额 2 826.96 亿泰铢，同比增长 12.30％，2017 年中国是泰国第三大投资来源国，位列日本、新加坡之后。

（四）社会环境

1. 社会阶层

从经济发展角度来看，泰国地区经济实力和发展较为不平衡，泰国的工业有 70％以上集中在曼谷及其周边的泰国中部地区，而泰国的东北部地区、北部和南部区域却较为落后。曼谷等大城市的人均收入比偏远贫穷地区高出十几倍甚至数十倍，进一步加剧了"回波效应"，城乡差距较大。

---

① 中华人民共和国驻泰王国大使馆经济商务参赞处，泰国基础设施［EB/OL］. http：//th. mofcom. gov. cn/article/ddgk/zwdili/201202/20120 207948992. shtml.

2. 民族与宗教

泰国信奉佛教的人口占总人口的 95％以上，而在以马来人为主的泰国南部及其与马来西亚接壤地区，其主要信奉伊斯兰教。虽然其人口比例相较于总人口来说较小，但较为集中，在该地区产生了一定社会影响。同时，从经济角度来说，泰政府对泰国南部地区的倾斜性政策未对当地经济有明显的改善，泰国工业产值的 78％以上来自曼谷地区，而南部地区仅占 2％左右，南部地区基础设施、人才储备、财政收入等均与其他地区差距较大。

3. 社会文化

泰国普遍信奉小乘佛教，从泰国宗教的历史沿革来讲，除南部地区以外，较少受到外来宗教的影响。同时，泰国的佛教文化与其他国家的宗教文化不同，其未直接与政治相融合，只是起到了对于普通民众树立道德观念、社会道德指引的作用。而从小乘佛教教义本身来看，相较于其他宗教来说，更具有忍让性。在各种社会矛盾产生时，往往谋求通过谈判或其他和平的方式解决。

（五）自然环境

1. 自然环境概述

泰国地处中南半岛中部（北纬 $5°30'\sim21°$，东经 $97°30'\sim105°30'$），东南临太平洋泰国湾，西南濒临印度洋安达曼海。西部及西北部与缅甸交界，东北部与老挝毗邻，东连柬埔寨，南接马来西亚。

泰国国土面积 51.3 万千米^2，在东南亚地区仅次于印度尼西亚、缅甸；50％以上为平原和低地。泰国地势北高南低，由西北向东南倾斜。按地形分为肥沃广袤的中部平原，山峦起伏的东北部高原，丛林密布的北部山区，风景区集中的南部半岛。

泰国全国大部分地区属热带季风气候，全年明显分为热季（2—5 月中旬）、雨季（6—10 月中旬）和凉季（11 月至翌年 2 月）3 个季。全年平均气温 27.7℃，最高气温可达 40℃以上。年平均降水量为 1 100 毫米。平均湿度为 66％～82％①。

2. 主要自然风险

（1）洪灾风险。泰国属于热带季风气候，年降水量较大且集中在 5 月至10 月的雨季。受西南季风的影响，海洋水汽大量进入该国，同时结合孟加拉湾热带气旋活跃，极易造成强降雨。

而且泰国地形北高南低，中部有一条自北而南纵贯全境的湄南河，流域面

---

① 商务部国际贸易经济合作研究院、中国驻泰国大使馆经济商务参赞处及商务部对外投资和经济合作司，对外投资合作国别（地区）指南—泰国［EB/OL］. 2018 年版第 2 页。

积约占国土总量的 1/3，在泰国中部形成了冲积平原，河流纵横、地势低洼，前期积累的洪水到了中部地势低洼区很难排出。以曼谷为例，其正是处于湄南河的入海口处，地势低洼，平均海拔仅为 1～1.5 米，市区有大大小小 1 000多条水道纵横交错，上游的洪水流经此地出现排水缓慢，从而造成了严重而持久的洪水泛滥。同时，海水涨潮导致洪水入海更加缓慢。泰国湾呈喇叭状河口，海水涨潮时加大潮汐作用。而且，过度的围湖造田等造成下游河流湖泊的蓄洪调节能力下降也是形成洪灾的原因之一。此处需要说明的是，泰国优质的耕地多分布于易发洪灾区域。

(2) 台风/热带风暴风险。 对于泰国来说，由于它所在位置纬度低，又是中南半岛腹地，泰国湾水域又比较小，台风发展空间有限，历史上很少能有台风正面登陆泰国。在过去 60 年间，能登陆泰国的台风仅有个位数，泰国每年受到台风的影响都比较少。

但比较少的台风登陆意味着当地群众对于台风的防范意识淡薄，当地防台措施落后。过往登陆泰国南部的台风很多也在泰国造成了严重灾害，比如1989 年的台风 Gay，登陆前已呈现出极为清晰的台风眼结构，是登陆泰国南部最强的台风，造成了上百人死亡，600 人失踪。近一点的 1997 年 Linda，虽然以不到台风级别登陆，但也造成越南和泰国 330 人死亡，超过 2 000 人失踪。

(3) 旱灾风险。 由于气候异常、降水不均等原因，旱灾对于泰国的农业来说，也是较为常见与主要的自然灾害与自然风险之一。以 2018 年为例，该年中泰国发生较为严重的旱灾，导致其大米收成下降六成。2019 年年初，因高温少雨天气，导致泰国国内的江河湖和水库水位下降，产生了一定范围内的旱灾，对泰国旱季的稻米、甘蔗等农作物的生产造成严重影响，经济损失约为153 亿泰铢（约 32.6 亿元人民币），达到国内生产总值的 0.1%[①]。

(4) 地震/海啸风险。 泰国所属的东南亚地区位于太平洋板块、印度洋板块和亚欧板块的交界处，容易发生火山地震。据不完全统计，1978 年至今，泰国全境发生 4.0 级以上地震已达到 40 余次。2019 年 3 月 23 日，泰国普吉府西北方向、印度属安达曼海域发生两次地震，震级分别为 5.0 和 5.2 级，客观上对农业生产产生一定影响。

而地震引发的海啸也是泰国面临的较为严重的自然灾害之一。而对农业造成较大风险的，便是由地震引发的海啸灾害。2004 年东南亚海啸造成泰国

---

① 中华人民共和国驻泰王国大使馆经济商务参赞处、世界日报，旱灾及政局成为今年泰国经济风向标，2019 年 4 月 7 日，http://th.mofcom.gov.cn/article/jmxw/201904/20190402850422.shtml，最后访问时间：2019 年 6 月 28 日。

5 393 人遇难，经济损失达 1 000 亿泰铢以上，对泰国的沿海农业（包括热带水果种植、稻米试验田等）造成了毁灭性的打击。

五、企业投资泰国农业产业的主要法律风险

由于投资者对境外投资风险缺乏充分认识、两国的法律制度以及经营管理存在的巨大差异、泰国外商投资法律体系的滞后性以及缺乏科学投资的指引和规划等原因，都会对中国企业带来潜在的法律风险。中国企业在泰国投资可能面临的法律风险有如下几种：

（一）法律或政策变动的风险

法律、政策变动是投资者在境外投资面临的首要风险，这种风险最大的特征是其不确定性。外国投资者最为关心的就是泰国有关海外投资者的法律变动。例如，2007 年泰国政府突然提出限制外资股权比例的法案，这给当时的部分外国投资者造成了重大的影响及损失。由于经济形势需要或受政局变动影响，促投或优惠政策同样会存在变化的风险。

泰国央行在 2006 年 12 月 18 日针对投资国内货币、债券和股市的外资，颁布了一系列资本管制措施，这对外资来说影响重大。2007 年，泰国政府对《外商经营企业法》进行了较大修改，其中最大的修改是对"外国法人"的定义进行了更为严格的限定，并且加大了对泰国人代持股的外国企业的查处力度以及对未经批准擅自经营限制业务的外国企业的处罚力度。这样的修改造成了很多外国企业被迫重组、调整公司结构，有些外资甚至因此面临被迫撤离的局面。这对外资来说是最大且不可控的风险。

（二）公司经营管理中的法律风险

1. 合同管理的问题

由于涉及跨国投资，合同的管理具有更大的复杂性。部分中国赴泰投资者合同履行意识不强，对出现纠纷的法律后果缺乏清醒的认识，且在履行合同过程中未能进行合同履行信息的动态管理，一旦出现纠纷，由于缺乏证据陷入被动。如：合同谈判过程，忽视对对方当事人的资信状况和履约能力进行审查；合同履行过程中，缺乏对履行合同的动态管理，不能及时发现问题，对于相关证据的固定和保留也容易忽视等。

2. 代持股份问题

根据泰国《外商经营企业法》及其部分修正案的规定，未经许可审批程序，外国人不能在泰从事受限制行业，这主要是为了保护这些行业的本国从业

者免受外资的冲击。但是，许多外资为了突破这些规定，找了泰国籍人作为表面上的持股人。根据《外商经营企业法》的规定，非法代持者面临着最高 3 年监禁或 10 万泰铢至 100 万泰铢的罚款，或两者并处。泰国商业厅、特别案件调查厅调查显示，部分中国投资者在受限制的行业存在由泰国国民代持股份的情况，尤其在旅游、房地产销售、汽车租赁、水果批发和零售等行业，泰籍人代外国人持股的问题相对比较严重。股权代持存在诸多法律风险，除了被查处的法律风险外，代持关系本身亦存在重大风险，如代持人擅自处置股权或不承认代持关系等风险。

3. 贿赂等不当行为的风险问题

2015 年 7 月 13 日泰国《反腐法》第三号修正案的出台，不仅加大了对贪腐问题的处罚力度，还把外国人贪腐问题纳入定罪的主体范围，这也加剧了海外投资者的风险，一旦被查到，将和泰国本国公民一样受到法律的制裁。

（三）知识产权的法律风险

知识产权的法律风险主要是因为知识产权保护具有地域性以及中泰知识产权法律制度的差异性。泰国企业知识产权保护意识相对落后，在泰国投资的大多数外国企业也没有意识到对自身商标、外观设计、专利等知识产权的保护，部分企业甚至有意侵犯他人的知识产权。随着"海上丝绸之路"的推进，越来越多的中国企业开始"走出去"，拓展海外市场，但是大多"走出去"的企业对知识产权保护的意识仍比较淡薄。由于考虑到成本因素，很多企业不愿意投入资金提高自身知识产权管理水平，一旦发生被侵权的行为才去维护企业权益，这样对企业的损失只会更严重。近几年，中国品牌、中国技术等智慧财产在国际上越来越受关注，随之而来的就是中国企业在海外知识产权领域被侵权的事件越来越多，特别是在一些对知识产权保护相对较弱的发展中国家。根据2017 年年初美国商会发布的"世界知识产权指数"报告，泰国在其中排名第40 位，可见泰国在知识产权保护上相对薄弱，赴泰国投资的中国企业应该对此提高警惕，做好预防准备。

（四）劳工法律风险

在泰国等东盟国家，劳工问题如果处理不当不仅会使自己远离投资获利目的，甚至可能会导致问题的"政治化"。在泰国，从招聘开始，到面试、员工的待遇等问题，直至员工离职整个流程中，都有相关的劳动法律法规的约束，企业任何不遵守泰国劳动法律法规的行为都有可能给企业带来劳动纠纷，并造成不良影响。泰国近几年发生了多起因外资无法满足工人提高工资、奖金及福利等待遇而引发的停工、罢工事件。中国企业必须引以为戒。

而且，泰国《劳动法》规定，泰国工人有权利成立工会组织，并可以通过工会组织向企业主提出提高工资、福利等条件，如企业不同意工人要求，工人就可能做出不利于企业经营的过激行为。2009 年，泰国就发生了几起因外资企业没有满足泰国工人要求提高工资、奖金及福利等问题而引发的罢工或停工，导致企业受到巨大损失的事件。又如 2013 年 2 月，美国通用汽车泰国罗勇府工厂由于没有为员工提供加班工资，大约 2 000 名员工举行罢工，造成约 1 500 万美元的经济损失。

泰国吸引外资是因其廉价的劳动力成本。但近年来泰国劳动力结构发生变化，新增劳动力减少、人口老龄化，外资企业将要面临劳工紧缺的问题。2017 年 6 月，泰国出台了有史以来最严厉的外籍劳工法，加大了对外籍劳工和聘用外籍劳工的雇主的处罚力度。企业不能再抱有侥幸心理，一旦被查处，将会有更大的损失。同时，企业也必须注意到，因严厉的外籍劳工法出台，致使大量外籍劳工离境，企业将会面临更为严重的"劳工荒"局面。因此，必须提前做好防御措施，避免出现劳动力断层。

（五）环境保护的法律风险

泰国是以旅游业著称的国家，政府和民众一直以来都比较注重环境保护的问题。泰国对于环保的要求较高，社区民众及个别非政府组织（NGO）对于投资项目的影响力较大，有时甚至会产生决定性影响。如何提高技术工艺，满足泰国环保标准，同时妥善处理与周边社区及 NGO 组织的关系是企业在泰国投资必须考虑的重要课题。

六、农业投资法律风险防范建议

泰国市场对外开放较早、法律法规相对健全，绝大多数在泰国的中资企业能够做到遵纪守法、规范经营，与当地各方面机构和人员建立起比较和谐的社会关系，总体不存在大的风险。在综合以上分析的基础上，为赴泰国进行农业投资的法律风险防范进一步提出如下建议：

（一）事前调查与风险评估

投资前重视调查泰国投资情况，并进行全面的风险评估。中国企业赴泰国投资之前，必须先认真研究涉及投资的农业相关法律法规和政策。

企业在搜集各种信息和分析评估时，可以充分利用大数据、云计算和互联网技术。毕竟是进行境外投资，大多数企业，尤其是中小型企业，因为资金和能力有限，无法对泰国的有关投资情况进行充分的调查了解，信息获取常常面临信息不对称、迟延、受欺诈等问题。此时，需要企业善于利用中国驻泰王国大使领馆经济商务参赞处、泰国投资促进委员会、律师事务所、会计师事务所、驻泰中资企业商会等第三方力量来为企业提供投资合作的咨询与相关信息。

（二）建立并完善合同与法律风险管理体系

合同是贯穿于企业经营活动的始终，也是企业从事各项活动的凭证，合同管理的好坏决定了企业在其可控范围内能否有效规避各种法律风险，因而在完善该项制度时需要特别注意以下几方面。

1. 完善合同签订前的资格审查

中资企业来泰国开展业务，切不可急于求成，盲目合作。对于一些中介机构或中间人介绍的各类项目不可轻信。尤其是一些所谓特大型项目，很有可能是"雷声大、雨点小"。要设法了解清楚合作方的背景情况，审慎选择那些信誉好、实力强、懂营销、善合作的合作伙伴。了解对方的资信状况主要包括：主体资格、财产状况、生产和经营能力，考察其是否具有满足履行合同项目的条件，避免签约后对方不能履约重大项目、大额资金以及履行期限较长的合同。为进行严格的合同前审查，最好能够赴泰国实地调查对方的经营历史、客户评价等商业信誉情况。

需要注意的是，在主体资格方面，在泰国尤其要注重合作方的身份，包括支持政党的派别及与王室是否有联系，防止卷入政治纷争，应重视全面了解合作伙伴的背景情况，必要时在签署有约束力的合同前向中国驻泰使领馆经商机构进行咨询。

2. 规范合同条款内容

企业在草拟或订立合同时，要注意审查合同条款的完备性，以及确定条款内容是否明确、权利义务是否对等。特别注意：合同语种的选择，避免因为翻译带来的分歧；管辖条款必不可少，在法律允许的范围内，尽量选择对企业自身有利的方式，从而在一定程度上降低诉讼风险和诉讼成本。

3. 跟踪合同履行全过程

现实中很多企业经常是合同签完后束之高阁，容易导致企业在履行合同时偏离合同的约定，滋长了纠纷发生的机会。中国企业在和泰国主体进行合作时要讲信誉、重质量并注重合同中的承诺事项，提升中国商品质量和形象。因此，合同风险必须要强化合同履行管理，跟踪了解合同履行情况，及时掌握、检查、通报合同履行中出现的各种问题，特别是对合同履行过程中出现的违约情况等应及时查明原因，认真收集调取和保存证据，制定应对方案，及时采取措施。

4. 建立风险防控与管理体系

赴泰国进行农业投资的企业应在企业内部建立起法律风险管理体系，把法律事务的管理和企业日常生产经营管理结合起来，积极主动地认识风险、防范风险、应对风险，才能更有效地避免各种法律风险的发生。

特别是近年来泰国政局不太平稳，泰国南部地区的恐怖活动时有发生，安全风险因素加大，因此，在泰开展业务的中资企业必须将安全工作放在首要位置。要制定有效的安全防护措施和紧急事件应急机制，切实维护好企业的人员和财产安全。注意防火、防盗、防骗、防爆炸。同时，采取有效措施切实加强项目管理，做好成本核算和资金风险控制，保证项目的落地质量。

（三）知识产权保护应对策略

1. 企业层面的应对策略

企业在泰国现在可以采用两种途径取得知识产权及其保护：第一，依据泰国国内相关法律，在泰国知识产权管理局提起申请；第二，因为泰国已经加入了马德里体系，我国企业可以通过马德里体系的相关规定，向其申请获得在泰国的知识产权保护。企业必须采取积极的态度申请获得知识产权，不能等到发现被侵犯了再去申请保护，就为时过晚了。同时，积极申请并不等同于盲目申请，不加筛选以求所有覆盖保护的做法并不科学，反而会给企业造成成本的增加及时间、精力的浪费。企业需依据自身需要对知识产权进行归类、分清主次，以优化知识产权布局，提高竞争能力。

2. 国家层面的应对策略

第一，加强在泰国知识产权信息平台建设。可以发挥我国驻泰国使领馆的作用，时时关注、追踪泰国有关知识产权法律法规、政策的动态，及时对我国企业进行信息通报，使其能够在最短时间内发现问题，解决问题。第二，加强对企业的指引和服务。对于赴泰国投资的企业，政府部门应研究和制定知识产权保护指南，正确引导企业在泰国申请知识产权。政府还可以研究在申请费用上给予一定的补贴，或者提供专项支持产权申请、维护的低息贷款，鼓励企业积极申请和维护知识产权。第三，加强对外的交流与合作。一方面，加强政府有关部门积极参与联合国框架下有关修订、完善世界知识产权保护体系的相关议程，推动制定更加公平合理的国际知识产权规则，促成科学规范的国际知识产权机制；另一方面，政府间有关知识产权的合作，通过双边谈判或者签订双边协议等形式，积极探索两国间有关知识产权保护申请流程的简化、争端的解决、执法的合作，为我国企业知识产权在泰国的申请提供便利条件。第四，鼓励涉外知识产权服务业的发展。随着越来越多的企业"走出去"，只利用政府提供公共服务已经满足不了当下的需求，加大政府采购的力度，在公共服务领域引入市场机制，促进服务主体的多元化，也可以通过试点，逐渐推广知识产权公共服务机构进行企业化转制改革试点，增强服务供给能力。

（四）为投资项目投保，防范降低风险

对于赴泰国投资的企业来说，投资过程中面临各种法律风险在所难免，向保险机构投保是防范风险最常见的一种方法。企业可以选择普通的商业财产保险，也可以选择境外投资领域中特有的海外投资保险，或者以组合的方式投保商业财产险和海外投资保险。海外投资保险的承保范围只限于政治风险，如征用险、外汇险、战争险等，不包括一般商业风险。然而在实践中，赴泰国投资的中国企业较少采用此种方式进行投保。赴泰国投资企业应该注意到，政治风险对投资者的影响重大，应积极利用海外投资保险制度防范风险。

（五）建立和谐的劳动关系

外籍人在泰国工作须及时办理工作许可证。由于劳工许可证不能异地使用，因此外籍人特别是从事建筑业者在申请工作场所时要将总公司、分公司场所分别加以注明。分公司以总公司名义申请时，要在分公司所在地申请。泰国官员不主张外籍人通过中介机构办理外国人工作许可证申请。泰国官方尚没有授权任何中介机构从事代办外籍劳务工作许可业务，建议有关雇主或个人通过合法程序向劳工部申办工作许可，劳工部将提供便利条件。对临时入境提供技术服务的外籍人，如不超过 15 天可免办工作许可证。

中泰两国政府间尚未签订任何劳务合作协定，在泰国从事限制从业的工种是严格禁止的，非限制类工种必须申办工作许可。

在日常的经营与管理中，制定较为详细的员工激励计划与晋升通道制度，确保对当地员工进行有序管理。

（六）环境保护应对策略

随着泰国对外开放程度与自身发展程度的不断提高，其原有的环保体系与标准将随之提高。面对即将提高的环保标准与愈加严格的外资投资限制措施，在环保领域，特建议中方企业在条件允许的情况下，可将项目内的环保设备、污染治理等相关环保事宜外包给当地的优质第三方环保单位进行管理与运维。一方面，泰国当地具有一批优质的环保领域服务企业，往往能拿出"一揽子"计划，可对不同企业的不同情况结合泰国政策法规之要求进行重点服务；而另一方面更为重要的是，这些服务型企业多由泰国本国人、当地人构成，在与当地环保主管机关沟通时，其更能够发挥其国内的沟通优势，协助中方企业达到相关环保标准。当然，如果投资地点未有相关环保服务机构，亦可聘任当地具有丰富经验的雇员完成相关工作。

七、农业投资合作典型案例评析

(一) 合理设置投资方案，规避风险

1. 案例概述

A 公司是由隶属于中国 500 强企业居于农业企业首位的 B 集团（注册资金 60 亿元人民币）下属的中国著名的马铃薯淀粉生产企业 C 集团和泰国著名的木薯淀粉加工集团 D 集团、E 公司共同在泰国投资的木薯淀粉加工企业。

A 公司由 C 集团与 D 集团、E 公司三个股东于 2012 年 2 月 28 日在泰国注册，公司注册资金 5 亿泰铢（1 亿元人民币），持股比例 C 集团持股 49%，D 集团持股 27%，E 公司持股 24%。C 集团委派董事长、销售总监、财务总监、品质管理部长；公司加工区位于泰国东北部木薯主产区马哈撒拉堪府，占地面积 1 700 亩，加工木薯淀粉能力为 300 吨/天，年加工期为 10 个月。主要设备由世界先进的拉尔森淀粉加工设备组成，生产工艺先进，产品质量稳定。

2. 把握政策走向，规避政治风险

2016 年，泰国总理巴育提出，泰国拟在未来 20 年将经济发展提升到一个基于高附加值的发展阶段，被称为"泰国 4.0"阶段。泰国希望通过推进 4.0 战略，将传统的农业种植模式升级为智能化农业，将传统的中小企业升级为智能型中小企业，将传统的服务业升级为具有高附加值的服务业。总体来说，泰国各届政府依然存在具有相当连续性的主导产业政策，把握此类政策，无疑可为我国企业投资泰国提供巨大的有利条件。

在此背景下，B 集团适时根据自身企业的特点，结合泰国马铃薯生产的优势资源，以其旗下的 C 集团出资，在与泰国企业进行对接的基础上，设立了较为符合泰国国家战略的投资方向。

3. 股权架构设置合理，确保中方运作主导

从 A 公司的股权架构设置可以看出，C 集团持股 49%，D 集团持股 27%，E 公司持股 24%。上述架构一是保证符合泰国相关法律。根据泰国《外商经营企业法》之规定，如在泰国成立但 51% 的股份由外国人或外国公司持有的公司，将被《外商经营企业法》视为"外国"或"外籍"公司，尤其在农业领域，将受到《外商经营企业法》对行业准入的限制。显然，中方公司持股 49% 后，该企业将被认定为泰国企业或泰国合作企业，从而规避外商农业准入限制。二是保证中方在企业的主导权。泰方公司虽然总持股比例超过中方公司，但两个泰方公司持股比例均小于中方，中方为三者中持股比例最高的主体，即中方为第一大股东。这就确保了中方在该企业实际运作当中的主导地位。从实际来看，中方也确实深度参与且主导企业的日常生产与经营。

（二）充分调研产业情况，精准投资

1. 案例背景

天然橡胶作为与石油、钢铁、煤炭并重的四大工业原料之一，中国作为天然橡胶的最大消费国，每年消费量在 400 万吨左右，自产量不足 80 万吨，对外依存度长期高达 80%，市场话语权比较弱。

2. 案例概述

F 集团是广东对外投资较早的企业之一，其 2003 年走出国门，从加工业做起，与其他公司合作在泰国沙墩府收购了一个橡胶加工厂的股份，2007 年在董里府开始自己建厂，逐步取得成功后又进一步扩张，此后分别在乌隆府、苏拉塔尼府、春蓬府自主投资建设了大型橡胶加工厂。并于 2016 年斥资 12 亿元收购并控股全球第三大天然橡胶生产企业——G 公司。

3. 瞄准薄弱产业，精准投资

控股泰华后，F 集团天然橡胶年加工能力达到 150 万吨，种植面积达 13.3 万公顷，一跃成为全球最大的天然橡胶全产业链经营企业。据此，F 集团可控制的天然橡胶总量占全球总产量约 1/5，产品销售中国以及世界各地，使得中国天然橡胶产业供给能力大大增强，大幅度提高中国企业在天然橡胶领域的话语权。

4. 引导投资国发展，间接规避风险

由于 F 集团"走出去"的时间较早，且注资力度较大，多年来为泰国当地的橡胶种植业提供了较为可观的收入。同时，又由于其资本雄厚，投资了橡胶产业的各个环节，形成了一套较为完整的产业链，直接引导与影响了泰国本地的经济发展。

虽然 F 集团面临泰国政策多变且泰国《外商经营企业法》2007 年修订后对外国资本进入农业领域设置了更为苛刻的限制条件等诸多不利因素，但由于其对整个橡胶种植业的强大影响力，以及在该影响力下惠及泰国当地较为庞大的产业群体（该群体主要由当地农民、经销商、出口商等主体构成），因此泰国的各届政府从政策以及法律上均较为支持以 F 集团为代表的中国资本在橡胶种植业的发展。

F 集团在发展过程中可能面对一定的政策波动，但整体上由于泰国政府考虑本国地区经济的发展，总体上将保持政治与法律的连续性与一致性。2018 年年初，泰国农业和合作社部助理部长吉萨达透露称"已经有越来越多的信息表明，中国资本正在对泰国橡胶产业链中的各个环节产生影响力。泰国当局正努力减少国内橡胶种植面积，以减少橡胶出口供给压力"，但同时又表示"政府也鼓励泰国胶农合作社与中国橡胶企业展开更广泛的合作。"

泰国政府正致力于降低全国橡胶供给过剩的压力。同时，继续增加橡胶上游市场的开发力度。面对此种情形，泰国当局将会加大对中国橡胶贸易商经营和交易行为的规范，避免泰国过去几年榴莲等水果曾遭遇的问题和困境①。

（三）大力扶持合作伙伴，互助发展

1. 案例背景

距离首都曼谷东南 200 多千米的尖竹汶府，是泰国著名的水果生产基地。龙眼是尖竹汶府盛产的水果品种之一，占全部水果种植量的 20%～30%。2003 年 10 月，中国—东盟自由贸易区合作框架下的第一个"零关税"协议生效，中泰两国取消了 108 种蔬菜和 80 种水果产品的贸易关税，我国企业开始进行生产与出口贸易，其主要形式分为三种：一是以采购商身份进行采购，自主主导贸易；二是雇佣泰国企业或个人代理采购出口；三是与泰国企业或个人合作，建立工厂，开展加工与出口贸易。

2. 案例概述

自 2007 年起，H 公司在泰国先后设立了 I 公司、J 公司、K 公司，上述公司构成了其在泰国优质水果的出口基地，也使得其成为泰国最大的龙眼出口商。

以此为基础，H 公司开始了采购及加工泰国龙眼，采购量逐年增加，采购区域逐步扩大到泰国东部及北部最优质的龙眼产区，通过多年诚信经营，已与当地 2 000 多个果园建立了长期稳定的合作关系，并组建了 5 000 多人的采摘队伍，极大地促进了就业，推动了当地农业经济的发展②。

J 公司 2015 年在赛道县设立并建设加工厂，主要对当地生产的龙眼进行加工与出口③。

3. 扶持合作伙伴，强化合作

由于泰国当地本身的生产技术较为落后，生产的龙眼在建厂初期无法与中国以及国际市场上的优质龙眼进行有效竞争。为此，H 公司在技术与资金上主动提供支持，并垫付 10%～20% 的资金，让果农更新设备，加强灌溉、施肥等环节，并派技术员到果园进行现场指导，传授种植知识，帮助提升管理水平。

通过 H 公司的有效干预，目前泰国赛道县产区的龙眼质量不断提升，极

---

① 中国国际贸易促进委员会，泰国橡胶产业链面临来自中国资本的影响，当局表示将严查［EB/OL］，2018 年 1 月，http：//www. ccpit. org/Contents/Channel _ 4 115/2018/0109/946330/content _ 946330. htm，最后访问时间：2019 年 10 月 11 日。

② 数据来源：http：//www. cqjgy. cn/，最后访问日期，2019 年 10 月 13 日。

③ 在此之前，其为本节提到的第二种模式，即"雇佣泰国企业或个人代理采购出口"。

具市场竞争力。该产品不但使当地果农获取了更高利润，同时也为 H 公司创造了更好的产品品质①。

4. 巩固伙伴关系，获取政策福利

H 公司通过对合作伙伴的扶持，不但使得双方获利，更获得了泰国当地政府与中央政府的支持。

在泰国农业和合作社部的主持与引荐下，利用泰国农业"产业研究合作"的政策，H 公司积极与泰国农业和合作社部旗下的研究机构合作进行研究，突破龙眼冷藏技术难关。最终，在 H 公司的参与下，中国深圳中兴环保集团与泰国农业和合作社部、东方大学合作开发出"社区冷藏柜"，有效解决了龙眼"易腐烂，难运输"的问题。

5. 稳固合作，以合作降风险

H 公司通过与当地合作伙伴的紧密合作、让利合作，不断深耕龙眼生产的各个产业环节，不但使合伙伙伴获利，更降低了自身的投资风险。这也表明，我国企业在泰国进行投资时，不仅需要在前期充分进行调研（包括商业调研、政策调研与法律调研等）、设置合理的投资方案（包括股权结构、投资比例及交易方式等），更要在后续企业运作过程中与泰国当地的合作方相互扶持，稳固合作，互助发展。这样，不仅仅是使合作方获利，更有利于强化双方合作，且更可以获得投资所在地、投资所在国的政府、官员青睐，甚至可以获得政策倾斜，最大限度地避免涉农投资的相关风险，从而形成互利的良性循环，使投资企业健康持续地高效发展。

参 考 文 献

常翔，张锡镇，2017. 泰国东部经济走廊发展规划［J］. 东南亚纵横（4）：14 - 20.

陈格，汪羽宁，韦幂，等，2019. 泰国农业发展现状与中泰农业科技合作分析［J］. 广西财经学院学报（3）.

陈海军，李延云，2011. 泰国农产品加工业考察与启示［J］. 特别报道（1）.

陈军军，2015. 泰国农业支柱产业研究［J］. 时代农机（5）.

陈良敏，吕玲丽，2012. 基于政策视角的泰国有机农业发展分析［J］. 东南亚纵横（12）.

陈平，2015. 中国与泰国农产品贸易合作研究［J］. 黑龙江大学学报（4）.

陈彤，1999. 泰国农业经济成就与当代中国农业的发展［J］. 福建农林大学学报（哲学社会科学版）（4）.

---

① 人民日报，泰国农业部副部长：'中国技术助力泰国水果走向世界'［EB/OL］，2019 年 5 月 19 日，http：//yn. people. com. cn/n2/2019/0519/c 378441 - 32954240. html，最后访问时间：2019 年 10 月 14 日。

当代世界林业，2019. 泰国林业概况［EB/OL］. （2007 - 10 - 25）［2019 - 07 - 22］.
http：//www. chinatimber. org/news/13 888. html.

方慧，赵甜，2018. 文化差异影响农产品贸易吗：基于"一带一路"沿线国家的考察［J］.
国际经贸探索（9）.

古广东，高勇，2012. 中国农业企业对外直接投资风险控制分析［J］. 农村经济与科技
（9）.

洪秋妹，2019. "一带一路"背景下农产品贸易实证研究：以中国与中亚五国为例［J］. 技
术经济与管理研究（7）。

黄寰，2006. 以农业为依托促发展：泰国农业概况［J］. 南方国土资源（7）.

贾盼娜，刘爱民，成升魁，等，2019. 中国农产品贸易格局变化及海外农业资源利用对策
［J］. 自然资源学报（1）.

金杰，2018. 泰国宗教文化中的印度教元素探析［J］. 世界宗教文化（2）：78 - 84.

李丹，周宏，2016. 农产品贸易的国际镜鉴［J］. 重庆社会科学（7）.

李荣，涂先德，高小丽，等，2014. 泰国农业技术推广与循环农业发展的启示［J］. 世界
农业（2）.

李婷婷，梁丹辉，2019. 中国与泰国农产品贸易竞争性和互补性研究［J］. 中国农学通报，
35（1）：159 - 164.

李子玲，李文红，郑慧芳，2016. 泰国农业的技术和教育发展特点与启示［J］. 大学教育
（4）.

龙吉泽，2015. 泰国农业合作社及农业机械化［J］. 时代农机，42（3）：168 - 169.

吕蓉慧，周升起，2019. "一带一路"背景下中国对俄罗斯及泰国直接投资分析［J］. 江苏
商论（3）.

米良，2014. 泰国水资源管理及其法律制度探析［J］. 江西社会科学（6）.

商务部国际贸易经济合作研究院，中国驻泰国大使馆经济商务参赞处及商务对外投资和经
济合作司，2018. 对外投资合作国别（地区）指南：泰国［DB/OL］. http：//fec.
mofcom. gov. cn/article/gbdqzn/.

盛彩娇，郭静利，2016. "一带一路"战略下中国与中亚农产品贸易及展望［J］. 农业展望
（12）.

苏珊珊，霍学喜，黄梅波，2019. 中国与"一带一路"国家农业投资合作潜力和空间分析
［J］. 亚太经济（2）.

宿鑫，蔡晓丹，马卓君，等，2019. 泰国渔业发展状况及中泰渔业合作潜力探讨［J］. 淡
水渔业（1）。

孙广勇，2018. 泰国力争农业成为经济增长新引擎［EB/OL］. http：//world. people.
com. cn/n1/2018/0509/c1002 - 29974585. html.

泰华农民研究中心，何威律师事务所，毕马威泰国公司，2018. 泰国投资经营手册：下册
［M］. 广州：广东旅游出版社.

汤汇，2007. 泰国农业合作社现状及其对我国的启示［J］. 安徽农学通报（21）：7 -9 - 13.

王莉莉，2019. 中国农业企业沿一带一路走向世界［J］. 中国对外贸易（3）.

王玲莉，谢宇，2018. 中国进口泰国农产品存在的问题与建议［J］. 辽宁经济（4）.

王洋洋，张晓慧，崔冀娜，2019. "一带一路"沿线国家和地区农业生产技术效率研究［J］. 经济与统计（4）.

王禹，李哲敏，雍熙，等，2017. 泰国农业发展现状及展望［J］. 农学学报，7（11）：95-100.

文淑惠，王佳颖，2019. 中资企业面向东南亚投资绩效影响因素研究［J］. 华东经济管理（2）.

吴玲，2019. 泰国对中国农产品出口影响因素研究［D］. 北京：北京交通大学.

徐洋，辛景树，卢静，等，2019. 泰国循环农业与有机肥资源利用的发展与启示［J］. 中国农技推广（1）.

许灿光，安全，张曦，等，2017. 泰国农业合作社现状及其对开展农产品对外贸易的研究［J］. 世界农业（10）：182-185.

许灿光，安全，张曦，等，2017. 泰国农业合作社现状及其对开展农产品对外贸易的研究［J］. 中国学术期刊（3）：1-23.

佚名，2015. 泰国农药登记与管理概况［J］. 农化市场（1）.

佚名，2016. 泰国海洋渔业面临发展瓶颈［EB/OL］.（2016-11-22）［2019-09-20］. https：//news. cnhnb. com/rdzx/detail/338083/.

佚名，2017. 泰国、中国和印度法律中与种子相关法律的摘要（2016 年）［EB/OL］.（2017-07-04）［2019-07-06］. http：//agconasia. com/projects/seed-law-2/.

佚名，2018. 泰国力争农业成为经济增长新引擎［EB/OL］.（2018-05-09）［2019-11-13］. http：//www. sohu. com/a/230957558_630337.

盈科外服，2019. 泰国投资风险与防范（下）［EB/OL］. https：//zhuanlan. zhihu. com/p/88271253.

于敏，2015. 借"一带一路"让农业"走出去"［J］. 农产品市场周刊（28）.

张美慧，2016. 泰国农产品国际竞争力实证研究［J］. 对外经贸大学学报（2）.

张帅，孙德刚，2019. 论新时期中国特色的农业外交［J］. 宁夏社会科学（1）.

张新闻，张兵兵，2018. 国家间冲突对农产品贸易的影响［J］. 世界农业（2）.

中华人民共和国驻泰王国大使馆经济商务参赞处，2019. 旱灾及政局成为今年泰国经济风向标［N/OL］. 世界日报，2019-4-7［2019-06-28］. http：//th. mofcom. gov. cn/article/jmxw/201904/20190402850422. shtml.

邹宜芳，2018. 中国企业赴泰国投资法律风险及对策［J］. 红河学院学报，16（5）：50-53.

LALITA SINCHAROENKUN，2019. 中国在泰国对外直接投资的推动和拉动因素实证分析［J］. 浙江大学学报（1）.

NONTIPA KLANGAM，2017. 中泰农产品贸易对泰国农业的影响：以早熟农产品（EHP）［J］. 西北农业大学学报（经济与管理科学）（1）.

越 南

一、越南农业宏观政策及发展规划

越南，全称越南社会主义共和国，位于中南半岛东部，北与中国接壤，中越陆地边界线长 1 347 千米；西与老挝、柬埔寨交界，东和南面临南海，海岸线长 3 260 多千米。越南的野生动物种类、资源丰富。陆地面积 32.9 万千米²。越南地形狭长，呈 S 形。南北最长处约 1 640 千米，东西最宽处约 600 千米，最窄处仅 50 千米。地势西北高，东南低，境内 3/4 为山地和高原。有红河三角洲和湄公河三角洲两大平原，面积分别为 2 万千米² 和 5 万千米²，是主要农业产区。红河三角洲地区因四季分明，适合种植双季稻，同时农作物结构多样化。湄公河三角洲平原是湄公河三角洲的一部分，因靠近赤道地区，故有旱季雨季之分，适合种植三季稻。因此这两个产区也是越南主要的粮产地，有利于发展稻米和粮食作物。虽然农业和渔业生产面积不到全国面积的 30%，但该地区稻米种植面积占全国的 50% 以上，水产养殖面积占全国的 71%。越南主要农产品是水果、茶叶、咖啡、胡椒、腰果、橡胶等。越南是世界排名第二的稻米出口国，每年都会持续保持稻米出口的增速。越南是世界排名第二的咖啡生产国，世界最大的腰果出口国，也是继泰国和印度尼西亚之后的世界排名第三的天然橡胶生产国。越南农村人口约占总人口的 65%。虽然越南有比较丰富的土地、水和劳动力资源，在发展农业方面有较大的优势，但其农业对外商直接投资的利用相对不足，农业领域项目投资规模较小。

随着中国—东盟自由贸易区的建成和发展，在大湄公河次区域经济合作、中越"两廊一圈""一轴两翼"的多层次、多方位的战略合作下，中越经贸合作日益紧密。

越南属于成文法系国家，其法律的渊源比较多，主要包括以下几种形式：宪法（constitution），法典（code），法律（law）、条例（ordinance）、命令（order）、决议（resolution）、联合决议（joint resolution）、法令（decree）、决定（decision）、公告（circular）和联合公告（joint circular）等。这些法律的制定主体、效力层级和效力范围存在差异。在制定和发布主体上有国民大会、国民大会常委会、政府、部长、部级机构和其他机构。

（一）宏观经济政策

1. 宏观经济状况

2016 年 1 月，越南共产党第十二次全国代表大会在河内召开。十二大明确，2016 年至 2020 年阶段越南经济社会发展的总体目标是继续夯实基础，早日将越南基本建设成为现代工业国家。越南宏观经济保持稳定且呈上升趋势，通货膨胀得到有效控制。农业方面，2018 年全年大米产量达 4 398 万吨，同比增加 124 万吨，耕地面积为 75 万公顷，比上年减少 1.35 万公顷。制造业成为经济增长的"最强劲推动力"，增长率达 12.98%，经济对采矿业和信贷的依赖程度降低。越南在出口中创下新纪录，出口总额和农业出口额均达历史最高水平，从农产品到高科技行业等领域成为"世界工厂"之一。越南的进出口贸易总额迅速增长。2018 年，越南全年进出口贸易总额达到 4 820 亿美元，相比上一年增长幅度为 12.2%。私营部门投资比例达总投资的 43.3%，其中外国直接投资达 191 亿美元，众多分析人士积极评价越南是亚太地区最具吸引力的投资目的地之一。2018 年越南劳动人口失业率为 2.0%，其中城镇劳动人口失业率为 2.95%，农村人口失业率 1.55%；当年国家财政总收入为 1 272 万亿越南盾（约合 563 亿美元），其中进出口收入 87 亿美元，占 15.5%；总支出 563 亿美元，其中投资发展支出 115 亿美元，占 20.4%。

越南曾经是世界上最贫困的国家之一，人均 GDP 不足 100 美元。1986 年越南效仿中国实施改革开放，确立了"革新开放的国家发展战略"；1987 年，越南批准了《外国投资法》，经济开始进入上行通道。回顾过往 30 年，越南 GDP 总量累计翻了近 7 倍，平均年增长率为 6.4%。2018 年越南 GDP 总量达到 2 449 亿美元，实际同比增速 7.1%。2019 年，越南经济保持强劲上升势态，上半年实际 GDP 增速达到 6.8%，其中制造加工工业增长 11.2%，服务业增长 6.7%。从经济结构上看，若以支出类型划分 GDP 的话，2018 年消费占 GDP 比重为 74.0%，投资占比为 26.5%，净出口则占比 3.4%。按照行业来划分 GDP，农林水产业对经济的贡献程度从 2010 年的 18.4% 下降到 2018 年的 14.7%，工业和服务业对 GDP 的贡献率则分别为 34.2% 和 41.1%。由此可见越南经济并不依赖于出口，工业和服务业是带动经济发展的重要引擎。

越南第一产业占比逐年下降，二、三产业稳步发展，占比超 70%。根据越南统计局的经济部门分类，越南的各类经济活动大致可以分为 20 类。越南的第一产业农业、渔业和林业在国民经济中的占比稳步下降，至 2017 年，第一产业在 GDP 中的占比为 15.3%。第二产业占国民经济的 30% 左右，加工制造业和矿业是越南第二产业的主要部分，分别占 GDP 的 15.3% 和 7.5%，其中加工制造业发展迅速，产值和占比不断提高。在第三产业中，占比最高的几项依次为批发零售业，汽车、摩托车和金融、银行和保险业，房地产业等。

2. 农业经济概况

根据越南 2018 年《第 27/2018/QD TTg 号决定公布越南标准行业分类》农林牧副渔行业中，农业（01）及相关服务包括一年生作物种植（011）、多年生作物种植（012）、农业品种繁殖与栽培（013）、动物生产（014）、混合作物畜牧业（015）、农业支持活动（016）。林业及相关服务活动（02）包括营林和其他林业活动及林木繁殖（021）、伐木（022）、非木材林产品采伐（023）、林业支持服务（024）。渔业和水产养殖（03）包括钓鱼（031）、水产养殖（032）。

从经济结构上看，若以行业来划分 GDP，农林水产业对经济的贡献率从 2010 年的 18.4% 下降到 2018 年的 14.7%，工业和服务业对 GDP 的贡献率则不断提升。2018 年越南通过农业结构调整带动农业复苏，农林水产业增长率回升至 3.8%，高于 2017 年 2.9% 的增速，同时也是 7 年来表现最佳的一年。农业是越南国民经济的支柱产业，农业人口约占总人口的 80%，农业产值约占国内生产总值的 30%。越南粮食作物以水稻为主，经济作物主要有咖啡、橡胶、腰果、茶叶、花生、蚕丝等。越南越来越多地依赖茶、咖啡和橡胶等经济作物以进一步发展经济。根据越南农业部公布的《越南农业全国发展总体规划（至 2020 年及 2030 年前瞻）》，到 2020 年越南将会建成现代化、基础稳固且发展全面的农业，到 2030 年越南将进入全球 15 大农业发达国家行列。近年来，越南的农业生产一直保持良好的增长趋势。2017 年越南在农业领域有 1 955 家新企业成立，2019 年越南全国农业企业数量提升到 10 988 家。

3. 进出口概况

2018 年，越南对外贸易额突破 4 820 亿美元，同比增长 12.2%，为 2007 年入世时的 4.8 倍。出口额 2 434.8 亿美元，同比增长 13.2%，实现贸易顺差 68 亿美元。美国是最大出口市场，为 475.3 亿美元，同比增长 14.3%。2018 越南进口额 2 366.9 亿美元，同比增长 11.1%。中国是最大进口市场，进口额为 654.4 亿美元，同比增长 11.7%。中越经贸合作稳步发展。据中国海关统计，2018 年中越双边贸易总额 1 478.6 亿美元，同比增长 21.2%，越南连续第三年成为中国在东盟国家中的最大贸易伙伴，也是我国十大贸易伙伴之一①。

根据 HS92 分类标准下的联合国贸易和发展会议数据，2017 年越南出口产品的前五大品类分别为机器设备、纺织品、鞋帽、植物产品以及塑料和橡胶制品，分别占出口总额的 46.0%、15.0%、9.3%、4.7% 和 3.1%。近年变化趋势显示，越南主要出口产品逐渐从农产品和原材料等第一产业演变成机械设备等第二产业，表明越南正进入工业化时代。2017 年越南进口产品的前三大品类分别为机器设备、纺织品以及金属制品，分别占进口总额的 37%、11% 和 9%。进口机器设备中，集成电路占比最高为 7.6%。进口纺织品主要为各类纺织纤维及织物原料，进口金属制品主要为铝材、钢材、铜材等金属材料。

---

① 对外投资合作国别（地区）指南：越南（2018）［EB/OL］. http://www.mofcom.gov.cn/dl/gbdqzn/upload/yuenan.pdf.

结合进出口产品的品类可以看出，越南相关产业中，加工贸易占据了较大的比例。

越南政府 2020 年 12 月签发第 1881/QD-TTg 号决议颁布越南《2021—2025 阶段国家工业促进计划》。总体目标是动员和有效利用所有资源，创造新的动力来促进工业和手工业的发展，为向工业化和现代化的新农村和经济结构调整，实现绿色增长和可持续发展做贡献①。

越南种植业比较发达，大米、咖啡、橡胶、胡椒、腰果等农产品出口比重大，其中越南是世界第二大大米出口国、世界第二大咖啡出口国。越南的橡胶种植面积超过 80 万公顷，橡胶产业是越南的第二大出口创汇产业，中国是越南橡胶及其制品的主要进口国。另外，越南的热带水果较多，具有较强的市场竞争力。

4. 经济主管部门

越南主管投资的政府部门是计划投资部，设有 31 个司局和研究院，主要负责对全国"计划和投资"的管理，为制定全国经济社会发展规划和经济管理政策提供综合参考，负责管理国内外投资，负责管理工业区和出口加工区建设，牵头管理对官方发展援助的使用，负责管理部分项目的招投标、各个经济区、企业的成立和发展、集体经济和合作社及部分统计职责等。越南投资的主管机构是各省的计划和投资局或者是各个工业区、出口加工区、高新技术区、经济开发区的管理委员会。某些投资项目可能会需要国家人民委员会、总理或者相关其他省份的人民委员会根据个案情况进行审查。计划投资部履行国家管理规划、发展投资和统计的职能，包括就国家战略、总体规划、计划提供一般性咨询意见；社会经济发展和公共投资；经济管理的机制和政策；内投、外商投资越南和越南对外投资；经济区；官方发展援助来源、优惠贷款和外国非政府援助；投标；发展企业、集体经济和合作部门；统计；依法对国家管理的部门、领域公共服务实行国家管理。

越南主管贸易的部门是工贸部，设有 36 个司局和研究院，负责全国工业生产（包括机械、冶金、电力、能源、油气、矿产及食品、日用消费品等行业生产）、国内贸易、对外贸易、WTO 事务、自由贸易区谈判等。各省和直辖市设有工贸厅，主管辖区内的工业和贸易工作。此外，工贸部在各驻外使领馆和多边经贸组织派驻代表。工贸部是履行国家工商行政管理职能的政府机构，包括电力、煤炭、石油天然气、新能源、可再生能源、化工、工业爆炸材料等行业和部门；工程工业、冶金、矿山及矿产加工、消费类、食品工业、配套工

---

① 中华人民共和国商务部，越南颁布 2021—2025 国家工业促进计划［EB/OL］. http://www.mofcom.gov.cn/article/i/jyjl/j/202012/20201203020708.shtml.

业、环保产业、高新技术产业；产业集群、手工业、公共推广；国内贸易；进出口、边境贸易；海外市场开发；市场管理；贸易促进；电子商务；商业服务；国际经济一体化；竞争、保护消费者权益、商业维权；国家管理部门内各部门的公共服务。

越南主管农业和农村发展的是农业与农村发展部（以下简称农业部），设有 24 个组织部门，在全国农业、林业、盐生产、渔业、灌溉/供水服务以及农村发展等领域履行国家管理职能，包括为国家依法提供公共服务的管理职能。

（二）农、林、牧、渔业发展的宏观政策

1. 农产品贸易概况

加入 WTO 后，越南农产品贸易不断增长。目前，越南已跻身东南亚农产品出口大国、世界大米出口第二的国家。2018 年，越南国内生产总值（GDP）达 5 535.3 万亿越南盾（约合 2 449 亿美元），人均 GDP 达 5 850 万越南盾（约合 2 617 美元）。GDP 总量同比增长创 2008 年以来新高。2018 年越南农林水产业增长 3.76%，工业建筑业增长 8.85%，服务业增长 7.03%，分别为 GDP 增长贡献 8.7%、48.6% 和 42.7%，占 GDP 比重分别为 14.57%，34.28% 和 41.17%。2018 年越南在种植面积减少的情况下，生产水稻达到 4 398 万吨，比 2017 年增加 124 万吨。其他主要物产包括玉米 491 万吨，甜薯 137 万吨，甘蔗 1 784 万吨，木薯 994 万吨，花生 45.87 万吨，黄豆 8.08 万吨。越南集中造林 23.86 万公顷，开采木材 1 280 万米³。水产总量 775.7 万吨，同比增长 6.1%。鱼类 560.3 万吨，虾类 96.6 万吨[①]。

根据越南农业部统计，2019 年上半年，越南农业产值增长 1.68%，林业产值增长 4.53%，渔业产值增长 6.5%；农业、林业和渔业产品的出口总值 177.5 亿美元，同比增长 6.5%。其中，主要农产品出口 93.3 亿美元，畜产品出口 3.11 亿美元，海产品出口 40 亿美元，林产品出口 52.7 亿美元，增长 21.2%。越南农业生产和出口商品的结构有所变化，海鲜（特别是咸淡水虾）、蔬菜、花卉、水果及高价值的工业树木、家具和林产品等出口数量上升[②]。

近年来，中越两国的农产品贸易总额不断增加，2018 年两国农产品贸易额超过了 80 亿美元，较 2017 年增幅达 13.9%。中国与越南之间的农产品贸易很大一部分是通过边境贸易的形式进行，这一比例大约占到两国农产品贸易总额的 50%。中国与越南在农业领域的互补性强，中国目前已经成为越南在

---

① 对外投资合作国别（地区）指南：越南（2019 年版） ［EB/OL］. http://www.mofcom. gov.cn/dl/gbdqzn/upload/yuenan.pdf，第 15 - 18 页。

② 刘毅群，2020. 澜湄五国农业投资环境与政策比较研究 ［M］. 北京：中国农业出版社：166.

全世界范围内的最大水果出口目的地，也是最重要的粮食出口目的地之一，中国出口越南的农产品中，蔬菜占了很大的比重。在世界各国出口额排名中，越南居第 27 位。越南商品销往世界 180 个国家和地区。农业方面，越南商品出口额排名第 15 位。签署《越欧自贸协定》将给越南出口商品带来优势。预计，协定生效后，双方将在 7～10 年内相互取消 99％的关税。

2. 农业投资概况

越南统计局数据显示，2018 年越南投资总额为 1 857 万亿越南盾，同比增长 11.2％。从历史趋势来看，投资总额增速维持多年高速增长后，于 2007 年达到 31.5％的峰值。2008 年，在全球金融危机的冲击下，增速大幅放缓。从行业来看，2018 年在 19 个行业大类的投资中，位居前五位的分别为制造业、运输仓储业、零售与修理业、房地产业以及农林渔业，其中房地产业于 2017 年迈过 100 万亿越南盾的关口，将电热空调供应业挤出前五。近年内，制造业投资占投资总额的比例稳定在 28％左右。部分行业如采矿业、信息通信业以及管理和支持服务业投资增长相对缓慢，甚至有所萎缩。

越南农业领域的外国投资以合资和外商独资形式为主，主要来源于日本、中国和泰国。从越南统计局公布的有关数据来看，2017 年越南在农业领域投入的资金超过了 40 亿美元，越南国内企业和越南政府的投资占到了绝大多数。2017 年外国对越南农业投资项目仅为 17 个，投资的总金额为 1.96 亿美元，而当年外国对越南的总投资额为 175 亿美元，外国农业投资仅占 1％左右。

（三）最新农业发展规划

在越南，农业、农民、农村是行业系统和带有特殊性的特色领域。农业、农村的社会经济活动具有特殊性，要求国家对该行业和领域要有干涉和促进措施。农业政策具有以下特点：①农业政策常有互助性。因为农业与其他行业相比，生产条件面临着更多困难。农业依赖自然条件，因此需要投入大量劳动，具有低利润、高风险的特点。②农业政策有明确的地区性。农业和农村经济发展不一致，各地的自然条件存在很大不同，农业和农村政策要有相当的适应性。③农业、农村政策有经济性和非经济性两大特点。农村经济问题与社会问题交叉。例如，供电系统给山区居民供电的问题。由于人口少，分布广，供电系统将大量投资，但经济效益很低。因此政府需要考虑经济性和社会性的统一。

针对农村的发展，越南政府提出了诸多主张、措施，这些措施促进了越南农村经济发展，改变了农业农村的面貌，也得到了广大农民的欢迎。进入 21 世纪，越南共产党中央委员会十届七次会议做出关于针对"农业、农民、农村"问题的第 26 号决议，试图通过一系列政策措施来实现发展农业、稳定农村、增加农民收入的目标。目前为止已经初步取得了一定成果：如向农业投资的增加使贫困户比率减少；形成一些政策机制为农业、农村发展提供更好的条件，以建设新农村。

越南政府于 2019 年 7 月 17 日颁布了关于"鼓励和促进企业对农业领域进行有效、安全和可持续地投资"的第 53 号决议。决议指出，近年来，越南农业领域呈现良好增长趋势，其生产力、质量和生产效率不断提高。目前，越南成为东南亚第二大农产品出口国、居世界第 15 位，拥有出口额超过 10 亿美元的 10 种农林水产品，其中 6 种产品的出口额超过 30 亿美元。第 53 号决议提出了一个愿景，即到 2030 年推动农业朝着现代化、可持续、大规模生产、应用科学技术、创新的方向发展，致力于提高农业生产力、质量、效率和竞争力，改善人民的生活，建设现代文明的农村。到 2030 年，越南农业跻身世界 15 个最发达国家之列，其中农业加工业跻身世界十大国家之列。为了实现上述目标任务，政府要求各部委、地方政府机构加大指导及调控力度，着力实施各项任务及目标。

越南政府于 2019 年 1 月 1 日颁布《关于 2019 年实施社会经济发展计划及国家预算的关键任务和解决方案的第 01/NQ-CP 号决定》。越南农业部要求农业行业要力争在 10 年内将越南纳入世界上农业最发达的前 15 大国家。提出 2019 年全年目标具体如下：农产品出口额为 210 亿美元，每公顷耕地面积获得 1 亿越南盾的产品价值。在畜牧业方面，力争在 2019 年实现 4.15% 的生产价值增长率，肉类总产量为 559 万吨，同比增长 4.1%。畜牧产品出口额将从 2018 年的 5.5 亿美元增至 2019 年的 8 亿美元，与此同时到 2020 年越南畜牧业将正式加入价值数十亿美元的产品组排行榜。越南农业部要求水产业在 2019 年实现超过 4.69% 的增长率，水产品总量达到 808 万吨（同比增长 4.2%），水产品出口额超过 105 亿美元。在水产养殖方面，大力发展虾类、查鱼养殖及海洋水产养殖业。在林业方面，农业部制定目标：2019 年，将林业产值增长 6%，木材开采量为 1 700 万米^3（同比增长 8%），林产品出口额超过 105 亿美元。

农业部向政府提交了 1 份草案，关于吸引农、林、渔业的投资。在草案中，农业部预测在该行业的直接投资将在 2020 年达到 50 亿美元，在 2030 年达到 80 亿美元。资金将计划在 31 个领域进行支持，生产高附加值和高竞争力产品，包括对农产品的深加工计划，如大米、木薯、橡胶、咖啡和可可。该草案包括对外国投资者的激励措施，比如减少公司所得税、进出口税、项目运行几年豁免土地租金等。农业部指出，共有 3 500 个本地企业，占所有本地企业的 1% 投资于农业，因为对不可预期风险的担忧，所以大多集中在贸易服务而不是农产品生产领域。

越南农业风险包括自然灾害、市场波动、竞争压力以及政策的改变，由于农产品生产所需投资周期长，从几个月到几年，甚至 10 年，所以风险非常大（如林业项目）。此外，当地公司还要面临来自外国投资者的竞争压力，他们有强大的资金能力。所以，国内企业应当进行足够的市场研究，关注其能很好地管理投资行为的领域，还应建立环境友好和可持续发展的生产系统。

（四）重点产业、产业链环节支持政策措施

1. 行业支持政策

越南优先发展两类行业：一是现有的具有竞争优势的行业；二是在 2016—2020 年或更长远的未来能够发展成具有竞争优势的行业。其中，中长期优先发展的七大行业为：冶金、石化、造船-交通运输工具、电子、绿色工业-再生能源、物流和旅游。

越南政府认为对特殊行业的投资应该得到鼓励，因为在这些领域的投资有利于越南经济、社会、技术的进步。越南鼓励外商投资的行业主要包括：科学和技术发展研究，高新技术应用，复合型材料、新建筑材料、稀有材料生产，再生能源、清洁能源、废料发电，生物科学发展，环保等领域，教育培训、医疗、文化、体育和环境等领域，高级钢铁生产，节能产品生产，服务农林渔业的机械设备生产，灌溉设备生产，家禽、家畜、水产品饲料精制。

其中，高科技农业成为越南农业发展的新趋势。在深度融入国际贸易格局的背景下，发展应用高科技的农业生产，以在与外国竞争的情况下提高越南农产品价值，被越南政府确定为必经之路。2010 年，政府颁布了有关到 2020 年发展应用高科技农业的决定，同时也制定了多项具有突破性的政策，旨在协助农业企业和农民投资应用高科技，形成新型合作社，打造各种链条，生产出高质量、高附加值和高产量、环境友好型的农产品，为确保国家粮食食品安全、改善社会民生做出贡献。

目前很多应用于农业高科技的模式取得了成功。在库伦（湄公河）三角洲，芹苴市和槟椥省正在应用智慧水利系统。稻虾轮作模式也在金瓯省、薄寮省、朔庄省和茶荣省推广应用。现代农业的成功和可持续发展需要国家、科学家、企业和农民的密切合作。农业生产需要多个行业的集成创新，包括机械和自动化、气象和水文、生物技术、化学、农产品加工和储运、金融、工商管理和信息技术。后江省已经采取了多方面的措施从化学农业改变为有机农业，应用现代科技于农业生产以保护环境和改善当地农民的生活质量。该省在隆美区建立了一个占地 5 200 公顷的高科技农业应用中心。

2. 农业支持政策

2018 年《关于促进企业投资农业和农村地区的机制和政策》规定了一些优惠机制和政策，支持国家的额外投资，并规定序列和用于实现该优先程序，

支持企业投资农业和农村地区。该法令规定的行业领域包括：农业，林业，渔业和盐业（包括制药业）。第 4 条：优惠和支持投资的应用原则包括：①国家通过免税，减税，减费和减少一些企业的行政程序给予投资优惠。②国家通过部分支持投资资金或向企业发放利差的形式支持投资。③根据该法令的规定，对农业项目有特殊优惠投资，农业优惠项目投资和鼓励投资农业项目的企业有权获得投资鼓励和投资支持。④根据"中小型企业支持法"第 3 条第 2 款规定，优先支持投资中小型初创企业；与农民签订合同的建筑材料类的企业。⑤在同一段时间，如果投资项目有权获得不同优惠与支持水平的投资鼓励和支持，企业可以选择采用最有利的投资鼓励和支持。⑥为了实施农业和农村地区的投资鼓励项目，动员企业自筹资金。该法令第二章关于优先政策和支持措施包括：豁免和减少土地使用费、豁免和减少政府土地租赁和水面租金、支持集中土地、信用支持、支持企业从事高科技农业研究的转让和应用、支持人力资源培训和市场开发、基层投资支持；农产品的保护和加工；屠宰牛和家禽；制造设备、部件、农业机械；生产辅助产品、支持对奶牛和肉牛场所的投资。

新的鼓励投资农业的政策与原有政策相比，解决了投资农业的 3 个弱点。一是新的主要优惠机制已从资金扶持转变为政策扶持。二是优先直接扶持企业进行农业科学研究、采购转让先进技术直接投入生产；扶持企业发展高科技农业园；扶持企业参与生产-加工-产品销售供应链。三是集中推进行政改革，确保政策公开透明，废除"等、靠、要"旧机制，最大限度减少对企业的检查审查。

根据 57 号文，属于鼓励投资农业农村类的项目将无需办理投资许可手续，该手续将由相关机关办理并提交省级人民政府审批。上述项目投入生产经营前，地方政府机关不得以任何形式对项目进行清查、检查和审计，除非另有法律规定或有明显违法行为。57 号文要求地方政府不得在项目有效期内改变土地使用目的，以避免过去许多农业项目刚摆脱亏损期步入收获阶段时当地政府就改变用地目的或收回土地。

3. 区域支持政策

可以在越南设立经济特区或园区（工业园、经济特区、生态工业园、技术园区，以及创新区）。国家对工业区、加工出口区和经济区实行分级、授权管理机制。具体是：政府授权中央部委、部门、省级人民委员会、园区管理委员会，根据各自的权限和任务分工，对全国工业区、加工出口区和经济区进行统一管理，对工业区、加工出口区和经济区制订发展规划、颁布政策法规，并进行指导。

为进一步吸引外商投资，加强越南营商环境竞争力，2016 年年底越南政府批准同意建立 3 个特别经济行政区，分别位于云屯沿海区（北部广宁省）、北文丰（中部庆和省）和富国岛（南部坚江省）。越南设立若干经济开发区，包括工业区（含加工出口区）和沿海经济区，实行各种不同的鼓励发展政策。截至2018年年底，全国共设有工业区328个，自然土地总面积9.4万公顷。其中，已投产工业区249个，正在征地补偿和开展基本建设的工业区79个；全国设立沿海经济区17个，土地和水域总面积84.6万公顷。上述沿海经济区内有36个工业区和保税区，占地面积1.6万公顷，可租用工业土地面积7 800公顷。截至2018年年底，全国工业区和沿海经济区累计吸引外商直接投资项目8 810余个，合同金额1 873亿美元，实际到位资金是合同额的59%。

口岸经济区建设方面，越南提出《口岸经济区至2020年发展及展望2030年规划》；与中方签署《关于建设发展跨境经济合作区的谅解备忘录》，目前双方正在商定《关于建设跨境经济合作区的共同总体方案》；重点推动6个沿海重点经济区的建设；集中加速南部、北部、中部三大重点经济区发展，制定《2010—2020年三个重点经济区经济社会发展规划》。其中，北部重点经济区包括河内市、海防市、广宁省、海阳省、兴安省、北宁省和永福省；中部包括顺化省、岘港市、广南省、广义省以及平定省；南部包括胡志明市、同奈省、平阳省、头顿省、平福省、西宁省、隆安省和前江省。

二、越南农业法律制度

(一) 农业投资定义、范围和监管部门

1. 定义

1987年越南颁布了具有标志性的《外国人越南投资法》，代表着越南全面实行改革开放的态度与对外开放。2006年7月，越南出台的《越南投资法》（以下简称《投资法》），宣布对国内与外商投资实施统一管理，主要是取消此前法律的诸多限制，进一步开放市场。2007年越南加入WTO。同期，越共十大上提出"扩大对外关系，积极主动融入国际经济"。2014年越南再次出台新的《投资法》，对外商投资者界定、外资企业设立程序、外资购买本国企业股票等问题进一步解释和改善，给予外商投资更大的优惠。2014年《投资法》对商业投资进行了界定，该定义同样适用于农业投资，该定义采用了一个较为宽泛的、列举式的界定方式。第3.5条规定，商业投资是指投资者使用投资资本开展商业活动，其通过建立经济组织、向经济组织投入资本、购买经济组织的股份或资本投入、或者通过合同履行或投资项目履行的方式。

在越南投资可以采用以下形式：投资成立经济组织；通过外国投资经济组织从事投资活动；以出资、购买经济组织的股票、购买股份的形式进行投资；

通过公私合作方式投资；通过商业合作合同方式投资，以及设立分支机构、代表处和境外承包商等方式。商业合作合同不是一个法律实体，而是一个或多个境外投资者与一个或多个境内投资者之间的合同。商业合作合同必须规定各方的权利和义务。商业合作合同被允许在越南设立运营办公室作为商业合作合同的代表处。在业务进行过程中，各方可以设立一个协调委员会来处理合作的业务。协调委员会的职能、义务和权利由各方约定。

2. 农业投资的范围

（1）禁止投资的领域。《投资法》规定禁止投资的行业、领域：根据越南法律规定的毒品；化学品、矿物质；根据《濒危野生动植物种国际贸易公约》附录一中规定的野生动植物标本；根据本法律附录三中规定的自然濒危野生、一类稀缺动植物标本；经营卖淫活动；贩卖和购买人口、人体标本、肢体；与人类无性繁殖有关的投资活动。

（2）限制投资的领域。限制投资的领域是指商业投资活动必须符合一定的条件，条件包括①基于国防安全、社会秩序和安全、社会道德或社会福利的考虑。②行业清单规定在本法的附件4中。③该清单将由法律、条例和法令，以及越南缔结的条约所规定。各部、部级机关、各级人民委员会和其他机关、组织和个人，不得违反有关商业投资条件的规定。④商业投资条件的规定应符合第一款规定的目标，并保证具有公正性、透明度和客观性，为投资者节省时间和成本。⑤符合条件的商业投资行业，将在全国企业登记信息门户网站上公布。

根据《投资法》第6条和附件4的修正，限制投资的农业领域具体包括：大米出口；经营水产捕捞业务；经营水产捕捞设备、工具业务；经营水产业务；经营水产饲料业务；经营水产养殖环境中的生物、微生物、化学等制品业务；经营水产种苗培植业务；经营水产饲料生产业务；培养、繁殖属于华盛顿公约（CITES）目录范围的各类野生、稀少动植物；培养、繁殖不属于华盛顿公约（CITES）目录范围的各类野生、稀少动植物；培养、繁殖普通野生动植物；出口、进口、再出口、过境和交易华盛顿公约（CITES）目录中规定的自然标本、样本；出口、进口、再出口养殖、繁殖、种植属于华盛顿公约（CITES）目录的动植物样本；经营农药业务；经营处理属于植物检疫范围内物体的业务；经营农药检测业务；经营植物保护业务；经营兽医领域的动物药品、生物制品、疫苗、微生物、化学品的业务；经营兽医技术业务；经营动物化验、手术业务；经营动物预防针、诊断、开处方、治疗、照料业务；经营兽医药品（包括兽医药物、水产药物、生物制药、微生物、兽医化学用药、水产动物治疗等）检测、试验等业务；集中养殖、繁殖动物种苗；屠宰动物；动物、动物商品隔离检疫；生产来源于动物的、用于生产家畜饲料、初级加工、加工、保管动物和动物产品的原料；经营动物产品、初级加工、再加工、包装、保管动物；经营属于农业部的行业管理领域食品的业务；经营、检测有机化肥业务；经营动物、植物种苗业务；经营生产家畜饲料业务；经营进口家畜饲料业务；出口、进口需按华盛顿公约（CITES）目录检查的稀少、野生动植物；经营以贸易为目的有条件开采、使用野生动植物的业务；经营从国内自然森林里移植的盆景、园艺用树的业务；经营国内木炭或来源于自然林木根的业务；经营精子、胚胎、卵子业务；昆虫幼虫业务；经营水产养殖过程中的生物、微生物、化学、改造环境物质制品业务；经营水产养殖过程中的生物、微生物、化学、改造环境物质制品的检测、监测活动的业务；经营转基因商品业务。

（3）鼓励投资项目。《投资法》第16条规定了投资鼓励的行业和地域。该条第3款还规定了政府将根据本条颁布、修订和补充符合条件的行业清单和地域清单。越南政府鼓励投资的农业领域的项目主要包含：关键电子产品、机械产品、农业机械的生产，农产品、林产品和水产养殖品的育种、种植和加工，植树造林和森林保护，盐业生产，渔业和渔业物流服务，植物多样性、动物育种和生物技术产品的生产。在具体实施中，越南特别鼓励投资项目中的第二类"种、养及加工农林水产；制盐；培育新的植物和畜禽种子"，具体包括：①植树造林。②荒地、沼泽区域种养农林水产。③远洋捕捞作业。④物种、树种及家禽种苗培养。⑤盐业生产、开发及精炼。鼓励投资项目中的第二类"种、养及加工农林水产，制盐，培育新的植物和畜禽种子"，具体是指：①药材种植。②农产品、水产品及食品保鲜。③灌装果汁生产。④生产及深加工家禽、水产品。⑤为经济作物、造林、饲养、水产品等提供技术服务行业。⑥新树种和物种培植和生产①。

此外，越南政府鼓励投资的行政区域分为经济社会条件特别艰苦地区和艰苦地区两大类，分别享受特别鼓励优惠及鼓励优惠政策。

3. 监管部门

越南农业部成立于1995年，主要负责越南农村发展、治理及农业管理。农业部是在整合农业和食品工业部、林业部和灌溉部的基础上建立的。组织结构如下：

①进行行政管理的机构有以下部门。计划部门、财务部门、科学技术和环境部门、国际合作部门、立法部门、个人和组织部门、监督部门、农业农村发展部办公室、种植部门、植物保护部门、农牧部门、兽医/动物健康部门、农

---

① 《对外投资合作国别（地区）指南：越南（2020）》，http://www.mofcom.gov.cn/dl/gbdqzn/upload/yuenan.pdf，第42-43页。

林业和盐业部门、森林保护部门、林业部门、水开发和保护部门、水产养殖部门、水资源部门、堤坝管理和防洪部门、工程/建筑部门、农村发展部和合作社、农林渔产品质量管理部门。

②进行服务的机构有 5 个部门：信息技术和统计中心、清洁水和卫生中心、发展农业和渔业国家中心、越南农业报、农村和农村地区发展杂志。

（二）农业生产资料法律制度

1. 与农业生产、加工、仓储、物流相关的法律制度

（1）土地的法律制度。 越南农村土地改革从 1945 年开始主要经历了起始、探索、稳定和完善4 个阶段，并且产权权能的清晰界定与物权属性、制度变迁的法律匹配以及制度安排的分类处理是其改革历程的明显特征。在农地确权方面，以实行渐进式的国家长期规划为基础，在明确土地使用权物权保障的同时，利用国际援助开展人员培训及技术推广，从而提高确权实施效率。农地流转方面，在保持农地国有化的前提下，制定了农地终身使用并可继承的政策，2013 年，农地流转市场化的制度框架在越南基本建立。与此同时，越南在2017 年通过《土地法的修订和执行的第 01/2017/ND-CP 号法令》对《土地法》做出了修订。《土地法》第 10 条规定了土地的分类，包括农业用地、非农业用地和使用用途尚未确定的土地类型三大类。农业用地包括：①用于种植一年生作物的土地，包括稻田和用于种植其他一年生作物的土地。②种植多年生植物的土地。③生产林地。④保护性林地。⑤特殊用途林地。⑥水产养殖用地。⑦盐产用地。⑧其他农业用地，包括用于建造温室和其他用于种植目的的建筑类型的土地，涵盖不直接在土地上放牧，或在法律允许的情况下为牛、家禽和其他动物建造的繁殖设施；用于种植的土地，以学习、研究或试验为目的的育种和水产养殖、种植和护理幼苗和育种者的土地；种植花卉和观赏植物的土地。

《土地法》第二章规定了国家在土地方面的权利、义务和责任。国家在土地方面的权利和义务，包括土地所有人代表的权利、国家决定土地用途、国家规定土地使用限额和土地使用条件、国家决定土地征收或者征用、国家将土地使用权分配给土地使用者、国家决定土地价格、国家决定涉及土地的财政政策、国家规定土地使用者的权利和义务、行使土地所有人代表的权利、国家对土地的责任、国家土地管理的内容、国家对土地的管理责任。

《土地法》第 56 条规定了土地租赁的内容：①在下列情况下，国家可以出租土地，并在整个租期内每年收取土地租金或全部一次性租金：（a）以农业、林业、水产养殖或盐生产为目的使用土地的家庭和个人；（b）需要进一步使用超过本法第 129 条规定的土地分配配额的农业用地的家庭和个人；（c）利用

土地进行贸易和服务、采矿活动、生产建筑材料、生产陶瓷产品和非农业生产机构的家庭和个人；（d）利用土地为商业目的建造公共设施的家庭和个人；（e）经济组织、境外企业和外商投资企业利用土地实施农业、林业、养殖业、盐业投资项目，用于非农业经营和生产，建设商业性公共设施，并实施房屋租赁投资项目；（f）利用土地建造非商业设施的经济组织、自筹资金的公营非商业组织、海外企业和外商投资企业；（g）具有外交职能的外国组织，利用土地建立办事处。②国家为了农业、林业、养殖业、盐业生产，或者结合国防、安全任务，可以每年向人民军队出租、收取土地租金。

《土地法》第 202 条关于土地纠纷调解的内容包括：①国家鼓励争议各方自行调解或者通过基层调解解决土地纠纷。②自我调解不成的，当事人可以向争议地所在地的乡级人民委员会提出调解请求。③县级人民政府应当组织本地区土地纠纷的调解。④调解过程必须以书面形式记录，并由全体当事人签名，经社区人民委员会对调解结果进行认证，调解成功或者失败。调解纪要应当场送交当事人，并在有关的社区级人民委员会存档。⑤调解成功，因调解结果导致界线、土地使用者变更的，由社区级人民委员会将调解纪要送交地区一级的自然资源和环境司。

《土地法》第 203 条规定，县级以上地方人民政府调解不成的，土地纠纷按照下列办法解决：①当事人有本法第 100 条规定的证明文件或者其他文件的土地纠纷和土地财产纠纷，由人民法院解决；②对于当事人不具备本法第 100 条规定的证书或者文书的土地纠纷，当事人可以选择下列两种解决方式：按照本条第 3 款的规定，书面请求人民主管委员会解决争议；依照民事诉讼法向人民法院提起诉讼。争议一方为组织、宗教团体、越南华侨、外商投资企业的，由省级人民委员会主席负责解决。当事人对调解决定有异议的，有权向自然资源和环境部部长提出申诉，或者依照行政程序法向人民法院提起诉讼。

（2）农产品运输的法律制度。农产品出口在运输环节面临许多困难。部分关键道路经常处于拥堵状态，海港出现超负荷运作现象。与此同时，蔬菜和水果等农产品容易腐烂。运输过程中，若连续出现问题，将影响到农产品的质量和企业的成本和时间。2005 年《商法》第 36 条规定了涉及承运人的货物交付责任：①货物移交给承运人时，未标明具体的标志、标记、运输单证或者其他事项的，出卖人必须将货物移交给承运人的情况通知买受人，并明确指明识别运输货物的名称和方法。②卖方有义务安排货物运输的，必须订立必要的合同，以适合具体情况和正常情况的运输方式将货物运至目的地。③如果卖方没有义务在运输过程中为货物购买保险，并且如果买方要求，卖方必须向买方提供有关货物及其运输的所有信息，使买方能够为货物购买保险。物流行业的发展能保障农产品的快速流通，并促进农业投资的发展。根据 2005 年《商法》第233条规定，物流服务是一种通过交易者组织执行一项或多项，如收货、运输、仓储等和货物相关任务的商业活动，并进行海关手续办理、咨询、包装、编码、交付等其他文书工作，或与客户商定其他相关服务以获得报酬的贸易活动。物流服务业务分为主要物流服务业务、有关运输的物流服务业务、其他相关的物流服务业务三种（关于贸易法就物流服务业务经营条件及物流服务业务经营商责任范围的详细规定可参见140/2007/ND-CP议定）。物流对外国投资而言，是有限条件的准入行业。其投资形式：必须与越南合作伙伴合营，不可成立纯外资公司，但可成立有限公司或股份公司。两名成员以上之责任有限公司可以是组织和个人，以不超过50个人为限，但不得发行股票；股份公司股东为团体组织和自然人，股东人数最少3人，无上限，有权发行各种股份募集资金。其出资比例：越南对世贸组织就服务业务的详细承诺表中规定了不同物流活动的外资比例，比如：货柜装卸业务（CPC 7411），外国投资者出资比例最大不超过50%；货运业务（陆运）（CPC 7123）外资出资比例最大不超过51%；仓库业务（CPC 742）不限制外资比例。此外，就物流活动而言，外资物流公司不可经营以下业务：管道运输；对车辆进行技术检测、鉴定的认证服务。

2. 与农业生产相关的林业管理和保护

2004年《林业保护和开发法》对森林进行分类管理，将森林分为保护型森林、特别使用型森林和生产型森林。其中，生产型森林主要用于木材和非木材产品的生产和贸易，包括天然生产林、种植生产林和播种林（包括选定和认可的人造林和天然林）。

外国投资组织和个人在越南为了林业开发投资，需向国家租用森林或土地。国家将种植的生产林出租给海外越南人、外国组织和个人，由其支付租赁期的整个费用，或者支付每年的租金。该条是为了根据投资法的规定执行林业投资项目，也为了整合林、农、渔业生产，景观经营、疗养和（或）生态环境旅游的整体目的。政府规定可将自然林出租给海外越南人、外国组织和个人。

根据《林业保护和开发法》第78条，森林占有者是海外越南人、外国组织和个人，当其在各省租用土地用于投资项目时，其权利和义务有：①森林所有者是海外越南人、外国组织和个人，当他们从各省租用土地用于投资项目，并支付整个报酬时，其享有以下权利和义务：（a）第59条和60条项下的权利和义务；（b）拥有森林土地上的树木、动物和财产；（c）根据第57.2条的规定开发林木产品；（d）转移、捐赠、转租土地使用权利，抵押、提供担保或者用土地使用权作为出资，根据土地立法的规定；（e）转移、捐赠、转租种植的森林产品；个人可能根据法律条款遗赠森林；（f）加入本地组织、家庭和个人，以及海外越南人，通过种植的林木产品的出资。②当森林所有人是海外越南人、外国组织和个人时，当他们从各省租用土地用于投资项目，并按年支付报酬时，其享有以下权利和义务：（a）第 59 条和 60 条下的权利和义务；（b）拥有森林土地上的树木、动物和财产；（c）根据第 57.2 条的规定开发林木产品；（d）转让或捐赠种植的森林；在种植的森林产品的价值，在越南基础信用机构进行抵押或提供担保；（e）加入本地组织、家庭和个人以及海外越南人，通过种植的林木产品的出资。

2015 年 4 月 27 日发布《对森林管制、森林发展、森林保护和森林产品管理方面行政制裁的处罚的指令》，该法令的新规定之一：对违反森林环境服务条例的违法者处以最高 5 000 万越南盾的罚款。2015 年 5 月 14 日发布的《农业和农村发展检查的组织和运作的指令》规定了履行农业和农村发展部门检查职能的机构包括农业部的检查机构、省级农业和农村发展部门的检查机构以及被指派履行特别检查职能的机构。

3. 与农业生产相关的水域管理、使用和保护

《在自然资源和环境领域的投资和经营的条件指令》规定了在水资源、矿产资源和环境保护领域的投资和经营的条件，包括授予地下水钻探许可；水资源基线研究、水资源规划咨询以及制订计划等方面申请水资源许可；危险废物处理许可等。开展基线水资源调查的组织的能力条件，提供水资源规划方面的咨询意见；提供水资源许可证申请档案中的计划和报告制定方面的咨询意见的组织和个人的能力条件；除了本指令规定的投资和商业条件，其他在自然资源和环境领域的投资和商业条件必须遵从特别法律和指令。

4. 农业投入品管理法律制度

农业部在 2006 年提出了加强执行"3 减 3 增项目"，即减少播种用种子、化肥和杀虫剂，增加产量、质量和经济效益的计划。越南法律对种子管理的主要法律法规有 2006 年发布的《批准 2006—2020 年森林种子发展战略》、2003 年的《保存、接受、交付和交换国家储备棉花种子的制定规则》，以及 1996 年的《植物种子管理条例》等。

（1）种子。 1996 年的《植物种子管理条例》是有关种子规定的基础性法律。主要规定国家对植物种子实施统一管理，包括保护、提高和开发种子资源、管理种子贸易，为持续增加植物种子的质量而进行进出口（第 2 条）；国家鼓励和保护本地和外国组织及个人的合法利益，以便在越南境内进行研究、选择、进口、出口、生产和贸易植物种子（第 3 条）；国家将制定政策在生产育种种子、基础种子、新选择的、杂交或者新进口种子的税收豁免（第 6 条）；从事植物种子生产和贸易的组织或个人，将在合理的利率下获得信用贷款（第 7 条）；用于育种或杂交的基因资源（或植物微生物）是国家财产，由国家统一管理和投资，以便科研机构进行收集和保存（第 8 条）；国家鼓励组织和个

人寻找、开发、利用、交换、保护和丰富基因资源，其将有利于国家政策和人民福利。农业部将制定珍稀基因资源清单，对清单内基因资源的交换、开发和利用进行管理和规制。新筛选、杂交或进口的植物种子，在大规模生产前，必须通过实验或实验性生产。新种子的创造者有权根据法律在科技和环境部门登记他们的著作权（第9条）。不同经济领域的组织和个人，在生产和贸易植物种子时，必须满足每类植物种子的生产和加工要求（育种、基础种子和认证种子），必须获得有关农业当局对种子生产的许可（第10条）。国家鼓励并为组织和个人与外国组织和个人合作创造条件，以根据生产要求，生产、选择和杂交植物种子（第11条）。所有种类的植物种子根据种子等级加贴标签并获得质量认证，在市场上销售的种子必须符合包装标准（第12条）。生产和对植物种子进行贸易的组织和个人，必须根据授予他们的许可来经营，并遵从农业部的质量控制和监管（第13条）。进口种子的组织或个人必须遵守植物保护和检疫的规定；进口种子的申请档案将由农业部和贸易部共同制定（第14条）。通过礼物、援助或其他形式进口到越南的植物种子必须符合植物保护和检疫的条款规定（第15条）。进口有用并获得农业部承认的植物种子的组织和个人将被嘉奖（第16条）。当进口植物种子和基础种子时，植物种子的研究和生产设施将被给予进口税的豁免（第17条）。需要出口植物种子的组织和个人必须遵从出口农产品法律规定的程序，必须根据当时有效的法律支付费用（第18条）。农业部将制定禁止出口珍稀植物种子和微生物的目录，目录将定期制定（第19条）。农业部履行全国种子管理（第20条）职能。在中央政府下的各省人民委员会，通过农业分支机构，负责执行和管理植物种子。具体包括：按照农业部的指导，组织本地区的植物种子管理工作；发布文件，指导当地对植物种子的管理工作；决定在本地区权限内，核发或者吊销植物种子经营许可证；检查和处理本地植物种子管理中的违规行为（第21条）。在越南领土上从事植物种子领域活动的越南和外国组织或个人必须遵守本法令（第23条）。

（2）饲料。 2017年5月20日生效的《动物饲料和水产饲料指令》，规定了商业动物饲料和水产饲料的交易、利用、试验、认证、测试和监督管理的法定要求。"商业动物和水产饲料"是指任何动物和水产饲料产品，其制造目的是为了在市场上进行交易。因此，需要发布适用标准，并向农业部申请销售商用动物和水产饲料的许可。特别是对于含有抗生素的动物饲料，必须满足以下原则：禁止在水产饲料中使用抗生素；确保动物饲料中用于促进畜禽生长的抗生素必须在动物饲料中允许使用的抗生素分类表内；确保动物饲料中用于治疗畜禽疾病和预防畜禽疾病的抗生素必须是批准在越南销售的抗生素；动物和水产饲料产品中最多允许使用两种抗生素。

2017 年 4 月 5 日颁布的《关于对水产养殖、兽医、动物品种、动物饲料、森林管理、开发和保护以及林业产品管理等领域的违法行为进行行政处罚的法令》，自 2017 年 5 月 20 日起生效，并取代 2015 年 4 月 27 日第 40/2015/ND-CP 号法令。根据法令，在畜牧业和水产养殖业中使用任何违禁物质，将被处以 7 000 万越南盾至 1 亿越南盾的罚款。个人和单位在畜牧业、养殖业中使用禁用物质的，还应当暂停生产经营 6～12 个月，而非 2015 年规定的暂停生产经营 1～3 个月。对含有违禁物质的动物产品的运输、贸易、收集、储存和加工处以 4 000 万～5 000 万越南盾的罚款。

（3）其他。2017 年 3 月 1 日生效的《禁止进口、生产、交易和在动物饲料中使用的化学品、抗生素清单通知》；2017 年 3 月 21 日发布，5 月 5 日生效的《渔业产品——冻鱼排通知》；2017 年 3 月 1 日生效的《指导农业建设计划通知》；2016 年 6 月 27 日发布的《越南允许生产和贸易的植物品种补充清单通知》；2016 年 5 月 10 日发布的《预防和控制水生动物疾病和流行病的通知》；2016 年 6 月 1 日发布的《为农业、林业和水产品提供食品安全监督的通知》；2016 年 3 月 25 日发布的《为 2016 年至 2020 年按平均标准确定农业、林业、渔业和盐业住户提供指导方针的通知》；2015 年 3 月 16 日发布的《对源自进口植物的货物进行安全检验的通知》；2011 年 4 月 13 日发布的《颁发农场经济证书的标准和程序的通知》。对相关领域的生产经营活动进行规范管理。

2016 年 5 月 15 日发布了《越南兽医药法令》。2015 年 6 月 19 日国民议会批准的《动物健康法》2016 年 7 月 1 日起生效，涉及动物卫生相关领域，包括动物疾病的预防、控制和监测、动物屠宰和加工管理、动物和动物产品的进口检疫、兽药管理等。目前，农业部正在起草一些通知，以执行该法的部分内容。2016 年 5 月 6 日发布的《制裁在植物品种、植物保护和检疫领域的行政违规行为的指令》对未列入《越南允许生产和贸易植物品种名录》或未列入农业部《越南允许生产和贸易植物品种名录》的商业品种违法生产的行为，将处以 2 000 万～3 000 万越南盾的罚款。

5. 农田水利等基础设施开发管理的法律制度

2018 年的《越南灌溉法》包括 10 章 60 条。该法明确了投资兴建灌溉工程的原则，即国家只兴建具有特殊意义的重要灌溉工程、社会资源难以调集的项目、既为灌溉服务又为国防安全服务以及灾害防治服务的建设项目；以及处于弱势地区的工程，包括在少数民族聚居区、山区、海岛等贫困地区和气候变化严重地区的工程。

越南政府重视对农田水利等基础设施的开发和管理，并通过国家发展投资信贷资金提供支持。2003 年 11 月 12 日发布了《关于利用国家发展投资信贷资金实施渠沟固化、农村交通道路、农村公共基础设施和水产养殖基础设施项目的决定》。2005 年国家发展投资信贷资金用于支持地方实施渠沟固化、农村交通道路、农村公共基础设施建设等项目和水产养殖基础设施。此外，发展援助基金还应按现行规定增加 1 000 亿越南盾，向地方提供贷款，用于上述项目的投资。此外，2001 年生效，2009 年失效的《指导实施农村交通道路、水产养殖基础设施和农村公共基础设施项目的金融机制》规定，省、直辖市应当制定和确定适合本地区发展条件和要求的农村交通道路、水产养殖基础设施和农村公共基础设施的发展规划。农村交通道路、水产养殖业基础设施、农村公共基础设施等投资项目的实施资金，主要由人民委员会出资，国家预算给予部分扶持，来源于中央建设资金和当地再投资资金。除此之外，各省、直辖市还可以零的利率借入优惠信贷资金，用于实施农村交通道路、水产养殖基础设施和农村公共基础设施项目。2009 年，越南政府还颁布了《公布中央预算资金支持沿海经济区基础设施建设投资机制》，规定中央预算资金用于投资沿海经济区的技术开发和社会基础设施系统，还规定了有权获得中央预算资金支持的工程项目所依据的条件、原则、标准和类型，以及该支持资金的管理和使用。

（三）农业生产经营法律制度

1. 农业生产经营主体相关政策及法律制度

投资法允许境外投资者（法律实体或个人）参与越南以下主要种类经济活动，但是特殊行业的投资如银行和保险需要符合特殊法律法规的规定。

①通过对经济组织出资，购买经济组织全部或部分股份。一个境外投资者可以通过以下形式对经济组织进行出资：购买股份公司首次公开发行的股份或增发的股份；对有限责任公司或者合伙企业进行出资；对经济组织进行其他形式的出资。

境外投资者可以在以下情况下收购全部或者部分经济组织的股份：从股份公司或者股份公司股东购买股份；收购有限责任公司股东的部分股权并成为该公司的股东；收购合伙企业出资合伙人的部分股权成为合伙企业的出资合伙人；收购其他经济组织的股东的部分股权。

②以商业合作合同的形式进行投资。商业合作合同不是一个法律实体，而是一个或多个境外投资者与一个或多个境内投资者之间的合同。商业合作合同必须规定各方的权利和义务。商业合作合同被允许在越南设立运营办公室作为商业合作合同的代表处。

③以公私合作模式合同的形式投资。2014 年的投资法提供了一种新的投资形式：公私合作模式。PPP 合同不是一个法律实体，而是一种私人投资者和政府机构之间关于项目建设、修缮、升级、扩建、管理和基础设施运营的

合同。

④建设-运营-转让，建设-转让，建设-转让-运营，或建设-运营的安排。上述这些投资形式用于诸如运输、电力、供水、水处理、排水等基础设施的建设。在基础建设领域对境外投资者没有限制。政府鼓励投资者对包括道路、铁路、航空、海运、水利、垃圾回收、电站、输电站等方面的基础设施进行投资。

⑤分支机构。分支机构是境外实体的一部分，可以根据越南签署的国际条约开展盈利相关的商业活动。

⑥代表处。除境外投资的许可之外，越南还允许境外投资者设立代表处。代表由单独的法律进行规定并由省级工商部门（或者特定行业的主管部门）进行许可。代表处通常用来寻求和提升商业机会，其不能够用来经营直接与盈利相关的业务。代表处的活动被限定在营销、联络、提升商业机会。代表处可以聘请越南当地的员工并可以开展行政方面的事务。

⑦境外承包商。境外承包商可能是境外的机构或者个人，其业务开展的形式不同于2014年投资法许可的投资形式。境外承包商在越南没有法律意义上的存在，因此其业务一般被限制在根据合同向越南的实体提供服务。

此外，中小企业对外投资的敏感性较高，经营较为灵活，能够更快适应外部环境的变化。在农业对外投资的初期阶段，应有针对性地重点加强对中小型农业企业的支持力度。2017年6月，越共十二届五中全会决议中首次强调私有经济是"社会主义定向市场经济的重要驱动力"。同月，越南国会通过了《中小企业扶持法》。这是越南针对中小企业的首部法律文件，旨在以法律形式对中小企业在越南社会主义市场经济中的地位和作用进行明确，对国家政策、扶持办法等加以确定。2018年1月1日生效的《中小企业扶持法》第4条对中小企业的认定作出了规定：中小企业认定标准：①中小企业中，每个中小企业的社会保险从业人员平均每年不超过200人，并且符合下列两个条件之一：资本总额不超过1 000亿越南盾；上一年的总收入不超过3 000亿越南盾。②中小企业按行业进行划分：农业、林业、渔业；工业和建筑业；贸易和服务业。政府将对该法执行细则进行规定。根据该法第二章的规定，对中小企业的支持包括一般支持（第一节）、支持中小企业从经营户转型、创新创业型中小企业、中小企业参与产业联动集群和价值链（第二节）。一般支持措施包括信用获得的支持、中小企业信贷担保基金、税务会计支持、用于生产的土地的支持、技术和孵化器等的支持、市场拓展的支持、信息和咨询和法律支持，以及人力资源开发支持。

同时，第33条还规定了，政府应当详细规定对高新技术企业、科技企业、科技机构、投资于农村和边远地区、投资于法律教育和传播，以及其他符合该时期社会经济发展的企业的投资支持形式。

2. 知识产权的法律制度

《越南知识产权法》于 2006 年 6 月 1 日生效，并于 2016 年进行了修正。越南于 2005 年成为《日内瓦世界版权公约》的缔约国，2004 年成为《伯尔尼公约》的缔约国，这两个公约均就著作权的国际保护问题作出规定。此外，越南承诺在加入世贸组织后全面实施 TRIPs 协议。在工业产权方面，越南是《巴黎公约》《马德里协议》《建议世界知识产权组织公约》和《专利合作条约》的缔约国。

《知识产权法》规定了著作权、邻接权、工业产权、植物品种权，以及上述权利的保护。著作权的保护客体有文学、艺术和科学作品；邻接权保护的客体有表演、音像制品、载有编码节目的广播和卫星信号；工业产权的保护客体包括发明、外观设计、半导体闭合电路设计、商业秘密、商标和地理标识；植物品种权保护植物品种和繁殖材料。

（1）**著作权**。与专利或商标不同的是，著作权在原作者的原创作品创作后自动产生。原作者的原创作品包括：书面作品；教科书和教学材料；电影；作曲；照片；建筑作品；与测绘或科技作品相关的草图、图纸、图表和地图；计算机程序和数据编译；翻译、改编、改写、改造、编辑、注释、精选和选集作品。著作权所有人享有与作品相关的各种精神性和经济性（财产）权利。精神性权利包括作为作品作者附着姓名权以及防止作品被修改或歪曲的权利。经济性权利包括商业使用权，特别是复制、发表和播送享有著作权之作品的排他性权利。由于著作权在作品创作完成后自动产生，其可不经注册而存在。然而，现有著作权在越南版权局的注册或有助于在发生争议时证明所有权/原作者。

（2）**专利权**。专利权是就涉及独创性且能够在工业中应用的发明（产品和流程）授予发明人的权利，可成为保护对象（发明专利）。专利注册申请须向国家知识产权局提交。发明专利自呈报之日起受到为期 20 年的保护，实用专利注册自呈报之日起保护期为 10 年。发明专利向所有人授予在一定期限内的排他性发明专利权，同时防止他人对专利进行商业性使用。除了发明专利外，越南还提供"实用专利"。实用专利提供了相似类型的保护但其专利要件要求不那么严格。以下内容不能获得专利保护：科学发现或理论，数学方法；用于开展心智行为、家畜训练、游戏和业务的计划、方案、规则和方法；计算机程序；信息揭示方法；纯美学特征解决方案；植物品种和动物品种；主要属生物学性质而非微生物学性质的植物或动物的生产流程；人类和动物的疾病预防、诊断和治疗方法。

（3）**商标权**。商标系采用图像、名称、词语、字母、数字或此等元素之组合形成的标识，用于将一家公司的货物或服务与其他公司的商品或服务区分开来。注册商标系就特定的商品或服务注册。商标注册须向国家知识产权局提交。商标保护证书有为期 10 年的保护，并可续展，每次续展期限为 10 年。外国人有权（且建议外国人）在越南注册商标，即使其已在国际上进行注册。外国人须通过当地的知识产权代理，提交商标注册申请。已在越南得到采用的《国际商品和服务分类》列载了 45 类商品和服务。越南接受多类别申请。商标可在国家知识产权局主页在线查询，英文查询选项亦有提供；但与越南文版本相比，英文系统尚未完全。商标自收到申请之日起将得到为期 10 年的保护，并可无限期续展。驰名商标（连续用于知名产品或服务使之家喻户晓的商标）无限期地受到保护。

符合以下情况的商标，将被拒绝注册：不具有独特性的；系由简单的形状和几何图形、数字符号、字母或罕见语言字体组成的（除非得到广泛使用并被识别为商标）；系已被广泛和经常用于相关商品或服务命名的标识或标志、图片或采用任何语言的常用名称的；与注册商标、知名商标或属在先申请之对象的标识相同或相似而产生混淆的；在商品或服务的来源、属性、实用性、质量、价值或其他特征方面，可能误导消费者、给消费者造成混淆或欺骗消费者的；与注册工业设计相同或无实质性差异的；与国旗或国徽相同或相似而产生混淆的；与越南或外国领导人、国家英雄或知名人士的真实姓名、别名、化名或肖像相同或相似而产生混淆的；标明商品或服务的时间、数量、质量和特征的；说明业务实体的法律地位和业务领域的；标明商品或服务的产地来源的。

（4）**植物品种权。**《知识产权法》的第四部分规定了植物品种权，其用四个章节分别规定了植物品种权授予保护的条件、植物品种权的确立、植物品种权的范围和限制，以及植物品种权的转让。符合保护的植物品种是指经选择和育种、发现或开发的，并由农业部规定在国家受保护的植物品种名录内的，具有新颖性、区分性、一致性和稳定性的，并经适当命名的植物品种。

保护知识产权的措施。行政执法行动一般是最有望成功的执法途径。开展行政执法的主要主管部门是经济警察厅，调查警察厅，市场监察厅，科技督察署，文化、体育和旅游督察署以及省级和郡级人民委员会。有侵犯知识产权行为的任何个人或组织必须停止侵权行为并接受以下处罚：警告、罚款。另外，视侵权的性质和严重性，相关个人或组织可能还面临以下额外处罚：没收假冒商品以及主要用于生产或交易该假冒商品的原材料以及材料，设施和设备；在一定期间内中止在侵犯行为所在领域的业务活动。如存在侵权行为可能给消费者或公众造成严重损害的风险，或存在侵权物品可能被侵权人散布或销毁的风险；或为了确保行政处罚得到实施，知识产权持有人可请求国家主管执法部门适用行政预防措施。这些行政预防措施与法院适用的禁制令/临时措施十分相似。

3. 农业技术科研与推广的法律制度

越南 2009 年颁布了《越南科学技术法》，在该法的基础上，政府颁布了2010 年第 80 号（80/2010/ND-CP）《在科学和技术上的外国合作和投资的规定》。该规定适用于在科学技术领域的越南组织和个人与外国一方合作和投资或者进行离岸投资；和外国组织和个人在越南对科学和技术领域进行合作或投资。第 4 条规定，鼓励外国组织和个人为了科学技术开发而进行合作和投资。鼓励外国组织和个人在下列领域进行合作和投资：①自然科学基础研究。②信息技术、生物技术、新材料技术、自动化和机电技术、原子能和替代能源、空间技术、机械和工程技术、农产品和食品保存的应用和发展研究；加工技术和废物处理技术。③高科技人力资源培训与开发。④越南高新技术企业的发展。⑤技术转让和科技服务。⑥在越南设立或出资设立科学技术发展基金。

该法的第 6 条规定了对外科技合作的形式，包括：①为科学技术活动提供援助、财政援助和捐赠（以下简称财政援助）。②签订科学技术合同。③与外方联合或参与科技活动。④对外科技合作必须在合同或者合作协议文件（以下简称合作文件）中载明。遵照科技部规定的科技合作文件的原则、格式和内容。

第 7 条规定了"接受外国组织和个人科技活动资助的越南组织和个人。①越南的组织和个人应当依照《官方发展援助管理和使用法》的规定，从官方发展援助的来源获得外国科技活动资助。②越南的组织和个人应当依照《外国非政府援助管理和使用法》的规定，从外国非政府援助的来源获得外国科技活动资助。科技部将负主要责任并与财政部和相关部委和分支机构协调，以建议总理决定接受、管理和使用外国金融资金支持和其他本条第 1 款和第 2 款的科学和技术行为。"第 11 条"技术转移合同和知识产权转让合同"规定了越南组织和个人与外国组织和个人将在越南科学技术法和知识产权法律的规则下签订技术转移合同和知识产权转让合同。

第三章第一节规定了在越南科技领域的外国投资，第 12 条"科技上外国投资的形式"：直接投资，包括全外资的或联营的；间接投资。第 13 条规定了外国投资的科技组织的建立条件和登记程序。建立条件包括：①具备有关管理当局授予的投资证书。②有符合越南法规定的运作章程。③有足够该领域的科研人员。④有从事科研、实验和检测的工作办公室和实验设备。⑤获得省人民委员会的书面同意协议。⑥满足法律规定的环境要求。根据本规定建立的外国投资科技组织只有在完成了运营登记的程序并获得登记证书，并根据法律支付了相关费用后，才能进行科技活动。科技部将确定外国投资科技组织设立的具体条件和登记程序。

第 14 条规定了外国投资科技组织设立的决定权，即全外资科技组织的设立决定权在总理，其他科技组织的设立由科技部决定。第15条规定了外资科技组织建立的决定的签发流程。①请求设立外国投资的科学和技术组织的档案材料包括：（a）书面申请。（b）相关外国组织和个人的法律地位的书面证书。（c）运作章程草稿。（d）投资管理机关签发的投资证书。（e）建立科技组织的项目情况，解释建立组织的必要性、与科技发展战略和策略的一致性、在越南科技活动的目标、内容和范围；投资范围；预期科技人才资源和财务分析。如果科技项目的设立与工程建设的投资行为相伴随，文件还应包括在工程建设上的投资项目（可行性研究）。（f）该组织总部坐落的省或直辖市的人民委员会签发的接受该组织位置的文件。（g）该外国组织或个人最近1年的财务审计报告。上述文件需被翻译成越南语或进行领事认证。②申请程序：（a）向科技部提供5套档案，其中1套正本。（b）科技部在收到本条第一款规定的卷宗后10个工作日内，对卷宗的有效性进行审查。档案无效的，科技部应当书面通知申请人修改或者补充。档案有效的，由科技部送有关部门和本组织所在地的省、直辖市人民委员会征求意见。（c）在收到设立外商投资科学技术组织的申请材料之日起15个工作日内，有关部委和拟设立该组织的省、直辖市人民委员会应当给予管理事项的书面意见，并对其意见负责。（d）科技部收到有效、完整的档案后30个工作日内，应当作出鉴定报告，建议总理按照规定作出设立外商独资科技机构的决定，或者本条例第14条规定的设立外商投资科技组织的决定。（e）对设立外商投资科技机构的申请材料不予受理的，科技部应当书面通知申请人，并说明理由。（f）设立外商投资科技机构的决定发布后10个工作日内，科技部将该决定复印件送政府办公厅、计划投资部、财政部、外交部、公安部、本组织所属省、直辖市人民委员会及有关部委、分局、派出机构。（g）外商投资科技机构应当在设立决定发布之日起30个工作日内依法办理科技活动登记。

第三节规定了科技领域中外国投资项目的终止、检查和违法行为的处理。其中，第22条规定了投资项目的终止运营。科技领域中终止外国投资项目运营的依据有《投资法》第65条和本规定的第13条、第19条和第5条。有关管理机构作出的建立决定和投资证书撤销的依据是对投资法的违反。科技活动登记证书的撤销依据是本规定。

第23条"对外商投资科技违法行为的检查、审查和处理"。①科学技术部对各部、各分支机构和省级人民委员会负责并协调执行下列任务：（a）根据职权检查、审查外商投资科学技术活动中科学技术法的遵守情况；（b）制定外商投资科学技术活动的部门间检查、考核方案和计划；（c）依照《科学技术法》《投资法》和本条例的规定，检查省级人民委员会颁发的外商投资项目科技投资资格证书；（d）每半年和每年审查一次外商投资科技活动，向政府报告。②《科学技术法》《投资法》等有关法律对违反投资法的行为和违反科学技术投资管理规定的处理作出了规定。

第24条"在越南设立外国科技组织代表处和分支机构"：（a）外国科学技术组织可在越南设立代表处（以下简称代表处）；（b）外国科学技术组织可根据越南在条约中的承诺在越南设立分支机构（以下简称分支机构），越南是该条约的缔约方，根据《科技法》和本指令开展科学技术活动和直接相关活动；（c）代表处和分支机构是外国科学技术组织的附属机构。不得在代表处或者分支机构下设立代表处或者分支机构。

第25条"授权设立代表处或分支机构的权限"：科技部颁发、重新颁发、修改、补充和延长在越南设立外国科技组织代表处或分支机构的许可证。

4. 农产品市场流通的法律制度

越南主要贸易法律法规包括：《贸易法》（2005年）、《投资法》（2014年）、《电子交易法》（2005年）、《海关法》（2014年）、《进出口税法》、《知识产权法》（2016年）、《信息技术法》、《反倾销法》（2004年）、《反补贴法》（2005年）、《企业法》（2005年）、《会计法》、《统计法》、《外贸管理法》（2017年）等。外商在越南投资建立独资、合资和合作经营企业、建立贸易公司和分销机构等都有明确的法律规定。2017年6月12日，越南公布了《外贸管理法》，该法制定了外贸管理的措施以及开展外贸行为，解决申请外贸管理措施的争议。该法分为8章，分别是一般条款、行政措施、技术和检疫措施、贸易救济、对外贸行为的紧急控制措施、开展外贸行为的措施、外贸管理措施适用中的争议解决和执行措施。2018年出台了《外国投资者在越南货物贸易法令》，适用于外国投资者和外国投资资金的经济组织，以及外国投资者和外国投资资金的经济组织在越南从事货物贸易和直接相关活动的机构、组织和个人。第5条规定了营业执照和零售店执照的颁发。第9条规定了办理商业许可的条件。

（1）进出口的禁止和限制。 根据加入WTO的承诺，越南逐步取消进口配额限制，基本按照市场规则管理。关于出口，越南主要采取出口禁令、出口关税、数量限制等措施进行管理。《外贸管理法》将货物分为禁止进出口的和暂停进出口的（附条件进出口的）。禁止出口的商品主要包括：武器、弹药、爆炸物和军事装备器材、毒品、有毒化学品、古玩，伐自国内天然林的圆木、锯材，来源为国内天然林的木材、木炭、野生动物和珍稀动物、用于保护国家秘密的专用密码和密码软件等。

第12条"适用暂停出口或进口措施"规定：当货物属于下列情况之一时，应暂停出口或进口：本法第五章规定的对外贸易管理应急管理；它们属于本法第9条规定的情况，但尚未列入禁止出口或进口的货物清单。中止期限届满或者货物不再属于本条第一款所称情形的，应当废止进出口暂停措施。

（2）检疫措施。《外贸管理法》第三章技术和检疫措施部分的规定有：第60条"实施技术和检疫措施的目标和原则"：实施技术检疫措施，旨在达到质量要求；保障安全和人体健康；保护动植物、生态环境和生物多样性；预防和控制传染病的蔓延；保障国家安全和利益。实施技术检疫措施必须遵循下列原则：确保对外宣传、透明、不歧视和避免对外贸活动，特别是出口活动设置不必要的壁垒；在条件允许时采用风险管理方法，以满足管理要求并符合越南社会主义共和国为缔约方的条约；遵守有关产品和货物质量、标准和技术条例、食品安全、测量、植物保护和检疫、动物健康以及传染病预防和控制的法律规定的其他原则。

第61条"对出口和进口适用技术措施"规定：进出口必须是依法申报并贴上标签的适用标准的货物。列入可能不安全的货物和产品清单的进口品，须遵守有关技术条例规定的管理措施，以及产品和货物质量法律和标准及技术条例规定的管理措施。

第62条"对动物及动物产品实施检疫措施"规定：①在出口、进口前须检疫的动物或动物产品，暂时进口再出口，暂时出口再进口，由边境口岸转运或运往边境口岸，并运往保税仓库；经越南境内过境的，依照动物卫生法检疫。②出口前、进口前、暂时进口再出口后、暂时出口再进口后、从边境口岸转入边境口岸、转入保税仓库前对动物或动物产品进行检疫的内容、命令和程序，或经越南领土过境，必须遵守动物健康法。

第63条"植物检疫措施的实施"规定：在出口、进口、暂时进口以再出口、暂时出口以再进口、或向边境口岸转运、转入保税仓库前须接受植物检疫的货物，或经越南境内过境的货物，依照植物保护和检疫法进行检疫。在越南允许生产和交易的植物品清单以外的植物品种或者在越南用于植物保护的有用生物，进口后在用于检疫的隔离地区，应当进行检疫。对出口、进口、暂时进口再出口、暂时出口再进口、或向边境口岸转运、转入保税仓库、或经过越南过境的植物进行检疫的内容、命令和程序，必须遵守植物保护和检疫法。

5. 竞争法

《越南竞争法》于2001年颁布，2018年修正。该法共有10章，分别是一般条款、相关市场和市场份额、反竞争协议、滥用支配地位和垄断地位、经营者集中、禁止不公平的竞争实践、国家竞争委员会、竞争法律程序、违反竞争法的处罚和执行。

该法第6条规定了国家的竞争政策：①创造和维护健康、公平、透明的竞争环境。②促进竞争，保障企业依法享有竞争自由的权利。③加强市场准入，提高效率，提高社会福利，保护消费者利益。④使社会和消费者能够监督竞争法的实施。

第 11 条反竞争协议的表现形式有：①直接或间接固定货物或服务价格的协议。②关于分配客户、消费市场、商品供应来源、提供服务的协议。③限制或控制生产、购买、销售或提供服务的数量、质量的协议。④一方或多方在参与货物或服务供应招标时中标的协议。⑤防止、限制、禁止其他企业进入市场或者发展业务的协议。⑥除协议当事人以外的取消市场企业的协议。⑦关于限制技术或技术开发和投资的协议。⑧关于向其他企业施加签订货物或服务购销合同条件或强迫其他企业承担与合同标的没有直接关系的义务的协议。⑨不与协议当事人以外的企业交易的协议。⑩除了协议各方外，关于限制供应市场、货物和服务供应来源的协议。⑪其他造成或者可能造成反竞争影响的协议。

第 24 条对在市场上占据主导地位的企业、企业集团的认证标准为：①企业有本法第 26 条规定的较大的市场支配力或者在有关市场上占有 30% 以上的市场份额的，视为具有市场支配地位。②企业集团共同造成反竞争影响，具有本法第 26 条规定的较大市场势力，或者其市场份额总额有下列情形之一的，视为具有市场支配地位：两家企业在有关市场上的市场份额达到或者超过 50%；3 家企业在有关市场上占有 65% 以上市场份额；4 家企业在有关市场上占有 75% 以上市场份额；至少有 5 家企业在相关市场上的市场份额达到或者超过 85%。上款规定的具有市场支配地位的企业集团，不包括市场占有率低于 10% 的企业。

第 29 条规定经营者集中的形式有：企业兼并、企业新设合并、企业收购、企业间合资经营、法律规定的其他经营者集中形式。

第 45 条禁止不公平的竞争实践包括：①侵犯商业秘密，具体表现包括违反商业秘密所有人的安全措施，评估和获取商业秘密的；未经业主同意披露或使用商业秘密。②以威胁、胁迫等手段强迫其他企业的客户或者业务伙伴与其进行交易或者停止交易的。③通过直接或间接提供有关竞争对手的不真实信息来诋毁竞争对手，从而对竞争对手的商誉、财务状况或业务运营产生负面影响。④通过直接或间接中断或干扰竞争对手的合法业务运营来扰乱竞争对手的业务。⑤通过以下方式非法引诱客户：为吸引竞争对手的顾客，向顾客提供与企业提供的产品或者服务有关的产品、服务、促销方案、交易条件等虚假或者误导性信息的；将企业的产品、服务与同类竞争对手的产品、服务进行比较，但无证据证明比较的。⑥以低于成本的价格出售商品和服务，从而将竞争对手赶出市场。⑦其他法律规定的其他禁止的不正当竞争行为。

第 110 条规定了对违反竞争行为的处罚措施。①视情节轻重，给予纪律处分、行政处罚或者刑事起诉；损害国家利益、组织和个人合法权益的，必须给予赔偿并依照法律规定支付。②对每一次违反竞争法的行为，应给予下列主要处罚之一：警告；罚款。③根据违法行为的性质和严重程度，可对违法者处以下列附加处罚之一：吊销企业登记证，吊销执照和执业证书；没收用于违反竞争法的证物和工具；没收因违反竞争法而获得的利润。此外，还可以采取下列一项或者多项补救措施：①对滥用市场支配地位或者垄断地位的企业进行重组。②从商业合同、协议或交易中删除非法条款。③将经济集中后设立的企业的部分或者全部实收资本、资产分割、出售。④经经济集中后成立的企业，其合同中有关货物、服务的购销价格或者其他交易条件，受主管部门的控制。⑤市场公开更正。⑥为克服违规行为的反竞争影响而采取的其他必要措施。政府应为竞争法规定的每一种违法行为提供处罚和补救措施的准则。

（四）涉农保护

1. 涉农环境保护的法律制度

越南基础环保法规为 2014 年 6 月 23 日经越南国会批准、自 2015 年 1 月 1 日生效的新《越南环境保护法》。此外，越南政府颁布的相关环保法规还包括：2015 年 4 月 1 日起实施的《关于环保规划、战略环境评估、环境影响评估和环保计划的规定的议定》和《环境保护法部分条款实施细则的规定的议定》，2017 年 2 月 1 日起实施的《关于环保领域行政违法处罚的规定的议定》等。

《环境保护法》有 20 章，170 条，规定了一般条款；环境保护规划、战略环境评价、环境影响评价和环境保护规划；自然资源开采利用中的环境保护问题；应对气候变化；保护海洋和岛屿环境；水、土地和空气的环境保护；在制造、贸易和服务领域的环境保护；城市和居民区的环境保护；废物管理；污染控制、环境补救和改善；环境技术、规则和环境标准；环境监控；环境信息、指令、统计和报告；环保监管机构的责任；越南祖国阵线、社会政治组织、社会职业组织和居民社区对环境保护的责任；环境保护资源；环境保护的国际合作；查处违法行为，解决环境纠纷、索赔和控告；环境损害赔偿和执行条款。

越南法律规定，所有在越南境内从事经营活动的企业，都必须遵守越南关于环境保护的国家标准和相关技术规范。国家标准由相关组织以文件形式公布，自愿采用，而技术规范由国家职能部门以文件形式发布，是强制实施的。越南关于环境保护的国家标准体系主要包括周边环境质量和废弃物质排放环保标准。周边环境质量标准包括：各种用途的土地环保标准；各种用途的地表水和地下水环保标准；服务于水产养殖和娱乐项目的沿海水域环保标准；城市和农村居民区空气标准；居民区噪音环保标准。废弃物质排放环保标准包括：工农业生产废水排放、工业气体和固体排放及有毒物质排放环保标准。

越南负责环境评估的机构：对于国家级或跨省的投资和工程项目，环境评估委员会成员由项目审批部门、政府相关部委、有关省政府的代表以及相关行业的专家组成；对于省级投资和工程项目，环境评估委员会成员由所在省或直辖市政府和环保部门的代表及相关行业专家组成。环境评估结果将作为项目审批的依据之一。

越南资源环境部负责组织对国会、政府和政府总理审批的项目进行环境评估；政府相关部委负责组织对本部门审批的项目进行环境评估；省政府负责对本省审批的项目进行环境评估。

渔业部对自然资源和环境部、有关部委、部级机构、政府附属机构和省级人民委员会负有主要责任，并与其协调、指导和监督在水产养殖、水产资源开发和加工、转基因水生生物及其产品、海洋保护区等方面遵守环境保护法和其他相关法律的情况。

环境报告主要内容包括：列明项目具体建设细节、对项目所在地环境状况的总体评价、项目建成后可能对环境造成的影响及具体应对方案，承诺在项目建设和运营过程中采取环保措施，当地乡一级人民委员会和居民代表的意见等。

国家环境标准体系包括周边环境质量标准和废物标准。周边环境质量标准包括：①农业生产、林业、渔业和其他用途的一组土壤环境标准；②供饮用、日常生活、工业、水产养殖、农业灌溉和其他用途之用的一组水面和地下水环境标准；③用于水产养殖、休养、娱乐和其他目的的沿海海水环境标准；④城市和农村居民区空气环境标准；⑤住宅区和公共场所的噪音、光线和辐射标准。

废物标准包括：①工业和服务活动排放的废水、畜牧业和水产养殖排放的废水、日常生活和其他活动排放废水的标准；②工业气体排放标准，涵盖了从日常生活焚化设备、工业和医疗废物事项以及其他废物处理过程中排放的气体；③车辆、机械和特殊用途设备气体排放标准；④危险废物标准；⑤关于车辆、生产、商业和服务设施以及建筑活动所造成的噪音和振动标准（《环境保护法》第10条）。

第46条规定了"农业生产中的环境保护"：①生产、进口、经营化肥、植物保护药品和（或）兽药的组织和个人，必须遵守环境保护法律和其他有关法律的规定。②禁止买卖和使用过期的植物保护药品和兽药或未列入许可清单的药品。③过期化肥、植物保护药品、兽药；含化肥的工具、包装、植物保护药品、兽药使用后，必须按照废弃物管理规定处置。④集中放牧场必须符合以下环保要求：确保区域内的环境卫生；拥有符合环境标准的废水收集和处理系统；根据废物管理条例管理从畜牧业排放的固体废物，而不是将其分散到环境中；定期清洁马厩和农场；确保预防和防治流行病；根据危险废物管理、卫生和疾病预防条例管理因流行病死亡的动物尸体。农业部对自然资源和环境部以及省级人民委员会承担首要责任，并与其协调，指导和监督农业生产遵守环境保护法的情况。

第 67 条规定，收集及弃置过期及弃置的产品中，包括工业、农业和渔业中使用的药物和化学品。

第 121 条"政府、各部、部级机构和政府附属机构的国家环境保护管理责任"规定：农业部必须对自然资源和环境部、有关部委、部级机构、政府附属机构和省级人民委员会承担主要责任，并与其协调，指导和监督在化学品、植物保护药物、肥料和农业废物的生产、进口和使用方面遵守环境保护法和其他有关法律；管理转基因植物品种和牲畜品种及其产品；管理堤坝和灌溉系统、森林保护区和农村地区日常生活的清洁用水。

2. 乡村治理与宗教文化法律制度

越南佛教占主导地位，信徒人数近 1 000 万人，天主教信徒约 550 万人，高台教信徒超过 240 万人，和好教信徒约 130 万人，信善教信徒约 100 万人，回教信徒约 6 万人。越南 2016 年 11 月 18 日发布了《越南信仰和宗教法》，明确了国家保障宗教信仰自由。

第 5 条规定了以下禁止行为：①歧视和污蔑人们的信仰或宗教。②强迫、收买或妨碍他人追随或不追随某一信仰或宗教。③亵渎信仰或宗教。④信仰宗教活动：（a）侵犯国防、安全主权、社会秩序安全和环境；（b）违反社会公德，侵害他人身体、健康、生命、财产，损害他人的名誉和尊严；（c）妨碍公民权利的行使和公民义务的履行；（d）划分民族，划分宗教，将具有某一信仰或宗教的人与不具有信仰或宗教的人以及有不同信仰或宗教的人分开。⑤为谋私利而滥用信仰和宗教活动。

第 8 条规定了"在越南合法居住的外国人的信仰和宗教自由权"：①合法居住在越南的外国人享有信仰和宗教自由，该自由受到越南国家的尊重和保护。②合法居住在越南的外国人享有以下权利：信仰宗教，参加信仰和宗教活动；利用合法场所进行集体宗教活动；邀请越南高僧、宗教官员和神职人员举行宗教仪式和布道；邀请外国高僧和神职人员布道；在宗教机构过宗教生活，在宗教培训机构学习或参加越南宗教组织的宗教进修课程；根据越南法律，携带宗教出版物和文章，为其宗教活动服务。③合法居住在越南的外国高僧和神职人员可以在越南的宗教机构或其他合法场所布道。

三、越南农业市场准入及农产品贸易制度

（一）农业领域外资管理法律制度及政策体系

1. 外国投资者准入制度

在越南投资设立企业的形式包括：代表处、贸易公司、有限责任公司、股

份公司等。越南政府已将几乎所有外资项目审批权下放至省级部门，仅维持对少数行业的审批。其中，计划投资部负责审批跨省的 BOT 项目；工贸部审批石油和天然气项目；国家银行审批银行等金融机构项目；财政部审批保险项目。对于国家重大项目，由国会决定项目的投资立项和项目标准，政府负责制定项目审批程序和颁发投资许可证。

《投资法》规定禁止投资的行业、领域：根据越南法律规定的毒品、化学品、矿物质；根据《濒危野生动植物种国际贸易公约》附录一中规定的野生动植物标本；根据本法律附录三中规定的自然濒危野生、一类稀缺动植物标本；经营卖淫活动；贩卖和购买人口、人体标本、肢体；与人类无性繁殖有关的投资活动。

《投资法》第 23 条规定的"外商投资经济组织实施投资活动"是指：当投资设立经济组织，向经济组织出资、购买股份或者出资时，或者以固定资产投资方式进行投资时，必须符合条件，并按照规定办理投资手续。有下列情形之一的，依照有关外国投资者的规定执行：①由外国投资者持有其 51% 或以上的注册资本，或对合伙而言，其普通合伙人的大多数为外国个人；由以上规定的经济组织持有其 51% 或以上的章程资本；由外国投资者和以上规定的经济组织持有其 51% 或以上的章程资本。②在投资设立经济组织时；向经济组织出资或购买股份或在经济组织出资时；或以 BCC 形式投资时，上一款规定以外的外商投资经济组织，本条第 1 款规定必须符合的条件，并按照国内投资者适用的规定办理投资手续。③已经在越南设立的外商投资经济组织有新的投资项目的，可以不设立新的经济组织，办理该项目的实施手续。④政府应当详细规定设立经济组织，实施外国投资者或外国投资经济组织的项目的顺序和程序。

外国独资企业注册程序包括 3 个环节。①申请书：成立公司之前，创办者须向省、中央直辖市人民委员会或相当于公司设立办公地点所在地一级行政单位递交公司成立申请书。②经营登记：公司必须在省、中央直辖市经济仲裁组织或同级的行政单位进行经营登记。③成立公告：根据相关法律法规，在越南投资的外资企业成立后，必须在中央或地方报纸连登三期公告。

关于投资许可证问题，按越南法律规定可分成两类：第一类是登记颁发投资许可证，适用对象包括投资额 3 000 亿越南盾（约合 1 300 万美元）以内且不属于有条件经营行业类别的项目。此类项目应准备材料包括投资登记表（按计划投资部统一表格办理）、投资者法律资格证明、投资者财务状况报告（投资者自行编制并承担责任）以及联营合同或合作经营合同。以上资料准备三份，其中正本一份，呈送计划投资管理部门。自收到合格文件之日起 15 日内，计划投资管理部门颁发投资许可证。第二类是审批颁发投资许可证，适用对象包括投资额 3 000 亿越南盾（折合 1 300 万美元）以上或属于有条件经营行业类别的项目。此类项目应准备的材料包括：投资许可证申请书、投资者法律资格证明、投资者财务状况报告（投资者自行编制并承担责任）、项目经济技术科研报告以及合作经营合同等。如属于有条件经营行业的项目，还需提供说明投资项目满足所需经营条件的报告。

代表处的注册按照越南法律规定，企业只要根据中国法律规定已登记进行合法经营，即可获得在越南成立代表处的许可证。大致流程包括：代表处负责人办理好护照、无犯罪记录及国内公司营业执照等相关材料；到拟设立办事处地租办公场所，签订租房协议；到越南工贸部网站下载相关表格和需准备的资料清单，准备申请材料；向拟设立办事处所在地的省（市）工贸厅提交设立办事处的申请材料；省（市）工贸厅收到申请材料后进行审查，审查合格后出具设立许可证；在越南规定报纸进行公告；刻章、开设银行账户，之后开展正常活动。需要注意的是，外国企业在越南成立的分公司不能再设立代表处。

外国企业成立分公司要把材料寄到越南工贸部。企业申请获得成立分公司许可证所需的文件包括：①企业申请成立分公司的申请表（按越南工贸部统一规定的格式）；②营业执照副本；③相关文件须经中国公证机关公证，然后由中国外交部领事局（或省级外事办公室领事处）认证，之后由越南驻华使馆、领事馆进行领事认证。所有经过认证后的材料需在越有资质的认证翻译中介机构进行翻译，这样文件才有法律效力。

《投资法》第 38 条规定了颁发、调整和收回投资证书的权限：①工业区、加工出口区、高科技园区、经济区的管委会受理、颁发、调整、收回工业区、加工出口区、高科技园区、经济区内投资项目的投资证书。②计划投资厅受理、颁发、调整、收回工业区、加工出口区、高科技园区、经济区以外投资项目的投资证书。本条第 3 款中规定的场合除外。③投资商所在地或预计设立总部所在地或实施投资项目协调办公室所在地的计划投资厅受理、颁发、调整、收回以下投资项目的投资证书：投资项目在多个省份、中央直辖市实施；投资项目在工业区、加工出口区、高科技园区、经济区内外实施。

2. 农用土地的租赁及政策

越南 2013 年 11 月 29 日颁布了第四部《越南土地法》。《土地法》分为 14 章，分别是一般条款；国家在土地上的权利和义务；土地区划和土地基础调查；土地利用规划；土地划拨；土地租赁和土地用途变更；土地恢复、征用、补偿、扶持和安置；土地登记、土地使用权证书颁发、房屋和其他土地附着资产的所有权；土地财政、地价与土地使用权拍卖；土地信息系统和土地数据库；土地使用制度；土地使用者的权利和义务；土地有关的行政程序；监督检查、解决纠纷、投诉、检举和处理违反土地法的行为；履行条款。

现行土地法规定，土地所有权属于国家，不承认私人拥有土地所有权，集体和个人可对国有土地享有使用权。土地使用期限分为长期稳定使用和有期限使用两种情况。对于有期限使用的土地，使用期限分为 5 年、20 年、50 年、70 年、90 年不等。公民、家庭户的土地使用权是一项重要财产权利，可以和其他财产权利一样进行交换、转让、抵押、租赁和继承等转移。土地使用权的转移必须在国家主管部门办理相关手续。土地使用权的转让主要通过交换、买卖、租赁或抵押的方式进行，按规定须缴纳土地使用权转让税。越南个人和公司可以从人民委员会处获得划拨土地，境外的越南人和外商投资企业只能通过缴纳划拨费用的方式得到划拨土地，用于建设出售的或者租售联合的民用住宅项目。长期土地使用权证书显示权利人、使用权期限、土地使用目的、土地上的抵押和其他负担，权利证书同时包括土地的地图。土地使用费是支付给国家的，根据土地的市场价值确定。土地被划拨的时候，土地使用费就应当支付。每个省或者市的人民委员会决定每一块土地的使用费。获得土地使用权证明是土地使用者最基本的权利。土地上的投资收益、劳动成果以及国家对农用地进行改造措施带来的利益均归使用者享有；享有土地分配、租用形式上的选择权；在土地投资、出让、转让、出租、再出租、抵押、担保以及国家收回土地时，享有获得补偿的权利；拥有土地使用权赠送、继承的权利；合法的土地使用权受到政府保护，可以起诉、控告侵犯自己合法使用权的行为；作为一项重要财产权利，个人、家庭的土地使用权应当与其他财产权利一样具有相同权能。

按照越南 2013 年《土地法》规定，外国投资者不能在越南购买土地，可租赁土地并获得土地使用权，使用期限一般为 50 年；特殊情况可申请延期，但最长不超过 70 年。外国投资者需要租赁土地进行投资时，可与项目所在地的土地管理部门联系，办理土地交接和租用手续。《土地法》第 10 章第 2 节规定了农业用地。第 133 条规定了机构、海外越南人和外商投资企业使用农业用地，即对农业、林业、水产养殖业、盐业生产用地有需求的经济组织、海外越南人或者外商投资企业，由国家考虑租赁土地实施投资项目。省级人民委员会应当指导土地利用规划的审查和批准。投资者租用土地，当地政府可协助进行征地拆迁，但补偿费用由投资者负责。投资者获得土地使用权后，如在规定期限内未实施项目，或土地使用情况与批准内容不符，国家有权收回土地，并撤销其投资许可证。境外组织和个人可以通过租赁的方式获得长期土地使用权，并且可以按年支付费用或者一次性付清全部费用。如果按照每年支付费用的方式付费，在国家决定租赁开始的每 5 年之内，土地的租赁费用不做调整。

2015 年 7 月，越南新《住房法》实施，规定只要拥有越南签证，外国人、外国投资基金、外资银行、外企在越分支机构和代表处都有资格购买房屋、公寓和包含土地产权的别墅以及写字楼。越南本国人的不动产是永久产权，而外国人不动产产权的使用年限为50年，期满可续约，最长不可超过70年。其中住宅和商业的门槛暂时没有区分，商业地产目前属于供不应求的火爆状态。新法案还规定，外资房地产开发商持有不动产的比例上限从49％提高到100％。2015年政策实施之后，外国人最多可购买单元式建筑的30％的套房，物业内10％的房产。其中物业可以是排屋式公寓、独立式住宅、半独立式住宅或分层地契（商业地产）。

越南全国农业用地约2 679.2万公顷，包括耕地、林地和水产养殖地，其中耕地约760万～770万公顷。越南不允许外资获得农业耕地的所有权，但可获得使用权。在投资者与企业根据现行土地法有关出租方式或者土地入股共同经营达成协议的基础上，越南政府主动为外国投资者规划农产品原料产区并以各种方式将土地使用权从农民手中转交投资者。

经营期限无统一规定，越南地方政府对辖区内每个具体项目长期土地使用加以确定，进入地方土地使用规划和计划。为鼓励外商投资企业，越南政府出台相关优惠政策，对于在特别贫困地区、高科技农业区、"大农田"、原料集中产地、农业机械、盐业、水利灌溉、畜牧养殖、食品加工等地方和行业投资的项目，给予税收优惠。其中，特别鼓励项目可享受4免9减半优惠，普通项目享受2免4减半优惠。鼓励外国投资者与越南政府共同发展国内各农业产区，满足投资者经营要求并保障已转交土地使用权农民的利益。在特别贫困地区投资种植、养殖和畜牧业的投资项目将给予免税。投资高科技的农业项目在15年内减税10％。越南农业部2015年年底颁布决定：自2016年起对4类农业领域的项目给予优惠政策（农作物种子生产研发、高附加值原辅料生产、服务于出口的农林水产深加工以及动物医疗药品、农药生产），凡在上述领域投资的外商投资者可享有减免所得税、进出口税及土地租金等优惠政策。2017年4月，越南计划投资部颁发关于促进高科技农业发展优惠政策的议定，对相关高科技农业投资企业给予一定支持，其中须满足规定的相关条件和标准包括：种植类项目营业收入在5亿越南盾/（公顷·月）（约合2.2万美元）以上，水产养殖类项目收入在10亿越南盾/（公顷·月）（约合4.4万美元）以上；占地规模3公顷以上；项目采用由越南农业部规定的高新技术。针对农业高科技项目，越南政府提供的支持包括：对于项目围墙内每公顷土地给予5亿越南盾（约合2.2万美元）的交通、水电、环保补贴，但不超过100亿越南盾（约合44万美元）。对果蔬生产项目所建温棚、网棚或拱棚每米^{2}提供10万越南盾（约合4.4美元）补贴，用于建设基础设施、购买设备物资等。投资企业建设高科技农业园区能享受最高每公顷2亿越南盾（约合9 000美元）的补贴，用于建设基础设施、水电和环保。

为吸引农业投资，2018 年 4 月越南政府颁布了鼓励投资农业领域的第 57 号政府议定。议定规定，属于鼓励类投资农业农村的项目将无需办理投资许可手续，该手续将由目录机关办理并提交省级人民政府审批。项目投入生产经营前，地方政府机关不得以任何形式对项目进行清查、检查和审计，除非另有法律规定或有明显违法行为。地方政府不得在项目有效期内改变土地的使用目的。

越南政府允许参与林业投资合作，通过省级人民政府审批可获得林地的承包经营权。林业用地租期为 55 年。越南政府鼓励植树造林方面的高科技项目，以及应用新工艺和设备进行的木材加工项目。根据越南《土地法》第 58 条规定，租用农林业土地必须满足以下条件：①有根据投资项目进度确保土地使用的资金能力；②按投资相关法律规定缴纳土地使用保证金；③不违反国家移交土地或租出土地时对于土地用途的有关法律规定。特别是对于使用稻田、防护林和特殊林业土地用于越南国会和政府总理批准范围之外的投资项目，有关职能部门在使用者提供以下文本之一时方能允许租用：政府总理对于更改 10 公顷以上稻田或 20 公顷以上防护林、特殊林业用途的批文；省级常委会对于更改 10 公顷以下稻田或 20 公顷以下防护林、特殊林业用途的批文。

政府于 2017 年 1 月 6 日颁布了第 01/2017/ND-CP 号法令《修订并补充了一些有关土地法指导方针的法令》。该法令规定了一系列新的条款，以解决国家对以下权利的限制：①在以下情况下收回土地：（a）土地使用者未能履行或不适当地履行其支付税款、租金或特定履行命令的义务；（b）投资项目结束。②经济组织、定居国外的越南人、外资企业、家庭和个人的附属于租赁或转租的土地的租赁资产，并且每年支付租金。③在以下情况下的土地使用：（a）出资和出售、购买、转让公司股份；（b）国有企业私有化。④建立土地使用权证书、房屋和其他附属于土地所有权的资产（"土地使用权"）的发放程序，以增加家庭、个人土地使用权文件中规定的许可使用面积。⑤国家收回土地时，处理已出租、抵押的土地使用权。

3. 涉农投资的税收制度及政策

国家税务局和海关是财政部领导下的两个负责税款征收的直属机构。海关负责关税的征收，国家税务局负责国内税收的征收。越南没有中央税和地方税之分，建立起了以所得税和增值税为核心的全国统一税收体系。越南的税收制度主要依据的是 4 个基本税法，2006 年的《越南税收管理法》、2007 年的《越南个人所得税法》和 2008 年的《越南企业所得税法》《越南增值税法》，此外还有一些补充的税法规定、实施细则和部委通告。越南《投资法》规定，外国投资企业和越南内资企业都采用统一的税收标准，对于不同领域的项目实施不同的税率和减免税期限。越南现行的税收法律法规设有以下几种税费：增值税、特别消费税、企业所得税、高收入人群个人所得税、非农业用地使用税、土地使用权转让税、农业土地使用税、房屋土地税、资源税、印花税、进出口税、土地使用附加费等。

(1) 企业所得税。企业所得税是指对越南境内的企业（居民企业及非居民企业）和其他取得收入的组织以其生产经营所得为课税对象所征收的一种税。企业所得税是直接税。居民企业应当就其来源于越南境内、境外的所得缴纳企业所得税。企业所得税是根据企业利润课征，包括其子公司及分支机构（从属公司）的利润。企业所得税应税收入包括：生产经营收入、提供劳务收入和其他收入。其他收入包括：资本、股权转让、不动产转让收入；转让投资项目及投资项目参与权的收入；转让矿产资源的勘探、开采和加工权的收入；财产所有权、使用权的收入；财产转让、租赁、清理的收入（包括各类有价字据）；存款利息、资金借贷、外汇交易的收入；准备金的退回；已注销呆账的收回；无法识别债权人的应付债务；以前年度经营活动的遗漏收入、其他收入。在境外投资的越南居民企业将已在收入来源国缴纳税款的收入转移回国时，若该收入来源地已与越南签订避免双重征税协定，则按照该协定执行。

自 2016 年 1 月 1 日起，越南的企业所得税的基本税率为 20%。越南在农业领域的一些活动，享受税收优惠。以下名目所得收入适用 10% 税率：企业从事农林种植、培植和保护；在社会经济条件困难地区从事农业栽培、林木种植和农产、水产养殖；动植物品种的生产、繁殖和杂交；盐业生产、开发和提炼；投资农产品、水产品和食品保鲜所取得的收入；非社会经济条件困难或特别困难地区的合作社从事农业、林业、渔业或盐业生产所取得的收入。以下名目所得收入适用 17% 的税率：①企业从位于社会经济条件困难地区的新项目中所取得的收入（企业在社会经济条件困难地区或特别困难地区从事农业种植、养殖及加工取得的收入适用 15% 税率）。②企业从事以下活动取得的收入：生产高钢；生产节能产品；生产农、林、渔、盐业机械设备；生产排灌设备、生产家禽、家畜及水产饲料、发展传统工艺。

企业从位于生产领域的投资项目（除生产特别消费税应税产品和从事矿产开采项目外）中取得的收入，同时项目投资额至少达 12 万亿越南盾，生产技术符合《高新技术法》《科学和技术法》的规定，且自取得投资许可之日起总投资额的放款时间不超过 5 年，且满足以下条件之一的，可延长享受税收优惠的时间。具体延长时间由政府规定，但优惠时间最长不超过 15 年；对于高新技术企业及应用高新技术的农业企业，享受税收优惠时间自被认定为高新技术企业、应用高新技术农业企业之日起计算。

越南企业的应纳税额：企业每一纳税年度的收入总额，减除不征税收入、免税收入、各项扣除以及允许弥补的以前年度亏损后的余额，为应纳税所得额。企业每一个纳税年度的应税收入等于营业收入扣除生产经营活动的开支，加上其他收入，包括越南境外的收入。企业应税收入扣除免税收入和以前年度结转亏损后的余额为应纳税所得额。免税收入如下：①从事农产品种植、畜牧和水产养殖、制盐的合作社取得的收入，在社会经济条件困难、特别困难的地域从事农业、林业、渔业和盐业生产的合作社取得的收入，在社会经济条件特别困难的地域从事农产品种植、畜牧和水产养殖、制盐的企业取得的收入（不包括企业、合作社从事农产品种植、畜牧和水产养殖领域的加工收入），海产捕捞收入。②直接为农业提供技术服务取得的收入，包括从事灌溉和排水等服务取得的收入；耕地、犁地、疏通沟渠、防治作物病虫害、农产品销售取得的收入。

（2）个人所得税。 越南实行分类与综合相结合的个人所得税制。应税所得包括经常所得和非经常所得，经常所得如工资薪金、奖金、提供劳务所得等，非经常所得如科技转让所得、中奖所得等。越南个人所得税制度规定，经常所得项目和非经常所得项目采用不同的税率，其中对经常所得项目分设了7档超额累进税率，对非经常所得项目采用差别税率。个人所得税中的免税所得包含以下内容：①唯一住房的土地使用权、住房产权、土地附着物转让所得。②因国家征用土地取得的个人土地使用权收入。③家庭和个人直接从农业或林业生产、食盐制造、水产业、渔业、未加工的水生资源贸易中取得的收入。同时，纳税人遇到自然灾害、火灾、意外事故或者严重疾病而影响他们的纳税能力时，可以根据其受损害程度酌情给予相应的减税。

（3）增值税。《越南社会主义共和国增值税法》规定，生产经营应税商品、提供服务和进口应税商品的单位和个人为增值税的纳税义务人。增值税扣缴义务人是指在越南境内开展生产经营活动的组织、个人向在越南未设立机构、场所的境外组织或不在越南居住的境外个人购买劳务（包括购买商品的关联劳务）的，则购买劳务的组织、个人为增值税的扣缴义务人。增值税纳税人范围具体如下：依据《企业法》《合作社法》和其他商法设立和登记的企业；国家政治组织、社会组织、军队、公共服务组织和其他组织；依据《外国投资法》（现为外商投资法）成立的外资企业、越南与境外企业合作的企业；在越南进行经营活动但没有常设机构的境外机构和个人（以下简称外国实体）；从事制造、贸易或进口的个人、家庭和商业独立团体；对于在越南无常设机构的境外机构，或者不在越南居住的外国人，若越南的企业或商人向这些机构或者个人中购买服务（包括与商品相关的服务），则购买服务的企业或商人就是纳税人。

增值税的征税范围覆盖了生产、销售、服务全过程，对货物或服务从生产、流通到消费过程中所产生的增值额征收增值税。税法列举了25类不属于增值税征税对象的商品和服务。具体来说，以下项目不属于越南增值税征税范围：种植业、养殖业、水产业生产的各种未经加工的动植物产品，或由个人、组织自行生产、捕捞出售及在进口环节进口的上述初级产品；动植物种苗，包括育种的蛋、幼雏、幼苗、种子、精子和胚胎等遗传材料；农业生产资料，包括灌溉和排水、土壤犁耙、农业生产中的沟渠疏浚、农产品收割服务；海水、天然盐、盐及盐制品。

增值税税率分为零税率、基本税率（5％、10％）。零税率适用于出口商品，5％的税率适用于农业、医药、卫生教学、科学技术服务等，10％的税率适用于石化、电子、化工机械制造、建筑、运输等。5％税率在农业方面的适用为：①用于日常生产和生活的清洁用水。②肥料、化肥生产原料、杀虫剂、农药和动植物生长激素。③养殖牲口、家禽及其他家畜的饲料。④挖掘、筑堤；疏浚用于农业灌溉的运河、沟渠、池塘和湖泊；农作物种植、管理和病虫害防治；农产品初加工和保鲜。⑤未加工的农产品、畜产品和渔产品，非应税项目除外。⑥初加工的胶乳、松节油；制作捕鱼用的网、绳子和纤维。⑦生鲜食品；未经加工的木制品，除木材、竹笋和非应税产品外。⑧糖及其生产过程中产出的副产物，包括糖浆、甘蔗渣和污泥。⑨用黄麻、竹、叶、草制品、椰子壳、贝壳、凤眼莲等农业原料制成的工艺品，初步加工处理过的棉花，报纸的印刷用纸。⑩用于特殊农业生产的机械设备，包括耕机、耙地机、插秧机、播种机、水稻收获机、采摘机、联合收割机、农产品收割机、杀虫剂、农药泵和喷雾器等。

（4）非农土地使用税。 依据是《非农土地使用税法》和《非农土地适用税法指导意见》，非农土地使用税不征税的对象包含农业、林业、水产养殖业、盐业合作社建设的非农业用地；在城市地区的温室和其他建筑用地，包括不直接在土地上种植作物的用地；饲养牲畜、家禽和其他法律允许动物的马厩和农场建设用地；农业、林业和渔业研究和实验站用地；实生苗种种植和动物养殖建设用地；储存农产品、植物保护药品、化肥、农业机械和工具的家庭和个人仓库建设用地。

（5）营业牌照税。 纳税人包括国有企业、股份公司、有限责任公司、私人企业、外商企业等在内的经济组织以及个体经营户等。经营注册资金在100亿越南盾以上的，全年的营业牌照税为300万越南盾；经营注册资金在50亿～100亿越南盾的，税额是200万越南盾；经营注册资金在20亿～50亿越南盾的，税额是150万越南盾；经营注册资金在20亿越南盾以下的，税额是100万越南盾。

（6）进出口税。 每一种商品的出口税税率和进口税税率均由财政部作出具体规定。优惠税率适用于原产于在贸易关系中给予越南最惠国待遇的国家、地区的进口货物。

(7) 农业土地使用税。 财政部 2011 年发布了关于农业土地使用税减免的通告。根据通告，以下事项免征农业地使用税：（a）为了服务研究和实验生产目的的土地，每年种植作物的土地（至少每年一种水稻作物）；（b）国家分配或者指定用于贫困家庭的盐田、农业用地；（c）分配的农业用地：给农民和农民家庭，由国家分配用于农业生产的土地（包括继承和赠送土地和转让土地使用权）；依法接受合作社、国有农场、种植园土地，实现农业稳定生产的家庭、个人、农业生产合作社成员；依法接受国有农场和种植园土地用于稳定农业生产的农户和个体；以及有农业土地使用权的农业生产户和个人，该土地使用权是基于依法产生的农业生产合作社。依法贡献土地建立农业生产合作社的农业生产户和农业用地使用权个人。

公告指出，下列项目享有土地使用税的减让：（a）对农民家庭和个人而言，年度农用地使用税减少 50％的依据是额外的农业用地（与固定农业用地相比较，不超过拟出让的农业用地面积）。农业用地面积超过规定的，拟出让的农业用地面积，承担全部农业土地使用税。（b）国家分配给经济、政治、社会组织、行政组织和其他组织的农业用地，如果这些组织直接使用土地用于农业生产，将受到每年 50％的农业土地使用税的减免。国家分配的经济、政治、社会组织、行政组织和其他组织的农业用地，如果这些组织管理土地和使用时为非农业用途，或将土地移交给其他组织和个人对其进行农业生产，国家将依法撤销土地分配且收回土地，并应支付之前所应支付的所有的农业土地使用税。（c）属于国家分配给人民军队管理和使用的农业用地，农业用地税每年减少 50％。

2015 年 4 月 3 日发布了《土地使用税减免的决定》，根据该决定，生活在极端困难地区、边境地区和岛屿的家庭和个人，在土地分配范围内的土地，免征土地使用税；生活在社会经济困难地区的家庭和个人，享受 50％的土地使用税的减征。

1995 年 5 月 17 日，我国政府与越南政府共同签署了《中华人民共和国政府和越南社会主义共和国政府关于对所得避免双重征税和防止偷漏税的协定》，协定于 1996 年 10 月 18 日生效。协定对中越之间避免双重征税和防止偷漏税的问题作出规定，协定还规定了相互协商程序，当遇到税务争议时，企业可提请启动相互协商程序，我国企业依据中国国家税务总局发布的《税收协定相互协商程序实施办法》，通过相互协商程序解决有关税务争议。

4. 涉农领域投、融资制度及政策

（1）融资条件。 融资方面，外资企业与当地企业享有同等待遇。金融机构根据客户的贷款需求和还款能力及自身的资金能力决定贷款额度。金融机构对于单一客户的融资金额不得超过金融机构注册资本金的 15％，集团关联企业不得超过金融机构注册资本金的 25％。如对一个客户的贷款总余额超过金融机构自有资金的 15％或客户有多种融资需求，则各金融机构按越南国家银行的规定发放银团贷款。在美元贷款方面，越南有严格限制，规定企业申请的美元贷款必须用于支付商品或劳务进口，且有能力用自有外汇收入支付还款。越南国家银行 2016 年 5 月发文，允许越南有关信用机构和外资银行分支机构对越南居民客户发放外汇短期贷款，以满足通过越南边境口岸出口至国外的商品生产、经营计划的资金需求，但应满足货物出口取得的外汇收入足以偿还该外汇贷款为前提。越南金融机构向境外客户融资的条件如下：①作为境外实体或个人，应当具有在该国或根据国际条约规定的民事行为能力和权利能力；②借款的用途合法；③借款人应具有按期偿还能力；④借款人应具有投资项目和关于生产、业务或服务的可行性计划；⑤关于贷款的担保的规定根据越南政府和越南国家银行的指导实施。

（2）中小企业贷款。 总理于 2011 年 1 月 10 日发布了《向中小企业贷款通告》。根据该决定，越南开发银行有义务按照法令的规定，为从事农业、加工、制造和建设的中小型企业提供越南商业银行贷款担保。符合条件的企业将在申请后 30 天内获得开发银行的担保。

（3）农业信贷。 为了给农业—农村领域加强信用资金，2010 年越南政府颁布了决议，为农业、农村提供贷款。中长期投资总额的比重大，在信用紧缩的背景下，政府优先增加了农业—农村的信用资金。2010 年 4 月 12 日《关于农业和农村发展信贷政策的法令》第 4 条规定，农业和农村发展贷款覆盖地区：农业、林业、渔业和制盐领域的生产成本；发展农村生产经营线；农村基础设施建设；农、林、渔、盐产品加工消费；农、林、盐、渔业产品和服务贸易；农村工业生产、贸易和提供非农业服务；以提高农村人民生活水平为目的的消费贷款；政府经济计划贷款。

第 5 条规定了"贷款原则"：①小型信贷机构和金融机构应当按照投资效益自主、问责的原则，对农业和农村发展和提高人民生活水平进行信贷投资。②信贷机构应当执行现行规定的贷款担保机制，根据客户的业务特点和信贷机构的风险管理能力，确定各借款人的无担保贷款水平。信贷机构应当按照现行信贷机构向客户提供贷款的规定，在不需要资产担保的情况下，公布贷款水平和具体的贷款条件和程序。③向政策受益者和政府指定的经济项目提供贷款的银行和金融机构将由政府担保，并在每个时期通过对农业、农村和农民的政策提供贷款条件。④小型金融机构向农业、农村借款人提供贷款，应当遵守法律规定。

第 6 条规定了"国家扶持政策"：政府应采取政策措施，鼓励和支持农业和农村领域，通过货币政策管理工具以及每一时期的特殊政策，以便处置来自农业和农村地区的大范围的风险。

第 8 条规定了"贷款担保机制"：①信贷机构可以考虑根据现行法规向有或无资产担保的客户提供贷款。②信贷机构应当按照现行信贷机构向客户提供贷款的法律规定，明确无资产担保的贷款水平、向借款人提供贷款的条件和程序。

特别是对于个人、家庭、农村商业家庭、合作社和农场主的客户，信贷机构可以考虑在以下级别向他们提供无资产担保的贷款：①从事农业、林业、渔业或制盐的个人和家庭，最高 5 000 万越南盾贷款。②为从事商业或生产活动或为农业和农村地区提供服务的家庭，提供高达 2 亿越南盾的贷款。③合作社和农场主，最高 5 亿越南盾的贷款。信贷机构考虑根据现行规定，在农村社会政治组织担保的基础上，为个人和家庭提供信托贷款。社会政治组织与贷款信贷机构达成协议后，应当协调并全部分阶段履行信贷经营。④信贷机构应根据农业和农村领域贷款的特殊性，详细指导借款人办理简单方便的贷款担保手续。⑤本条第 2 款规定的有土地使用权证书但无资产担保的借款人，应当提交土地使用权证书，或者如果未取得土地使用权证书的，也可提供相应的管理土地使用权证书的基层人民委员会的书面证明，证明其土地使用权无权属争议。客户只能使用此类书面证明在单一信贷机构借款，并在法律上对根据本法令使用无资产担保的贷款承担责任。⑥个人和家庭在办理证券交易登记时，为生产经营活动向信贷机构借款，不需要向证券交易登记机关缴纳证券交易登记费。

5. 外汇管理制度及政策

越南货币为越南盾，不可自由兑换。人民币与越南盾也不可直接兑换。2016 年年初越南引入新的汇率管理机制，以每日公布"中央参考汇率价格"取代长期实行的固定汇率机制，商业银行在中央参考汇价基准上下浮动 3% 制订各自的汇率价格。每日中央参考汇率价格是基于货币篮子的 8 种货币和宏观经济条件确定。最近 4 年越南盾兑美元比价年均贬值 1% 左右，2017 年总体贬值幅度约 1%。

越南国家银行是越南的中央银行并且是货币和外汇的监管机构。越南国家银行决定和执行货币政策并在全国范围内监管信用和银行活动。2010 年越南《中央银行法》规定，越南国家银行是越南的货币政策主管机构，主要通过货币政策达到稳定货币币值和保持合理通货膨胀的目的。除了作为中央银行外，越南国家银行还负责颁布有关货币和银行经营活动方面的法规，签发或撤销信用机构的营业执照，解散、兼并信用机构，检查、监控信用机构的经营活动，并处罚违规的信用机构。目前，越南央行的货币政策框架执行 2015 年的方案。包括通过货币政策工具调控通货膨胀，借以稳定宏观经济和确保信贷体系适宜流动性。为了适应国际贸易的快速发展，越南央行已经计划构建现代化货币运作框架，此计划将引导越南银行于 2020 年全面采用新的巴塞尔协议 II 标准，从而推动国有银行改革和资本重组。

越南主要有四类信用组织：商业银行、政策银行、合作信用社和财务公司。截至目前，越南本土商业银行包括 4 家国有银行（越南农业与农村发展银行，全球石油商业银行、海洋商业银行、越南建设银行），31 家股份商业银行，16 家金融公司，11 家融资租赁公司。根据越南国家银行统计，截至 2018 年 12 月 31 日，越南有 49 家外国银行分行、4 家合资银行、9 家外国全资子银行和 50 家外国银行代表处，以来自日本、韩国、中国的银行为主。中国工商银行和中国农业银行在河内设立了分行；中国银行、中国建设银行、中国交通银行在胡志明市设立了分行；中国国家开发银行在河内设立了工作组。

越南外汇管制的主要法律文件是 2013 年修正的《外汇管制条例》。条例秉持越南居民和非越南居民之间自由交易原则。所有外商投资企业和通过商业合作合同在越南进行商业活动的境外主体都被要求在越南有经营资格的银行开立直接投资资本账户，用于与外商直接投资相关的交易。外商投资企业和商业合作合同中的外方可以在设立直接投资资本账户中开立越南币和外币账户。为海外融资目的，境外投资者可以在直接投资资本账户中设立不同货币的账户，只要这些账户在同一家银行中设立。每种账户用于支付和接受与直接投资相关的货币。境外投资者被要求在越南开立一个越南币的间接投资资本账户用于间接在越南进行投资。"境外投资者"是指在越南开展投资业务的非越南居民。境外投资者必须在越南拥有且仅有一个间接投资资本账户用于所有的间接投资行为，包括股票的买卖、其他有价证券的买卖、出资以及通过中介机构买入股票。间接投资资本账户中的钱不能被转到储蓄账户。

在外汇管理方面，外国投资者可根据越南外汇管理规定，在越南金融机构开设越南盾或外汇账户。如需在国外银行开设账户，需经越南国家银行批准。外国投资者可向从事外汇经营的金融机构购买外汇，以满足项目往来交易、资金交易及其他交易的需求。如外汇金融机构不能满足投资者的需要，政府将根据项目情况，解决其外汇平衡问题。越南海关规定，出入境时如携带 5 000 美元或其他等值外币、1 500 万越南盾以上现金、300 克以上黄金等必须申报，否则超出部分将按越南海关有关规定进行处罚。中国国内团组访越，如团费交由专人携带，出入境时超出标准部分应申报，或者分散保管，以免被罚没。

在资本和利润汇回方面，投资项目结束后，外国投资者可以将在外国投资机构中享有的股份或在商务合作合同中享有的资本份额汇出越南。外国投资者应根据有关规定向汇款银行提交相关文件，以确认汇款的合法性。在每个会计年度结束之际或在外国投资者已向税务机构上交审定财物报表并申报公司所得税税收终结且缴清公司所有税款之后，外国投资者可以将其获得利润汇出越南，同样，外国投资者应根据有关规定向汇款银行提交相关文件，以确认汇款的合法性。

6. 涉农劳动法律制度与政策

2013 年 6 月 18 日越南颁布新《越南劳动法》。该法共有 17 章 47 条，分别是一般条款；雇佣；劳动合同；学徒、培训和再培训，以提高职业资格和技能；工作场所对话、集体谈判、集体劳动协议；工资；工作时间和休息时间；劳动纪律和实体责任；职业安全和卫生；女职工的规定；未成年人和其他雇员的单独规定；社会保险；工会；劳动争议解决；国家劳动管理；劳动监察，违反劳动法的处理；履行条款。2016 年制定了《外国工人在越南条例》，该条例专门对在越南的外国工人作出了规定。

①劳动合同的形式。《劳动法》规定雇主和劳动者之间必须以书面形式签订劳动合同，一式两份，双方各执一份。《劳动法》规定劳务合同应包括工种、工作时间、工作场所、休息时间、薪资、合同期限、劳动安全、劳动卫生、社会保险等内容。

②试用期期限的规定。要求高等及以上专业和技术水平工作的试用期不超过 60 天，技术和专业要求一般性水平的工作试用期不超过 30 天，其他类型工作试用期不超过 6 天。试用期薪资不少于正式录用薪资的 85%。试用期内，双方可对合同进行修改和补充。

③社会保险的规定。工作时间超过 3 个月和无固定期限劳动合同，须办理强制性社会保险。劳工因工伤残，雇主须支付医疗费。如未投保，亦按社会保险条件支付赔偿。根据越南社会保险局发布的通知，自 2017 年 6 月 1 日起执行最新的社会保险缴纳标准，其中社会保险项目，用工单位和雇员缴纳标准分别相当于雇员月基本工资的 17.5% 和 8%；医疗保险项目分别是 3% 和 1.5%；失业保险项目均为 1%。根据 2014 年《越南社会保险法》，从 2018 年 1 月 1 日起，在越南工作一个月以上的外国劳动者必须参加强制社会保险。外国劳动者可享受社会保险待遇，包括疾病险、生育险、职业病险、工伤险、退休与死亡金。外国劳动者应当按月工资标准缴纳 8% 的退休与死亡金。用人单位按月工资标准最高缴纳 18% 的强制社会保险，包括 3% 疾病险和生育险，1% 工伤险和职业病险；14% 退休和死亡金。与越南政府达成政府间避免劳动者双重征收社会保险的国家的劳动者除外。

④雇主终止合同的规定。雇主单方终止劳务合同时，应事先通报劳动者，通报时间要求如下：无固定期限合同，提前 45 天通报；1～3 年合同，提前 30 天通报；1 年以下期限合同，提前 3 天通报。辞退劳动者时，雇主须按每年半个月工资及奖金支付补偿。

⑤外资企业雇佣当地劳务的规定。根据越南《投资法》和《关于驻越外资

企业的劳动法》的有关规定，外资企业可以通过中介机构录用当地劳动力，并可根据生产需要及有关法律规定增减劳动力数量；劳资双方需签署劳动合同。合同内容应包括工作内容、工作地点、工作时间、休息时间、薪金、合同期限、劳动卫生、社会保障、保险等；企业因变更生产经营而裁减已工作12个月以上的工人，应组织相关培训，以便被裁减工人寻求新的工作岗位。如无法安排培训，则应支付不低于2个月薪水的遣散费；若企业被并购，则新的企业主应根据劳动合同继续履行相关义务；在劳动合同执行过程中，任何一方需修改合同内容，应提前3天告知另一方；企业要求员工加班，应根据规定支付加班工资；企业应根据生产效益情况给员工发放奖金；员工社会基金来源包括：企业交纳工资总额的15%、员工交纳工资额的5%、政府补贴、基金本身收入及其他来源；劳资双方出现纠纷时，由双方通过协商解决。如无法协商解决，则提交法院处理；企业应为工会的成立创造便利条件。

⑥外籍人员相关规定。越南不允许外籍人员持旅游签证在越南务工，在越南工作3个月以上的外籍劳务人员须办理劳动许可证。外籍人员在越南工作条件是：年满18岁；身体状况符合工作要求，提供健康证明；具有高技术水平、在行业及管理方面具有丰富经验。此类人员的技术水平、管理经验等资质须有该人员所在国主管部门颁发的认证书；无犯罪记录，由所在国当地公安部门开具证明；有越南职能部门颁发的3个月以上劳动许可证。中国劳务人员办理许可证时，需提供省级以上或国家级医院开具的健康证明、所在地派出所出具的无犯罪记录证明、技术能力证明等文件，并经国内公证机关公证、中国外交部和越南驻华使馆认证。整套手续办下来约需2个月时间。

2014年，越南劳动伤兵与社会部颁发《关于外国人在越南就业管理规定实施细则》的通知，该通知从2014年3月10日生效。按要求，雇主（承包商除外）在拟雇佣外国人前至少30天向雇主公司所在地劳动伤兵与社会厅提交外籍劳务雇佣需求书面报告，报告内容包括工作岗位、外国人聘用人数、专业水平、工作经验、工资水平、工作期限等。若有变化，雇主应在拟招聘或聘用新人替代前至少30天向雇主公司所在地劳动伤兵与社会厅以书面形式提交外籍劳务雇佣需求调整报告。劳动伤兵与社会厅应在收到雇主的外籍劳务雇佣需求报告或外籍劳务雇佣需求调整报告后15天内将其决定向雇主反馈。

《第31/2015/TT-BCA号通告》规定了在越南的外国人签证、临时居留证的事项。第二章规定了办理签证、暂住证的申请和程序。第三章规定了越南无国籍人士出入境许可证的签发和补发程序。该通告规定外国人须申报入境目的、时间及居留地址，入境活动应与申报相符，外国人不得在禁区内居留。外国人可在越南公安部所属出入境管理机关办理长期居留手续，越南公安部所属出入境管理机关将为获准在越南居留1年以上的外国人颁发长期居留证，居留证有效期最多为 2 年。持证人出入境免签证；签证、签证加注、签证变更、居留证及居留许可延期申请将在受理之日起 5 个工作日内完成。

⑦工作许可。越南企业、机关、组织及个人雇佣外籍劳务人员均须签署劳动合同。劳动合同内容应包括：工种、工作时间、工作场所、休息时间、薪资、合同期限、劳动安全、劳动卫生、劳动保险。劳动合同包括书面合同和口头协议两种。外籍劳动者在获得劳动许可证后，用人单位有责任将劳资双方签署的劳动合同复印件呈交给劳动许可证颁发机关，但外籍劳动者系由外方选派到越南工作的除外。

⑧社会保险。在越南工作 3 个月以上的外籍劳务人员取得工作许可证或有权机关出具其工作证明的，须办理强制性社会保险。劳工因工受伤残，雇主须支付医疗费，如未投保，亦按社会保险条件支付赔偿。

⑨集体协议。雇主有义务遵守和履行集体劳动协议。在劳资谈判过程中，劳动集体以简单多数通过劳动协议之后，一旦雇主和劳动集体的代表签订劳动协议，集体劳动协议即对雇主产生约束力。

7. 农业保险和外商农业投资保险政策

2000 年，为了保护参加保险的组织和个人的合法权益，加强保险经营活动，有利于促进和维护社会经济的可持续发展，稳定人民生活，提高保险效益，提高国家对保险业务活动管理的积极性，根据 1992 年《越南社会主义共和国宪法》制定了《越南保险业务法》。该法第 4 条规定了国家对保险业的保障：①国家保护参加保险的组织和个人、保险经营组织的合法权益。②国家投入资金和其他资源，使从事保险业务的国有企业在保险市场上发展和发挥主导作用。③国家对越南发展保险市场实行特殊政策，对为社会经济发展目标服务的保险经营实行优惠政策，特别是对农业、林业、渔业的发展规划。2011 年 6 月 29 日，越南农业部颁布了《执行政府关于对种植、养殖、水产领域试点实施农业保险的第 315/QD-TTg 号决定实施细则》，可以获得保险的风险包括自然灾害风险和疫病风险。

（二）农资、农产品贸易制度

据农业部的最新统计数据显示，2019 年前 7 个月农林水产品出口总额约 230 亿美元；农林水产品进口总额约 180 亿美元。据此，2019 年前 7 个月农林水产品贸易顺差为 50 亿美元左右，比 2018 年同期增长 11.9%。

越南主要贸易法律法规包括：《贸易法》《对外贸易法》《民法》《投资法》《电子交易法》《海关法》《进出口税法》《知识产权法》《信息技术法》《反倾销法》《反补贴法》《企业法》《会计法》《统计法》等。此外，2018 年还出台了《关于外国投资者在越南进行货物贸易的第 09/2018/ND-CP 号法令》。这项法令根据《商法》和《外贸管理法》对外国投资者和在越南有外国投资的经济组织开展货物贸易及其相关活动进行了规定，如分销。

根据加入 WTO 的承诺，越南逐步取消进口配额限制，基本按照市场原则管理。关于出口，越南主要采取出口禁令、出口关税、数量限制等措施进行管理。越南进出口商品检验检疫工作根据不同商品种类由不同部门负责，食品和药品检验由卫生部负责，动植物和其他农产品检验由农业部负责。

1. 关税

目前，越南是多个国际自由贸易协议成员。越南与欧盟、日本、韩国等发达国家之间均签署了自由贸易协议（FTA）；以及 2018 年 11 月，越南成为第七个核准《全面与进步跨太平洋伙伴关系协定》（CPTPP）的国家，这使得越南在出口产品及关税上具有一定的优惠。同时，越南政府正在推动同包括瑞士、爱尔兰、挪威在内的各国谈判其他协议。根据越南计划投资部国家社会经济信息和预测中心预测，到 2035 年，CPTPP 将分别增加越南 GDP 约 17 亿美元，以及出口额约 40 多亿美元。

越南现行关税制度包括 4 种税率：普通税率、最惠国税率、东盟自由贸易区税率及中国—东盟自由贸易区优惠税率。普通税率比最惠国税率高 50％，适用于未与越南建立正常贸易关系国家的进口产品。原产于中国的商品享受中国—东盟自贸区优惠税率。根据中国—东盟自贸区货物贸易协议，越南 2018 年前对 90％的商品实现零关税，2020 年前对其余商品削减 5％～50％的关税。中国 2011 年实现 95％的商品零关税，2018 年对其余商品削减 5％～50％关税。申报中国—东盟自贸区优惠关税应满足原产地规则和直接运输规则。根据东盟规定，2018 年起，越南与东盟成员国之间汽车、摩托车、食品等多数商品将实现零关税。

2. 海关法

2001 年的《海关法》主要对海关的任务和组织机构、海关手续、海关检查和监察、海关在防范走私和非法运输货物过境中的责任、国家对海关的管理等方面进行了规定。

越南海关的任务是对货物和运输工具进行检查和监察；预防和打击走私、边境非法货物运输；对进出口货物执行税法；就海关对出口、进口、出境、入境和过境活动以及进出口货物的关税政策向国家提出建议和主张。越南海关按照集中、统一的原则进行活动。海关总局局长统一管理、协调各级海关的活动，下级海关要接受上级海关的管理和指导。越南海关组织系统包括：海关总局；省级、直辖市级海关局；口岸海关分局；海关检查队和相应的单位。

出口、进口、过境的货物和出境、入境、过境的运输工具要办理海关手续，接受海关检查和监察，按照法律规定通过正确口岸和路线进行运输。货物和运输工具在办理完海关手续后可以通关。办理海关手续要公开、迅速、方便，而且还要严格按照法律的规定。人员和工作时间的安排要满足出口、进口、出境、入境和过境活动的需要。

在办理海关手续时，报关人要做到：①申报和呈递海关申报表；呈交和出示海关材料。②把货物和运输工具送到规定进行货物和运输工具检查的地点。③根据法律规定进行纳税和履行其他的财政义务。

在办理海关手续时，海关公务人员要做到：①接收材料和进行海关登记。②检查海关材料和对货物、运输工具进行实际检查。③根据法律规定收取税费和其他费用。④决定货物和运输工具的通关。办理海关手续的地点是海关在口岸或口岸以外的办公点。必要时，对进出口货物的检查可以在海关总局规定的地方实施。

报关人的权利是：①有从海关获得货物进口、出口、过境，运输工具出境、入境、过境等报关事务相关信息的权利，在办理海关手续时有权得到海关的帮助。②报关前，配合海关公务人员的监察，看好货物，领取样品，以保证报关的正确性。③货物通关以前，如果不同意海关的决定，有权建议海关重新检查货物。④对海关、海关公务人员的非法行为提出申诉和控告，对由海关和海关公务人员造成的损失提出赔偿要求。

报关人的义务是：①报关手续按照法律规定严格执行。②对已报的内容以及已交纳、出示的凭证要负法律责任。③按照法律规定给货物和运输工具办理海关手续。④保管好自报关之日起5年内与已通关货物出口、进口相关的各种账册和材料，海关按照《海关法》的规定内容要求检查时提供的各种相关信息及凭证。⑤安排人员协助进行货物和运输工具的实际检查。⑥按照法律规定交纳税款和履行其他财政义务。

海关公务人员有以下权力：①严格执行法律、海关业务规程，并对自己执行的任务和权限负责。②必要时指导报关人办理手续。③执行海关检查和监察，发现违反海关法律迹象时则按照法律规定要求货物所有人、运输工具指挥者或者委托人检查、监察货物。④在有报关人在场的情况下，取样品以便海关进行分析或要求鉴定货物，以分析结果和鉴定结果确定货物的编码和质量是否正确。⑤要求报关人提供和货物、运输工具相关的信息和凭证，确定货物的编码和价值，以便按照法律规定收取关税和其他款项。⑥在办理海关手续和进口、出口货物检查地点对货物的拆、封、转、装卸进行监督。⑦要求运输工具指挥者、司机沿正确的道路行走，在规定的地方停放。⑧法律规定的其他任务和权限。

海关在防范走私和非法运输货物过境中的任务：各级海关机关在自己的任务和权限范围内组织实施防范走私和非法运输货物过境任务；海关机关可成立

专职机构实施防范走私和非法运输货物过境的任务。防范走私和非法运输货物过境的职责范围：①海关管辖范围内，海关机关负责对货物、运输工具进行检查、监察，主动防范走私和非法运输货物过境。在货物运输工具还没有离开海关管辖范围就被机关、组织、个人发现有走私和非法运输货物过境行为时，该机关、组织、个人应立即报告海关机关以便检查、处理。②海关管辖范围外，海关机关有责任配合国家有关机关采取措施防范走私和非法运输货物过境。在货物、运输工具已离开海关管辖范围而国家有关机关又有证据认为其有走私和非法运输货物过境的行为时，该机关有权根据法律有关规定实施检查、处理。③在实施防范走私和非法运输货物过境任务过程中，各级人民委员会指导配合海关机关和地方其他国家有关机关的活动。

根据2014年修正的《海关法》，报关员须进行申报并将报关单与书证（例如销售合同、商业发票、提货单、货物原产地证书、进口货出口许可、专业检验通知等）一并提交。然后，报关员须将货物发运至适当的地点供进行实物检验。报关员须支付税费并履行其他财务义务。海关部门及海关官员须在收到相关海关单据后立即将海关单据进行登记。为了核实海关单据，海关官员须对货物和运输工具进行实物查验。海关官员还将根据有关税费、收费和费用的法律以及其他相应的法律规定收缴税费和其他应付金额。最后，海关官员将决定是否批准货物清关、货物放行以及授予对相关运输工具适用的结关证明。在海关部门完成报关登记后须进行进口和出口税申报。出口税须在报关登记后的30天内支付。对于进口货物，进口税须在收到消费用货物前支付。出口货物和服务一般免税。出口税可对矿产品、木材和废金属等自然资源征收。用于生产的材料（特别是那些不在国内生产的货物）的进口税非常低，而消费品和奢侈品的进口税较高。

3. 进出口限制和禁止

根据加入WTO的承诺，越南逐步取消进口配额限制，基本按照市场原则管理。禁止进口的商品主要包括：武器、弹药、除工业用以外的易燃易爆物、毒品、有毒化学品、军事技术设备、麻醉剂、部分儿童玩具、规定禁止发行和散布的文化品、各类爆竹（交通运输部批准用于安全航海用途的除外）、烟草制品、二手消费品（纺织品、鞋类、衣物、电子产品、制冷设备、家用电器、医疗设备、室内装饰）、二手通讯设备、右舵驾驶机动车、二手物资、低于30马力*的二手内燃机、含有石棉的产品和材料、各类专用密码及各种密码软件等。自2016年7月起，越南允许进口使用年限不超过10年的二手设备。进口的二手设备在安全、节能和环保方面，须符合越南国家技术标准或G7标

---

* 马力为非法定计量单位，1马力＝735.5瓦。——编者注

准。此外，越南还将禁止进口被权威机构认定为落后、质量差、污染环境的二手设备。生产企业需要维修、更换正在运行的设备，可允许进口二手零部件，可以自主进口或委托其他企业进口。此外，对于使用年限超过 10 年的二手设备，如生产企业仍需进口，也可向越南科技部提出申请。

在越南，以下特定货物不允许外商投资企业进口：烟草或烟草代用品种的雪茄烟、方头雪茄烟、小雪茄烟和香烟；其他制成烟草或制成烟草代用品。"均化"的或"再造"的烟草、烟草提炼物及精华。以下特点货物不允许外资企业分销：米、甘蔗和甜菜、烟草和雪茄烟。在越南，附带于农业、狩猎业和林业的服务以合营或者业务合作合约的形式向海外投资者开放。但外商出资不得超过合营企业法定资本的 51％。

关于出口，越南主要采取出口禁令、出口关税、数量限制等措施进行管理。禁止出口的商品主要包括：武器、弹药、爆炸物和军事装备器材、毒品、有毒化学品、古玩、伐自国内天然林的圆木、锯材、来源为国内天然林的木材、木炭、野生动物和珍稀动物、用于保护国家秘密的专用密码和密码软件等。

四、影响企业投资越南农业产业的其他因素

（一）政治环境

1. 越南签署涉农国际条约的情况

越南奉行全方位、多样化、愿与各国交友的外交路线，保持与传统邻邦的友好关系，积极发展与东盟国家的友好合作，重点发展与中国、美国、俄罗斯、日本、印度和欧盟等大国以及世界银行、亚洲开发银行等国际组织的关系，积极参与国际事务，已同 180 个国家建交。2010 年担任东盟轮值主席国。

越南于 2006 年 11 月加入世界贸易组织（WTO），2007 年 1 月开始履行加入 WTO 的承诺，逐步削减关税，开放服务领域，营商环境较之前有所改善。从 2007 年至 2018 年越南相继加入其他重要的国际组织以及签署自由贸易协议，包括东盟经济共同体（AEC）、全面与进步跨太平洋伙伴关系协定（CPTPP）、越南和亚欧经济联盟自由贸易协定（VN-EAEU FTA）、越南—韩国自由贸易区协定（VKFTA），谈判历时 2 年半的欧盟—越南自由贸易协定（EVFTA）也于 2019 年签署。根据欧盟—越南自由贸易协定，越南、欧盟全面合作伙伴关系和合作框架协议（PCA）的实施意味着欧盟与越南之间 99％的贸易商品将降低关税。签署大量贸易协议对促进越南出口无疑是非常有效的。截至 2019 年年底，越南已生效的自贸协定 12 个，正在谈判或等待签署的自贸协定 5 个，对外开放格局不断扩大。

越南尚不是《粮食和农业植物遗传资源国际公约》缔约国。越南加入了一

些区域性国际组织或合作协定，对农业投资有重要影响。在越南融入国际经济的背景下，已签署、实施和正谈判的 16 个自由贸易协定将对越南的整体经济发展产生重大影响，特别是农业。

目前，越南农业发展存在多种机遇。首先，东盟经济共同体（AEC），欧盟与越南之间的自由贸易协定（EVFTA）以及已经并将继续签署的机制的承诺等将加速推动越南农业重组过程。但是，越南农业仍然存在许多需要克服的问题，例如小农场规模、基础设施差、技术应用水平低、连锁与农业供应链尚未形成、人力资源质量低下等，这些问题使越南农业结构重组过程必定更加迅速且激烈。其次，借助参与世界供应链的机会，越南农业的地位也会有所提高。随着国内市场的多次扩张，越南农产品将有更多机会进入更多的西方市场，许多农产品对中国市场的依赖程度也将最小化。更重要的是，通过中间市场，越南的农产品将有机会扩大市场，更深入地参与全球农产品供应链。

2018 年 12 月 30 日，《全面与进步跨太平洋伙伴关系协定》（CPTPP）正式生效，它将覆盖 5 亿人，GDP 总和超过 13.5 万亿美元，占全球 GDP13％的庞大市场；将逐步取消 98％的农业和工业产品关税，放宽对投资的相关限制，进一步加强知识产权保护。包括越南在内的 CPTPP 的 11 个成员希望该协定可以有效应对贸易保护主义。CPTPP 具有全面、平衡、高标准的承诺，将有助于加强成员经济体之间的互利联系，促进亚太地区的贸易、投资和经济增长。据越南计划投资部国家社会经济信息和预测中心估计，到 2035 年，CPTPP 将带动越南 GDP 增加 17 亿美元，出口增加 40 多亿美元，分别增长 1.32％和 4.04％。该协议将为越南贸易开辟新机遇，为推进国内经济体制改革和改善商业环境创造更多动力。越南加入 CPTPP 确认了越南在东南亚、亚太地区以及全球的作用及地缘政治地位，对越南利用外部资源和整合国内优势，有效服务国内建设、国防及发展具有重要意义。

2020 年 11 月 15 日《区域全面经济伙伴关系协定》（RCEP）签署。成员包括中国、日本、韩国、澳大利亚、新西兰和 10 个东南亚经济体共 15 方。RCEP 涵盖人口超过 35 亿，占全球总人口的 47.4％，成员国的经济规模占全球 GDP 的 30％左右，是全球涵盖人口最多，最具潜力的自贸区协议。尽管协定生效还需各国完成国内程序，但 RCEP 无疑会极大促进区域经济一体化的进程。

2. 越南与我国双边涉农协定

1992 年 12 月，中国与越南签署了《关于鼓励和相互保护投资协定》。自 1991 年中越关系正常化以来，两国政府签署的其他经贸合作协定包括：《贸易协定》（1991 年 11 月）、《经济合作协定》（1992 年 2 月）、《中国人民银行与越南国家银行关于结算与合作协定》（1993 年 5 月）、《关于货物过境的协定》

（1994 年 4 月）、《关于保证进出口商品质量和相互认证的合作协定》（1994 年 11 月）、《关于成立经济贸易合作委员会的协定》（1995 年 11 月）、《边贸协定》（1998 年 10 月）、《北部湾渔业合作协定》（2000 年 12 月）、《关于出入境植物检验检疫合作谅解备忘录》（2004 年 3 月）、《中国政府和越南政府边境卫生检疫协议》（2008 年 10 月）、《中国政府和越南政府关于植物保护和植物检疫的合作协定》（2008 年 5 月）、《中国政府和越南政府关于动物检疫和动物卫生的合作协定》（2008 年 5 月）、《关于扩大和深化双边经贸合作的协定》（2006 年 11 月）、《2012—2016 年阶段中越经贸合作五年发展规划》（2011 年 10 月）、《中越经贸合作五年发展规划重点合作项目清单》（2013 年 5 月）、《边贸协定》（修订版）（2016 年 9 月）、《2012—2016 年阶段中越经贸合作五年发展规划延期和补充协议》（2016 年 9 月）、《中国农业部和越南农业与农村发展部关于开展北部湾渔业资源增殖放流与养护合作的谅解备忘录》（2017 年 1 月）、《中国国家质量监督检验检疫总局与越南工贸部关于中国与越南双边贸易中食品安全的合作谅解备忘录》（2017 年 1 月）、《关于确定 2017—2021 年中越经贸合作五年发展规划重点合作项目清单的谅解备忘录》（2017 年 11 月）、《关于推动"两廊一圈"框架和"一带一路"倡议对接的谅解备忘录》（2017 年 11 月）等。

3. 国际组织或主要国家农业援助的情况

目前，越南已同 51 个国家、地区和组织建立"发展伙伴关系"（即"援助方和受援方"关系），包括 28 个国家和地区、23 个多边组织。上述发展伙伴从 1993 年开始对越南提供援助，迄今累计承诺对越南援助超过 950 亿美元，年平均金额为 35 亿美元。日本、欧盟、韩国等国家和地区，以及世界银行、亚洲开发银行等国际金融组织是越南官方发展援助（ODA）资金主要来源。日本一直以来视越南为"优先"支持对象，也是向越南提供 ODA 最多的国家，日本对越援助主要通过日本国际协力机构（JICA）实施。从 1992 年 11 月开始，日本累计承诺对越南援助（含无偿援助和 ODA 贷款）金额 290 亿美元，其中无偿援助 16 亿美元。此外，近年来韩国平均每年向越南提供 3 000 万美元无偿援助和 3 亿美元 ODA 贷款。欧盟承诺 2014—2020 年向越南提供 4 亿美元无偿援助。截至 2018 年年底，越南共接受 800 亿美元外国援助，其中 70 亿美元为无偿援助，多数援款利率在 2% 以下。

越南是联合国粮食及农业组织（FAO，简称粮农组织）的会员国。粮农组织是联合国专门机构之一，是讨论粮食和农业问题的国际组织，总部设在意大利首都罗马。其宗旨是提高人民的营养水平和生活标准、改进农产品的生产和分配、改善农村和农民的经济状况、促进世界经济的发展并保证人类免于饥饿。

越南是国际食品法典委员会（CAC）的成员国。该组织源于粮农组织和世界卫生组织的共同创建。旨在保护消费者健康、保证开展公正的食品贸易和协调所有食品标准的制定工作。所有国际食品法典标准都主要在其各下属委员会中讨论和制定，然后经 CAC 大会审议后通过。CAC 成员国参照和遵循这些标准，既可以避免重复性工作又可以节省大量人力和财力，而且有效减少了国际食品贸易摩擦，促进了贸易的公平和公正。其制定的《国际食品法典标准》得到国际社会的高度认可。它制定的农产品及其加工产品的质量安全标准，对越南农产品及其加工品的标准化起着重要作用。

2016 年 7 月，世界银行与越南国家银行签署协定，向越南提供 3.71 亿美元贷款，用以帮助越南提高竞争力、应对气候变化及促进绿色增长、供水及废水处理。2010—2015 年，农业与农村发展领域吸收了逾 27 亿美元的官方发展援助，用于水利、交通等项目①。越南农业领域项目投资以中、小规模为主。外国投资者只集中投资于越南少数行业：畜牧、饲料加工、林业、木材加工、林产品、渔业，其中林业和木材加工占外商直接投资农业总额的 78% 左右，其他如农产品加工、水产品等都很少。越南农业外国投资最具吸引力的是饲料行业。越南农业外国投资分别来自 50 多个国家和地区，投资来源以亚洲区域为主。日本、中国（包括台湾省和香港特别行政区）和泰国是最主要的农业外资来源地，上述国家和地区对越南农业投资约占越南农业利用外国投资的 60%。越南农业利用外国投资主要包括两种方式：合资企业与外商独资企业。其中，外商独资企业占 77.4%，合资企业占 22.6%。

4. 越南政治风险综合分析

多边投资担保机构（Multilateral Investment Guarantee Agency，MIGA）指出政治风险是伴随着政府行为的，其否认或限制了投资者/所有者的权利：①从其资产的使用或收益。②其减少了公司价值。政治风险包括战争和革命，政府扣押财产以及限制利益和其他收益在一国内的流动的行为。MIGA 对政治风险的界定是比较宽泛的，其承保的风险有：①货币禁兑和转移限制。②征收。③战争、恐怖主义和内乱。④政府违约。⑤不履行财政义务。MIGA 担保了多个外国投资者在越南投资的项目，如 My Ly Nam Mo 1 水电站和 Hoi Xuan 水电站项目等②。

根据《全球 2016 风险地图》的评估，越南政治风险为中级，安全风险为低级。越南的政治风险评价为中级，即尽管企业运营总体环境良好，但是仍然

---

① 中华人民共和国商务部越媒称近五年来越南农业取得十大成就［EB/OL］，2015 年 11 月 16 日，http：//www. mofcom. gov. cn/article/i/dxfw/cj/201511/20151 101164726. shtml.

② 多边投资担保机构（Multilateral Investment Guarantee Agency），https：//www. miga. org/projects? host _ country%5B%5D＝543&.project _ status＝All&.env _ category＝All&.project _ type＝All&.board _ date%5Bmin%5D＝&.board _ date%5Bmax%5D＝&.title＝&.project _ id＝.

存在巨大挑战。

越南的安全风险评价等级为低，即该国安全环境总体良好，且偶然出现的和（或）低层级问题并不能显著影响公司经营。

越南政局一直保持稳定，但不时也会发生社会骚乱事件。如 2014 年 5 月 13 日爆发的针对中资企业的打砸抢烧事件，其中越南中部河静省台塑钢铁工程项目在骚乱中受损严重。投资者在越南可能面临社会不稳定风险、政府违约风险、政策变化风险、官僚腐败风险等，投资者需要对投资的政治风险进行评估和预防，同时，对投资进行海外投资保险是十分必要的。

《投资法》第 11 条规定了在履行完越南法律规定的财政义务后，外国投资者可以将其投资本金、投资收益，以及其所有合法的货币和其他资产转移到国外。该规定为投资及收益的汇回提供了法律保障，也为国内和国际的政治风险的保险机构承保货币禁兑和转移险提供了越南国内法的支持。

《中华人民共和国政府和越南社会主义共和国政府关于鼓励和相互保护投资协定》第 4 条明确了征收及补偿的标准。具体规定如下：①缔约国任何一方不应对缔约国另一方投资者在其领土内的投资采取征收、国有化或其他类似措施（以下称"征收"），除非符合下列条件：为了公共利益；依照国内法律程序；所采取的措施是非歧视性的；给予补偿。②本条第一款（四）所述的补偿，应等于宣布征收前一刻被征收的投资财产的价值，应是可以兑换的和自由转移的。补偿的支付不应无故迟延。③缔约国一方的投资者在缔约国另一方领土内的投资，如果由于战争、全国紧急状态、暴乱、骚乱或其他类似事件而遭受损失，若缔约国后者一方采取有关措施，其给予该投资者的待遇不应低于给予第三国投资者的待遇。

该协定的第六条规定了政治风险发生后的代位求偿权，即如果缔约国一方或其代表机构对其投资者在缔约国一方领土内的某项投资做了担保，并据此向投资者作了支付，缔约国另一方应承认该投资者的权利或请求权转让给了缔约国一方或其代表机构，并承认缔约国一方对上述权利或请求权的代位。代位的权利或请求权不得超过原投资者的原有权利或请求权。《中越关于鼓励和相互保护投资协定》的规定为中国投资在越南，或越南投资在中国遭遇征收或其他政治风险后得到补偿，提供了国际条约的依据，也为投资保险机构的代为求偿提供了条约依据。

（二）法治环境

1. 优化法治环境

越南近期已付诸重大努力来完善其法律框架，以适应当代的商业环境。朝着这一目标采取的重要步骤包括通过了《企业法》（2014 年）、《投资法》

（2014 年）、《民事法典》（2015 年）、《民事程序法典》（2015 年）和《行政程序法》（2015 年）。于 2015 年 11 月 25 日通过的《民事程序法典》规定了规范越南民事程序的原则，从而使得越南的法院能够解决民事性质的争议（包括劳动、商业和业务争议）。接着，于同日（即 2015 年 11 月 25 日）通过的《行政程序法》涵盖了产生自行政诉讼和程序的各项活动。另外，2010 年的《商事仲裁法》（替代性争议解决机制）展现出使越南的法律制度更加适合于处理商业投资争议这一目标所取得的持续进展。

2. 反商业贿赂

2011 年越南签署了《联合国反贪污贿赂公约》，并在国会得以批准。2012 年越南国会又通过了《反腐败法》，其中制定了要求公开领导干部个人财产申报表的条款。2018 年 11 月 20 日，越南国会批准出台最新的《越南预防打击贪污腐败法》。该法约束对象指有职务、有权限的人员利用职务之便谋取私利，包括公职人员，越南人民军队的专业军人和军官，公安系统的警官和警务人员，国有企业负责人与管理人员，企业国有资产管理者或代表，企业或组织中担任管理职务的人，正在履行公务和任务并具有一定权限的人员。2014 年 9 月 18 日越南政府颁发《关于贪污腐败情形认定和打击贪污腐败工作评价的有关规定》，通过量化方式的规定明确贪污腐败程度的认定方法，根据评分结果划分为巨大损害、大损害、一般损害和无损害，共 4 个等级。

司法部负责执行反腐败法。每一政府机构在履行职责的过程中均可能遇到贿赂情况。有关反腐败的任何法规将经国民大会和政府通过。没有处理反腐败事务的具体部门，但所有政府机构（特别是警察、高等法院、检验、国家审计、检控机关）均对一般性执法负有责任。越南还设有由总理领导的反腐败中央督导委员会，该委员会负有指导、协调、检查和督促全国范围内的腐败预防和打击活动的职责。

为了贿赂提供人的利益或应贿赂提供人的要求，履行或不履行某些工作，而滥用其职务或权力，且已经或将要直接或通过中间人接受价值在 50 万～1 000 万越南盾的钱款、财产或其他任何形式的重大利益者可被判处 3～7 年的徒刑。贿赂行为的混杂因素可使刑期增加至 7～15 年。这些因素包括累犯、骚扰或使用阴险的伎俩进行贿赂或以有组织的方式收取/索要贿赂。违法者如犯有挪用价值超过 3 亿越南盾的财产的罪行，或造成了其他特别严重的后果，甚至可被判处终身监禁。同样的情况也对提供贿赂或充当贿赂中间人的罪行适用。贿赂的价值或这些混杂因素存在的程度越高，违反者的刑期就越长。

3. 民事诉讼

民事程序法典管辖从世俗婚姻、家庭、商业、贸易到劳动等民事问题相关的任何争议。此外，民事程序法典适用于含有涉外因素的产生自任何前述法律领域的任何争议（统称为民事问题）。另外，民事案件还包括与任何涉外因素（例如海外当事方、受海外法律管辖的合同、要求在越南执行的海外仲裁裁决等）间的争议。在任何情况下，相关案件均受越南法律管辖并由越南法院解决。

越南民事程序法典于 2016 年 7 月 1 日部分生效，与在辨认和控制其行为能力方面存在困难的代表、监护人等人士以及法院在没有适用法律的情况下可拒绝受理诉讼的其他案件相关的某些条款除外。该法典将在民事程序规则方面发生一些重大变化，特别体现在以下方面：

提起民事诉讼的法定时效期；人民法院的管辖权；民事案件当事人的权利和义务。

针对提起民事案件法律诉讼的时效期，民事程序法典规定，该诉讼时效将根据民事法典适用，具体而言，如其他相关法律另有规定，3 年的时效期将不被适用。例如，就涉及房地产的民事继承争议提起法律诉讼的时效期为 30 年；而根据民事法典第 623 条，诉讼时效则自相关个人身故之日起 10 年。此外，只有在一方或多方提出请求且该请求是在一审法院作出判决或裁定之前提出的情况下法院才会将法定时效期适用于诉讼。可受益于法定时效期之适用的一方当事人有权拒绝该申请，除非是出于避免履行其义务的目的。

民事程序法典扩大了民事法律关系（例如补偿违反越南法律实施的预防办法的管理所造成的损害以及有关开采、使用水资源、向水源排放废弃物等）的范围。另外，民事程序法典还赋予民事程序当事人一些权利，例如审查与案件相关的其他人员的权利（如法律允许），以及要求法院允许具有相关权利和义务的人员参与诉讼程序或传唤上述人员的权利。如法院的判决或裁定违反法律，民事程序法典还允许当事人请求获得授权的人员和机构根据司法复核程序对该判决或裁定提出异议。

如类似法律或惯例不适用，民事程序法典允许法院适用新的法律渊源（包括法院判例和公平原则）。法院判例系最高法院选定和宣布的可供下级法院研究并适用于其案件（如适用）的判决。民事程序法典以两种标准来界定公平原则，即与在争议当事方之权利和义务方面的公正平等原则，以及二者相结合的正当人道原则。

越南并非 1971 年《民商事案件外国判决的承认和执行公约》的缔约国。根据民事程序法典，在越南没有加入相关国际条约的情况下，越南法院可考虑在互惠的基础上承认海外法院的民事判决和裁定并在越南加以执行，但该判决或裁定不应属于以下情况之一：该民事判决或裁定尚不可能根据作出该判决或裁定的法院所在国法律能够得到依法强制执行；寻求的执行所针对的人士或其法定代表人缺席海外法院的审理，原因是上述人员未经合法传唤或送达；案件属于越南法院的特定管辖范围；案件已通过越南法院或越南法院认可的海外法院作出的可依法执行的民事判决或裁定得到执行，或在海外法院受理该案件之前，越南法院已经受理并在处理该案件；根据法院作出该民事判决或裁定所在国家的法律或越南法律的规定，该判决执行时限已经届满；对海外法院之民事判决或裁定的承认和执行违背了越南法律的基本原则。鉴于前述制约因素，在没有相反条约的情况下，如不经完全申明或就重大问题进行重申，海外法院的判决不大可能能够在越南得到切实执行。

4. 国际仲裁

《投资法》就与在越南的商业投资相关的争议（以下简称投资相关争议）解决规定了若干选项。投资相关争议可通过法院或仲裁程序解决。就投资相关争议作出裁定的主管机构（以下简称"主管机构"）包括越南法院和越南仲裁机构。如投资相关争议的一方系海外投资者或由该海外投资者直接或间接持有51％以上法定资本的公司，则除了越南法院和越南仲裁机构外，主管机构还将包括海外仲裁机构、国际仲裁机构或根据当事方之间的协议设立的仲裁庭。不过，投资法鼓励就任何争议进行协商和调解。

根据投资法，海外投资者与国家行政机构之间在越南的任何投资相关争议应通过越南仲裁机构或越南法院加以解决，除非越南国家主管机构的代表与海外投资者之间就特殊投资协议（例如 BOT 和 BTO 协议）另有约定。最后，如果越南签署了规定有其他争议解决手段的国际条约，此应优先选择适用国际条约而非投资协议。

越南于 1995 年 7 月 28 日签署了《承认与执行外国仲裁裁决公约》（《纽约公约》）。在越南，如果外国仲裁裁决的败诉方不自动执行该裁决，则法院的执行庭将会强制执行。强制执行的方式包括但不限于扣押财产、从败诉方的收入中扣除赔偿费用等。越南在签署《纽约公约》时做了三项保留：①该公约仅适用于在公约其他成员国内作出的裁决。对于在非公约成员国内作出的裁决，越南在互惠的基础上适用《纽约公约》以执行该裁决。②越南法院或其他经授权的机构对《纽约公约》的任何解释必须符合越南宪法和法律。③《纽约公约》仅适用于起于商事法律关系的争议。

越南执行外国仲裁裁决的程序和要求有：①越南法院对外国裁决的承认。"承认"是越南法院为确定一项外国裁决具有国内裁决一样的效力而进行的法定程序。为申请法院承认一项裁决，申请人首先必须向越南司法部递交一份申请书及法律要求的相关文件。申请书最终被递交给被申请执行的法院，即裁决债务人的主要办事机构所在地；或裁决债务人的住所地或工作地；财产所在地。在收到司法部转递的文件两个月内，人民法院必须做出决定。②越南法院对外国裁决的执行。外国裁决的执行程序必须与越南《执行民事判决条例》相符合。裁决被法院承认后，胜诉方必须向法院执行庭提交执行申请书、法院决定书和裁决书。收到上述文件后的 10 日内，执行庭庭长必须做出执行裁决的决定。

如投资相关争议的一方系海外投资者或由该海外投资者直接或间接持有51％以上法定资本的公司，则除了越南法院和越南仲裁机构外，根据投资法，当事方还可约定通过海外仲裁机构、国际仲裁机构或根据当事方之间的协议设立的仲裁庭解决争议。如某海外仲裁裁决系在属越南参与或缔结的相关国际条约之一方的国家作出或由该国的仲裁员作出，越南法院应考虑承认并执行该海外仲裁裁决。如没有国际条约，越南法院还可考虑在互惠基础上承认并在越南执行海外仲裁裁决，但该海外仲裁裁决不应属于以下情况之一：仲裁协议的各方没有能力根据每一方的适用法律签署该协议；仲裁协议根据管辖法律或作出裁决所在国家的法律（如仲裁协议未规定管辖法律）不可执行或无效；寻求的执行所针对的个人、机构或组织未被妥善、及时地告知仲裁员的任命或通过海外仲裁解决争议的程序，或其未能行使其法律诉讼权具有合理的理由；海外仲裁裁决系就当事各方未交由仲裁的或超出仲裁协议各方之请求范围的争议作出。如有可能分割仲裁裁决，当事方交由仲裁的部分应在越南获得承认和执行；海外仲裁小组的组成或海外仲裁程序不符合仲裁协议或作出海外仲裁裁决所在国家的法律（如该等事项未在仲裁协议中规定）；海外仲裁裁决尚不可执行或对各方产生约束力；海外仲裁裁决已被作出海外仲裁裁决所在国家或管辖法律所属国家的主管机构撤销或中止；相关争议无法根据越南法律通过仲裁解决；对海外仲裁裁决的承认和执行违背越南法律的基本原则。

（三）营商环境

1. 越南营商环境排名

越南吸收外资的主要优势有：一是政局稳定，经济发展较快，越南共产党和政府执政能力较强，政策具有持续性，注重经济建设，近年来越南 GDP 增长基本在 5％～7％。二是劳动力成本相对较低，越南 15 岁以上劳动力 5 480万人，根据越南政府规定，2018 年起劳动力最低月薪为 267 万～398 万越南盾（约合 800～1 200 元人民币）。越南拥有 9 620 万人口，是全球人口密度最高的国家之一，人口结构方面，越南人均年龄中位数仅 31 岁，是一个年轻的国家，低于中国人均年龄的 36.7 岁，美国的 37.6 岁，以及日本的 46.3 岁。其中，70％的人口在 15～64 岁，35 岁以下人口约占总人口的 56％。三是地理位置优越，海岸线长达 3 260 千米，漫长的海岸线和 43 个港口为进出口贸易提供便利。四是越南投资法较为开放、完善，为外国投资者提供了较为全面的基础法律保障和较大力度的优惠政策；资本大量涌入，外国直接投资高速增长。五是对外开放程度较高，目前越南已签署或正在推进 16 项自贸协定，投资者可利用东盟经济共同体、中国—东盟自贸区等自由贸易平台接近更广阔的国际市场。六是消费市场潜力巨大，近年来随着经济高速发展，越南中产阶级持续扩大。世界银行统计显示，2018 年超过 90% 的越南人口脱离贫困线。中产阶级人群占比从 2010 年的 7.7% 快速提升至 2016 年的 13.3%。世界银行预测，截至 2026 年，越南中产人群占比将扩大至 26%。据 New World Wealth 数据，在 GDP 的高速增长推动下，越南 2007—2017 年私人财富增长率高达 210%，位居世界第一，而中国同期增长率为 198%。目前越南新兴中产消费阶层的不断产生和高互联网普及率将促使越南人追求更高质量的生活品质和服务。因此，越南未来的消费市场潜力巨大。同时，越南主要出口产品逐渐从农产品和原材料等第一产业演变成机械设备等第二产业，表明越南正进入工业化时代。

影响外资的不利因素：一是宏观经济稳定性不足，越南经济很大程度上依赖出口，易受国际经济环境的影响；公债、坏账高企，政府迄今未提出有效解决方案；二是劳动力素质不高，越南虽然劳动力人口充裕，但受过良好教育和职业技能培训的仅有 20% 左右；三是配套工业较落后，生产所需机械设备和原材料大部分依赖进口；四是外汇管制较为严格，投资者在使用美元时受到较大限制，需面临越南盾汇率不稳定的风险；五是政府部门行政效率较低。

世界银行发布《2019 年营商环境报告》显示，越南在全球 190 个经济体中排名第 69 位。世界经济论坛《2019 年全球竞争力报告》显示，越南在全球最具竞争力的 141 个国家和地区中，排第 67 位。

截至 2017 年 4 月 28 日，国际评级机构标普对越南主权信用评级为 BB-/B，展望为稳定。截至 2017 年 6 月 2 日，国际评级机构穆迪对越南主权信用评级为 B1，展望为正面。2019 年 10 月 9 日，穆迪评级将越南政府的 Ba3 本地与外币发行以及高级无抵押评级债置于降级审查中，并于 3 个月内实施完毕。评级委员会认为越南的经济基本面，财政或金融实力，债务状况或对事件风险的敏感性并未发生实质性变化，并指出机构实力和相关框架已大幅下降。此决议的主要原因涉及了越南政府债券利息的延迟支付。尽管到目前为止，公开信息表明债权人没有损失或损失很小，但延误付息代表着越南底层机构能力的薄弱。截至 2017 年 5 月 18 日，国际评级机构惠誉对越南主权信用评级为 BB-/B，展望为正面。

2. 越南农业营商环境

越南农村电力供应不足，且主要用于照明，用于灌溉和生产目的的不多；农村生活供水不足，生产供水更为匮乏，只有 43% 的蔬菜作物和经济作物得到灌溉。直接导致了越南农业生产乏力、销售困难，无法吸引投资者，特别是外国直接投资越南农业。

根据国际灾难数据库 EM-DAT 数据统计，2000—2014 年，越南遭受自然灾害的次数统计如下：干旱 2 次、洪水 49 次、风暴 48 次、滑坡 4 次、地震（海啸）0 次、火山活动 0 次、流行疾病 4 次。EM-DAT 统计标准至少必须满足 4 个条件中的一个：10 人以上丧失的报道；100 人受灾报道；受灾国呼吁了国际援助；受灾国申报了紧急状态。

抵御农业风险机制不完善。越南是一个热带气候、海岸线长达 3 260 千米的国家，农业防御风险能力较差，每年自然灾害对农业生产影响很大。由于越南农产品实际保护率较低（低于 3％，而部分工业品高达 200％），农业保险系统尚未建立，致使投资者都惧怕投资到敏感与多风险的农业领域。

越南农地高度分散。大多数农地面积分散在农民手里，导致越南农业生产经营的规模较小，降低了越南农业对外商的吸引力。越南农业生产小规模、分散经营为主的家庭经营体制与外国直接投资（FDI）的规模化、产业化经营很难适应，FDI 投资者和农户的沟通合作比较困难。此外，越南农业产业化程度低，支持发展农业的政策还不完善，再加上城市化的发展导致农地面积减少、水源被污染，这些问题都降低了农业领域对 FDI 的吸引力。

自 1991 年中越关系正常化以来，在越南投资的中国直接投资项目主要集中在小规模酒店、餐馆和消费品制造业。近期中国对越南的投资项目转移到建筑、制造、加工、电力和采矿部门；其次是服务业、房地产业；最后是农业、林业、渔业和教育。现在中国在越南投资的 17 个行业中，前六位是制造业、纺织品、配电-水煤气-空调、建设、房地产、住宿和餐饮服务。这些行业占中国流入越南资本的 98％。根据越南国家外国投资局的统计，1991—2017 年，农林渔业部门吸引中国直接投资 17.88 亿美元，占总投资的 14.8％。

（四）社会环境

越南劳动联合总会为全国最高工会组织。越南企业一般都设有工会，工会代表由工人选举产生，设主席一名，副主席若干名。《劳动法》第 13 章专门规定了工会制度，具体包括工会在劳资关系中的作用；企业、机关、团体工会的建立、参与和运行；在工会的建立、参与和运行中禁止用人单位的某些行为；基层工会代表在劳资关系中的权利；雇主对工会的责任；企业、机关、团体工会活动条件的保证。近年来，工会在保障企业员工利益，特别是增加工人工资方面发挥了重要作用。

越南工商会为全国最大的企业组织。主要职能是加强企业间合作，反映企业意愿，保护企业合法权益，在国内外举行和参加各种展会和论坛，以及为企业开拓国外市场提供服务等。

（五）自然环境

1. 自然灾害

农业的发展离不开自然界，受多种自然因素的影响。农业的自然风险即是来自自然界与农业生产相关的灾害性因素，如气候、病虫等自然灾害。农业以农作物和家畜家禽等为经营对象，受自然环境的制约程度比较深，受地理和气候条件的影响比较大，自然环境的稍微变化对农业都有很大的影响。而且，自然灾害具有多样性和多发性，地震、洪水、台风、飓风、冰雹、山崩、冰凌时有发生，而且波及范围往往特别广，农业受灾面积大。

越南红河流域适合农业经济的发展，同时也是越南国内最为重要的稻米生产区域，占全国耕地面积的一半以上。但红河流域平原洪涝常发，严重制约了越南的农业经济发展。越南南部的湄公河三角洲是另一个粮食生产区域，洪涝灾害的发生情况较为规律，便于防范和治理，使得农业经济获得了较好的发展。越南其他地区由于受到自然条件的限制，农业生产情况不容乐观。越南属热带气候，海岸线长达 3 260 千米，农业防御风险能力较差，每年自然灾害对农业生产影响很大。越南是世界上最容易发生灾害的国家之一，约有 70% 的人口面临风暴、暴雨和洪水的风险。随着漫长的海岸线、多山的地形、许多河流和热带气候造成风暴、大雨，越南将越来越频繁地遭受自然灾害和极端天气。自然灾害造成人员伤亡、摧毁房屋、田地。据统计，自然灾害每年造成的损失约等于越南国内生产总值的 1.5%。

根据《直至 2020 年国家自然灾害防治和减灾战略的批准决定》的规定，政府对全国的自然灾害防治和减灾实行国家统一管理；农业部是协调有关机构的常设机构，协助政府对该领域实施国家管理。该法规定了减灾的总体目标：动员一切资源，从现在起到 2020 年，有效地预防、抗击和减少自然灾害，以减少人力和物力损失，限制对自然资源、环境和文化遗产的破坏，为确保国家的可持续发展和安全作出巨大贡献。

2. 外资投资农业的效率不高

农产品本身具有很强的季节性，易受病虫害和气候的影响，从而直接影响产品质量。农业 FDI 投资企业往往要用较多的资本投资劳动培训和农业经济技术基础设施。如农田灌溉设施、连接乡村道路、建设农产品加工企业工人的福利设施，然而，越南农业生产和经营的区域面积小，农业生产基础设施差，容易受到异常天气状况和不可预测的气候的影响，这样就会影响 FDI 投资农业企业的生产、经营效率。再加上越南的土地纠纷较多、土地分散，交通困难，这些情况对投资者来说都缺乏吸引力。

五、企业投资越南农业产业的主要风险

(一) 商业风险

布莱克法律词典将"风险"定义为:"结果事件或损失的不确定性;伤害、损害或损失的可能性;尤其是损害可能性的存在及其范围"。该定义的核心内容是损失发生的"不确定性"。国际投资是一种跨境的经济活动,因其面临的不确定因素导致比国内投资有更多和更大的风险,主要可以分为商业风险和非商业风险两大类。商业风险是指由于市场中的各种经济因素的本地化使国际投资出现收益下降、发生亏损等危险;非商业风险是指除商业风险之外的其他因素使国际投资出现收益下降、发生亏损等风险,主要包括政治风险和法律风险。

2016—2017 年,由于越南政府出台了一系列刺激经济的宏观政策,包括积极处理通货膨胀、解决结构性问题、进行改革等,越南的经济逐渐复苏,所以 2016—2017 年越南的经济加速增长。但是越南经济增速也引起了世界银行和国际货币基金组织的担忧,2018 年国际货币基金组织认为越南的经济增长率应该保持在 6.5% 左右,但真实情况却在 7% 左右。越南经济快速增长主要缘于 2017 年政府出台一系列调控政策,财政政策比较积极,货币政策也十分宽松,信贷增长明显。越南是出口导向型经济,约 70% 出口得益于外国直接投资。中资较大的项目包括铃中出口加工区、龙江工业园、深圳—海防经贸合作区、圣力(越南)特钢有限公司、河内新希望集团有限公司、永兴一期火电厂等。

1. 工人工资上涨快

越南人工工资出现上涨趋势,工人不断要求提高工资,甚至为此出现罢工现象,影响到日常运营。越南的工人工资对比 20 年前,上涨了 400%,胡志明市的工资水平已经和我国三四线城市差不多。随着近年来经济的发展,越南国内物价水平不断提高,越南的劳动力成本优势也呈现出削弱的势头。在海防市所属的第一地区,最低工资标准由 2014 年的 270 万越南盾(约 800 元人民币)提升到 2018 年的 398 万越南盾(约 1 175 元人民币)。根据越南国家工资委员会的方案,2019 年越南最低工资标准将继续上调 5.3%,至 418 万越南盾(约 1 235 元人民币)。

2. 越南金融当局对外资银行监管严格

中资银行在越南成立的分行,只允许设立一个经营网点,而且把分行当做子行监管,实行单一客户限额信贷控制以及每年信贷规模增量控制。而且越南金融当局实行严格的外汇管制,市场流通"去美元化"。严格规定内外资银行都实行美元存款零利率政策，一方面迫使美元持有者强制结汇，另一方面也限制银行进行越南境内的美元交易业务。使当地企业经营主要依靠越币存款和结算资金，外资银行失去境外美元资金优势，在与越南盾存款来源存在显著优势的本地银行竞争中处于不利地位。不允许中资银行开展人民币业务以及其他离岸业务。越南是东盟十国中唯一未开放人民币清算业务的国家，越南央行至今未与我国中央银行签订人民币互换协议。我国中资银行在越南的经营币种只能是越南盾和美元，中资银行经营空间被压缩得很窄。

（二）法律风险

1. 劳动用工方面

相比泰国或印度尼西亚，越南劳动力的工资具有竞争力，但其上涨速度快，雇主的成本因此会增加。2018 年越南加入《全面与进步跨太平洋伙伴关系协定》，其更为严格的劳工标准有助于改善劳工条件，同时，工人议价能力的提升和恶劣的劳务管理关系将增加劳动关系破裂和罢工行为发生的风险。此外，由于劳动力缺乏基本的就业准备和技能，在越经营的企业需要为雇员提供额外的内部培训。目前越南的劳动力市场在东南亚地区仍处于中等水平，企业需花费较多时间和投入来发掘合适的人才。

2013 年越南《劳动法》第五章第二节用单独一节规定了集体谈判权，第十四章第四节规定了罢工，指出罢工是职工集体在劳动争议解决过程中，为实现自己的要求而进行的临时的、自愿的、有组织的停工。该节详细规定了罢工的组织和领导、罢工的顺序、员工集体意见的收集、罢工开始时间通知、罢工前和罢工期间双方的权利、非法罢工的情形、临时关闭工作场所决定的通知、禁止临时关闭工作场所的案件、罢工期间雇员的工资和其他合法权益、罢工开始到结束中的违禁行为、禁止罢工的案件、推迟或取消罢工的决定、不按规定顺序和程序进行罢工的处罚。一些中资企业缺乏罢工事件的敏感性和对罢工事件的处理经验，因此，在工人罢工要求涨工资、改善劳动条件或提出其他主张时，往往是就事论事，缺乏风险预防和整体策略。

2019 年 11 月 20 日，越南第 14 届国会以 90.6％票数赞成通过《劳动法》（修订案）。越南《劳动法》（修订案）含 17 章 220 条，其中有 10 条是新增加适用于劳动者的条款，另外有 6 条是新增加适用于用人单位的。其中关键的一条就是允许劳动者成立属于劳动者自己的工会组织，不隶属于现行制度下的工会体系。也就是说，越南允许成立独立工会。独立工会制度将促进工会作用的充分发挥，及其在集体协商中的议价权。

2. 环境保护方面

企业在对越南投资的过程中，应增加社会责任，提高环保意识。企业应向当地民众介绍工程、研究概要、环境影响评估报告和环境许可证等情况，让越南当地民众了解企业的运行动态，避免遭受不必要的法律风险。投资农业的企业应结合生产经营实际与作业流程，识别出在生产经营过程中造成或可能造成环境污染、生态破坏的环境保护法律风险点，依据环境保护法律、环境标准，采取切实有效的措施，加强事前预防和事中控制，细化企业的环境责任。越南2014年通过了《环境保护法》，该法在立法指导思想上顺应了国际环境保护的发展趋势，融合了现代环境保护的理念，标准也较为严格，该法中专门规定了农业生产中的环境保护事项。中国在越南投资的某些项目如钢铁、水泥和铝土矿，对环境污染比较严重。例如，越南平顺省永新燃煤发电厂对周围的居住环境污染较为严重。

3. 法律变化的风险

尽管《投资法》第13条保证了投资者在法律变化的情形下，能享受到最优惠的投资鼓励措施。但该条规定仅适用于投资鼓励措施，实际上外国投资面临的法律变化的风险范围是很广的。越南的法律和政策更新得较快，农业部不时发布新的通知，对农业生产中出现的新情况根据上位法提出具体的实施方案。外国投资者对农业、环保、金融、税收、进出口、土地等方面存在的法律风险，不但要分析当前的政策，而且要分析随着经济、社会发展及产业结构调整升级的远期政策；不但要分析单个项目的有关指标，还要分析项目所在地区和园区的整体指标。在越南农业领域，农业部会经常发布各种通知，对鼓励农业投资政策进行调整，对一般性的法律规则，根据本领域的情况进行细化规定，对于这些法律和政策的变化，企业需随时了解，关注政策和法律变化给本企业和项目带来的风险，以便积极应对。

六、农业投资法律风险防范建议

（一）提高风险规避和防范的能力

1. 加强风险评估机制

风险评估机制是事先估计风险产生的可能程度，判断导致其出现的条件和因素，对投资行为决策作出正确的导向。中国投资者在投资决策前，应对越南国家情况、目标省份、行业、项目、合作方式或合作伙伴进行认真选择，做好投资环境的综合评估、投资项目的可行性研究和合作伙伴的资信调查。考虑到中国多数企业并不了解越南市场，为了尽可能规避投资和贸易过程中可能出现的风险，对越南的合作对象及项目相关的各项信息做详细评估非常必要。在合作项目确定的前期，对越南的合作对象的资信情况和企业各项信息的真实性、合法性进行核实，对越南合作方或者拟投资项目展开法律尽职调查；在签订协议时，对合同条款进行仔细拟定，建议设定法律稳定条款、汇率稳定条款等，避免越南法律变更、汇率波动带来的风险；企业内部也应建立专门的风险管理部门和管理人员，对风险做好前期预防的准备。

法律尽职调查应对东道国投资行业的法律规范、投资主体和投资项目本身进行全面的了解。尽职调查的主要内容包括：对东道国整体的法律环境进行调查，判断对外国投资者法律风险的高低。对投资对象，如并购中的目标公司和关联公司进行尽职调查。对投资项目和交易标的所适用的法律进行尽职调查。法律尽职调查需依靠中国和越南双方律师组成的律师团队开展，通过尽职调查，就准入阶段、运营和退出阶段的项目风险进行评估，通过法律途径最大化保护投资者权益。

就农业领域投资而言，农业不仅是为人民生产和生活提供最为必要产品的行业，也是工业原料的供给行业。然而，农业生产往往面临着很多不确定因素，具有很高的风险。通过尽职调查，可进一步了解越南农业投资环境，积极掌握越南宏观经济、贸易趋势、产业发展以及越南政府吸引外商直接投资农业政策等投资环境信息。越南各省市的自然环境、基础设施情况不一，中国企业投资越南农业时，应在客观分析其投资环境的优势和劣势的基础上，选择具有比较优势的区域进行投资。同时，要注意通过咨询中越各政府部门、商会以及中国驻越南使馆等了解越南投资的政策环境，如 FDI 投资所用农村土地和水域租金的减免政策、FDI 审批程序等。

合理选择投资农业行业。目前，越南外国直接投资的行业主要集中在林业和木材加工业，其他如农产品加工、水产品等都很少。中国企业投资越南农业时在充分评估自身企业的比较优势、竞争优势的同时，还应结合越南国内具有发展潜力和吸引力的行业，合理选择对越南农业直接投资的行业。例如咖啡是越南重点经济作物之一，在越出口的各项农产品中仅次于大米，名列第二；自2016 年以来，越南已成为咖啡出口第二大国及最大罗布斯塔咖啡的出口国。同时，越南国内咖啡消费量逐年增长，潜力巨大。研究越南咖啡产业，寻找咖啡产业投资切入点，有利于通过利用越南咖啡资源和市场，推进企业更好"走出去"。

对合作伙伴的尽职调查十分必要，等级越高、信誉越好的主体，合作的诚信度和成功率就越高。需警惕一些主体以合作投资为名，将手中的非优良资产高评增值或者在获得合作项目控制权后转走优良资产；警惕一些主体将尚未完全缴纳土地出让金、办理过户手续的土地作为拟投资项目的银行贷款抵押；警惕合作主体的出资方式不合法，对于非货币出资，特别是农业用地使用权的出资，必须保证价物相符，防止虚假出资带来的法律风险。

公司对投资风险的评估通常需要借助律师事务所和会计师事务所来完成。

中国律师事务所在越南设立分所或设立越南中资律所的，需派遣至少两名中国执业律师，每名执业律师的执业年限应满两年，每名中国执业律师在连续 12 个月的期间里在越南执业时间不少于 183 天。目前，已有一些中资律师事务所"走出去"，在越南设立了分所。中国企业可以借助钱伯斯等权威评级机构的排名，了解对备选律所的评价。但最重要的是考虑其是否有较多的承接该类项目的经验。律师等专业机构的服务报价不一，其收费与专业经验、口碑、规模等密切相关，收费方式一般是按小时计费或收封顶价。对于商事案件采取封顶价的方式比较常见，而对诉讼和仲裁案件无法预估的情形下，采取按小时收费比较多。

2. 加强农业风险管控

越南气候变化大、农村基础设施条件以及农业保险机制建设滞后、农产品保鲜和储藏技术水平低、农产品价格信息网络系统缺失。在这样的条件下，中国企业投资越南农业要充分利用各种手段，落实农业生产风险管理措施。农业产业存在经济风险。在农业生产和农产品销售过程中，由于市场供求失衡、农产品价格波动、经济贸易条件等因素变化、资本市场态势变化等方面的影响，或者由于经营管理不善、信息不对称、市场前景预测偏差等导致农户面临遭受经济损失的风险。同时，鲜活易腐的农产品在流通过程中还必须采取一定的措施，例如仓储、运输、保鲜、加工等才能保证其合乎质量要求并最终进入消费。这些措施及后续活动，需要特定的容器和设备，较长的生产延续性使农产品的生产经营具有更强的资产专用性，从而降低了农产品的市场竞争力，引发农业的市场风险。价格波动幅度过大还易造成所谓的"丰产不丰收"现象。农业是一种社会效益高、生态效应大、机会成本高、自身效益低的弱质性高风险产业。在市场经济条件下，具有生物性特征的农业生产既要受自然环境的制约，又要受市场供求规律和价格波动的制约。农业市场调节具有滞后性，加之农产品流通环节的特殊性以及国际市场的挑战，致使农产品市场受到很大冲击。在农业生产中，生产周期长，农业生产者依据市场的价格信息对生产做出调整到产品的产出之间有较大的时间差，农产品的价格与需求易发生较大的变化。

对农业风险的管控，一方面在商事合同中，可通过合同条款的约定，对风险进行预期管理。面对 2020 年的新冠肺炎疫情，越南启动应急响应，加强了对人员和货物的监测、检测，采用一定时间内的居家隔离、暂停大米出口、停止旅游运输、暂停颁发来自疫区国家和地区的工作许可证和旅游签证等措施。在此背景下，从事对外贸易和对外投资活动的企业可能面临着违约和预期违约的困境。《民法典》第 156 条第 1 款规定："不可抗力事件是指客观发生的、无法提前预防和即使采用一切必要手段和可能的能力，但仍无法消除的事件"。

《民法典》第 351 条第 2 款规定："义务方因不可抗力因素无法正确履行义务的情况下，则无须承担民事责任，除非有其他约定或法律有其他规定。"《贸易法》第 294 条规定，违约方在发生不可抗力事件的情况下免除责任。越南法律关于不可抗力的条款规定相对简单，对不可抗力抗辩主张实施的实体要件和程序要件的法律规定过于粗糙。农业合同的当事人可以在合同中，根据合同目的和特点，对不可抗力条款进行更加严密的约定，对诸如新冠肺炎等事件带来的合同违约的风险进行预防和管理。

另一方面，中国企业可以考虑购买农业保险。农业保险是专为农业生产者在从事种植业、林业、畜牧业和渔业生产过程中，对遭受自然灾害、意外事故、疫病等保险事故所造成的经济损失提供保障的一种保险。《越南保险商业法》中指出了越南对农业保险经营实行优惠政策。越南农业部信息中心发布了《越南农业保险发展手册》，该手册为越南农业保险提供了基本信息资料。

3. 合理设计交易结构

科学合理设计交易架构，是投资安全稳健运作的前提。从公司投资者责任承担角度讲，有限公司和股份有限公司具有较大优势，可以避免投资人的巨大投资风险。如果企业经营具有较大风险，可以选择有限公司、股份公司这种企业类型。

在越南进行货物销售，中国公司有如下选择方案：①代理商或分销商。对外国制造商而言，使用越南当地代理商或分销商是最常见的市场进入策略。②分支机构。分支机构原则上隶属于外国公司，并不是独立法人。按照越南向WTO 作出的承诺，允许外商在越南设立分支机构被限定在特定领域，比如银行金融、法律、保险、市场营销与广告、教育、旅游、物流、建筑和其他种类的服务。③子公司。全资子公司能够在越南市场转售其进口的货物。

章程是企业最重要的自治规范，作为企业健康有序运行的基础，章程须将法律的原则性进行细化和可操作化，将法律未规定但是实际运作需要共同遵守的准则规范化，重点对股东的权利与义务和公司性质、经营范围、利润分配、解散清算、公司法人治理结构的设置、产生及其权限、议事规则作出全面、科学和具体的规定。在章程的设计上，尤其应关注股权设置。股权设置过于集中时，应特别注意保护中小股东的利益和建立监督机制。股权过于分散时，要降低公司表决通过的比例以及股东召开临时股东会的比例要求。一般企业会采用公司章程的范本，但范本通常无法反映公司本身的特点和行业特点，需要进行特殊化和细化。对公司机构会议的召集、决议、人事安排、执行机制、制约机制需要前瞻性的设计，防止高管之间出现僵局，无法召开股东会议或者股东会议不能形成决议。

企业在投资前应进行充分的可行性研究。企业需对越南涉及国家限制性行业的项目慎重决策。同时，投资项目所涉及的上下游产业政策的法律风险也需关注。一旦上下游产业受到法律禁止或限制，产业链变窄或断裂，将危及本项目及行业的采购和销售，产生经济风险。对投资项目需进行尽职调查，审查项目的合作协议、企业经营执照、资质证书、许可证书等及其设立、变更、年检的法律登记手续。审查项目本身有无产权纠纷、债权纠纷、合同纠纷、章程瑕疵、法人治理结构瑕疵等重大法律问题。

4. 购买海外投资保险

企业对外投资的退出主要是指"国际直接撤资"。一般包括两种情形：一种是我国企业因经营不善或者基建完工直接撤资；另一种是受东道国政策或者国内特殊情况的影响而被迫撤资。具体而言，该阶段的法律风险表现为东道国对投资退出的限制、有效退出机制的缺乏和被东道国国有化三个方面。

为了预防外国投资遭受政治风险，建议企业购买海外投资保险。海外投资保险使得企业在东道国可能面临的国有化风险、外汇风险、政治风险全部或一部分转移至保险公司。投资企业通过对其各种资产进行投保，以期分散风险，减少经济损失。鉴于我国企业对"一带一路"沿线国家的投资热情日益增长，中国出口信用保险公司正不断推出适应多种投资项目的保险业务，基于"一带一路"沿线国家的特殊情况，该类业务往往具有极强的针对性与可操作性。中国企业在投资越南时，需根据项目进行评估，购买相应的中国出口信用保险公司的海外投资保险。

建议企业在开展对外投资合作过程中使用中国政策性保险机构——中国出口信用保险公司提供的，包括政治风险、商业风险在内的信用风险保障产品；也可使用中国进出口银行等政策性银行提供的商业担保服务。中国出口信用保险公司是由国家出资设立、支持中国对外经济贸易发展与合作、具有独立法人地位的国有政策性保险公司，是中国唯一承办政策性出口信用保险业务的金融机构。该公司支持企业对外投资合作的保险产品包括短期出口信用保险、中长期出口信用保险、海外投资保险和融资担保等，对因投资所在国（地区）发生的国有化征收、汇兑限制、战争及政治暴乱、违约等政治风险造成的经济损失提供风险保障。

5. 法律稳定条款

在《越南投资法》中，对法律改变时的投资保障条款有如下规定：如新颁布法律文件的优惠比投资商已享有的优惠更大时，则投资商可从新颁布法律文件生效之日起按新规定享有该优惠。如新颁布法律文件的优惠小于投资商正在享受的优惠时，投资商在项目剩余时间内继续享受之前所颁布法律文件规定的优惠。但不适用于因国防、国家安全、社会安全秩序、社会道德、公共健康、保护环境等原因而改变法律文件有关规定的场合。如投资商因国防、国家安全、社会安全秩序、社会道德、公共健康、保护环境等原因而改变法律文件有关规定，导致无法继续享受投资优惠，企业可以考虑通过以下某项或某些措施解决：①在投资商的应税收入中扣除损失。②调整投资项目的活动目标。③扶持投资商克服损失。

尽管《投资法》中对法律变化带来的优惠的改变作出了规定，但该规定的范围仅限于优惠，为了更好地保障投资的安全和利益，可以考虑在合同中签订法律稳定条款。稳定条款是国家契约中常见的规定，其存在的目的旨在平衡东道国与外国投资者的权利与义务，方法是由东道国政府向外国投资者提供某种稳定性，作为对方在东道国大量投资的回报。投资者一定要免于受到东道国立法不确定性的不利影响，即东道国修订国内法的风险。投资者还要免于受到政府采取的会导致废除或撤销合同的措施的不利影响。因此，法律稳定条款就被纳入合同之中：这些条款趋向于使协议的全部或部分内容不受东道国国内法的管辖，从而使之受国际法制度的管辖。通常情况下，稳定条款规定东道国政府承诺在国家契约的有效期内不通过立法等行为改变合同的约定，不以立法、行政等手段减损外国投资者的权益或改变双方立约时的法律环境。所谓不减损外国投资者的权益包括不对之国有化，如在特许协议中规定："特许协议的有效期为五十年，在特许协议的有效期内，越南政府不以普通或特别立法或行政措施或任何其他行动使特许协议无效"。相关特许协议同时还可规定，除非越南和外国投资者一致同意对本协议条文的修改、减少或增加符合双方的利益，否则任何一方均不得对本协议作出更改。

6. 注意越南的土地政策

中国投资者在投资越南，租用土地时，需要明确土地使用权的期限，需与项目所在地的土地管理部门联系，办理土地租用手续，如果项目进展遇到困难，土地使用的情况与批准的内容不符，需及时向土地管理部门通报。土地使用费可以按年支付，也可以一次付清。农业项目通常生产经营周期长，建议投资者采取分期支付的方式进行，同时约定涨价条款和涨价幅度。

投资者在获取土地时，不能只看价格，还要看配套。投资者在投资时容易被投资优惠政策所吸引，或者获得政府某些高层领导的承诺后轻率地作出投资决定。在农业投资领域，投资者需要看该项目所在地的基础设施和配套是否完善，产品的上下游行业集群，物流是否便捷等影响投资的重要因素。

7. 注意农业领域的知识产权保护

越南加入了知识产权保护领域的主要条约。《知识产权法》于2010年进行了修正，对知识产权法的各个领域都进行了规范。同时《科学技术法》还对外国投资科技领域进行了规定。例如生产中涉及的植物品种和动物品种，主要属于生物学性质而非微生物学性质的植物或动物生产流程等都可以获得专利保护。中国农业企业在投资越南时，需注意自身知识产权在越南的保护，对处理保护范围之内的项目，主动申请专利权和商标权，预防企业的知识产权被侵犯。此外，大部分企业的知识产权管理工作一般是由总工程师或技术开发部门负责，科技管理人员往往对法律当中技术贸易的理解不全面，不能达到有效保护知识产权的目的。农业领域知识产权保护具有很强的专业性，随着投资的深入尤其是大型投资项目，涉及专利、商标权、品种权等权属问题时，需要利用越南本土专业化人才，来实现知识产权保护，满足法律合规的目的。

8. 对投资产生的争端的解决

中国企业在进入越南市场之前应做好全面的应对方案，并根据自身的商业实际来选择适合的争端解决条款。世界银行 2018 年的统计数据表明，越南案件审理的平均耗时为 360～540 天，平均诉讼标的占诉讼成本的 25％～50％。相较诉讼而言，仲裁程序的平均时长为 154 天，承认与执行仲裁裁决的平均时长为 93 天，在"一带一路"沿线国家中争议解决的效率上排名靠前。建议中国企业投资时，可与合作方约定采用仲裁的方式解决与合同有关的争议。仲裁机构可以约定中国国际经济贸易仲裁委员会、香港国际仲裁中心、新加坡国际仲裁中心等仲裁机构，在这些仲裁机构提供的标准条款的基础上，根据合同内容和双方需求，选择合适的仲裁地，仲裁语言，对标准条款进行一定的调整，实现如果投资过程中产生争议，可以得到公平、合理解决的目的。

（二）主动利用投资优惠措施

1. 及时获取农业领域的特殊优惠政策

根据《投资法》第 17 条投资鼓励实施程序的规定，发给投资登记证的项目，投资登记机构应当在投资登记证上载明投资鼓励的内容、申请投资鼓励的依据和条件。对不需要取得投资登记证的项目，完全符合投资鼓励享受条件的，投资者可以不需申请投资登记证，享受投资鼓励。在这种情况下，投资者应当根据本法第 15 条、第 16 条和其他有关法律规定的投资鼓励享受条件，自行确定符合条件的投资鼓励，在税务机构、财务机构或海关机构，视每种类型的投资鼓励，履行享受程序。

越南政府为了促进农村经济发展，努力改变农业农村面貌，采取了一系列政策措施来吸引外资。2018 年的《关于促进企业投资农业和农村地区的机制和政策》第 1 条规定了一些优惠机制和政策，支持国家的额外投资，并规定了优先性和用于实现该优先性的程序，以及为支持企业投资农业和农村地区进行细化的规定，如减少公司所得税、减少进口税、减少土地租金等。企业有意识、有目的地充分利用各种投资优惠政策，将会使企业利润获得大的提升。在越南农业领域，有的项目是特别鼓励投资类，有的属于鼓励投资类。特别鼓励投资项目的所得税税率为 10%，减免期限为 4～15 年；鼓励投资类项目所得税税率是 15%，减免期限为 2～10 年。这些农业领域特殊而关键的税收优惠政策，将会吸引更多的外资。值得注意的是，《关于促进企业投资农业和农村地区的机制和政策》提出建设"国家农业市场"，网站至少以 3 种语言（越南语，英语，中文）建立，并致力于维持运营至少 10 年，企业的产品信息保持至少 3 年。说明了越南农业部在农业投资优惠政策中，对中国投资者提供了更便利和高效的信息获取途径。

中国企业在越南进行投资时，还需注意，中央在整体层面上出台一些投资优惠政策，但是各个省和经济区是投资政策的最终执行者，各省的投资政策同样也存在差异。《第 57 号文》指出省级人民委员会就鼓励企业投资农业和农村地区的项目清单发布投资政策决定。中国企业可争取尽可能多的优惠政策，如在税收减免、出口激励和人员培训、员工安置等方面，争取更多的中央和地方的投资优惠政策。例如 BacNinh 省就有自己的《到 2020 年的农业发展规划》以及《审查调整 BacNinh 省 2025—2030 年农业发展计划》等地方政策和规定。中国投资者在了解越南全国范围内统一施行的法律的同时，也需要对投资的所在地方政策和法律充分知悉，加强与地方层面的计划投资部门和农业部门、土地管理部门等投资管理相关部门的沟通，从而保证投资优惠能落到实处，农业投资项目能顺利开展。

2. 申请农业信贷资金

农业投资具有对外资金需求量大、周期长、见效慢等特点。开展海外农业投资，对项目所在国农业金融服务（包括农业信贷支持、农业跨境支付、农业期权等）了解不足，相关农业资产在境外无法抵押、融资时，将制约我国民营企业因资金问题而"走出去"的步伐和力度。越南对农业领域投资有较为优惠的信贷政策，专门发布了《关于农业和农村发展信贷政策的法令》，鼓励对该领域的小额信贷，并确立了国家扶持政策。越南向中小企业贷款通告中，对农业中小企业的商业贷款作出了规定，符合条件的企业还将获得开发银行的贷款。我国农业企业在项目运行之初，可以考虑设立农业中小企业，以获得资金支持，扩大生产经营。

（三）熟悉东道国法律

1. 提倡本土化经营

中国投资越南农业主要有三种形式：一是全资形式。这种方式下，中国企业虽然取得了完全控股权，但由于与东道国政治文化磨合成本较高，特别是在初期投入成本比较高，不利于分担风险。二是合资方式。这种方式可以利用东道国的人员信息优势，发挥中方的技术资金优势，这种合资方式容易被东道接受，有利于提高投标的中标率，而且可以进一步掌握越南农业的情况，熟悉越南政治环境、经济状况和文化习俗。同时，通过越南的合资方的参与，可以缓和冲突。三是合作的方式，通过合作合同进行。这种方式由于没有设立一个实体、统一经营管理，因此需要双方合作意图强烈，合作紧密。合作协议的设计需完整、周全。企业在投入之初，需要选择合适的合作和股权方式，实现双赢。

在经营过程中，企业应适度开展公关活动，尤其要重视对东道国基层民众的宣传工作，以提高企业知名度，扩大受众基础。同时，企业应主动承担社会责任，树立正面形象，增强企业在东道国的社会认同，提升企业在东道国的社会影响力。国有化、政府强令退出等政治风险是企业被动退出境外市场的主要原因。为此，企业必须要积极融入当地环境，争取东道国民众与政府的信任，努力使自身成为本土市场的有机组成部分，以此降低发展阻力，减少被迫退出的风险。

发达国家的对外投资，行业协会常牵头组团拓展海外市场。如韩国依靠隶属于中小企业厅的中小企业振兴公司为中小企业提供金融、技术、信息、培训及海外市场拓展战略制定等方面的服务。在与越南的农业合作中，应加大发挥民间机构的组织协调功能。充分发挥农业国际交流协会在农业"走出去"过程中的统筹协调作用，使其成为对外农业投资合作企业沟通、交流的平台，引导协会等行业组织加强对农业对外投资的引导和支持，整合业内专家、学者资源以及"走出去"企业高管，建立农业对外投资专家咨询委员会，为对外投资农业企业提供实用配套的信息咨询、培训及技术支持服务。

2. 加强劳工保护

越南虽然年轻人口多，因人口红利导致劳动力价格与中国相比较低，但其劳动相关的法律关系复杂，如劳动合同有效期、劳工假期、终止用工、劳资纠纷等都是中国投资者在越南开展业务不得不面对的问题。中国企业需严格遵守越南《劳动法》《社会保险法》和《关于驻越外资企业的劳动法》以及劳动伤兵和社会部颁发的各种实施细则，以保证劳动用工的合法合规。同时，劳工通过工会集体维权是劳工管理面临的重大挑战之一。在越南，工会在集体协商和劳工保护方面正发挥着越来越大的作用，有时工会利用罢工或停工等手段，通过干扰正常的生产或办公秩序，迫使企业妥协。

《劳动法》第190条规定了禁止用人单位在建立、参加和经营工会中的某些行为，包括：①妨碍或者给雇员建立、参加和经营工会造成困难。②强迫雇员建立、参加和经营工会。③要求雇员不要加入或退出工会。④在工资、工作时间和劳资关系中的其他权利和义务方面歧视雇员，以妨碍雇员建立、加入和经营工会。因此如何妥善处理与工会之间的关系，因势利导，是中国企业投资越南需要重点关注的问题。根据《劳动法》第239条的规定，违反《劳动法》规定的，将根据情节轻重，给予纪律处分、行政处分或者追究刑事责任；造成损害的，依法给予赔偿。

3. 制定员工手册

对中国投资者来说，越南的工会制度会让企业觉得担心，如果企业与工会冲突严重，将使得投资者的管理成本上升。建议投资者结合越南劳动法的相关规定，制定本企业的工人手册。手册的主要内容可以包括公司简介、雇佣条件和公司内部管理规定以及行为准则，将公司的管理信息、内部政策如奖惩、休假、福利待遇、罢工等信息明确放到手册中，并将这些制度对员工进行培训。以后如果出现纠纷，企业主可以援引手册中的内容，从而降低举证责任和规避劳资纠纷。

4. 重视环境风险的防范

投资农业项目需符合相关环境标准和管理条例的要求和规定。2014 年的《环境法》第 69 条专门规定了农业生产中的环境保护：①生产、进口、销售和/或使用农药和兽药的单位，必须遵守环境保护的规定。②过期肥料、养殖业废弃物、肥料、农药、兽药容器使用后必须按照废弃物管理规定进行处理。③每个集中养殖区必须有环境保护计划，并且确保居住区的环境卫生，按照废物管理规定收集、处理废水和固体废物；定期清理农场、围栏，以预防和应对流行病；按照《危险废物管理和预防医学条例》处理死亡动物。第 78 条规定了化学品、农药和兽药的环境保护问题，必须依法登记、管理、评估和处理。

如何控制农业投资对环境的污染，以及应用农业新科技，是中国企业进入越南市场时需要思考的问题。同时在企业投资时，不仅要关注《环境法》的规定，还须关注《土地法》《水资源法》《电力法》等规定，保证对环境保护法律的理解全面而细致。

5. 知悉法律责任

投资者在东道国进行投资，涉及东道国系列的法律，投资者需明确知晓违反合同约定的后果和违反法律规定的责任。例如根据《商法》的规定，商业救济的类型包括具体履行合同、违规罚款、强制支付损害赔偿金、暂停履行合同、停止履行合同、合同的取消和有关各方商定的其他补救办法，但不违反越南法律、越南社会主义共和国缔结的条约和国际商业惯例的基本原则。而违约责任免除包括发生双方约定的免责案件；发生不可抗力事件；一方的违约完全是由于另一方的过错造成的；违约是一方当事人在合同签订时，由于执行了一个国家主管机构的决定，而该当事人不知道该决定的结果。违约方应承担免责案件的举证责任。

需要注意的是，越南《民法》关于合同无效的规定比我国法律宽得多，包括因违反法律禁止或违反社会公德而导致的民事交易无效；伪造民事交易无效；未成年人、法定无行为能力人、限制认知和行为控制人、限制法律行为能力人设立和执行的民事交易无效；因误解导致的民事交易无效；因欺骗、威胁或强迫导致的民事交易无效；缺乏认识和行为控制的人确立的民事交易无效；因不遵守形式而导致的民事交易无效。民事交易无效的法律后果很严重，当事人应当恢复原状，并将所收到的返还对方，造成损害的过错方必须予以赔偿。企业在签订合同时，一定需要注意，避免因为形式不满足要求，导致合同无效的法律后果。

违反不同法律规定可能承担民事、行政甚至刑事的法律后果，投资者也需要知晓。例如《公司法》第 210 条规定，违反本法规定的机关、组织和个人，根据其违法行为的性质和严重程度，给予纪律处分或者行政处分，造成损害的，给予赔偿；可以依法追究个人的刑事责任。政府应当详细规定对违反本法规定的行政行为的处罚。法律责任是投资者尤其需要关注的风险点，投资在进入、运营和退出上都需合法合规，否则轻则影响投资的盈利，重则导致投资的失败。

七、农业投资合作典型案例评析

（一）越南安江省特色农业产业型园区

1. 基本案情

安江省是九龙江三角洲地区查鱼养殖基地之一，近年来安江省查鱼养殖积极采用先进技术，注重种苗筛选环节，采用生物制品来改善水质，增强查鱼免疫力等，致力于提高查鱼养殖面积和产量。目前安江省正大力发展商品查鱼养殖业，2018 年查鱼养殖面积为 1 138 公顷，其中达到全球良好农业操作认证、水产养殖管理委员会和越南良好农业规范认证的面积为 408 公顷以上；2018 年查鱼产量达 34.6 万吨，同比增加 6.1 吨。为了确保服务出口的查鱼养殖业可持续发展，安江省已逐步发展按照产品价值链的生产模式，将养殖、加工到出口等环节连接起来。目前安江省境内查鱼加工厂有近 20 家，年均加工量达21.6 万吨。这些加工厂的现代设备都是从日本、美国、德国、丹麦等国引进的，因此其产品竞争力强，能满足世界上标准严格的市场。目前安江省查鱼产品已直接出口到 76 个国家，其中亚洲 31 国，欧洲 17 国，大洋洲 3 国和非洲 4 国[①]。

此外，安江省稻米生产优势突出，稻米产量位居全越南第二，年均产量达407 万吨。近几年来，安江省注重将科技应用于水稻产业，稻米质量和产量逐

---

① 中恒远策，越南安江省特色农业产业型园区具有广阔的投资前景［EB/OL］，2019 年 4 月 17日，http://www.topbrain.cn/zhonghengyuance/gongsixinwen/2019-04-17/1985.html.

步提高。安江省企业在建设水稻千亩连片示范区、原料区等方面领先全越南，能满足进口商的需求。目前，安江省大米已出口到世界 63 个国家和地区，大米年均出口量达 60 万吨，在亚洲市场的比重最高，达 84.67％。

2018 年，越南安江省农产品和纺织品服装等主要产品对菲律宾、马来西亚、柬埔寨、新加坡、中国和美国等传统市场的出口猛增。安江省工贸厅表示，2019 年安江省力争实现出口额达 8.9 亿美元，同比增长 5.95％的目标，继续保持水产品、纺织服装、冷冻蔬菜水果等主要和优势出口商品的增长速度，同时将集中扩大对韩国、日本和欧洲等潜在市场的出口规模。为了实现上述目标，安江省将为企业寻找和拓展出口市场推出各项优惠政策，收集和定期提供农产品市场和价格信息，潜在和传统进口市场的贸易政策等。与此同时，安江省将继续推进贸易促进活动并为产品出口到各潜在市场创造便利。

2016 年 11 月，越南安江省与中国稻米产业对接会在安江省举行，此次出席交易会的我国企业主要来自四川、安徽、江苏和深圳等地，充分表明我国企业十分关注越南稻米市场，为我国与安江省乃至越南的农业交流合作打下坚实的基础。2019 年安江省代表越南参加第 16 届中国—东盟博览会，设立主题为"安江省——越南的大米基地"的展位，推广正朝着现代化方向实现全面发展并成为越南九龙江三角洲经济、文化和旅游中心之一的越南安江省形象，同时向我国和东盟各国介绍安江省的经济发展潜力和优势、投资合作机会以及文化、旅游形象和特色产品等。

2. 法律分析

越南地方政府主导的特殊农业产业园区对中国投资具有极大的吸引力。在产业园区注册企业具有很多优势和便利。首先，产业园区的管理部门通常提供一站式服务，符合条件时，企业的工商、税务的登记和经营许可在较短时间内可以高效完成。其次，越南的不同产业园区有吸引外资的优惠政策，可以获得土地使用的便利和税收减免的好处。再次，产业园区内的配套设施完善，生产用水电获得充分保障，产业园区交通便利，产品发货后能快速便捷地运输，这对某些季节性、时鲜性的农产品来说，尤为关键。

我国有实力的企业可充分依托安江省丰富的农业资源优势，投资布局以稻米、蔬果精深加工等为主导的农业产业型园区，同时可重点打造以查鱼为主要品类的水产品深加工基地，注重发展查鱼价值链，特别是深加工技术、生产清洁原料，实现查鱼产业的体系化发展。中国稻米产业对接会与越南安江省的接洽，为中国企业在安江农业产业型园区进行投资提供信息，搭建了平台，为深层次的农业合作奠定了基础。农博会、南博会等博览会举办之际，主办地的政府部门也可以联系越南特色农业园区，到中国来做推广，吸引中国企业到园区内投资。

（二）台塑集团河静钢铁兴业责任公司环境污染案

1. 基本案情

2016年4月，越南河静、广平、广治和承天顺化等中部四省遭受海洋环境事故。越南政府调查后认为永昂经济区台塑集团河静钢铁兴业责任有限公司须对环境事故负起责任并须支付5亿美元的赔偿金，这是越南有史以来对外资最严厉的惩罚。同时，越南政府还向遭受环境事故影响的人民提供了大米和现金援助。6月11日，7 000多名越南受害者的代表在台北地方法院控告台塑投资的钢铁厂污染当地海洋环境，造成大量损失，要求赔偿1.4亿元新台币（约合2 200万元人民币）。据台湾地区"中央社"消息，7 875名越南受害者表示，台塑集团投资的河静钢铁厂造成海洋污染，捕鱼及制盐产业受损，严重影响生活[1]。据了解，越南受害者的律师代表表示，台塑集团此前已经承诺并支付越南政府5亿美元补偿金，但台塑集团并未向当地居民协调赔偿，当地有很多居民现在仍无法工作而没有收入，所以决定到台湾来提起诉讼。另据《中时电子报》报道，台塑集团在事发后发表声明称，台塑河静钢铁责任有限公司处于试营运阶段，此次事故由下游承包商疏忽导致，将配合越南政府解决四个省份受影响的损失。

2. 法律分析

越南等新兴市场一方面希望吸引大量外资，促进本地发展，另一方面也制定了较高的环境法律和环境标准，避免发展以破坏生态环境为代价。越南基础环保法规为2014年6月23日经越南国会批准、自2015年1月1日生效的新《环境保护法》，此外越南政府颁布的相关环保法规还包括：2015年4月1日起实施的《关于环保规划、战略环境评估、环境影响评估和环保计划的规定的议定》（18/2015/ND-CP）。按照相关法规，需要提供环境报告的投资或工程项目包括：由国会、政府、政府总理审批的项目；建筑，建材生产，交通，电子，能源和放射性，水利和森林种植开发，矿产勘探开发和加工，油气，垃圾处理，机械冶金，食品生产加工等项目；有可能对内河流域、沿海地区和生态保护区造成不良影响的项目；对环境有较大潜在不良影响的项目。此外水资源法、矿业法、电力法、水坝法中都有环境保护的条款。

《环境法》第50条规定了海洋与海岛环境污染的控制与治理，规定①从大陆向海洋排放和从海洋和岛屿产生的废物，必须进行统计报告、评估，并采取任何措施防止、减少和处置，以达到《环境技术条例》规定的公认标准。②石

---

① 网易新闻，台塑工厂被控污染越南环境当地人索赔1.4亿新台币［EB/OL］，2019年6月11日，https：//news.163.com/19/0611/17/EHDJDDVJ0001899N.html.

油、油脂、钻井液、压载水、化学品和其他有害物质用于海上和海岛活动后，必须按照废物管理规定进行收集、储存、运输和处置。③向海洋区和岛屿倾倒和排放废物，必须根据废物的具体特点和属性，并须得到主管机构的许可。④防止海洋和岛屿环境污染的预防和补救措施必须符合越南社会主义共和国签署的关于海洋和岛屿的国际协定。

台塑集团河静钢铁兴业责任有限公司在生产经营中，没有严格遵守越南环境法和环境标准，造成了海洋环境污染，并且支付了高昂的费用。中资企业投资越南时应吸取该事件的教训，严格遵守越南国内的环境标准和法律，预防环境污染事故的发生，事故发生后，需积极止损救援，防止环境污染的进一步扩大。

（三）构建农业跨国供应链

1. 基本案情

广西靖西万生隆投资公司与越南现代化农产品生产龙头企业乐威福股份公司投资 20 亿元人民币在越南茶岭口岸经济区投资建设的乐威福农产品深加工物流中心，项目占地 100 公顷，主要建设农产品交易区、深加工区、分拣区、跨境通关中转中心等。按照计划，项目预计于 2019 年 6 月动工。项目分三期建设，一期拟建设交易区、办公配套区、信息区和仓储区，计划于 2020 年 8 月实现投产；二期拟扩建交易区和仓储区、建设物流区，计划于 2023 年实现投产；三期拟完善交易区、物流区，计划于 2025 年完成建设。项目全部投产后将进一步满足中国西部地区人民对东南亚新鲜水果、坚果等农产品的强烈需求①。

2. 法律分析

根据 2007 年的《关于贸易法就物流服务业务经营条件及物流服务业务经营商责任范围的详细规定 140/2007/ND-CP 议定》，物流服务业分为主要物流服务业、有关运输的物流服务业、其他相关的物流服务业。就投资形式而言，必须与越南合作合营，不可成立 100％的外资公司。成立合资物流公司的步骤一，投资者申请签发投资登记证书材料包括：项目投资建议实施方案；个人的投资者：身份证、公民身份证或护照副本；组织的投资者：成立证书或同等效力的法律资格证书副本；投资项目提案；最近两年的财政报告副本或者母公司或金融机构的财务资助承诺等关于投资者财务能力的文件或证明投资者财务能力的文件；关于土地使用需求的提案。项目部要求政府赋予土地、出租土地、许可转换土地使用目的的情况下，要提供地块租用协议副本或确认投资者可使用

---

① 中国新闻网，中越企业共同构建农业跨国供应链［EB/OL］，2019 年 4 月 15 日，http://www.chinanews.com/cj/2019/04－15/8809520.shtml.

该土地的其他资料；使用限制转让技术名单中技术的项目要提供技术使用说明。

材料呈交机关：预计设立总部的所在地的计划与投资厅。自收到合格的所有材料之日起 15 个工作日内，计划与投资厅将向外国投资者签发投资登记证书。若拒绝签发，计划与投资厅要书面答复且阐明原因。

步骤二，成立驻越南的外资物流公司。申请签发企业登记证书企业成立材料包括：企业登记申请书，企业章程，两个成员以上的有限公司成员名单或合伙成员名单；个人成员的经公证的有效身份证或护照副本，组织成员的经公证的企业登记证书副本，该组织法律代表人的经公证的有效身份证或护照副本；对律所的委托书；外国投资者的投资登记证书。材料呈交机关：预计设立总部的所在地的计划与投资厅。期限是 3～6 个工作日。

企业登记信息内容公告：自被签发企业登记证书之日起 30 个工作日内，企业登记信息内容要在国家企业登记信息官网上公告。公告内容包括企业登记证书上的信息。50/2016/ND-CP 第 26 条第一款规定，不公告或不按规定期限在国家企业登记信息官网上公告企业登记内容的行为将被处以罚款。

刻章及印章公布。企业可以自己刻章或委托律所刻章，并且要将印章使用事宜通知计划与投资厅。企业可自己决定印章形式、数量及内容，但要明显企业名称及其代码。收到印章模板通知之后，经营登记处向企业出具确认书，将企业通知上传到国家企业登记信息官网上并且向企业签发企业印章模板信息上传通知。

中国企业投资越南物流行业，将使两国间的交通、物流更加便捷，产自越南的农产品未来也将更快地运达中国市场，促进两国农产品贸易的开展。

（四）中国那坡与越南蚕桑产业合作

1. 基本案情

自 2008 年起，那坡县与越方的桑蚕合作项目不断巩固和发展，经过双方多年共同努力，桑蚕合作项目已扩展到越南河广、保乐、通农 3 个县。几年来，在广西壮族自治区、百色市党委、政府的坚强领导和政策支持下，中越双方重点围绕"桑园种植、桑园管理、大小蚕饲养技术、桑蚕生产物资供应、蚕茧销售"等方面开展合作交流。那坡县具有优越的自然资源和气候条件，在国家实施"东桑西移"的带动下，采取"政府推动、龙头牵动、科技带动、农户联动"等综合措施发展桑蚕产业。目前，那坡县桑园面积已达 7 000 公顷，并有日能处理 20 吨鲜蚕的缫丝厂一个。越南与那坡县相连，土地资源、气候条件、群众耕作习惯与那坡县基本一致，为此，那坡县愿意在发展桑蚕产业方面，加强同越南合作。

越南是一个农业国家，其气候对农业发展极其有利，那坡县在地理位置和气候方面具有得天独厚的优势，这对促进那坡与越南的种桑养蚕合作起到决定性的作用。那坡县县委、县人民政府在每个主要环节上都给予大力支持，为项目合作提供保障，使合作项目不断巩固发展。在桑蚕生产时期，根据越南发展情况为越方提供充足的桑苗、蚕品种；在桑园管理、小蚕共育、大蚕饲养方面给予技术指导，在桑苗、蚕物资及蚕具、蚕药方面给予提供；负责收购越方的合格蚕茧。在学习培训方面，那坡县落实百南乡菜园屯和百合乡者兵屯作为越南新蚕农代表和有关技术员举办大小蚕饲养跟班技术培训点。多次邀请越南河广县农业和农村发展办公室相关人员和新种桑园农户代表到那坡县进行桑蚕生产学习考察，增强了越方对发展种桑养蚕合作项目的信心，提高了种桑养蚕技能。在越南创建合作示范基地以来，从那坡引进了桑品种桂桑优62、特优2号、农桑14号，蚕品种桂蚕2号、两广2号等进行示范并推广。结果表明，引进的桑蚕品种都能适应当地的生态气候条件，且保持原有的优势特性，品质和产量都相当好，取得很好的经济效益。据统计，截至2018年，那坡县政府已为越南提供桑苗约1 000万苗，为越方举办种桑养蚕培训11期，培训越方技术人员30多人，越方参与种桑养蚕户1 300多户，那坡县回购越方鲜茧20多万千克，价值1 000多万元，种桑养蚕已成为那坡与越南农业合作交流的重要内容，跨国产业合作实现了共赢①。

2. 法律分析

中越桑蚕合作取得了很好的效果，但合作中也透露出一些中越农业合作中的一般性问题。首先，合作中存在着较大的语言障碍。中越双方的农业技术部门均无掌握中越双方语言的技术员，在合作过程中存在很大的交流障碍，也不利于合作项目各项工作的开展。其次，合作中的信息和联络困难。双方农业领域的信息和人才交流不够密切，基层专业人员缺乏交流，交流的形式局限于参观和短时间的考察，实地长久研究考察不足。双方有关部门在联络方面还不够顺畅。如桑蚕生产受季节性影响较强，联络的不顺畅容易错过技术指导的最佳时机，影响各项工作的开展。对此，需要促进双方的农业信息和人才交流，畅通合作渠道。当今社会最重要的两个因素就是信息和人才，政府方面要出面多组织两方的农业技术交流研讨会，增强了解和沟通，也要互派研究人员，加强农业人才及相关技术的合作培养。也可以采用鼓励专业技术或民间活动互相交流，共建人才培养基地等方法促进双方的交流。最后，需加大双方对农业合作的引导和支持，继续扩大合作范围，加强对越南的技术指导，提高越方农民的种养水平，进一步扩大种植面积。在桑蚕产业领域，可利用现代化的科技手段建设标准化的蚕室，营造良好的养蚕环境。做好养蚕技术培训工作，大力普及

---

① 周正侦，2019. 中国那坡与越南蚕桑产业合作现状与对策思考［J］. 南方农业，4：125.

科学的养蚕知识，提高消毒防病知识的普及率，提高养蚕的质量和数量。鼓励与养蚕相关的产业链的发展，拓展增收渠道。

参 考 文 献

邓岩，2019. 东盟农业投资研究 [M]. 北京：中国经济出版社：2-36.

凡兰兴，2014. 越南推进农机化的经验及其对中国的启示 [J]. 中国农机化学报（6）：346-349.

何君，2019. 对外农业投资项目案例教程 [M]. 北京：中国农业出版社：13-20.

黄惠春，姚珊，2017. 农地经营权抵押的国际经验和启示：以越南和泰国为例 [J]. 世界农业（4）：16-22.

廖东声，2011. 中国—东盟农业领域相互投资问题研究 [M]. 北京：经济管理出版社：6-18.

刘毅群，2020. 澜湄五国农业投资环境与政策比较研究 [M]. 北京：中国农业出版社：163-222.

卢新海，韩璟，2015. 中国海外耕地投资战略与对策：基于粮食安全的视角 [M]. 北京：科学出版社：22-50.

孙华，2015. 中越农业互补性与贸易提升策略研究 [J]. 世界农业（11）：139-141.

温国泉，韦幂，陈格，等，2019. "一带一路"背景下中越农业科技合作探析 [J]. 南方农业学报（1）：208-214.

袁祥州，徐媛媛，Nguyen Cong Binh，2016. 越南农业支持政策效应分析 [J]. 亚太经济（2）：75-79.

曾文革，2014. 中国—东盟自由贸易区农业贸易法律问题研究 [M]. 厦门：厦门大学出版社：3-39.

张鑫，2016. 中越跨境农业区域经济合作研究 [J]. 现代经济探讨（12）：87-91.

张鑫，2017. 中越跨境农业经济一体化研究 [J]. 广西社会科学（2）：39-45.

中国农业国际交流协会走出去智库，2017. 澜湄五国农业投资合作机遇与实务指南 [M]. 北京：中国农业出版社：170-208.

宗佶，2016. 云南中小企业到越南直接投资的政治风险及其防范 [J]. 学术探索，11：52.

NGUYEN THUC HUY，夏云，谭砚文，等，2015. 越南农业利用外国直接投资及其对中国的启示 [J]. 世界农业（12）：171-174.

图书在版编目（CIP）数据

湄公河五国农业外资政策法律制度研究／农业农村部对外经济合作中心编著．—北京：中国农业出版社，2021.5

（国外农业外资政策制度研究丛书）

ISBN 978-7-109-28186-8

Ⅰ.①湄…　Ⅱ.①农…　Ⅲ.①农业政策—外资政策—研究—越南、泰国、柬埔寨、老挝、缅甸②农业投资—外商投资—涉外经济法—研究—越南、泰国、柬埔寨、老挝、缅甸　Ⅳ.①F333②D933.24

中国版本图书馆 CIP 数据核字（2021）第 079931 号

湄公河五国农业外资政策法律制度研究
MEIGONGHE WUGUO NONGYE WAIZI
ZHENGCE FALÜ ZHIDU YANJIU

中国农业出版社出版

地址：北京市朝阳区麦子店街 18 号楼

邮编：100125

责任编辑：汪子涵　　文字编辑：耿增强

版式设计：王　晨　　责任校对：沙凯霖

印刷：北京中兴印刷有限公司

版次：2021 年 5 月第 1 版

印次：2021 年 5 月北京第 1 次印刷

发行：新华书店北京发行所

开本：700mm×1000mm　1/16

印张：24.25

字数：500 千字

定价：88.00 元